LES MARTYRS

PARIS. — IMP. SIMON RAÇON ET COMP., RUE D'ERFURTH, 1

LES
MARTYRS

ESSAI SUR LA LITTÉRATURE ANGLAISE

PAR

CHATEAUBRIAND

ÉDITION REVUE

PARIS

J. VERMOT, LIBRAIRE-ÉDITEUR

S' des maisons HIVERT & DESESSERTS

33, QUAI DES GRANDS-AUGUSTINS, ET PASSAGE DES PANORAMAS, 38

1860

LES MARTYRS

LIVRE PREMIER

SOMMAIRE

nvocation. Exposition. Dioclétien tient les rênes de l'empire romain. Sous le gouvernement de ce prince, les temples du vrai Dieu commencent à disputer l'encens aux temples des idoles. L'enfer se prépare à livrer un dernier combat pour renverser les autels du Fils de l'homme. L'Éternel permet aux démons de persécuter l'Église, afin d'éprouver les fidèles : mais les fidèles sortiront triomphants de cette épreuve; l'étendard du salut sera placé sur le trône de l'univers; le monde devra cette victoire à deux victimes que Dieu a choisies. Quelles sont ces victimes? Apostrophe à la Muse qui les va faire connaître Famille d'Homère. Démodocus, dernier descendant des Homérides, prêtre d'Homère au temple de ce poëte, sur le mont Ithome, en Messénie. Description de la Messénie. Démodocus consacre au culte des Muses sa fille unique, Cymodocée, afin de la dérober aux poursuites d'Hiéroclès, proconsul d'Achaïe et favori de Galérius. Cymodocée va seule avec sa nourrice à la fête de Diane Limnatide : elle s'égare; elle rencontre un jeune homme endormi au bord d'une fontaine. Eudore reconduit Cymodocée chez Démodocus. Démodocus part avec sa fille pour aller offrir des présents à Eudore et remercier la famille de Lasthénès.

Je veux raconter les combats des chrétiens, et la victoire que les fidèles remportèrent sur les esprits de l'abîme, par les efforts glorieux de deux époux martyrs.

Muse céleste, vous qui inspirâtes le poëte de Sorrente, et l'aveugle d'Albion[2] : vous qui placez votre trône solitaire

[1] Le Tasse.
[2] Milton.

sur le Thabor; vous qui vous plaisez aux pensées sévères, aux méditations graves et sublimes; j'implore à présent votre secours. Enseignez-moi sur la harpe de David les chants que je dois faire entendre; donnez surtout à mes yeux quelques-unes de ces larmes que Jérémie versait sur les malheurs de Sion : je vais dire les douleurs de l'Église persécutée.

Neuf fois l'Église de Jésus-Christ avait vu les esprits de l'abîme conjurés contre elle; neuf fois ce vaisseau, qui ne doit point périr, était échappé au naufrage. La terre reposait en paix. Dioclétien tenait dans ses mains habiles le sceptre du monde. Sous la protection de ce grand prince, les chrétiens jouissaient d'une tranquillité qu'ils n'avaient point connue jusqu'alors. Les autels du vrai Dieu commençaient à disputer l'encens aux autels des idoles; le troupeau des fidèles augmentait chaque jour; les honneurs, les richesses et la gloire n'étaient plus le seul partage des adorateurs de Jupiter : l'enfer, menacé de perdre son empire, voulut interrompre le cours des victoires célestes. L'Éternel, qui voyait les vertus des chrétiens s'affaiblir dans la prospérité, permit aux démons de susciter une persécution nouvelle; mais, par cette dernière et terrible épreuve, la croix devait être enfin placée sur le trône de l'univers, et les temples des faux dieux allaient rentrer dans la poudre.

Comment l'antique ennemi du genre humain fit-il servir à ses projets les passions des hommes? Muse, daignez m'en instruire. Mais auparavant faites-moi connaître la vierge innocente et le pénitent illustre qui brillèrent dans ce jour de triomphe et de deuil : l'une fut choisie du ciel chez les idolâtres, l'autre parmi le peuple fidèle, pour être les victimes expiatoires des chrétiens et des gentils.

Démodocus était le dernier descendant d'une de ces familles Homérides qui habitaient autrefois l'île de Chio, et qui prétendaient tirer leur origine d'Homère. Ses parents l'avaient uni, dans sa jeunesse, à la fille de Cléobule de Crète, Épicharis.

Après que la lune eut éclairé neuf fois les antres des Dactyles, Épicharis alla visiter ses troupeaux sur le mont Ida. Saisie tout à coup des douleurs maternelles, elle mit au jour Cymodocée, dans le bois sacré où les trois vieillards de Platon s'étaient assis pour discourir sur les lois : les augures déclarèrent que la fille de Démodocus deviendrait célèbre par sa sagesse.

Bientôt après, Épicharis perdit la douce lumière des cieux. Alors Démodocus ne vit plus les eaux du Léthé [1] qu'avec douleur ; toute sa consolation était de prendre sur ses genoux le fruit unique de son hymen, et de regarder, avec un sourire mêlé de larmes, cet astre charmant qui lui rappelait Épicharis.

Or, dans ce temps-là, les habitants de la Messénie faisaient élever un temple à Homère ; ils proposèrent à Démodocus d'en être le grand prêtre. Démodocus accepta leur offre avec joie, content d'abandonner un séjour que la colère céleste lui avait rendu insupportable. Il fit un sacrifice aux mânes de son épouse, aux fleuves nés de Jupiter, aux nymphes hospitalières de l'Ida, aux divinités protectrices de Gortynes, et il partit avec sa fille, emportant ses pénates et une petite statue d'Homère.

Poussé par un vent favorable, son vaisseau découvre bientôt le promontoire du Ténare, et, suivant les côtes d'Œtylos, de Thalames et de Leuctres, il vient jeter l'ancre à l'ombre du bois de Chœrius. Les Messéniens, peuple instruit par le malheur, reçurent Démodocus comme le descendant d'un dieu. Ils le conduisirent en triomphe au sanctuaire consacré à son divin aïeul.

On y voyait le poëte représenté sous la figure d'un grand fleuve, où d'autres fleuves venaient remplir leurs urnes. Le temple dominait la ville d'Épaminondas ; il était bâti dans un vieux bois d'oliviers, sur le mont Ithome, qui s'élève

---

[1] Fleuve de Crète.

isolé, comme un vase d'azur, au milieu des champs de la Messénie. L'oracle avait ordonné de creuser les fondements de l'édifice au même lieu qu'Aristomène avait choisi pour enterrer l'urne d'airain à laquelle le sort de sa patrie était attaché. La vue s'étendait au loin sur des campagnes plantées de hauts cyprès, entrecoupées de collines, et arrosées par les flots de l'Amphise, du Pamysus et du Balyra, où l'aveugle Tamyris laissa tomber sa lyre. Le laurier-rose et l'arbuste aimé de Junon bordaient de toutes parts le lit des torrents et le cours des sources et des fontaines : souvent, au défaut de l'onde épuisée, ces buissons parfumés dessinaient dans les vallons comme des ruisseaux de fleurs, et remplaçaient la fraîcheur des eaux par celle de l'ombre.

Ce beau pays, jadis soumis au sceptre de l'antique Nélée, présentait du haut de l'Ithome et du péristyle du temple d'Homère une corbeille de verdure de plus de huit cents stades de tour. Entre le couchant et le midi, la mer de Messénie formait une brillante barrière ; à l'orient et au septentrion, la chaîne du Taygète, les sommets du Lycée et les montagnes de l'Élide arrêtaient les regards.

Quinze ans s'étaient écoulés depuis la dédicace du temple. Démodocus vivait paisiblement retiré à l'autel d'Homère. Sa fille Cymodocée croissait sous ses yeux, comme un jeune olivier qu'un jardinier élève avec soin au bord d'une fontaine, et qui est l'amour de la terre et du ciel. Rien n'aurait troublé la joie de Démodocus, s'il avait pu trouver pour sa fille un époux qui l'eût traitée avec toute sorte d'égards, après l'avoir emmenée dans une maison pleine de richesses ; mais aucun gendre n'osait se présenter, parce que Hiéroclès, proconsul d'Achaïe et favori de Galérius, avait demandé Cymodocée pour épouse. La jeune Messénienne avait supplié son père de ne point la livrer à ce Romain impie, dont le seul regard la faisait frémir. Démodocus avait aisément cédé aux prières de sa fille : il ne pouvait confier le sort de Cymodocée à un barbare soupçonné de plusieurs crimes, et qui, par des traitements inhumains, avait précipité une première épouse au tombeau.

Ce refus, en blessant l'orgueil du proconsul, n'avait fait qu'irriter sa passion : il avait résolu d'employer, pour saisir sa proie, tous les moyens que donne la puissance unie à la perversité. Démodocus, afin de dérober sa fille à Hiéroclès, l'avait consacrée aux Muses. Il l'instruisait de tous les usages des sacrifices : il lui montrait à choisir la génisse sans tache, à couper le poil sur le front des taureaux, à le jeter dans le feu, à repandre l'orge sacrée; il lui apprenait surtout à toucher la lyre, charme des infortunés mortels. Souvent, assis avec cette fille chérie sur un rocher élevé, au bord de la mer, ils chantaient quelques morceaux choisis de l'*Iliade* et de l'*Odyssée* : la tendresse d'Andromaque, la sagesse de Pénélope, la modestie de Nausicaa ; ils disaient les maux qui sont le partage des enfants de la terre : Agamemnon sacrifié par son épouse, Ulysse demandant l'aumône à la porte de son palais ; ils s'attendrissaient sur le sort de celui qui meurt loin de sa patrie, sans avoir revu la fumée de ses foyers paternels : et vous aussi, jeunes hommes, ils vous plaignaient, vous qui gardiez les troupeaux des rois de vos pères, et qu'une occupation si innocente ne put sauver des terribles mains d'Achille !

Démodocus, consommé dans la sagesse, cherchait à tempérer cette éducation toute divine, en inspirant à sa fille le goût d'une aimable simplicité. Il aimait à la voir quitter son luth pour aller remplir une urne à la fontaine, ou laver les voiles du temple au courant d'un fleuve. Pendant les jours de l'hiver, lorsque, adossée contre une colonne, elle tournait ses fuseaux, à la lueur d'une flamme éclatante, il lui disait :

« Cymodocée, j'ai cherché dès ton enfance à t'enrichir de vertus et de tous les dons des Muses; car il faut traiter notre âme, à son arrivée dans notre corps, comme un céleste étranger que l'on reçoit avec des parfums et des couronnes. Mais, ô fille d'Épicharis ! craignons l'exagération, qui détruit le bon sens ; prions Minerve de nous accorder la raison, qui produira dans notre naturel cette modération, sœur de la vérité, sans laquelle tout est mensonge. »

Ainsi de belles images et de sages propos charmaient et instruisaient Cymodocée. Quelque chose des Muses, auxquelles elle était consacrée, avait passé sur son visage, dans sa voix et dans son cœur. Un jour elle était allée au loin cueillir le dictame avec son père. Pour découvrir cette plante précieuse, ils avaient suivi une biche blessée par un archer d'Œchalie ; on les aperçut sur le sommet des montagnes : le bruit se répandit aussitôt que Nestor et la plus jeune de ses filles, Polycaste, étaient apparus à des chasseurs dans les bois d'Ira.

La fête de Diane Limnatide approchait, et l'on se préparait à conduire la pompe accoutumée sur les confins de la Messénie et de la Laconie. Cette pompe, cause funeste des guerres antiques de Lacédémone et de Messène, n'attirait plus que de paisibles spectateurs. Cymodocée fut choisie des vieillards pour conduire le chœur des jeunes filles qui devaient présenter les offrandes à la chaste sœur d'Apollon. Dans la naïveté de sa joie, elle s'applaudissait de ces honneurs, parce qu'ils rejaillissaient sur son père : pourvu qu'il entendît les louanges qu'on donnait à sa fille, qu'il touchât les couronnes qu'elle avait gagnées, il ne demandait pas d'autre gloire ni d'autre bonheur.

Démodocus, retenu par un sacrifice qu'un étranger était venu offrir à Homère, ne put accompagner sa fille à Limné. Elle se rendit seule à la fête avec sa nourrice Euryméduse, fille d'Alcimédon de Naxos. Le vieillard était sans inquiétude, parce que le proconsul d'Achaïe se trouvait alors à Rome auprès de César Galérius. Le temple de Diane s'élevait à la vue du golfe de Messénie, sur une croupe du Taygète, au milieu d'un bois de pins, aux branches desquels les chasseurs avaient suspendu la dépouille des bêtes sauvages. Les murs de l'édifice avaient reçu du temps cette couleur de feuilles séchées que le voyageur observe encore aujourd'hui dans les ruines de Rome et d'Athènes. La statue de Diane, placée sur un autel au milieu du temple, était le chef-d'œuvre d'un sculpteur célèbre. Il avait représenté la fille de Latone debout, un pied en avant, saisissant de la main droite une flèche dans son carquois suspendu à ses épaules, tandis que la biche Cérynide, aux cornes d'or et aux pieds d'airain, se réfugiait sous l'arc que la déesse tenait dans sa main gauche abaissée.

Au moment où la lune, au milieu de sa course, laissa tomber ses rayons sur le temple, Cymodocée, à la tête de ses compagnes, égales en nombre aux nymphes Océanies, entonna l'hymne à la Vierge Blanche. Une troupe de chasseurs répondait à la voix des jeunes filles.

« Formez, formez la danse légère ! Doublez, ramenez le chœur, le chœur sacré !

« Diane, souveraine des forêts, recevez les vœux que vous offrent des vierges choisies, des enfants chastes, instruits par les vers de la Sibylle. Vous naquîtes sous un palmier, dans la flottante Délos. Pour charmer les douleurs de Latone, des cygnes firent sept fois en chantant le tour de l'île harmonieuse. Ce fut en mémoire de leurs chants que votre divin frère inventa les sept cordes de la lyre.

« Formez, formez la danse légère ! Doublez, ramenez le chœur, le chœur sacré !

« Vous aimez les rives des fleuves, l'ombrage des bois, les forêts du Cragus verdoyant, du frais Algide et du sombre Érymanthe. Diane, qui portez l'arc redoutable ; Lune, dont la tête est ornée du croissant ; Hécate, armée du serpent et du glaive, faites que la jeunesse ait des mœurs pures, la vieillesse, du repos, et la race de Nestor, des fils, des richesses et de la gloire !

« Formez, formez la danse légère ! Doublez, ramenez le chœur, le chœur sacré ! »

En achevant cet hymne, les jeunes filles ôtèrent leurs couronnes de laurier et les suspendirent à l'autel de Diane, avec les arcs des chasseurs. Un cerf blanc fut immolé à la reine du silence. La foule se sépara, et Cymodocée, suivie de sa nourrice, prit un sentier qui la devait conduire chez son père.

C'était une de ces nuits dont les ombres transparentes semblent craindre de cacher le beau ciel de la Grèce : ce n'étaient point des ténèbres, c'était seulement l'absence du jour. L'air était doux comme le lait et le miel, et l'on sentait à le respirer un charme inexprimable. Les sommets du Taygète, les promontoires opposés de Colonides et d'Acritas, la mer de Messénie, brillaient de la plus tendre lumière ; une flotte ionienne baissait ses voiles pour entrer au port de Coronée, comme une troupe de colombes passagères ploie ses ailes pour se reposer sur un rivage hospitalier ; Alcyon gémissait doucement sur son nid, et le vent de la nuit apportait à Cymodocée les parfums du dictame et la voix lointaine de Neptune : assis dans la vallée, le berger contemplait la lune au milieu du brillant cortége des étoiles, et il se réjouissait dans son cœur.

La jeune prêtresse des Muses marchait en silence le long des montagnes. Ses yeux erraient avec ravissement sur ces retraites enchantées, où les anciens avaient placé le berceau de Lycurgue et celui de Jupiter, pour enseigner que la religion et les lois doivent marcher ensemble et n'ont qu'une même origine. Remplie d'une faveur religieuse, chaque bruit devenait pour elle un prodige ; le vague murmure des mers était le sourd rugissement des lions de Cybèle, descendue dans le bois d'Œchalia ; et les rares gémissements du ramier étaient les sons du cor de Diane, chassant sur les hauteurs de Thuria.

Elle avance, et d'aimables souvenirs, en remplaçant ses craintes, viennent occuper sa mémoire : elle se rappelle les antiques traditions de l'île fameuse où elle reçut la lumière ; le Labyrinthe, dont la danse des jeunes Crétoises imitait encore les détours ; l'ingénieux Dédale, l'imprudent Icare,

Idoménée et son fils, et surtout les deux sœurs infortunées, Phèdre et Ariadne. Tout à coup elle s'aperçoit qu'elle a perdu le sentier de la montagne, et qu'elle n'est plus suivie de sa nourrice : elle pousse un cri qui se perd dans les airs; elle implore le dieu des forêts, les napées, les dryades; ils ne répondent point à sa voix, et elle croit que ces divinités absentes sont rassemblées dans les vallons du Ménale, où les Arcadiens leur offrent des sacrifices solennels. Cymodocée entendit de loin le bruit des eaux : aussitôt elle court se mettre sous la protection de la naïade jusqu'au retour de l'aurore.

Une source d'eau vive, environnée de hauts peupliers, tombait à grands flots d'une roche élevée; au-dessus de cette roche, on voyait un autel dédié aux nymphes, où les voyageurs offraient des vœux et des sacrifices. Cymodocée allait embrasser l'autel, et supplier la divinité de ce lieu de calmer les inquiétudes de son père, lorsqu'elle aperçut un jeune homme qui dormait, appuyé contre un rocher. Sa tête, inclinée sur sa poitrine, et penchée sur son épaule gauche, était un peu soutenue par le bois d'une lance; sa main, jetée négligemment sur cette lance, tenait à peine la laisse d'un chien qui semblait prêter l'oreille à quelque bruit; la lumière de l'astre de la nuit, passant entre les branches de deux cyprès, éclairait le visage du chasseur : tel un successeur d'Apelle a représenté le sommeil d'Endymion.

Le chien aboie; le chasseur se réveille, la prêtresse des Muses dit au chasseur :

« Si tu n'es pas un dieu caché sous la forme d'un mortel, tu es sans doute un étranger que les satyres ont égaré comme moi dans les bois. Dans quel port est entré ton vaisseau? Viens-tu de Tyr, si célèbre par la richesse de ses marchands? Viens-tu de la charmante Corinthe, où tes hôtes t'auront fait de riches présents? Es-tu de ceux qui trafiquent sur les mers jusqu'aux colonnes d'Hercule? Suis-tu le cruel Mars dans les combats? ou plutôt n'es-tu pas le fils d'un de ces mortels jadis décorés du sceptre, qui régnaient sur un pays fertile en troupeaux et chéri des dieux? »

L'étranger répondit :

« Il n'y a qu'un Dieu, maître de l'univers ; et je ne suis qu'un homme plein de trouble et de faiblesse. Je m'appelle Eudore; je suis fils de Lasthénès. Je revenais de Thalames, je retournais chez mon père; la nuit m'a surpris : je me suis endormi au bord de la fontaine. Mais vous, comment êtes-vous seule ici? Que le ciel vous conserve la pudeur, la plus belle des craintes après celle de Dieu! »

Le langage de cet homme confondait Cymodocée. Elle sentait devant lui un mélange de respect, de confiance et de frayeur. La gravité de sa parole et la grâce de sa personne formaient à ses yeux un contraste extraordinaire. Elle entrevoyait comme une nouvelle espèce d'hommes, plus noble et plus sérieuse que celle qu'elle avait connue jusqu'alors. Croyant augmenter l'intérêt qu'Eudore paraissait prendre à son malheur, elle lui dit :

« Je suis fille d'Homère aux chants immortels. »

L'étranger se contenta de répliquer :

« Je connais un plus beau livre que le sien. »

Déconcertée par la brièveté de cette réponse, Cymodocée dit en elle-même :

« Ce jeune homme est de Sparte. »

Puis elle raconta son histoire. Le fils de Lasthénès dit :

« Je vais vous reconduire chez votre père. »

Et il se mit à marcher devant elle.

La fille de Démodocus le suivait; on entendait le frémissement de son haleine, car elle tremblait. Pour se rassurer un peu, elle essaya de parler : elle hasarda quelques mots sur les charmes de la Nuit sacrée, épouse de l'Érèbe, et mère des Hespérides. Mais son guide, l'interrompant :

« Je ne vois que des astres qui racontent la gloire du Très-Haut. »

Ces paroles jetèrent de nouveau la confusion dans le cœur

de la prêtresse des Muses. Elle ne savait plus que penser de cet inconnu, qu'elle avait pris d'abord pour un immortel. Était-ce un impie qui errait la nuit sur la terre, haï des hommes et poursuivi par les dieux? Était-ce un pirate descendu de quelque vaisseau, pour ravir les enfants à leurs pères? Cymodocée commençait à sentir une vive frayeur, qu'elle n'osait toutefois laisser paraître. Son étonnement n'eut plus de bornes lorsqu'elle vit son guide s'incliner devant un esclave délaissé qu'ils trouvèrent au bord d'un chemin, l'appeler son frère, et lui donner son manteau pour couvrir sa nudité.

« Étranger, dit la fille de Démodocus, tu as cru sans doute que cet esclave était quelque dieu caché sous la figure d'un mendiant, pour éprouver le cœur des mortels?

— Non, répondit Eudore; j'ai cru que c'était un homme. »

Cependant un vent frais se leva du côté de l'orient. L'aurore ne tarda pas à paraître. Bientôt, sortant des montagnes de la Laconie, sans nuage et dans une simplicité magnifique, le soleil agile et rayonnant monta dans les cieux. A l'instant même, s'élançant d'un bois voisin, Euryméduse, les bras ouverts, se précipite vers Cymodocée.

« O ma fille! s'écrie-t-elle, quelle douleur tu m'as causée! J'ai rempli l'air de mes sanglots; j'ai cru que Pan t'avait enlevée. Ce dieu dangereux est toujours errant dans les forêts; comment aurais-je pu reparaître sans toi devant mon cher maître? »

En prononçant ces mots, Euryméduse serrait Cymodocée dans ses bras, et ses larmes mouillaient la terre. Cymodocée, attendrie par les caresses de sa nourrice, l'embrassait aussi en pleurant; et elle disait :

« Ma mère, c'est Eudore, le fils de Lasthénès. »

Le jeune homme, appuyé sur sa lance, regardait cette scène avec un sourire; le sérieux naturel de son visage avait fait place à un doux attendrissement. Mais tout à coup, rappelant sa gravité :

« Fille de Démodocus, dit-il, voilà votre nourrice; l'habitation de votre père n'est pas éloignée. Que Dieu ait pitié de votre âme! »

Sans attendre la réponse de Cymodocée, il part. La prêtresse des Muses, instruite dans l'art des augures, ne douta plus que le chasseur ne fût un des immortels : elle détourna la tête, dans la crainte de voir le dieu et de mourir. Ensuite elle se hâta de gravir le mont Ithome, et, passant les fontaines d'Arsinoé et de Clepsydra, elle frappe au temple d'Homère. Le vieux pontife avait erré toute la nuit dans les bois; il avait envoyé des esclaves à Leuctres, à Phères, à Limné. L'absence du proconsul d'Achaïe ne suffisait plus pour rassurer la tendresse paternelle : Démodocus craignait à présent les violences d'Hiéroclès, bien que cet impie fût à Rome, et il n'entrevoyait que des maux pour sa chère Cymodocée. Lorsqu'elle arriva avec sa nourrice, ce malheureux père était assis à terre près du foyer; la tête couverte d'un pan de sa robe, il arrosait les cendres de ses pleurs. A l'apparition subite de sa fille, il est près de mourir de joie. Cymodocée se jette dans ses bras; et, pendant quelques moments, on n'entendit que des sanglots entrecoupés : tels sont les cris dont retentit le nid des oiseaux lorsque la mère apporte la nourriture à ses petits. Enfin, suspendant ses larmes :

« O mon enfant! dit Démodocus, quel dieu t'a rendue à ton père? Comment t'avais-je laissée aller seule au temple? J'ai craint nos ennemis; j'ai craint les satellites d'Hiéroclès, qui méprise les dieux et se rit des larmes des pères. Mais j'aurais traversé la mer; je serais allé me jeter aux pieds de César; je lui aurais dit : « Rends-moi ma Cymodocée, ou « ôte-moi la vie. » On aurait vu ton père racontant sa douleur au soleil, et te cherchant par toute la terre, comme Cérès lorsqu'elle redemandait sa fille, que Pluton lui avait ravie. La destinée d'un vieillard qui meurt sans enfants est digne de pitié. On s'éloigne de son corps, objet de la déri-

sion de la jeunesse : « Ce vieillard, dit-on, était un impie;
« les dieux ont retranché sa race ; il n'a pas laissé de fils
« pour l'ensevelir. »

Alors Cymodocée, flattant son vieux père de ses belles mains, et caressant sa barbe argentée :

« Mon père, chantre divin des immortels, nous nous sommes égarées dans les bois ; un jeune homme, ou plutôt un dieu, nous a ramenées ici. »

A ces mots, Démodocus se levant et écartant sa fille de son sein :

« Quoi ! s'écria-t-il, un étranger t'a rendue à ton père, et tu ne l'as pas présenté à nos foyers, toi, prêtresse des Muses et fille d'Homère ! Que fût devenu ton divin aïeul, si l'on n'eût pas mieux exercé envers lui les devoirs de l'hospitalité ? Que dira-t-on dans toute la Grèce ? Démodocus l'Homéride a fermé sa porte à un suppliant ! Ah ! je ne sentirais pas un chagrin plus mortel quand on cesserait de m'appeler le père de Cymodocée ! »

Euryméduse, voyant le courroux de Démodocus et voulant excuser Cymodocée :

« Démodocus, dit-elle, mon cher maître, garde-toi de condamner ta fille. Je te parlerai dans toute la sincérité de mon cœur. Si nous n'avons pas invité l'étranger à suivre nos pas, c'est qu'il était jeune et beau comme un immortel ; et nous avons craint les soupçons qui s'élèvent trop souvent dans le cœur des enfants de la terre.

— Euryméduse, repartit Démodocus, quelles paroles sont échappées à tes lèvres ? Jusqu'à présent tu n'avais pas paru manquer de sagesse ; mais je vois qu'un dieu a troublé ta raison. Sache que je n'ouvre point mon cœur aux défiances injustes ; et je ne hais rien tant que l'homme qui soupçonne toujours le cœur de l'homme. »

Cymodocée conçut alors le dessein d'apaiser Démodocus.

« Pontife sacré, lui dit-elle, calme, je t'en supplie, les transports de ta colère ; la colère, comme la faim, est mère des mauvais conseils. Nous pouvons encore réparer ma faute. Le jeune homme m'a dit son nom. Tu connaîtras peut-être son antique race : il se nomme Eudore, il est fils de Lasthénès. »

La douce persuasion porta ces paroles au fond du cœur de Démodocus : il embrassa tendrement Cymodocée.

« Ma fille, lui dit-il, ce n'est pas en vain que j'ai pris soin d'instruire ta jeunesse : il n'y a point de vierge de ton âge que tu ne surpasses par la solidité de ton esprit; et les Grâces seules sont plus habiles que toi à broder des voiles. Mais qui pourrait égaler les Grâces, surtout la plus jeune, la divine Pasithée? Il est vrai, ma fille, je connais la race antique d'Eudore, fils de Lasthénès. Je ne le cède à personne dans la science de la généalogie des dieux et des hommes; jadis même je n'aurais été vaincu que par Orphée, Linus, Homère, ou le vieillard d'Ascrée : car les hommes d'autrefois étaient très-supérieurs à ceux d'aujourd'hui. Lasthénès est un des principaux habitants de l'Arcadie. Il est issu du sang des dieux et des héros, puisqu'il descend du fleuve Alphée, et qu'il compte parmi ses aïeux le grand Philopœmen. Il a lui-même triomphé dans les jeux sanglants du dieu de la guerre; il est chéri de nos princes ; on l'a vu revêtu des plus grandes charges de l'État et de l'armée. Demain, aussitôt que Dicé, Irène et Eunomie, aimables Heures, auront ouvert les portes du jour, nous monterons sur un char, et nous irons offrir des présents à Eudore, dont la renommée publie la sagesse et la valeur. »

En achevant ces mots, Démodocus, suivi de sa fille et d'Euryméduse, entra dans les bâtiments du temple, où brillaient l'ambre, l'airain et l'écaille de tortue. Un esclave, tenant une aiguière d'or et un bassin d'argent, verse une eau pure sur les mains du prêtre d'Homère. Démodocus prend une coupe, la purifie par la flamme, y mêle l'eau et le vin, et répand à terre la libation sacrée, afin d'apaiser les dieux lares. Cymodocée se retire dans son appartement.

L'aube avait à peine blanchi l'orient, qu'on entendit retentir la voix de Démodocus : il appelait ses intelligents esclaves. Aussitôt Évémon, fils de Boétoüs, ouvre le lieu qui renfermait l'appareil des chars. Il emboîte l'essieu dans des roues bruyantes à huit rayons, fortifiés par des bandes d'airain; il suspend un char orné d'ivoire sur des courroies flexibles; il joint le timon au char et attache à son extrémité le joug éclatant. Hestionée d'Épire, habile à élever les coursiers, amène deux fortes mules d'une blancheur éblouissante; il les conduit bondissantes sous le joug et achève de les couvrir de leurs harnais étincelants d'or. Euryméduse, pleine de jours et d'expérience, apporte le pain et le vin, la force de l'homme; elle place aussi sur le char le présent destiné au fils de Lasthénès : c'était une coupe de bronze à double fond, merveilleux ouvrage où Vulcain avait gravé le nom d'Hercule délivrant Alceste, pour prix de l'hospitalité qu'il avait reçue de son époux. Démodocus la destine aujourd'hui au fils de Lasthénès.

Cependant Cymodocée, dans un chaste asile, revêt une robe semblable à la fleur du lis ; elle croise sur ses pieds nus des bandelettes légères, et rassemble sur sa tête, avec une aiguille d'or, les tresses parfumées de ses cheveux. Sa nourrice lui apporte le voile blanc des Muses, qui brillait comme le soleil, et qui était placé sous tous les autres dans une cassette odorante. Cymodocée couvre sa tête de ce tissu virginal et sort pour aller trouver son père. Dans ce moment même, le vieillard s'avançait, vêtu d'une longue robe que rattachait une ceinture ornée de franges de pourpre, de la valeur d'une hécatombe. Il portait sur sa tête une couronne de papyrus et tenait à la main le rameau sacré d'Apollon. Il monte sur un char, et Cymodocée s'assied à ses côtés. Évémon saisit les rênes, et presse du fouet retentissant le flanc des mules sans tache. Les mules s'élancent, et les roues rapides marquent à peine sur la poussière la trace qu'un léger vaisseau laisse en fuyant sur les mers.

« O ma fille! dit le pieux Démodocus tandis que le char vole, nous préserve le ciel de manquer de reconnaissance! Les portes des enfers sont moins odieuses à Jupiter que les ingrats! ils vivent peu et sont toujours livrés à une furie : mais une divinité favorable se tient toujours auprès de ceux qui ne perdent point la mémoire des bienfaits. Les dieux voulurent naître parmi les Égyptiens, parce qu'ils sont les plus reconnaissants des hommes. »

LIVRE DEUXIÈME

SOMMAIRE

Arrivée de Démodocus et de Cymodocée en Arcadie. Rencontre d'un vieillard au tombeau d'Aglaüs de Psophis; ce vieillard conduit Démodocus au champ où la famille de Lasthénès fait la moisson. Cymodocée reconnaît Eudore. Démodocus découvre que la famille de Lasthénès est chrétienne. On retourne chez Lasthénès. Mœurs chrétiennes. Prière du soir. Arrivée de Cyrille, confesseur et martyr, évêque de Lacédémone. Il vient prier Eudore de lui raconter ses aventures. Repas du soir. La famille et les étrangers vont, après le repas, s'asseoir dans le verger, au bord de l'Alphée. Démodocus invite Cymodocée à chanter sur la lyre. Chant de Cymodocée. Eudore chante à son tour. Les deux familles vont goûter le repos. Songe de Cyrille. Prière du saint évêque.

Tant que le soleil monta dans les cieux, les mules emportèrent le char d'une course ardente. A l'heure où le magistrat quitte avec joie son tribunal pour aller prendre son repas, le prêtre d'Homère arriva sur les confins de l'Arcadie, et vint se reposer à Phigalée, célèbre par le dévouement des Oresthasiens. Ce noble Ancée, descendant d'Agapénor, qui commandait les Arcadiens au siége de Troie, donna l'hospitalité à Démodocus. Les fils d'Ancée détachent du joug les mules fumantes, lavent leurs flancs poudreux dans une eau pure et mettent devant elles une herbe tendre, coupée sur le bord de la Néda. Cymodocée est conduite au bain par de jeunes Phrygiennes qui ont perdu leur douce liberté ; l'hôte de Démodocus le revêt d'une fine tunique et d'un manteau précieux ; le prince de la jeunesse, l'aîné des fils d'Ancée, couronné d'une branche de peuplier blanc, immole à Hercule un sanglier nourri dans les bois d'Érymanthe; les parties de la victime destinées à l'offrande sont recouvertes de graisse, et consumées avec des libations sur des charbons embrasés. Un long fer à cinq rangs présente à la flamme bruyante le reste des viandes sacrées ; le dos succulent de la victime et les morceaux les plus délicats sont servis aux voyageurs ; Démodocus reçoit une part trois fois plus grande que celle des autres convives. Un vin odorant, gardé pendant dix années, coule en flots de pourpre dans une coupe d'or; et les dons de Cérès, que Triptolème fit connaître au pieux Arcas, remplacent le gland dont se nourrissaient jadis les Pélasges, premiers habitants de l'Arcadie.

Cependant Démodocus ne peut goûter avec joie les honneurs de l'hospitalité ; il brûle d'arriver chez Lasthénès. Déjà la nuit couvrait les chemins de son ombre : on sépare la langue de la victime, on fait les dernières libations à la mère des Songes ; ensuite on conduit le prêtre d'Homère et la prêtresse des Muses sous un portique sonore, où des esclaves avaient préparé de molles toisons.

Démodocus attend avec impatience le retour de la lumière.

« Ma fille, disait-il à Cymodocée, qu'une puissance inconnue privait aussi du sommeil, malheur à ceux que la pitié ou une vive reconnaissance n'arracha jamais au pouvoir de Morphée ! Il n'est pas permis d'entrer dans les temples des Dieux avec du fer; on n'entrera point dans l'Élysée avec un cœur d'airain. »

Aussitôt que l'aurore eut éclairé de ses premiers rayons l'autel de Jupiter qui couronne le mont Lycée, Démodocus fit attacher les mules à son char. En vain le généreux Ancée veut retenir son hôte : le prêtre d'Homère part avec sa fille. Le char roule à grand bruit hors des portiques ; il prend sa course vers le temple d'Eurynome, caché dans un bois de cyprès ; il franchit le mont Élaïus ; il dépasse le golfe où Pan retrouva Cérès qui refusait ses bienfaits aux laboureurs et qui pourtant se laissa fléchir par les Parques, une seule fois favorables aux mortels.

Les voyageurs traversent l'Alphée au-dessous du confluent du Gorthynius et descendent jusqu'aux eaux limpides du Ladon. Là se présente une tombe antique, que les montagnes avaient environnée d'ormeaux : c'était celle de cet Arcadien pauvre et vertueux, d'Aglaüs de Psophis, que l'oracle de Delphes déclara plus heureux que le roi de Lydie. Deux chemins partaient de cette tombe : l'un serpentait le long de l'Alphée, l'autre s'élevait dans la montagne.

Tandis qu'Évémon délibérait en lui-même s'il suivrait l'une ou l'autre route, il aperçut un homme déjà sur l'âge, assis auprès du tombeau d'Aglaüs. La robe dont cet homme était vêtu ne différait de celle des philosophes grecs que parce qu'elle était d'une étoffe blanche commune : il avait l'air d'attendre les voyageurs dans ce lieu, mais il ne paraissait ni curieux ni empressé.

Lorsqu'il vit le char s'arrêter, il se leva ; et, s'adressant à Démodocus :

« Voyageur, lui dit-il, demandez-vous votre chemin ? ou venez-vous visiter Lasthénès ? Si vous voulez vous reposer chez lui, il en éprouvera beaucoup de joie.

— Étranger, répondit Démodocus, Mercure ne vint pas plus heureusement à la rencontre de Priam, lorsque le père d'Hector se rendait au camp des Grecs. Ta robe annonce un sage, et tes propos sont courts, mais pleins de sens. Je te dirai la vérité : nous cherchons le riche Lasthénès, que ses grands biens font passer pour un homme très-heureux. Il habite sans doute ce palais que j'aperçois au bord du Ladon, et qu'on prendrait pour le temple du dieu de Cyllène ?

— Ce palais, répondit l'inconnu, appartient à Hiéroclès, proconsul d'Achaïe. Vous êtes arrivés à l'enclos de l'hôte que vous cherchez, et le toit de chaume que vous entrevoyez sur la croupe de la montagne est la demeure de Lasthénès. »

En achevant ces mots, l'étranger ouvrit une barrière, prit les mules par le frein et fit entrer le char dans l'enclos.

« Seigneur, dit-il alors à Démodocus, on fait aujourd'hui la moisson : si votre serviteur veut conduire vos mules à l'habitation prochaine, je vous montrerai le champ où vous trouverez la famille de Lasthénès.

Démodocus et Cymodocée descendirent du char et marchèrent avec l'étranger. Ils suivirent quelque temps un sentier tracé au milieu des vignes, sur un terrain penchant, où croissaient çà et là quelques hêtres d'une grosseur démesurée. Ils aperçurent bientôt un champ hérissé de faisceaux de gerbes, et couvert d'hommes et de femmes qui s'empressaient, les uns à charger des chariots, les autres à couper et à lier des épis. En arrivant au milieu des moissonneurs, l'inconnu s'écria :

« Le Seigneur soit avec vous! »

Et les moissonneurs répondirent :

« Dieu vous donne sa bénédiction! »

Et ils chantaient, en travaillant, un cantique sur un air grave. Des glaneuses les suivaient en cueillant les épis qu'ils laissaient exprès derrière eux : leur maître l'avait ordonné ainsi, afin que ces pauvres femmes pussent ramasser un peu de blé sans honte. Cymodocée reconnut de loin le jeune homme de la forêt; il était assis, avec sa mère et ses sœurs, sur des gerbes, à l'ombre d'un andrachné. La famille se leva et s'avança vers les étrangers.

« Séphora, dit le guide de Démodocus, ma chère épouse, remercions la Providence qui nous envoie des voyageurs.

— Comment! s'écria le père de Cymodocée, c'était là le

riche Lasthénès, et je ne l'ai pas reconnu ! Ah ! combien les dieux se jouent du discernement des hommes ! Je t'ai pris pour l'esclave chargé par son maître d'exercer les devoirs de l'hospitalité. »

Lasthénès s'inclina.

Eudore, les yeux baissés et donnant sa main à la plus jeune de ses sœurs, se tenait respectueusement derrière sa mère.

« Mon hôte, dit Démodocus, et vous, sage épouse de Lasthénès, semblable à la mère de Télémaque, votre fils vous a sans doute appris ce qu'il a fait pour ma fille, que les Faunes avaient égarée dans les bois. Montrez-moi le noble Eudore, que je l'embrasse comme mon fils !

— Voilà Eudore, derrière sa mère, répondit Lasthénès. J'ignore ce qu'il a fait pour vous : il ne nous en a pas parlé. »

Démodocus resta confondu.

« Quoi ! pensait-il en lui-même, ce simple pasteur est le guerrier qui triompha de Carrausius, le tribun de la légion britannique, l'ami du prince Constantin ! »

Revenu enfin de son premier étonnement, le prêtre d'Homère s'écria :

« J'aurais dû reconnaître Eudore à sa taille de héros, moins haute cependant que celle de Lasthénès, car les enfants n'ont plus la force de leurs pères. O toi qui pourrais être le plus jeune de mes fils ! que les dieux t'accordent ce que tu désires ! Je t'apporte une coupe d'un prix inestimable : mon esclave l'ôtera de mon char, et tu la recevras de mes mains. »

Eudore se hâta de répondre :

« J'accepterai le présent que vous m'offrez, s'il n'a pas servi à vos sacrifices. »

Le jour n'étant pas encore à sa fin, la famille invita les deux étrangers à se reposer avec elle au bord d'une source. Les sœurs d'Eudore, assises aux pieds de leurs parents, tressaient des couronnes de fleurs rouges et bleues, pour une fête prochaine. On voyait un peu plus loin les urnes et les coupes des moissonneurs, et, à l'ombre de quelques gerbes plantées debout, un enfant était endormi dans un berceau.

« Mon hôte, dit Démodocus à Lasthénès, tu me sembles mener ici la vie du divin Nestor. Je ne me souviens pas d'avoir vu la peinture d'une scène pareille, si ce n'est sur le bouclier d'Achille. Vulcain y avait gravé un roi au milieu des moissonneurs; ce pasteur des peuples, plein de joie, tenait en silence son sceptre levé au milieu des sillons. Il ne manque ici que le sacrifice du taureau sous le chêne de Jupiter. Quelle abondante moisson! que d'esclaves laborieux et fidèles !

— Ces moissonneurs ne sont plus mes esclaves, répliqua Lasthénès; ma religion me défend d'en avoir; je leur ai donné la liberté.

— Lasthénès, dit alors Démodocus, je commence à comprendre que la renommée, cette voix de Jupiter, m'avait appris la vérité : tu auras sans doute embrassé cette secte nouvelle qui adore un Dieu inconnu à nos ancêtres.

Lasthénès répondit :

« Je suis chrétien. »

Le descendant d'Homère demeura quelque temps interdit ; puis, reprenant la parole :

« Mon hôte, dit-il, pardonne à ma franchise : j'ai toujours obéi à la vérité, fille de Saturne et mère de la Vertu. Les dieux sont justes : comment pourrais-je concilier la prospérité qui t'environne et les impiétés dont on accuse les chrétiens? »

Lasthénès répondit :

« Voyageur, les chrétiens ne sont point des impies, et vos dieux ne sont ni justes ni injustes : ils ne sont rien. Si mes champs et mes troupeaux prospèrent entre les mains de ma famille, c'est qu'elle est simple de cœur, et soumise à la volonté de celui qui est le seul et véritable Dieu. Le ciel m'a donné la chaste épouse que vous me voyez, je ne lui ai demandé qu'une constante amitié, l'humilité et la chasteté d'une femme. Dieu a béni mes intentions; il m'a donné des enfants soumis, qui sont la couronne des vieillards. Ils aiment leurs parents, et ils sont heureux parce qu'ils sont attachés au toit de leur père. Mon épouse et moi, nous avons vieilli ensemble, et que Dieu lui rende sept fois la paix qu'elle m'a donnée ! Elle ne sera jamais aussi heureuse que je le désire. »

Ainsi le cœur de ce chrétien des anciens jours s'épanouissait en parlant de son épouse. Cymodocée l'écoutait avec amour : la beauté de ces mœurs pénétrait l'âme de cette jeune infidèle; et Démodocus lui-même avait besoin de se rappeler Homère et tous ses dieux pour n'être pas entraîné par la force de la vérité.

Après quelques moments, le père de Cymodocée dit à Lasthénès :

« Tu me sembles tout à fait des temps antiques, et cependant je n'ai point vu tes paroles dans Homère ! Ton silence a la dignité du silence des sages. Tu t'élèves à des sentiments pleins de majesté, non sur les ailes d'or d'Euripide, mais sur les ailes célestes de Platon. Au milieu d'une douce abondance, tu jouis des grâces de l'amitié; rien n'est forcé autour de toi : tout est contentement, persuasion, amour. Puisses-tu conserver longtemps ton bonheur et tes richesses !

— Je n'ai jamais cru, répondit Lasthénès, que ces richesses fussent à moi : je les recueille pour mes frères les chrétiens, pour les gentils, pour les voyageurs, pour tous les infortunés. Dieu m'en a donné la direction; Dieu me l'ôtera peut-être : que son saint nom soit béni ! »

Comme Lasthénès achevait de prononcer ces paroles, le soleil descendit sur les sommets du Pholoé, vers l'horizon éclatant d'Olympie; l'astre agrandi parut un moment immobile, suspendu au-dessus de la montagne, comme un large bouclier d'or. Les bois de l'Alphée et du Ladon, les neiges lointaines du Telphusse et du Lycée, se couvrirent de roses; les vents tombèrent et les vallées de l'Arcadie demeurèrent dans un repos universel. Les moissonneurs quittèrent alors leur ouvrage : la famille, accompagnée des étrangers, reprit le chemin de la maison. Les maîtres et les serviteurs marchaient pêle-mêle, portant les divers instruments du labourage; ils étaient suivis de mulets au pied sûr, chargés de bois coupé sur les hauteurs et de bœufs traînant lentement les équipages champêtres renversés, ou les chariots tremblant sous le poids des gerbes.

En arrivant à la maison, on entendit le son d'une cloche.

« Nous allons faire la prière du soir, dit Lasthénès à Démodocus. Nous permettrez-vous de vous quitter un moment? ou préférez-vous nous suivre?

— Me préservent les dieux de mépriser les Prières, s'écria Démodocus, ces filles boiteuses de Jupiter, qui peuvent seules apaiser la colère d'Até! »

On s'assemble aussitôt dans une cour entourée de granges et des étables des troupeaux. Quelques ruches d'abeilles y répandaient une agréable odeur, mêlée au parfum du lait des génisses qui revenaient des pâturages. Au milieu de cette cour, on voyait un puits dont les deux poteaux, couverts de lierre, étaient surmontés de deux aloès qui croissaient dans des corbeilles. Un noyer, planté par l'aïeul de Lasthénès, couvrait le puits de son ombre. Lasthénès, la tête nue et le visage tourné vers l'orient, se plaça debout sous l'arbre domestique. Les bergers et les moissonneurs se mirent à genoux sur du chaume nouveau, autour de leur maître. Le père de famille prononça à haute voix cette prière, qui fut répétée par ses enfants et par ses serviteurs :

« Seigneur, daignez visiter cette demeure pendant la nuit, et en écarter les vains songes! Nous allons quitter les vêtements du jour; couvrez-nous de la robe d'innocence et d'immortalité, que nous avons perdue par la désobéissance de nos premiers pères. Lorsque nous serons endormis dans le sépulcre, ô Seigneur ! faites que nos âmes reposent avec vous dans le ciel. »

Quand cela fut fait, on entra dans la maison, où se préparait le repas de l'hospitalité. Un homme et une femme parurent, portant deux grands vases d'airain pleins d'une eau échauffée par la flamme. Le serviteur lava les pieds de Démodocus ; la servante, ceux de la fille de Démodocus ; et, après les avoir oints d'une huile de parfums d'un grand prix, elle les essuya avec un lin blanc. La fille aînée de Lasthénès, du même âge que Cymodocée, descendit dans un souterrain frais et voûté. On conservait dans ce lieu toutes sortes de choses pour la vie de l'homme. Sur des planches de chêne attachées aux parois du mur, on voyait des outres remplies d'une huile aussi douce que celle de l'Attique ; des mesures de pierre en forme d'autel, ornées de têtes de lion, et qui contenaient la fine fleur du froment ; des vases de miel de Crète, moins blanc, mais plus parfumé que celui d'Hybla ; et des amphores pleines d'un vin de Chio, devenu comme un baume par le long travail des ans. La fille de Lasthénès remplit une urne de cette liqueur bienfaisante, propre à réjouir le cœur de l'homme dans l'aimable familiarité d'un repas.

Cependant les serviteurs ne savaient s'ils devaient apprêter le festin sous la vigne ou sous le figuier, comme dans un jour de réjouissance. Ils vont consulter leur maître : Lasthénès leur ordonne de dresser dans la salle des Agapes une table d'un buis éclatant. Ils la lavent avec une éponge et la couvrent de corbeilles d'osier, pleines d'un pain sans levain, cuit sous la cendre. Ils apportent ensuite, dans des plats d'une simple argile, des racines, quelques volatiles et des poissons du lac Stymphale, nourriture destinée à la famille ; mais on servit pour les étrangers un chevreau qui avait à peine goûté l'arbousier du mont Aliphère et le cytise du vallon de Ménélée.

Au moment où les convives allaient s'approcher de la mense hospitalière, une servante vint dire à Lasthénès qu'un vieillard monté sur un âne, et tout semblable à l'époux de Marie, s'avançait par l'avenue des cèdres. On vit bientôt entrer un homme d'un visage vénérable, portant, sous un manteau blanc, un habit de pasteur. Il n'était pas naturellement chauve, mais sa tête avait été jadis dépouillée par la flamme, et son front montrait encore les cicatrices du martyre qu'il avait éprouvé sous Valérien. Une barbe blanche lui descendait jusqu'à la ceinture. Il s'appuyait sur un bâton en forme de houlette, que lui avait envoyé l'évêque de Jérusalem : simple présent que se faisaient les premiers Pères de l'Église, comme l'emblème de leur fonction pastorale et du pèlerinage de l'homme ici-bas.

C'était Cyrille, évêque de Lacédémone : laissé pour mort par les bourreaux dans une persécution contre les chrétiens, il avait été élevé malgré lui au sacerdoce. Il se cacha longtemps pour se dérober à la dignité épiscopale ; mais son humilité fut inutile : Dieu révéla aux fidèles la retraite de son serviteur. Lasthénès et sa famille le reçurent avec les marques du plus profond respect. Ils se prosternèrent devant lui, baisèrent ses pieds sacrés, chantèrent Hosanna et le saluèrent du nom de très-saint, de très-cher à Dieu.

« Par Apollon, s'écria Démodocus agitant sa branche de laurier entourée de bandelettes, voilà le plus auguste vieillard qui se soit jamais offert à mes yeux ! O toi qui es chargé de jours ! quel est ce sceptre que tu portes ? es-tu un roi, ou un prêtre consacré aux autels des dieux ? Apprends-moi le nom de la divinité que tu sers, afin que je lui immole des victimes. »

Cyrille regarda quelque temps avec surprise Démodocus ; puis, laissant échapper un aimable sourire :

« Seigneur, dit-il, ce sceptre est la houlette qui me sert à conduire mon troupeau : car je ne suis point un roi, mais un pasteur. Le Dieu qui reçoit mon sacrifice est né parmi les bergers dans une crèche. Si vous voulez, je vous apprendrai à le connaître : pour toute victime, il ne vous demandera que l'offrande de votre cœur. »

Cyrille, se tournant alors vers Lasthénès :

« Vous savez le sujet qui m'amène. La pénitence publique de notre Eudore remplit nos frères d'admiration ; chacun en veut pénétrer la cause. Il m'a promis de me raconter son histoire ; et, dans les deux journées que je viens passer avec vous, j'espère qu'il voudra me satisfaire. »

Les serviteurs approchèrent alors les siéges de la table. Le prêtre d'Homère prit sa place à côté du prêtre du Dieu de Jacob. La famille se rangea autour du festin. Démodocus, saisissant une coupe, allait faire une libation aux pénates de Lasthénès ; l'évêque de Lacédémone, l'arrêtant avec bénignité :

« Notre religion nous défend ces signes d'idolâtrie : vous ne voudriez pas nous affliger. »

La conversation fut tranquille et pleine de cordialité. Eudore lut, pendant une partie du repas, quelques instructions tirées de l'*Évangile* et des *Actes des Apôtres ;* Cyrille commenta, de la manière la plus affectueuse, ce que dit saint Paul sur les devoirs des époux. Cymodocée tremblait ; des larmes roulaient, comme des perles, le long de ses joues virginales ; Eudore éprouvait le même charme ; les maîtres et les serviteurs étaient attendris. Ceci, avec l'action de grâces, fut le repas du soir chez les chrétiens.

Le repas fini, on alla s'asseoir à la porte du verger, sur un banc de pierre qui servait de tribunal à Lasthénès, lorsqu'il rendait la justice à ses serviteurs.

Ainsi qu'un simple pasteur que le sort destine à la gloire, l'Alphée roulait au bas de ce verger, sous une ombre champêtre, des flots que les palmes de Pise allaient bientôt couronner. Descendu du bois de Vénus et du tombeau de la nourrice d'Esculape, le Ladon serpentait dans les riantes prairies et venait mêler son cristal pur au cours de l'Alphée.

Les profondes vallées, arrosées par les deux fleuves, étaient plantées de myrtes, d'aunes et de sycomores. Un amphithéâtre de montagnes terminait le cercle entier de l'horizon. La cime de ces montagnes était couverte d'épaisses forêts peuplées d'ours, de cerfs, d'ânes sauvages et de monstrueuses tortues, dont l'écaille servait à faire des lyres. Vêtus d'une peau de sanglier, des pasteurs conduisaient, parmi les roches et les pins, de grands troupeaux de chèvres.

Tout était grave et riant, simple et sublime, dans ce tableau. La lune décroissante paraissait au milieu du ciel, comme les lampes demi-circulaires que les premiers fidèles allumaient aux tombeaux des martyrs. La famille de Lasthénès, qui contemplait cette scène solitaire, n'était point alors occupée des vaines curiosités de la Grèce. Cyrille s'humiliait devant la puissance qui cache des sources dans le sein des rochers, et dont les pas font tressaillir les montagnes comme l'agneau timide ou le bélier bondissant. Il admirait cette sagesse qui s'élève comme un cèdre du Liban, comme un plane aux bords des eaux. Mais Démodocus, qui désirait faire éclater les talents de sa fille, interrompit ces méditations :

« Jeune élève des Muses, dit-il à Cymodocée, charme tes vénérables hôtes. Une douce complaisance fait toute la grâce de la vie, et Apollon retire ses dons aux esprits orgueilleux. Montre-nous que tu descends d'Homère. Les poètes sont les législateurs des hommes et les précepteurs de la sagesse. Lorsque Agamemnon partit pour les rivages de Troie, il laissa un chantre divin auprès de Clytemnestre, afin de lui rappeler la vertu. »

Ainsi parla Démodocus. Eudore va chercher une lyre et la présente à la jeune Grecque, qui prononça quelques mots confus, mais d'une merveilleuse douceur. Elle se leva ensuite, et, après avoir préludé sur des tons divers, elle fit entendre sa voix mélodieuse.

Elle commença par l'éloge des Muses.

« C'est vous, dit-elle, qui avez tout enseigné aux hommes; vous êtes l'unique consolation de la vie; vous prêtez des soupirs à nos douleurs et des harmonies à nos joies. L'homme n'a reçu du ciel qu'un talent, la divine poésie, et c'est vous qui lui avez fait ce présent inestimable. O filles de Mnémosyne, qui chérissez les bois de l'Olympe, les vallons de Tempé et les eaux de Castalie! soutenez la voix d'une vierge consacrée à vos autels. »

Après cette invocation, Cymodocée chanta la naissance des dieux : Jupiter sauvé de la fureur de son père; Minerve sortie du cerveau de Jupiter; Hébé, fille de Junon; Vénus née de l'écume des flots, et les Grâces dont elle fut la mère. Elle dit aussi la naissance de l'homme animé par le feu de Prométhée, Pandore et sa boîte fatale; le genre humain reproduit par Deucalion et Pyrrha. Elle raconta les métamorphoses des dieux et des hommes, les Héliades changées en peupliers, et l'ambre de leurs pleurs roulé par les flots de l'Éridan. Elle dit Daphné, Baucis, Philomèle, Atalante, les larmes de l'Aurore devenues la rosée, la couronne d'Ariadne attachée au firmament. Elle ne vous oublia point, fontaines, et vous, fleuves nourriciers des beaux ombrages. Elle nomma avec honneur le vieux Pénée, l'Ismène et l'Érymanthe, le Méandre qui fait tant de détours, le Scamandre si fameux, le Sperchius aimé des poëtes, l'Eurotas chéri de l'épouse de Tyndare, et le fleuve que les cygnes de Méonie ont tant de fois charmé par la douceur de leurs chants.

Mais comment aurait-elle passé sous silence les héros célébrés par Homère? S'animant d'un feu nouveau, elle chanta la colère d'Achille, qui fut si pernicieuse aux Grecs; Ulysse, Ajax et Phœnix dans la tente de l'ami de Patrocle; Andromaque aux portes Scées; Priam aux genoux du meurtrier d'Hector. Elle dit les chagrins de Pénélope, la reconnaissance de Télémaque et d'Ulysse chez Eumée, la mort du chien fidèle, le vieux Laërte sarclant son jardin des champs et pleurant à l'aspect des treize poiriers qu'il avait donnés à son fils.

Cymodocée ne put chanter les vers de son immortel aïeul sans consacrer quelques accents à sa mémoire. Elle représenta la pauvre et vertueuse mère de Mélésigènes rallumant sa lampe et prenant ses fuseaux au milieu de la nuit, afin d'acheter du prix de ses laines un peu de blé pour nourrir son fils. Elle dit comment Mélésigènes devint aveugle et reçut le nom d'Homère, comment il allait de ville en ville demandant l'hospitalité, comment il chantait ses vers sous le peuplier d'Hylé. Elle raconta ses longs voyages, sa nuit passée sur le rivage de l'île de Chio, son aventure avec les chiens de Glaucus. Enfin, elle parla des jeux funèbres du roi d'Eubée, où Hésiode osa disputer à Homère le prix de la poésie; mais elle supprima le jugement des vieillards qui couronnèrent le chantre des *Travaux et des Jours*, parce que ses leçons étaient plus utiles aux hommes.

Cymodocée se tut; sa lyre demeura muette entre ses bras. La prêtresse des Muses était debout, et les zéphyrs du Ladon et de l'Alphée faisaient voltiger ses cheveux noirs autour des cordes de sa lyre. Enveloppée dans ses voiles blancs, éclairée par les rayons de la lune, cette jeune fille semblait une apparition céleste. Démodocus, ravi, demandait en vain une coupe pour faire une libation au dieu des vers. Voyant que les chrétiens gardaient le silence et ne donnaient pas à sa Cymodocée les éloges qu'elle semblait mériter :

« Mes hôtes, s'écria-t-il, ces chants vous seraient-ils désagréables? Les mortels et les dieux se laissent pourtant toucher à l'harmonie? Orphée charma l'inexorable Pluton ; les Parques mêmes, vêtues de blanc et assises sur l'essieu d'or du monde, écoutent la mélodie des sphères : ainsi le raconte Pythagore, qui commerçait avec l'Olympe. Les hommes des anciens temps, renommés par leur sagesse, trouvaient la musique si belle, qu'ils lui donnèrent le nom de Loi. Pour moi, une divinité me contraint de l'avouer, si cette prêtresse des Muses n'était pas ma fille, j'aurais pris sa voix pour celle de la colombe qui portait, dans les forêts de la Crète, l'ambroisie à Jupiter.

— Ce ne sont pas les chants mêmes, mais le sujet des chants de cette jeune femme, qui cause notre silence, répondit Cyrille. Un jour viendra, peut-être, que les mensonges de la naïve antiquité ne seront plus que des fables ingénieuses, objets des chansons du poëte. Mais aujourd'hui ils offusquent votre esprit, ils vous tiennent pendant la vie sous un joug indigne de la raison de l'homme, et perdent votre âme après la mort. Ne croyez pas toutefois que nous soyons insensibles au charme d'une douce musique. Notre religion n'est-elle pas harmonie et amour? Combien votre aimable fille, que vous comparez si justement à une colombe trouverait des soupirs plus touchants encore si la pudeur du sujet répondait à l'innocence de la voix! Pauvre tourterelle délaissée, allez sur la montagne où l'épouse attendait l'époux; envolez-vous vers ces bois mystiques où les filles de Jérusalem prêteront l'oreille à vos plaintes. »

Cyrille, s'adressant alors au fils de Lasthénès :

« Mon fils, montrez à Démodocus que nous ne méritons pas le reproche qu'il nous fait. Chantez-nous ces fragments des livres saints que nos frères les Apollinaires ont arrangés pour la lyre, afin de prouver que nous ne sommes point ennemis de la belle poésie et d'une joie innocente. Dieu s'est souvent servi de nos cantiques pour toucher les cœurs infidèles. »

Aux branches d'un saule voisin était suspendue une lyre plus forte et plus grande que la lyre de Cymodocée : c'était un cinnor hébreu. Les cordes en étaient détendues par la rosée de la nuit. Eudore détacha l'instrument; et, après l'avoir accordé, il parut au milieu de l'assemblée, comme le jeune David, prêt à chasser, par les sons de sa harpe, l'esprit qui s'était emparé du roi Saül. Cymodocée alla s'asseoir auprès de Démodocus. Alors Eudore, levant les yeux vers le firmament chargé d'étoiles, entonna son noble cantique.

Il chanta la naissance du chaos, la lumière qu'une parole a faite, la terre produisant les arbres et les animaux, l'homme créé à l'image de Dieu et animé d'un souffle de vie, Ève tirée du côté d'Adam, la joie et la douleur de la femme à son premier enfantement, les holocaustes de Caïn et d'Abel, le meurtre d'un frère et le sang de l'homme criant pour la première fois vers le ciel.

Passant aux jours d'Abraham, et adoucissant les sons de sa lyre, il dit le palmier, le puits, le chameau, l'onagre du désert, le patriarche voyageur assis devant sa tente, les troupeaux de Galaad, les vallées du Liban, les sommets d'Hermon, d'Oreb et de Sinaï, les rosiers de Jéricho, les cyprès de Cadès, les palmes d'Idumée, Éphraïm et Sichem, Sion et Solyme, le torrent des Cèdres et les eaux sacrées du Jourdain. Il dit les juges assemblés aux portes de la ville, Booz au milieu des moissonneurs, Gédéon battant son blé et recevant la visite d'un ange, le vieux Tobie allant au-devant de son fils annoncé par le chien fidèle, Agar détournant la tête pour ne pas voir mourir Ismaël. Mais, avant de chanter Moïse chez les pasteurs de Madian, il raconta l'aventure de Joseph reconnu par ses frères, ses larmes, celles de Benjamin, Jacob présenté à Pharaon, et le patriarche porté après sa mort à la cave de Membré, pour y dormir avec ses pères

Changeant encore le mode de sa lyre, Eudore répéta le cantique du saint roi Ézéchias, et celui des Israélites exilés au bord des fleuves de Babylone ; il fit gémir la voix de Rama et soupirer le fils d'Amos :

« Pleurez, portes de Jérusalem ! O Sion ! tes prêtres et tes enfants sont emmenés en esclavage. »

Il chanta les nombreuses vanités de l'homme : vanité des richesses, vanité de la science, vanité de la gloire, vanité de l'amitié, vanité de la vie, vanité de la postérité! Il signala la fausse prospérité de l'impie, et préféra le juste mort au méchant qui lui survit. Il fit l'éloge du pauvre vertueux et de la femme forte.

« Elle a cherché la laine et le lin, elle a travaillé avec des mains sages et ingénieuses ; elle se lève pendant la nuit pour distribuer l'ouvrage à ses domestiques et le pain à ses servantes ; elle est revêtue de beauté. Ses fils se sont levés et ont publié qu'elle était heureuse ; son mari s'est levé et l'a louée.

« O Seigneur ! s'écria le jeune chrétien enflammé par ces images, c'est vous qui êtes le véritable souverain du ciel. Vous avez marqué son lieu à l'aurore. A votre voix, le soleil s'est levé dans l'orient ; il s'est avancé comme un géant superbe. Vous appelez le tonnerre, et le tonnerre tremblant vous répond : « Me voici. » Vous abaissez la hauteur des cieux ; votre esprit vole dans les tourbillons ; la terre tremble au souffle de votre colère ; les morts épouvantés fuient de leurs tombeaux ! O Dieu ! que vous êtes grand dans vos œuvres ! qu'est-ce que l'homme, pour que vous y attachiez votre cœur ? Et pourtant il est l'objet éternel de votre complaisance inépuisable ! Dieu fort, Dieu clément, Essence incréée, Ancien des jours, gloire à votre puissance, amour à votre miséricorde ! »

Ainsi chante le fils de Lasthénès. Cet hymne de Sion retentit au loin dans les antres de l'Arcadie, surpris de répéter, au lieu des sons efféminés de la flûte de Pan, les mâles accords de la harpe de David. Démodocus et sa fille étaient trop étonnés pour donner des marques de leur émotion. Les vives clartés de l'Écriture avaient comme ébloui leurs cœurs, accoutumés à ne recevoir qu'une lumière mêlée d'ombres ; ils ne savaient quelles divinités Eudore avait célébrées, mais ils le prirent lui-même pour Apollon, et ils lui voulaient consacrer un trépied d'or que la flamme n'avait point touché. Cymodocée se souvenait surtout de l'éloge de la femme forte, et elle se promettait d'essayer ce chant sur la lyre. D'une autre part, la famille chrétienne était plongée dans les pensées les plus sérieuses ; ce qui n'était pour les étrangers qu'une poésie sublime était pour elle de profonds mystères et d'éternelles vérités. Le silence de l'assemblée aurait duré longtemps, s'il n'avait été interrompu tout à coup par les applaudissements des bergers. Le vent avait porté à ces pasteurs la voix de Cymodocée et d'Eudore : ils étaient descendus en foule de leurs montagnes pour écouter ces concerts ; ils crurent que les Muses et les Sirènes avaient renouvelé au bord de l'Alphée le combat qu'elles s'étaient livré jadis, quand les filles de l'Achéloüs, vaincues par les doctes sœurs, furent contraintes de se dépouiller de leurs ailes.

La nuit avait passé le milieu de son cours. L'évêque de Lacédémone invite ses hôtes à la retraite. Comme le vigneron fatigué au bout de sa journée, il appelle trois fois le Seigneur et adore. Alors les chrétiens, après s'être donné le baiser de paix, rentrent sous leur toit, chastement recueillis.

Démodocus fut conduit par un serviteur au lieu qu'on avait préparé pour lui, non loin de l'appartement de Cymodocée. Cyrille, après avoir médité la parole de vie, se jeta sur une couche de roseaux. Mais à peine avait-il fermé les yeux, qu'il eut un songe : il lui sembla que les blessures de son ancien martyre se rouvraient, et qu'avec un plaisir ineffable il sentait de nouveau son sang couler pour Jésus-Christ. En même temps, il vit une jeune femme et un jeune homme resplendissants de lumière, monter de la terre aux cieux : avec la palme qu'ils tenaient à la main, ils lui faisaient signe de les suivre ; mais il ne put distinguer leur visage, parce que leur tête était voilée. Il se réveilla, plein d'une sainte agitation ; il crut reconnaître dans ce songe quelque avertissement pour les chrétiens. Il se mit à prier avec abondance de larmes, et on l'entendit plusieurs fois s'écrier dans le silence de la nuit :

« O mon Dieu, s'il faut encore des victimes, prenez-moi pour le salut de votre peuple. »

LIVRE TROISIÈME

SOMMAIRE

La prière de Cyrille monte au trône du Tout-Puissant. Le ciel. Les anges, les saints. Tabernacle de la mère du Sauveur. Sanctuaire du Fils et du Père. L'Esprit-Saint. La Trinité. La prière de Cyrille se présente devant l'Éternel. L'Éternel la reçoit, mais il déclare que l'évêque de Lacédémone n'est point la victime qui doit racheter les chrétiens. Eudore est la victime choisie. Motifs de ce choix. Les milices célestes prennent les armes. Cantique des saints et des anges.

Les dernières paroles de Cyrille montèrent au trône de l'Éternel. Le Tout-Puissant agréa le sacrifice; mais l'évêque de Lacédémone n'était point la victime que Dieu, dans sa colère et dans sa miséricorde, avait choisie pour expier les fautes des chrétiens.

Au centre des mondes créés, au milieu des astres innombrables qui lui servent de remparts, d'avenues et de chemins, flotte cet immense cité de Dieu, dont la langue d'un mortel ne saurait raconter les merveilles. L'Éternel en posa lui-même les douze fondements, et l'environna de cette muraille de jaspe que le disciple bien-aimé vit mesurer par l'ange avec une toise d'or. Loin d'ici, monuments de la terre! vous n'approchez point de ces monuments de la cité sainte. La richesse de la matière y dispute le prix à la perfection des formes. Là règnent suspendues des galeries de saphirs et de diamants, faiblement imitées par le génie de l'homme dans les jardins de Babylone; là s'élèvent des arcs de triomphe formés des plus brillantes étoiles; là s'enchaînent des portiques de soleils, prolongés sans fin à travers les espaces du firmament, comme les colonnes de Palmyre dans les sables du désert. Cet architecture est vivante. La cité de Dieu est intelligente elle-même. Rien n'est matière dans les demeures de l'Esprit; rien n'est mort dans les lieux de l'éternelle existence. Les paroles grossières que la Muse est forcée d'employer nous trompent : elles revêtent d'un corps ce qui n'existe que comme un songe divin dans le cours d'un heureux sommeil.

Des jardins délicieux s'étendent autour de la radieuse Jérusalem. Un fleuve découle du trône du Tout-Puissant; il arrose le céleste Éden, et roule dans ses flots l'amour pur et la sapience de Dieu. L'onde mystérieuse se partage en divers canaux qui s'enchaînent, se divisent, se rejoignent, se quittent encore, et font croître la vigne immortelle. L'arbre de vie s'élève sur la colline de l'encens; un peu plus loin, l'arbre de science étend de toutes parts ses racines profondes et ses rameaux innombrables : il porte, cachés sous son feuillage d'or, les secrets de la Divinité, les lois occultes de la nature, les réalités morales et intellectuelles, les immuables principes du bien et du mal. Ces connaissances qui nous enivrent font la nourriture des élus ; car, dans l'empire de la souveraine sagesse, le fruit de science ne donne plus la mort. Les deux grands ancêtres de genre humain viennent souvent verser des larmes (telles que les justes en peuvent répandre) à l'ombre de cet arbre merveilleux.

La lumière qui éclaire ces retraites fortunées se compose des roses du matin, de la flamme du midi et de la pourpre du soir ; toutefois aucun astre ne paraît sur l'horizon resplendissant, aucun soleil ne se lève, aucun soleil ne se couche dans les lieux où rien ne finit, où rien ne commence; mais une clarté ineffable, descendant de toutes parts comme une tendre rosée, entretient le jour éternel de la délectable éternité.

C'est dans les parvis de la cité sainte, et dans les champs qui l'environnent, que sont à la fois réunis ou partagés les chœurs des chérubins et des séraphins, des anges et des archanges, des Trônes et des Dominations : tous sont les ministres des ouvrages et des volontés de l'éternel. A ceux-ci a été donné tout pouvoir sur le feu, l'air, la terre et l'eau, à ceux-là appartient la direction des saisons, des vents et des tempêtes : ils font mûrir les moissons, ils élèvent la jeune fleur, ils courbent le vieil arbre vers la terre. Ce sont eux qui soupirent dans les antiques forêts, qui parlent dans les flots de la mer, et qui versent les fleuves du haut des montagnes. Les uns gardent les vingt mille chariots de guerre de Sabaoth et d'Élohé; les autres veillent au carquois du Seigneur, à ses foudres inévitables, à ses coursiers terribles, qui portent la peste, la guerre, la famine et la mort. Un million de ces génies ardents règlent les mouvements des astres, et se relèvent tour à tour dans ces emplois magnifiques, comme les sentinelles vigilantes d'une grande armée. Nés du souffle de Dieu, à différentes époques, ces anges n'ont pas la même vieillesse dans les générations de l'éternité : un nombre infini d'entre eux fut créé avec l'homme pour soutenir ses vertus, diriger ses passions, et le défendre contre les attaques de l'enfer.

Là sont aussi rassemblés à jamais les mortels qui ont pratiqué la vertu sur la terre : les patriarches, assis sous des palmiers d'or; les prophètes, au front étincelant de deux rayons de lumières; les apôtres, portant sur leur cœur les saints Évangiles; les docteurs, tenant à la main une plume immortelle; les solitaires, retirés dans des grottes célestes; les martyrs, vêtus de robes éclatantes; les vierges, couronnées de roses d'Éden; les veuves, la tête ornée de longs voiles; et toutes ces femmes pacifiques qui, sous de simples habits de lin, se firent les consolatrices de nos pleurs et les servantes de nos misères.

Est-ce l'homme infirme et malheureux qui pourrait parler des félicités suprêmes? Ombres fugitives et déplorables, savons-nous ce que c'est que le bonheur? Lorsque l'âme du chrétien fidèle abandonne son corps, comme un pilote expérimenté quitte le fragile vaisseau que l'Océan engloutit, elle seule connaît la vraie béatitude. Le souverain bien des élus est de savoir que ce bien sans mesure sera sans terme ; ils sont incessamment dans l'état délicieux d'un mortel qui vient de faire une action vertueuse ou héroïque, d'un génie sublime qui enfante une grande pensée, d'un homme qui sent les transports d'un amour légitime ou les charmes d'une amitié longtemps éprouvée par le malheur. Ainsi les nobles passions ne sont point éteintes dans le cœur des justes, mais seulement purifiées : les frères, les époux, les amis, continuent de s'aimer ; et ces attachements, qui vivent et se concentrent dans le sein de la Divinité même, prennent quelque chose de la grandeur et de l'éternité de Dieu.

Tantôt ces âmes satisfaites se reposent ensemble au bord du fleuve de la Sapience et de l'Amour. La beauté et la toute-puissance du Très-Haut sont leur perpétuel entretien :

« O Dieu ! disent-elles, quelle est donc votre grandeur ? Tout ce que vous avez fait naître est renfermé dans les limites du temps : et le temps, qui s'offre aux mortels comme une mer sans bornes, n'est qu'une goutte imperceptible de l'océan de votre éternité. »

Tantôt les prédestinés, pour mieux glorifier le Roi des rois, parcourent son merveilleux ouvrage : la création, qu'ils contemplent des divers points de l'univers, leur présente des spectacles ravissants : tels, si l'on peut comparer les grandes choses aux petits objets, tels se montrent aux yeux du voyageur les champs superbes de l'Indus, les riches vallées de Delhy et de Cachemire, les rivages couverts de perles et parfumés d'ambre, où les flots tranquilles viennent expirer au pied des cannelliers en fleur. La couleur des cieux, la disposition et la grandeur des sphères, qui varient selon les mouvements et les distances, sont pour les esprits bienheureux une source inépuisable d'admiration. Ils aiment à connaître les lois qui font rouler avec tant de légèreté ces corps pesants dans l'éther fluide; ils visitent cette lune paisible qui, pendant le calme des nuits, éclaira leurs prières ou leurs amitiés ici-bas. L'astre humide et tremblant qui précède les pas du matin; cette autre planète qui paraît comme un diamant dans la chevelure d'or du soleil; ce globe à la longue année qui ne marche qu'à la lueur de quatre torches pâlissantes ; cette terre en deuil qui, loin des rayons du jour, porte un anneau, ainsi qu'une veuve inconsolable; tous ces flambeaux errants de la maison de l'homme attirent les méditations des élus. Enfin les âmes prédestinées volent jusqu'à ces mondes dont nos étoiles sont les soleils, et elles entendent les concerts inconnus de la Lyre et du Cygne célestes.

Mais l'objet le plus étonnant offert à la contemplation des saints, c'est l'homme. Ils s'intéressent encore à nos peines et à nos plaisirs; ils écoutent nos vœux; ils prient pour nous; ils sont nos patrons et nos conseils; ils se réjouissent sept fois lorsqu'un pécheur retourne au bercail; ils tremblent d'une charitable frayeur lorsque l'ange de la mort amène une âme craintive aux pieds du souverain Juge. Mais, s'ils voient nos passions à découvert, ils ignorent toutefois par quel art tant d'éléments opposés sont confondus dans notre sein : Dieu, qui permet aux bienheureux de pénétrer les lois de l'univers, s'est réservé le merveilleux secret du cœur de l'homme.

C'est dans cette extase d'admiration et d'amour, dans ces transports d'une joie sublime, ou dans ces mouvements d'une tendre tristesse, que les élus répètent ce cri de trois fois Saint, qui ravit éternellement les cieux. Le roi-prophète règle la mélodie divine; Asaph, qui soupira les douleurs de David, conduit les instruments animés par le souffle; et les fils de Coré gouvernent les harpes, les lyres et les psaltérions qui frémissent sous la main des anges. Les six jours de la création, le repos du Seigneur, les fêtes de l'ancienne et de la nouvelle loi, sont célébrés tour à tour dans les royaumes incorruptibles. Alors les dômes sacrés se couronnent d'une auréole plus vive; alors, du trône du Dieu, de la lumière même répandue dans les demeures intellectuelles, s'échappent des sons si suaves et si délicats, que nous ne pourrions les entendre sans mourir. Muse, où trouveriez-vous des images pour peindre ces solennités angéliques? Serait-ce sous les pavillons des princes de l'Orient, lorsque, assis sur un trône étincelant de pierreries, le monarque assemble sa pompeuse cour? Ou bien, ô Muse! rappelleriez-vous le souvenir de la terrestre Jérusalem, quand Salomon voulut dédier au Seigneur le sanctuaire du peuple fidèle? Le bruit éclatant des trompettes ébranlait les sommets de Sion; les lévites redisaient en chœur le cantique des degrés; les anciens d'Israël marchaient avec Salomon devant les tables de Moïse; le grand sacrificateur immolait des victimes sans nombre; les filles de Juda formaient des pas cadencés autour de l'arche d'alliance; leurs danses, aussi pieuses que leurs hymnes, étaient des louanges au Créateur.

Les concerts de la Jérusalem céleste retentissent surtout au tabernacle très-pur qu'habite dans la cité de Dieu l'adorable Mère du Sauveur. Environnée du chœur des veuves, des femmes fortes et des vierges sans tache, Marie est assise sur un trône de candeur. Tous les soupirs de la terre montent vers ce trône par des routes secrètes; la Consolatrice des affligés entend le cri de nos misères les plus cachées; elle porte aux pieds de son Fils, sur l'autel des parfums, l'offrande de nos pleurs; et, afin de rendre l'holocauste plus efficace, elle y mêle quelques-unes de ses larmes divines. Les esprits gardiens des hommes viennent sans cesse implorer, pour leurs amis mortels, la Reine des miséricordes. Les doux séraphins de la grâce et de la charité la servent à genoux; autour d'elle se réunissent encore les personnages touchants de la crèche, Gabriel, Anne et Joseph; les bergers de Bethléem, et les mages de l'Orient. On voit aussi s'empresser dans ce lieu les enfants morts en entrant à la vie, et qui, transformés en petits anges, semblent être devenus les compagnons du Messie au berceau. Ils balancent devant leur mère céleste des encensoirs d'or, qui s'élèvent et retombent avec un bruit harmonieux, et d'où s'échappent en vapeur légère les parfums d'amour et d'innocence.

Des tabernacles de Marie on passe au sanctuaire du Sauveur des hommes : c'est là que le Fils conserve par ses regards les mondes que le Père a créés ; il est assis à une table mystique : vingt-quatre vieillards, vêtus de robes blanches et portant des couronnes d'or, sont placés sur des trônes à ses côtés. Près de lui est son char vivant, dont les roues lancent des foudres et des éclairs. Lorsque le Désiré des nations daigne se manifester aux élus dans une vision intime et complète, les élus tombent comme morts devant sa face; mais il étend sa droite, et leur dit :

« Relevez-vous, ne craignez rien, vous êtes les bénis de mon Père; regardez-moi; je suis le Premier et le Dernier. »

Par delà le sanctuaire du Verbe s'étendent sans fin des espaces de feu et de lumière. Le Père habite au fond de ces abîmes de vie. Principe de tout ce qui fut, est et sera, le passé, le présent et l'avenir se confondent en lui. Là sont cachées les sources des vérités incompréhensibles au ciel même : la liberté de l'homme, et la prescience de Dieu; l'être qui peut tomber dans le néant, et le néant qui peut devenir l'être; là surtout s'accomplit, loin de l'œil des anges, le mystère de la Trinité. L'Esprit qui remonte et descend sans cesse du Fils au Père, et du Père au Fils, s'unit avec eux dans ces profondeurs impénétrables. Un triangle de feu paraît alors à l'entrée du Saint des saints : les globes s'arrêtent de respect et de crainte, l'Hosanna des anges est suspendu, les milices immortelles ne savent quels seront les décrets de l'Unité vivante; elles ne savent si le trois fois

Saint ne va point changer sur la terre et dans le ciel les formes matérielles et divines, ou si, rappelant à lui les principes des êtres, il ne forcera point les mondes à rentrer dans le sein de son éternité.

Les essences primitives se séparent, le triangle de feu disparaît : l'oracle s'entr'ouvre, et l'on aperçoit les trois Puissances. Porté sur un trône de nuées, le Père tient un compas à la main; un cercle est sous ses pieds; le Fils, armé de la foudre, est assis à sa droite; l'Esprit s'élève à sa gauche comme une colonne de lumière. Jéhovah fait un signe, et les temps rassurés reprennent leurs cours, et les frontières du chaos se retirent, et les astres poursuivent leurs chemins harmonieux. Les cieux prêtent alors une oreille attentive à la voix du Tout-Puissant, qui déclare quelques-uns de ses desseins sur l'univers.

A l'instant où la prière de Cyrille parvint au trône éternel, les trois Personnes se montraient ainsi aux yeux éblouis des anges. Dieu voulait couronner la vertu de Cyrille, mais le saint prélat n'était point la victime de prédilection désignée pour la persécution nouvelle; il avait déjà souffert au nom du Sauveur, et la justice du Tout-Puissant demandait une hostie entière.

A la voix de son vénérable martyr, le Christ s'inclina devant l'Arbitre des humains, et fit trembler dans l'immensité de l'espace tout ce qui n'était pas le marchepied de Dieu. Il ouvre ses lèvres, où respire la loi de clémence, pour présenter à l'Ancien des jours le sacrifice de l'évêque de Lacédémone. Les accents de sa voix sont plus doux que l'huile de justice dont Salomon fut sacré, plus purs que la fontaine de Samarie, plus aimables que le murmure des oliviers en fleur balancés au souffle du printemps, dans les jardins de Nazareth, ou dans les vallons du Thabor.

Imploré par le Dieu de mansuétude et de paix en faveur de l'Église menacée, le Dieu fort et terrible fit connaître aux cieux ses desseins sur les fidèles. Il ne prononça qu'une parole, mais une de ces paroles qui fécondent le néant, qui font naître la lumière, ou qui renferment les destinées des empires.

Cette parole dévoile soudain aux légions des anges, aux chœurs des vierges, des saints, des rois, des martyrs, le secret de la sagesse. Ils voient dans le mot du souverain Juge, ainsi que dans un rayon limpide du jour, les conceptions du passé, les préparations du présent, et les événements de l'avenir.

Le moment est arrivé où les peuples, soumis aux lois du Messie, vont enfin goûter sans mélange la douceur de ces lois propices. Assez longtemps l'idolâtrie éleva ses temples auprès des autels du Fils de l'homme; il faut qu'elle disparaisse du monde. Déjà est né le nouveau Cyrus qui brisera les derniers simulacres des esprits de ténèbres, et mettra le trône des Césars à l'ombre des saints tabernacles. Mais les chrétiens, invincibles sous le fer et dans les flammes, n'ont pu résister à la persécution de la prospérité. Il faut, avant que le monde passe sous leur puissance, qu'ils soient dignes de leur gloire. Une dernière épreuve va commencer pour les fidèles.

Les chrétiens sont tombés; ils seront punis. Celui qui doit expier leurs crimes [1] par un sacrifice volontaire est depuis longtemps marqué dans la pensée de l'Éternel.

Cette victime qui doit vaincre l'enfer par la vertu des souffrances et des mérites du sang de Jésus-Christ, cette victime qui marchera à la tête de mille autres victimes, n'a point été choisie parmi les princes et les rois. Né dans un rang obscur pour mieux imiter le Sauveur du monde, cet homme, aimé du ciel, descend toutefois d'illustres aïeux. En lui la

---

[1] Le mot *crimes* n'est employé ici que par une licence poétique : les chrétiens des premiers siècles étaient presque tous des saints. On ne leur a jamais reproché d'*autres crimes* que leur vertus. Chateaubriand ne parle de *crime* que pour amener naturellement l'expiation d'Eudore.

A. B.

religion va triompher du sang des héros païens et des sages
de l'idolâtrie; en lui seront honorés, par un martyre oublié
de l'histoire, ces pauvres ignorés du monde, qui vont souffrir
pour la loi; ces humbles confesseurs qui, ne prononçant à
la mort que le nom de Jésus-Christ, laisseront leurs propres
noms inconnus aux hommes. Ame de tous les projets des
fidèles, soutien du prince qui renversera les autels des faux
dieux, il faut encore que ce chrétien appelé ait scandalisé
l'Église, et qu'il ait pleuré ses erreurs, ainsi que le premier
apôtre, afin d'encourager au repentir ses frères coupables.
Déjà, pour lui donner les vertus nécessaires au jour du combat, l'ange du Seigneur l'a conduit par la main chez les nations de la terre; il a vu l'Évangile s'établissant de toutes
parts. Dans le cours de ses voyages, utiles aux desseins de
Dieu, les démons ont tenté le nouveau prédestiné, non encore rentré dans les voies du ciel. Une grande et dernière
faute, en le jetant dans un grand malheur, l'a fait sortir
des ombres de la mort. Les larmes de sa pénitence ont commencé à couler; alors un solitaire, inspiré de Dieu, lui a
révélé une partie de ses fins. Bientôt il sera digne de la
palme qu'on lui prépare. Telle est la victime dont l'immola-
tion désarmera le courroux du Seigneur, et replongera
Lucifer dans l'abîme.

Tandis que les saints et les anges pénètrent les desseins
annoncés par la parole du Très-Haut, cette même parole
découvre un autre miracle de la grâce aux chœurs des
femmes bienheureuses. Les païens auront aussi leur hostie;
car les chrétiens et les idolâtres vont se réunir à jamais au
pied du Calvaire. Cette victime sera dérobée au troupeau
innocent des vierges, afin d'expier l'impureté des mœurs
païennes. Fille des beaux-arts qui séduisent les faibles mortels, elle fera passer sous le joug de la croix les charmes et
le génie de la Grèce. Elle n'est point immédiatement demandée par un décret irrévocable; elle n'aura ni le mérite,
ni l'éclat du premier holocauste; mais, épouse désignée du

martyr, et par lui arrachée aux temples des idoles, elle augmentera l'efficacité du principal sacrifice en multipliant les épreuves. Dieu cependant n'abandonnera pas sans secours ses serviteurs à la rage de Satan : il veut que les légions fidèles se revêtent de leurs armes, qu'elles soutiennent et consolent le chrétien persécuté ; il leur confie l'exercice de sa miséricorde en se réservant celui de sa justice : le Christ lui-même soutiendra le confesseur dévoué au salut de tous ; et Marie prendra sous sa protection la vierge timide qui doit accroître les douleurs, les joies et la gloire du martyr.

Ces destinées de l'Église, divulguées aux élus par un seul mot du Tout-Puissant, interrompirent les concerts et suspendirent les fonctions des anges ; il se fit dans le ciel une demi-heure de silence, comme au moment redoutable où Jean vit briser le septième sceau du livre mystérieux : les milices divines, frappées du son de la parole éternelle, restaient dans un muet étonnement. Ainsi, lorsque la foudre commence à gronder sur de nombreux bataillons, près de se livrer un combat furieux, le signal est suspendu : moitié dans la lumière du soleil, moitié sous l'ombre croissante, les cohortes demeurent immobiles ; aucun souffle de l'air ne fait flotter les drapeaux, qui retombent affaissés sur la main qui les porte ; les mèches embrasées fument inutiles auprès du bronze muet ; et les guerriers, sillonnés du feu de l'éclair, écoutent en silence la voix des orages.

L'esprit qui garde l'étendard de la croix, élevant tout à coup la bannière triomphante, fit cesser l'immobilité des armées du Seigneur. Tout le ciel abaisse aussitôt les yeux vers la terre ; Marie, du haut du firmament, laisse tomber un premier regard d'amour sur la tendre victime confiée à ses soins. Les palmes des confesseurs reverdissent dans leurs mains ; l'escadron ardent ouvre ses rangs glorieux pour faire place aux époux martyrs, entre Félicité et Perpétue, entre l'illustre Étienne et les grands Machabées. Le vainqueur de l'antique dragon, Michel, prépare sa lance redoutable; autour de lui ses immortels compagnons se couvrent de leurs cuirasses éclatantes. Les boucliers de diamant et d'or, le carquois du Seigneur, les épées flamboyantes, sont détachés des portiques éternels; le char d'Emmanuel s'ébranle sur son essieu de foudres et d'éclairs; les chérubins roulent leurs ailes impétueuses et allument la fureur de leurs yeux. Le Christ redescend à la table des vieillards, qui présentent à sa bénédiction deux robes nouvellement blanchies dans le sang de l'Agneau; le Père tout-puissant se renferme dans les profondeurs de son éternité, et l'Esprit-Saint verse tout à coup des flots d'une lumière si vive, que la création semble rentrée dans la nuit. Alors les chœurs des saints et des anges entonnent le cantique de gloire :

« Gloire à Dieu, dans les hauteurs du ciel !

« Goûtez sur la terre des jours pacifiques, vous qui marchez parmi les sentiers de la bonté et de la douceur ! Agneau de Dieu, vous effacez les péchés du monde ! O miracle de candeur et de modestie ! vous permettez à des victimes sorties du néant de vous imiter, de se dévouer pour le salut des pécheurs ! Serviteurs du Christ que le monde persécute, ne vous troublez point à cause du bonheur des méchants : ils n'ont point, il est vrai, de langueurs qui les traînent à la mort; ils semblent ignorer les tribulations humaines; ils portent l'orgueil à leur cou comme un carcan d'or; ils s'enivrent à des tables sacriléges; ils rient, ils dorment, comme s'ils n'avaient point fait de mal; ils meurent tranquillement sur la couche qu'ils ont ravie à la veuve et à l'orphelin; mais où vont-ils ?

« L'insensé a dit dans son cœur : « Il n'y a point de Dieu ! » Que Dieu se lève ! que ses ennemis soient dissipés ! Il s'avance : les colonnes du ciel sont ébranlées; le fond des eaux et les entrailles de la terre sont mis à nu devant le Seigneur. Un feu dévorant sort de sa bouche; il prend son vol, monté sur les chérubins ; il lance de toutes parts ses flèches embrasées ! Où sont-ils, les enfants des impies ? Sept générations se sont écoulées depuis l'iniquité des pères, et Dieu vient visiter les enfants dans sa fureur ; il vient au temps marqué punir un peuple coupable ; il vient réveiller les méchants dans leurs palais de cèdre et d'aloès, et confondre le fantôme de leur rapide félicité.

« Heureux celui qui, passant avec larmes dans les vallées, cherche Dieu comme la source des bénédictions ! Heureux celui à qui les iniquités sont pardonnées et qui trouve la gloire dans la pénitence ! Heureux celui qui élève en silence l'édifice de ses bonnes œuvres, comme le temple de Salomon, où l'on n'entendait ni les coups de la cognée, ni le bruit du marteau, tandis que l'ouvrier respectueux bâtissait la maison du Seigneur ! Vous tous qui mangez sur la terre le pain des larmes, répétez à la louange du Très-Haut le saint cantique :

« Gloire à Dieu, dans les hauteurs du ciel ! »

LIVRE QUATRIÈME

SOMMAIRE.

Cyrille, la famille chrétienne, Démodocus et Cymodocée, se rassemblent dans une île, au confluent du Ladon et de l'Alphée, pour entendre le fils de Lasthénès raconter ses aventures. Commencement du récit d'Eudore. Origine de la famille de Lasthénès. Elle s'oppose aux Romains lors de l'invasion de la Grèce. L'aîné de la famille de Lasthénès est obligé de se rendre en otage à Rome. La famille de Lasthénès embrasse le christianisme. Enfance d'Eudore. Il part à seize ans pour remplacer son père à Rome. Tempête. Description de l'Archipel. Arrivée d'Eudore en Italie. Description de Rome. Eudore contracte une étroite amitié avec Jérôme, Augustin et le prince Constantin, fils de Constance. Caractères de Jérôme, d'Augustin et de Constantin. Eudore est introduit à la cour. Dioclétien. Galérius. Cour de Dioclétien. Le sophiste Hiéroclès, proconsul d'Achaïe et favori de Galérius. Inimitié d'Eudore et d'Hiéroclès. Eudore oublie sa religion. Marcellin, évêque de Rome. Il menace Eudore de l'excommunier s'il ne rentre dans le sein de l'Église. Excommunication lancée contre Eudore. Amphithéâtre de Titus. Pressentiment.

Eudore et Cymodocée, cachés dans un obscur vallon, au fond des bois de l'Arcadie, ignoraient qu'en ce moment les saints et les anges avaient les regards attachés sur eux, et que le Tout-Puissant lui-même s'occupait de leur destinée : ainsi les pasteurs de Chanaan étaient visités par le Dieu de Nachor, au milieu des troupeaux qui paissaient à l'occident de Béthel.

Aussitôt que le gazouillement des hirondelles eut annoncé à Lasthénès le lever du jour, il se hâte de quitter sa couche; il s'enveloppe dans un manteau filé par sa diligente épouse, et doublé d'une laine amie des vieillards. Il sort précédé de deux chiens de Laconie, sa garde fidèle, et s'avance vers le lieu où devait reposer l'évêque de Lacédémone ; mais il aperçoit le saint prélat au milieu de la campagne, offrant sa prière à l'Éternel. Les chiens de Lasthénès courent vers Cyrille, et, baissant la tête d'un air caressant, ils semblaient lui porter l'obéissance et le respect de leur maître. Les deux vénérables chrétiens se saluèrent avec gravité et se promenèrent ensuite sur le penchant des monts, en s'entretenant de la sagesse antique : tel l'Arcadien Évandre conduisit Anchise aux bois de Phénée, lorsque Priam, alors heureux, vint chercher sa sœur Hésione à Salamine ; ou tel le même Évandre, exilé au bord du Tibre, reçut l'illustre fils de son ancien hôte quand la fortune eut rassasié de malheurs le monarque d'Ilion.

Démodocus ne tarda pas à paraître ; il était suivi de Cymodocée.

Dans le flanc de la montagne qui dominait la demeure de Lasthénès, s'ouvrait une grotte, retraite accoutumée des passereaux et des colombes : c'était là qu'à l'imitation des solitaires de la Thébaïde, Eudore se renfermait pour verser les larmes de la pénitence. On voyait suspendu au mur de cette grotte un crucifix, et, au pied de ce crucifix, des armes, une couronne de chêne obtenue dans les combats, et des décorations triomphales. Eudore commençait à sentir renaître au fond de son cœur un trouble qu'il n'avait que trop connu. Effrayé de son nouveau péril, toute la nuit il avait poussé des cris vers le ciel. Quand l'aurore eut dissipé les ténèbres, il lava la trace de ses pleurs dans une source pure, et, se préparant à quitter sa grotte, il chercha, par la simplicité de ses vêtements, à diminuer l'éclat de sa beauté : il attache à ses pieds des brodequins gaulois, formés de la peau d'une chèvre sauvage ; il cache son silice sous la tunique d'un chasseur ; il jette sur ses épaules la dépouille d'une biche blanche : un pâtre cruel avait renversé d'un coup de fronde cette reine des bois, lorsqu'elle buvait avec son faon, au bord de l'Achéloüs. Eudore prend dans sa main gauche deux javelots de frêne ; il suspend à sa main droite une de ces couronnes de grains de corail dont les vierges martyres ornaient leurs cheveux en allant à la mort : couronnes innocentes, vous serviez ensuite à compter le nombre des prières que les cœurs simples répétaient au Seigneur ! Armé contre les bêtes des forêts et contre les attaques des esprits des ténèbres, Eudore descend du haut des rochers, comme un soldat chrétien de la légion thébaine qui rentre au camp après les veilles de la nuit. Il franchit les eaux d'un torrent et vient se joindre à la petite troupe qui l'attendait au bas du verger. Il porte à ses lèvres le bord du manteau de Cyrille ; il reçoit la bénédiction paternelle et s'incline, en baissant les yeux, devant Démodocus et Cymodocée. Toutes les roses du matin se répandirent sur le front de la fille d'Homère. Bientôt Séphora et ses trois filles sortirent modestement du gynécée. Alors l'évêque de Lacédémone, s'adressant au fils de Lasthénès :

« Eudore, dit-il, vous êtes l'objet de la curiosité de la Grèce chrétienne. Qui n'a point entendu parler de vos malheurs et de votre repentir ? Je suis persuadé que vos hôtes de Messénie n'écouteront point eux-mêmes sans intérêt le récit de vos aventures.

— Sage vieillard, dont l'habit annonce un pasteur des hommes, s'écria Démodocus, tu ne prononces pas une parole qu'elle ne soit dictée par Minerve. Il est vrai, comme mon aïeul le divin Homère, je passerais volontiers cinq et même six années à faire ou à écouter des récits. Y a-t-il rien de plus agréable que les paroles d'un homme qui a beaucoup voyagé et qui, assis à la table de son hôte, tandis que la pluie et les vents murmurent au dehors, raconte, à l'abri de tout danger, les traverses de sa vie? J'aime à sentir mes yeux mouillés de pleurs en vidant la coupe d'Hercule : les libations mêlées de larmes sont plus sacrées : la peinture des maux dont Jupiter accable les enfants de la terre tempère la folle ivresse des festins et nous fait souvenir des dieux. Et toi-même, cher Eudore, tu trouveras quelque plaisir à te rappeler les tempêtes que tu supportas avec courage : le nautonier, revenu aux champs de ses pères, contemple avec un charme secret son gouvernail et ses rames, suspendus pendant l'hiver au tranquille foyer du laboureur. »

Le Ladon et l'Alphée, en se réunissant au-dessous du verger, embrassaient une île qui semblait naître du mariage de leurs eaux : elle était plantée de ces vieux arbres que les peuples de l'Arcadie regardaient comme leurs aïeux. On résolut de passer dans cette île solitaire, afin qu'Eudore ne fût point interrompu dans le récit de ses aventures. Les serviteurs de Lasthénès détachent aussitôt des rives de l'Alphée une longue nacelle, formée du seul tronc d'un pin ; la famille et les étrangers s'abandonnent au cours du fleuve. Démodocus, remarquant l'adresse de ces conducteurs, disait avec un sentiment de tristesse :

« Arcadiens, qu'est devenu le temps où les Atrides étaient obligés de vous prêter des vaisseaux pour aller à Troie, et où vous preniez la rame d'Ulysse pour le van de la blonde Cérès? Aujourd'hui vous vous livrez sans pâlir aux fureurs de la mer immense. Hélas! le fils de Saturne veut que le danger charme les mortels et qu'ils l'embrassent comme une idole! »

On touche bientôt à la pointe orientale de l'île, où s'élevaient deux autels à demi ruinés : l'un, sur le rivage de l'Alphée, était consacré à la Tempête; l'autre, au bord du Ladon, était dédié à la Tranquillité. La fontaine Aréthuse sortait de terre entre ces deux autels et s'écoulait dans le fleuve. La troupe, impatiente d'entendre le récit d'Eudore, s'arrête dans ce lieu et s'assied sous des peupliers dont le soleil levant dorait la cime. Après avoir demandé le secours du ciel, le jeune chrétien parla de la sorte :

— Je suis bien obligé, seigneurs, de vous entretenir un moment de ma naissance, parce que cette naissance est la première origine de mes malheurs. Je descends, par ma mère, de cette pieuse femme de Mégare qui enterra les os de Phocion sous son foyer en disant : « Cher foyer, garde fidèlement les restes d'un homme de bien. »

J'eus pour ancêtre paternel Philopœmen. Vous savez qu'il osa seul s'opposer aux Romains quand ce peuple libre ravit la liberté à la Grèce. Mon aïeul succomba dans sa noble entreprise; mais qu'importent la mort et les revers, si notre nom, prononcé dans la postérité, va faire battre un cœur généreux deux mille ans après notre vie!

Notre patrie expirante, pour ne point démentir son ingratitude, fit boire du poison au dernier de ses grands hommes. Le jeune Polybe [1], au milieu d'une pompe attendrissante, transporta de Messène à Mégalopolis la dépouille de Philopœmen. On eût dit que l'urne, chargée de couronnes et couverte de bandelettes, renfermait les cendres de la Grèce entière. Depuis ce moment, notre terre natale, comme un sol épuisé, cessa de porter des citoyens magnanimes. Elle a conservé son beau nom, mais elle ressemble à cette statue de Thémistocle, dont les Athéniens de nos

---

[1] C'est l'historien.

jours ont coupé la tête, pour la remplacer par la tête d'un esclave.

Le chef des Achéens ne reposa pas tranquille au fond de sa tombe : quelques années après sa mort, il fut accusé d'avoir été l'ennemi de Rome, et poursuivi criminellement devant le proconsul Mummius, destructeur de Corinthe. Polybe, protégé par Scipion Nasica, parvint à sauver de la proscription les statues de Philopœmen; mais cette délation sacrilége réveilla la jalousie des Romains contre le sang du dernier des Grecs : ils exigèrent qu'à l'avenir le fils aîné de ma famille fût envoyé à Rome dès qu'il aurait atteint l'âge de seize ans, pour y servir d'otage entre les mains du sénat.

Accablée sous le poids du malheur, et toujours privée de son chef, ma famille abandonna Mégalopolis et se retira tantôt au milieu de ces montagnes, tantôt dans un autre héritage que nous possédons au pied du Taygète, le long du golfe de Messénie. Paul, le sublime apôtre des gentils, apporta bientôt à Corinthe le remède contre toutes les douleurs. Lorsque le christianisme éclata dans l'empire romain, tout était plein d'esclaves ou de princes abattus : le monde entier demandait des consolations ou des espérances.

Disposée à la sagesse par les leçons de l'adversité et par la simplicité des mœurs arcadiennes, ma famille fut la première dans la Grèce à embrasser la loi de Jésus-Christ. Soumis à ce joug divin, je passai les jours de mon enfance au bord de l'Alphée et parmi les bois du Taygète. La religion, tenant mon âme à l'ombre de ses ailes, l'empêchait, comme une fleur délicate, de s'épanouir trop tôt; et, prolongeant l'ignorance de mes jeunes années, elle semblait ajouter de l'innocence à l'innocence même.

Le moment de mon exil arriva. J'étais l'aîné de ma famille, et j'avais atteint ma seizième année; nous habitions alors nos champs de la Messénie. Mon père, dont j'allais prendre la place, avait obtenu, par une faveur particulière, la permission de revenir en Grèce avant mon départ : il me donna sa bénédiction et ses conseils. Ma mère me conduisit au port de Phères, et m'accompagna jusqu'au vaisseau. Tandis qu'on déployait la voile, elle levait les mains au ciel, en offrant à Dieu son sacrifice. Son cœur se brisait à la pensée de ces mers orageuses et de ce monde plus orageux encore que j'allais traverser, navigateur sans expérience. Déjà le navire s'avançait dans la haute mer, et Séphora restait encore avec moi, afin d'encourager ma jeunesse, comme la colombe apprend à voler à son petit lorsqu'il sort pour la première fois du nid maternel. Mais il lui fallut me quitter; elle descendit dans l'esquif qui l'attendait, attaché au flanc de notre trirème. Longtemps elle me fit des signes du bord de la barque qui la reportait au rivage : je poussais des cris douloureux; et, quand il me devint impossible de distinguer cette tendre mère, mes yeux cherchaient encore à découvrir le toit où j'avais été nourri, et la cime des arbres de l'héritage paternel.

Notre navigation fut longue : à peine avions-nous passé l'île de Théganuse, qu'un vent impétueux du couchant nous obligea de fuir dans les régions de l'aurore jusqu'à l'entrée de l'Hellespont. Après sept jours d'une tempête qui nous déroba la vue de toutes les terres, nous fûmes trop heureux de nous réfugier vers l embouchure du Simoïs, à l'abri du tombeau d'Achille. Quand la tempête fut calmée, nous voulûmes remonter à l'occident ; mais le constant zéphyr que le Bélier céleste amène des bords de l'Hespérie repoussa longtemps nos voiles : nous fûmes jetés tantôt sur les côtes de l'Éolide, tantôt dans les parages de la Thrace et de la Thessalie. Nous parcourûmes cet archipel de la Grèce, où l'aménité des rivages, l'éclat de la lumière, la douceur et les parfums de l'air, le disputent au charme des noms et des souvenirs. Nous vimes tous ces promontoires marqués par des temples ou des tombeaux. Nous touchâmes à différents ports ; nous admirâmes ces cités, dont quelques-unes portent le nom d'une fleur brillante, comme la rose, la violette, l'hyacinthe, et qui, chargées de leurs peuples ainsi que d'une semence féconde, s'épanouissent au bord de la mer, sous les rayons du soleil. Quoiqu'à peine sorti de l'enfance, mon imagination était vive, et mon cœur déjà susceptible d'émotions profondes. Il y avait sur notre vaisseau un Grec enthousiaste de sa patrie, comme tous les Grecs. Il me nommait les lieux que je voyais :

« Orphée entraîna les chênes de cette forêt au son de sa lyre ; cette montagne, dont l'ombre s'étend si loin, avait dû servir de statue à Alexandre ; cette autre montagne est l'Olympe, et son vallon, le vallon de Tempé. Voilà Délos, qui fut flottante au milieu des eaux ; voilà Naxos, où Ariadne fut abandonnée. Cécrops descendit sur cette rive ; Platon enseigna sur la pointe de ce cap ; Démosthènes harangua ces vagues. Et cette patrie des dieux, des arts et de la beauté, s'écriait l'Athénien en versant des pleurs de rage, est en proie aux barbares ! »

Son désespoir redoubla lorsque nous traversâmes le golfe de Mégare. Devant nous était Égine ; à droite, le Pyrée ; à gauche, Corinthe. Ces villes, jadis si florissantes, n'offraient que des monceaux de ruines. Les matelots même parurent touchés de ce spectacle. La foule accourue sur le pont gardait le silence : chacun tenait ses regards attachés à ces débris ; chacun en tirait peut-être secrètement une consolation dans ses maux, en songeant combien nos propres douleurs sont peu de chose, comparées à ces calamités qui frappent des nations entières, et qui avaient étendu sous nos yeux les cadavres de ces cités.

Cette leçon semblait au-dessus de ma raison naissante : cependant je l'entendis ; mais d'autres jeunes gens qui se trouvaient avec moi sur le vaisseau y furent insensibles. D'où venait cette différence ? de nos religions : ils étaient païens, j'étais chrétien. Le paganisme, qui développe les passions avant l'âge, retarde les progrès de la raison ; le christianisme, qui prolonge au contraire l'enfance du cœur, hâte la virilité de l'esprit. Dès les premiers jours de la vie, il nous entretient de pensées graves; il respecte, jusque dans les langes, la dignité de l'homme; il nous traite, même au berceau, comme des êtres sérieux et sublimes, puisqu'il reconnaît un ange dans l'enfant que la mère porte encore à sa mamelle. Mes jeunes compagnons n'avaient entendu parler que des métamorphoses de Jupiter, et ils ne comprirent rien aux débris qu'ils avaient sous les yeux; moi, je m'étais déjà assis avec le prophète sur les ruines des villes désolées, et Babylone m'enseignait Corinthe.

Je dois marquer ici une séduction qui fut mon premier pas vers l'abîme; et, comme il arrive presque toujours, le piége où je me trouvai pris n'avait rien en apparence que de très-innocent. Tandis que nous méditions sur les révolutions des empires, nous vîmes tout à coup sortir une théorie du milieu de ces débris. O riant génie de la Grèce, qu'aucun malheur ne peut étouffer, ni peut-être aucune leçon instruire! C'était une députation des Athéniens aux fêtes de Délos. Le vaisseau déliaque, couvert de fleurs et de bandelettes, était orné des statues des dieux; les voiles blanches, teintes de pourpre par les rayons de l'aurore, s'enflaient aux haleines des zéphyrs, et les rames dorées fendaient le cristal des mers. Des théores penchés sur les flots répandaient des parfums et des libations; des vierges exécutaient sur la proue du vaisseau la danse des malheurs de Latone, tandis que des adolescents chantaient en chœur les vers de Pindare et de Simonide. Mon imagination fut enchantée par ce spectacle, qui fuyait comme un nuage du matin, ou comme le char d'une divinité sur les ailes des vents. Ce fut ainsi que, pour la première fois, j'assistai à une cérémonie païenne sans horreur.

Enfin nous revîmes les montagnes du Péloponèse, et je saluai de loin ma terre natale. Les côtes de l'Italie ne tardèrent pas à s'élever du sein des flots. De nouvelles émotions m'attendaient à Brindes. En mettant le pied sur cette terre d'où partent les décrets qui gouvernent le monde, je fus frappé d'un air de grandeur qui m'était jusqu'alors inconnu. Aux élégants édifices de la Grèce succédaient des monuments plus vastes, marqués de l'empreinte d'un autre génie. Ma surprise allait croissant, à mesure que je m'avançais sur la voie Appienne. Ce chemin, pavé de larges quartiers de roche, semble être fait pour résister au passage du genre humain : à travers les monts de l'Apulie, le long du golfe de Naples, au milieu des paysages d'Anxur, d'Albe et de la campagne romaine, il présente une avenue de plus de trois cents milles de longueur, bordée de temples, de palais et de tombeaux, et vient se terminer à la ville éternelle, métropole de l'univers, et digne de l'être. A la vue de tant de prodiges, je tombai dans une sorte d'ivresse que je n'avais pu ni prévoir ni soupçonner.

Ce fut en vain que les amis de mon père, auxquels j'étais recommandé, voulurent d'abord m'arracher à mon enchantement. J'errais sans cesse du Forum au Capitole, du quartier des Carènes au Champ de Mars; je courais au théâtre de Germanicus, au môle d'Adrien, au cirque de Néron, au Panthéon d'Agrippa; et, pendant ces courses d'une curiosité dangereuse, l'humble église des chrétiens était oubliée.

Je ne pouvais me lasser de voir le mouvement d'un peuple composé de tous les peuples de la terre, et la marche de ces troupes romaines, gauloises, germaniques, grecques, africaines, chacune différemment armée et vêtue. Un vieux Sabin passait, avec ses sandales d'écorce de bouleau, auprès d'un sénateur couvert de pourpre; les grands bœufs du Clitumne traînaient au Forum l'antique chariot du Volsque; l'équipage de chasse d'un chevalier romain embarrassait la voie Sacrée; des prêtres couraient encenser leurs dieux, et des rhéteurs ouvrir leurs écoles.

Que de fois j'ai visité ces thermes ornés de bibliothèques, ces palais, les uns déjà croulants, les autres à moitié démolis pour servir à construire d'autres édifices ! La grandeur de l'horizon romain se mariant aux grandes lignes de l'architecture romaine; ces aqueducs qui, comme des rayons aboutissant à un même centre, amènent les eaux au peuple-roi sur des arcs de triomphe; le bruit sans fin des fontaines ; ces innombrables statues qui ressemblent à un peuple immobile au milieu d'un peuple agité; ces monuments de tous les âges et de tous les pays; ces travaux des rois, des consuls, des Césars; ces obélisques ravis à l'Égypte, ces tombeaux enlevés à la Grèce ; je ne sais quelle beauté dans la lumière, les vapeurs et le dessin des montagnes ; la rudesse même du cours du Tibre ; les troupeaux de cavales demi-sauvages qui viennent s'abreuver dans ses eaux ; cette campagne que le citoyen de Rome dédaigne maintenant de cultiver, se réservant à déclarer chaque année aux nations esclaves quelle partie de la terre aura l'honneur de le nourrir : que vous dirai-je enfin? tout porte à Rome l'empreinte de la domination et de la durée : j'ai vu la carte de la ville éternelle tracée sur des rochers de marbre au Capitole, afin que son image même ne pût s'effacer.

Oh! qu'elle a bien connu le cœur humain, cette religion qui cherche à nous maintenir dans la paix, et qui sait donner des bornes à notre curiosité, comme à nos affections sur la terre ! Cette vivacité d'imagination, à laquelle je m'abandonnai d'abord, fut la première cause de ma perte. Quand, enfin, je rentrai dans le cours ordinaire de mes occupations, je sentis que j'avais perdu le goût des choses graves.

Le rhéteur Eumène tenait à Rome une chaire d'éloquence, qu'il a transportée depuis dans les Gaules. Il avait étudié dans son enfance sous le fils du plus célèbre disciple de Quintilien ; et tout ce qu'il y avait de jeunes gens illustres fréquentait alors son école. Je suivis les leçons de ce maître habile, et je ne tardai pas à former des liaisons avec les compagnons de mes études. Trois d'entre eux surtout s'attachèrent à moi par une agréable et sincère amitié : Augustin, Jérôme, et le prince Constantin, fils du césar Constance.

Jérôme, issu d'une noble famille pannonienne, annonça de bonne heure les plus beaux talents, mais son imagination impétueuse ne lui laissait pas un moment de repos. Il passait des excès de l'étude à ceux des plaisirs avec une facilité inconcevable. Irascible, inquiet, pardonnant difficilement une offense, d'un génie barbare ou sublime, il semble destiné à devenir l'exemple des plus grands désordres, ou le modèle des plus austères vertus : il faut à cette âme ardente Rome ou le désert.

Un hameau du proconsulat de Carthage fut le berceau de mon second ami. Augustin est le plus aimable des hommes. Son caractère, aussi passionné que celui de Jérôme, a toutefois une douceur charmante, parce qu'il est tempéré par un penchant naturel à la contemplation : on pourrait cependant reprocher au jeune Augustin l'abus de l'esprit; l'extrême tendresse de son âme le jette aussi quelquefois dans l'exaltation. Une foule de mots heureux, de sentiments profonds, revêtus d'images brillantes, lui échappent sans cesse. Sensible jusqu'à l'excès au charme de l'éloquence, il n'attend peut-être qu'un orateur inspiré pour s'attacher à la vraie religion : si jamais Augustin entre dans le sein de l'Église, ce sera le Platon des chrétiens.

Constantin, fils d'un césar illustre, annonce lui-même toutes les qualités d'un grand homme. Avec la force de l'âme il a de ces beaux dehors si utiles aux princes, et qui rehaussent l'éclat des belles actions. Hélène, sa mère, eut le bonheur de naître sous la loi de Jésus-Christ; et Constantin, à l'exemple de son père, montre un penchant secret vers cette loi divine. A travers une extrême douceur, on voit percer chez lui un caractère héroïque, et je ne sais quoi de merveilleux que le ciel imprime aux hommes pour changer la face du monde. Heureux s'il ne se laisse pas emporter à ces éclats de colère, si terribles dans les caractères habituellement modérés ! Ah ! combien les princes sont à plaindre, d'être si promptement obéis ! Combien il faut avoir pour eux d'indulgence ! Songeons toujours que nous voyons l'effet de leurs premiers mouvements, et que Dieu, pour leur apprendre à veiller sur leurs passions, ne leur laisse pas un moment entre la pensée et l'exécution d'un dessein coupable.

Tels furent les trois amis avec lesquels je passais mes jours à Rome. Constantin était, ainsi que moi, une espèce d'otage entre les mains de Dioclétien. Cette conformité de position, encore plus que celle de l'âge, décida du penchant du jeune prince en ma faveur : rien ne prépare deux âmes à l'amitié comme la ressemblance des destinées, surtout quand ces destinées ne sont pas heureuses. Constantin voulut devenir l'instrument de ma fortune, et il m'introduisit à la cour.

Lorsque j'arrivai à Rome, le pouvoir tombé aux mains de Dioclétien était partagé comme nous le voyons aujourd'hui : l'empereur s'était associé Maximien, sous le titre d'Auguste, et Galérius et Constance, sous celui de César. Le monde ainsi divisé entre quatre chefs ne reconnaissait pourtant qu'un maître.

C'est ici, seigneurs, que je dois vous peindre cette cour, dont vous avez le bonheur de vivre éloignés. Puissiez-vous n'entendre jamais gronder ses orages ! Puissent vos jours inconnus couler obscurément comme ces fleuves au fond de cette vallée ! Mais, hélas ! une vie cachée ne nous sauve pas toujours de la puissance des princes ! Le tourbillon qui déracine le rocher enlève aussi le grain de sable ; souvent un roi avec son sceptre meurtrit une tête ignorée. Puisque rien ne peut mettre à l'abri des coups qui descendent du trône, il est utile et sage de connaître la main par laquelle nous pouvons être frappés.

Dioclétien, qui s'appelait autrefois Dioclès, reçut le jour à Diocléa, petite ville de Dalmatie. Dans sa jeunesse il porta les armes sous Probus, et devint un général habile. Il occupa sous Carin et Numérien la place importante de comte des *domestici*, et il fut lui-même successeur de Numérien, dont il avait vengé la mort.

Aussitôt que les légions d'Orient eurent élevé Dioclétien à l'empire, il marcha contre Carinus, frère de Numérien, qui régnait en Occident : il remporta sur lui une victoire, et par cette victoire il resta seul maître du monde.

Dioclétien a d'éminentes qualités. Son esprit est vaste, puissant, hardi ; mais son caractère, trop souvent faible, ne soutient pas le poids de son génie : tout ce qu'il fait de grand et de petit découle de l'une ou de l'autre de ces deux sources. Ainsi l'on remarque dans sa vie les actions les plus opposées : tantôt c'est un prince plein de fermeté, de lumières et de courage, qui brave la mort, qui connaît la dignité de son rang, qui force Galérius à suivre à pied le char impérial, comme le dernier des soldats ; tantôt c'est un homme timide, qui tremble devant ce même Galérius, qui flotte irrésolu entre mille projets, qui s'abandonne aux superstitions les plus déplorables, et qui ne se soustrait aux frayeurs du tombeau qu'en se faisant donner les titres impies de Dieu et d'Éternité. Réglé dans ses mœurs, patient dans ses entreprises, sans plaisirs et sans illusions, ne croyant point aux vertus, n'attendant rien de la reconnaissance, on verra peut-être ce chef de l'empire se dépouiller un jour de la pourpre, par mépris pour les hommes, et afin d'apprendre à la terre qu'il était aussi facile à Dioclétien de descendre du trône que d'y monter.

Soit faiblesse, soit nécessité, soit calcul, Dioclétien a voulu partager sa puissance avec Maximien, Constance et Galérius. Par une politique dont il se repentira peut-être, il a pris soin que ces princes fussent inférieurs à lui, et qu'ils servissent seulement à rehausser son mérite. Constance seul lui donnait quelque ombrage, à cause de ses vertus. Il l'a relégué loin de la cour au fond des Gaules, et il a gardé près de lui Galérius. Je ne vous parlerai point de

Maximien-Auguste, guerrier assez brave, mais prince ignorant et grossier, qui n'a aucune influence à la cour. Je passe à Galérius.

Né dans les huttes des Daces, ce gardeur de troupeaux a nourri dès sa jeunesse, sous la ceinture du chevrier, une ambition effrénée. Tel est le malheur d'un État où les lois n'ont point fixé la succession au pouvoir : tous les cœurs sont enflés des plus vastes désirs; il n'est personne qui ne puisse prétendre à l'empire; et, comme l'ambition ne suppose pas toujours le talent, pour un homme de génie qui s'élève, vous avez vingt tyrans médiocres qui fatiguent le monde.

Galérius semble porter sur son front la marque ou plutôt la flétrissure de ses vices : c'est une espèce de géant dont la voix est effrayante et le regard horrible. Les pâles descendants des Romains croient se venger des frayeurs que leur inspire ce César en lui donnant le surnom d'Armentarius. Comme un homme qui fut affamé la moitié de sa vie, Galérius passe les jours à table. Au milieu de ces saturnales de la grandeur, il fait tous ses efforts pour déguiser sa première nudité sous l'effronterie de son luxe; mais plus il s'enveloppe dans les replis de la robe de César, plus on aperçoit le sayon du berger.

Outre la soif insatiable du pouvoir et l'esprit de cruauté et de violence, Galérius apporte encore à la cour une autre disposition bien propre à troubler l'empire : c'est une fureur aveugle contre les chrétiens. La mère de ce César, paysanne grossière et superstitieuse, offrait souvent dans son hameau des sacrifices aux divinités des montagnes. Indignée que les disciples de l'Évangile refusassent de partager son idolâtrie, elle avait inspiré à son fils l'aversion qu'elle sentait pour les fidèles. Galérius a déjà poussé le faible et barbare Maximien à persécuter l'Église; mais il n'a pu vaincre encore la sage modération de l'empereur. Dioclétien nous estime au fond de l'âme; il sait que nous composons aujourd'hui la meilleure partie des soldats de son armée; il compte sur notre parole quand nous l'avons une fois donnée; il nous a même rapprochés de sa personne : Dorothée, premier officier de son palais, est un chrétien remarquable par ses vertus. Vous verrez bientôt que l'impératrice Prisca et sa fille, la princesse Valérie, ont embrassé secrètement la loi du Sauveur. Reconnaissants des bontés de Dioclétien, et vivement touchés de la confiance qu'il leur accorde, les fidèles forment autour de lui une barrière presque insurmontable. Galérius le sait, et sa rage en est plus animée; car il voit que pour atteindre à l'empereur, dont l'ingrat envie peut-être la puissance, il faut perdre auparavant les adorateurs du vrai Dieu.

Tels sont les deux princes qui, comme les génies du bien et du mal, répandent la prospérité ou la désolation dans l'empire, selon que l'un ou l'autre cède ou remporte la victoire. Comment Dioclétien, si habile dans la connaissance des hommes, a-t-il choisi un pareil César? C'est ce qu'on ne peut expliquer que par les arrêts de cette Providence qui rend vaines les pensées des princes et dissipe les conseils des nations.

Heureux Galérius s'il se fût renfermé dans l'enceinte des camps, et qu'il n'eût jamais entendu que les accents des soldats, le cri des dangers et la voix de la gloire! Il n'aurait point rencontré au milieu des armes ces lâches courtisans qui se font une étude d'allumer le vice et d'éteindre la vertu. Il ne se fût point abandonné aux conseils d'un favori perfide qui ne cesse de le pousser au mal. Ce favori appartient, seigneurs, à une classe d'hommes que je dois vous faire connaître, parce qu'elle influera nécessairement sur les événements de ce siècle et sur le sort des chrétiens.

Rome vieillie et dépravée nourrit dans son sein un troupeau de sophistes, Porphyre, Jamblique, Libanius, Maxime, dont les mœurs et les opinions seraient un objet de risée si nos folies n'étaient trop souvent le commencement de nos crimes. Ces disciples d'une science vaine attaquent les chrétiens, vantent la retraite, célèbrent la médiocrité, vivent aux pieds des grands, et demandent de l'or. Ceux-ci s'occupent sérieusement d'une ville à bâtir, toute peuplée de sages, qui, soumis aux lois de Platon, couleront doucement leurs jours en amis et en frères; ceux-là rêvent profondément des secrets de la nature, cachés sous les symboles égyptiens : les uns voient tout dans la pensée, les autres cherchent tout dans la matière; d'autres prêchent la république dans le sein de la monarchie; ils prétendent qu'ils faut renverser la société, afin de la reconstruire sur un plan nouveau; d'autres, à l'imitation des fidèles, veulent enseigner la morale au peuple : ils rassemblent la foule dans les temples et au coin des rues, et vendent, sur des tréteaux, une vertu que ne soutiennent point les œuvres et les mœurs. Divisés pour le bien, réunis pour le mal, gonflés de vanité, se croyant des génies sublimes, au-dessus des doctrines vulgaires, il n'y a point d'insignes folies, d'idées bizarres, de systèmes monstrueux, que ces sophistes n'enfantent chaque jour. Hiéroclès marche à leur tête, et il est digne, en effet, de conduire un tel bataillon.

Ce favori de Galérius, vous le savez trop, seigneurs, gouverne aujourd'hui l'Achaïe : c'est un de ces hommes que les révolutions introduisent au conseil des grands, et qui leur deviennent utiles par une sorte de talent pour les affaires communes, par une facilité peu désirable à parler promptement sur tous les sujets. Grec d'origine, on soupçonne Hiéroclès d'avoir été chrétien dans sa jeunesse : mais, l'orgueil des lettres humaines ayant corrompu son esprit, il s'est jeté dans les sectes philosophiques. On ne reconnaît plus en lui de traces de sa religion première, si ce n'est à l'espèce de délire et de rage où le plonge le seul nom du Dieu qu'il a quitté. Il a pris la langue hypocrite et les affectations de l'école de la fausse sagesse. Les mots de liberté, de vertu, de science et de progrès des lumières, de bonheur du genre humain, sortent sans cesse de sa bouche; mais ce Brutus est un bas courtisan, ce Caton est dévoré de passions honteuses, cet apôtre de la tolérance est le plus intolérant des mortels, et cet adorateur de l'humanité est un sanglant persécuteur. Constantin le hait. Dioclétien le craint et le méprise, mais il a gagné la confiance intime de Galérius; il n'a d'autre rival auprès de ce prince que Publius, préfet de Rome. Hiéroclès essaye d'empoisonner l'esprit du malheureux César : il présente au monde le spectacle hideux d'un prétendu sage qui corrompt, au nom des lumières, un homme qui règne sur les hommes.

Jérôme, Augustin et moi, nous avions rencontré Hiéroclès à l'école d'Eumène. Son ton sentencieux et décisif, son air d'importance et d'orgueil, le rendaient odieux à notre simplicité et à notre franchise. Sa personne même semble repousser l'affection et la confiance; son front étroit et comprimé annonce l'obstination et l'esprit de système : ses yeux faux ont quelque chose d'inquiet comme ceux d'une bête sauvage; son regard est à la fois timide et féroce; ses lèvres épaisses sont presque toujours entr'ouvertes par un sourire vif et cruel; ses cheveux rares et inflexibles, qui pendent en désordre, semblent n'appartenir en rien à cette chevelure que Dieu jeta comme un voile sur les épaules du jeune homme, et comme une couronne sur la tête du vieillard. On voit que ses ignobles mains porteraient mal l'épée du soldat, mais qu'elles tiendraient aisément la plume de l'athée ou le fer du bourreau.

Telle est la laideur de l'homme quand il est, pour ainsi dire, resté seul avec son corps, et qu'il renonce à son âme.

Une offense que je reçus d'Hiéroclès, et que je repoussai de manière à le couvrir de confusion aux yeux de toute la cour, alluma contre moi dans son cœur une haine implacable. Il ne pouvait d'ailleurs me pardonner la bienveillance de Dioclétien et l'amitié du fils de Constance. L'amour-propre blessé, l'envie excitée, ne lui laissèrent pas un moment de repos qu'il n'eût trouvé l'occasion de me perdre; et cette occasion ne tarda pas à se présenter.

Hélas! j'étais pourtant bien peu digne d'envie! trois ans passés à Rome avaient suffi pour me faire presque entièrement oublier ma religion. J'en vins même à cette indifférence qu'on a tant de peine à guérir, et qui laisse moins de ressources que le crime. Toutefois les lettres de Séphora et les remontrances des amis de mon père troublaient souvent ma fausse sécurité.

Parmi les hommes qui conservaient à Lasthénès un fidèle souvenir était Marcellin, évêque de Rome et chef de l'Église universelle. Il habitait le cimetière des chrétiens, de l'autre côté du Tibre, dans un lieu désert, au tombeau de saint Pierre et de saint Paul. Sa demeure, composée de deux cellules, était appuyée contre le mur de la chapelle du cimetière. Une sonnette, suspendue à l'entrée de l'asile du repos, annonçait à Marcellin l'arrivée des vivants ou des morts. On voyait à sa porte, qu'il ouvrait lui-même aux voyageurs, les bâtons et les sandales des évêques qui venaient de toutes les parties de la terre lui rendre compte du troupeau de Jésus-Christ. Là se rencontraient et Paphnuce de la haute Thébaïde, qui chassait les démons par sa parole; et Spiridion de l'île de Chypre, qui gardait les moutons et faisait des miracles; et Jacques de Nisibe, qui reçut le don de prophétie; et Osius, confesseur de Cordoue; et Archéloüs de Caschares, qui confondit Manès; et Jean, qui répandit dans la Perse la lumière de la foi; et Frumentius, qui fonda l'Église d'Éthiopie; et Théophile, qui revenait de sa mission des Indes; et cette chrétienne esclave qui, dans sa captivité, convertit la nation entière des Ibériens. La salle du conseil de Marcellin était une allée de vieux ifs qui régnait le long du cimetière. C'était là qu'en se promenant avec les évêques, il conférait des besoins de l'Église. Étouffer les hérésies de Donat, de Novatien, d'Arius; publier des canons, assembler des conciles, bâtir des hôpitaux, racheter des esclaves, secourir les pauvres, les orphelins, les étrangers; envoyer des apôtres aux barbares : tel était l'objet des puissants entretiens de ces pasteurs. Souvent, au milieu des ténèbres, Marcellin, veillant seul pour le salut de tous, descendait de sa cellule au tombeau des saints apôtres. Prosterné sur les reliques, il priait la nuit entière, et ne se relevait qu'aux premiers rayons du jour. Alors, découvrant sa tête chenue, posant à terre sa tiare de laine blanche, le pontife ignoré étendait ses mains pacifiques et bénissait la ville et le monde.

Lorsque je passais de la cour de Dioclétien à cette cour chrétienne, je ne pouvais m'empêcher d'être frappé d'une chose étonnante. Au milieu de cette pauvreté évangélique je retrouvais les traditions du palais d'Auguste et de Mécène, une politesse antique, un enjouement grave, une élocution simple et noble, une instruction variée, un goût sain, un jugement solide. On eût dit que cette obscure demeure était destinée par le ciel à devenir le berceau d'une autre Rome, et l'unique asile des arts, des lettres et de la civilisation.

Marcellin essayait tous les moyens de me ramener à Dieu. Quelquefois, au soleil couchant, il me conduisait sur les bords du Tibre ou dans les jardins de Salluste. Il m'entretenait de la religion, et cherchait à m'éclairer sur mes fautes avec une bonté paternelle. Mais les mensonges de la jeunesse m'ôtaient le goût de la vérité. Loin de profiter de ces promenades salutaires, je redemandais secrètement les platanes de Fronton, le portique de Pompée ou celui de Livie, rempli d'antiques tableaux; et, puisqu'il le faut avouer à ma confusion éternelle, je regrettais les temples d'Isis et de Cybèle, le cirque, les théâtres, lieux d'où la pudeur s'est depuis longtemps envolée aux accents de la muse d'Ovide. Après avoir inutilement tenté près de moi les admonitions charitables, Marcellin employa les mesures sévères : « Je serai forcé, me disait-il souvent, de vous séparer de la communion des fidèles si vous continuez à vivre éloigné des sacrements de Jésus-Christ. »

Je n'écoutai point ses conseils, je ris de ses menaces ; ma vie devint un objet de scandale public : le pontife fut enfin obligé de lancer ses foudres.

J'étais allé chez Marcellin ; je sonne à la grille du cimetière : les deux battants de la grille se séparent et s'écartent l'un de l'autre en gémissant sur leurs gonds. J'aperçois le pontife debout, à l'entrée de la chapelle ouverte. Il tenait à la main un livre redoutable, image du livre scellé des sept sceaux que l'Agneau seul peut briser. Des diacres, des prêtres, des évêques, en silence, immobiles, étaient rangés sur les tombeaux environnants, comme des justes ressuscités pour assister au jugement de Dieu. Les yeux de Marcellin lançaient des flammes. Ce n'était plus le bon pasteur qui rapporte au bercail la brebis égarée, c'était Moïse dénonçant la sentence mortelle à l'infidèle adorateur du veau d'or, c'était Jésus-Christ chassant les profanateurs du temple. Je veux avancer ; un exorcisme me barre le chemin. Au même moment, les évêques étendent les bras et élèvent la main contre moi en détournant la tête ; alors le pontife, d'une voix terrible :

« Qu'il soit anathème, celui qui souille par ses mœurs la pureté du nom chrétien ! Qu'il soit anathème, celui qui n'approche plus de l'autel du vrai Dieu ! Qu'il soit anathème, celui qui voit avec indifférence l'abomination de l'idolâtrie ! »

Tous les évêques s'écrient :

« Anathème ! »

Aussitôt Marcellin entre dans l'église : la porte sainte est fermée devant moi. La foule des élus se disperse en évitant ma rencontre ; je parle, on ne me répond pas : on me fuit comme un homme attaqué d'un mal contagieux. Ainsi qu'Adam banni du paradis terrestre, je me trouve seul dans un monde couvert de ronces et d'épines, et maudit à cause de ma chute.

Saisi d'une espèce de vertige, je monte en désordre sur mon char ; je pousse au hasard mes coursiers, je rentre dans Rome, je m'égare, et, après de longs détours, j'arrive à l'amphithéâtre de Vespasien. Là j'arrête mes chevaux écumants. Je descends du char ; je m'approche de la fontaine où les gladiateurs qui survivent se désaltèrent après le combat : je voulais aussi rafraîchir ma bouche brûlante. Il y avait eu la veille des jeux donnés par Aglaé[1], riche et célèbre Romaine ; mais dans ce moment ces abominables lieux étaient déserts. Agité et vagabond, j'entre dans l'amphithéâtre ; je m'enfonce dans les galeries obscures et solitaires. Nul bruit ne s'y faisait entendre, hors celui de quelques oiseaux effrayés qui frappaient les voûtes de leurs ailes. Après avoir parcouru les divers étages, je me repose, un peu calmé, sur un siége au premier rang. Je veux oublier, par la vue de cet édifice païen, et la proscription divine, et la religion de mes pères. Vains efforts ! Là même un Dieu vengeur se présente à mon souvenir. Je songe tout à coup que cet édifice est l'ouvrage d'une nation dispersée, selon la parole de Jésus-Christ. Étonnante destinée des enfants de Jacob ! Israël, captif de Pharaon, éleva les palais de l'Égypte ; Israël, captif de Vespasien, bâtit ce monument de la puissance romaine. Il faut que ce peuple, même au milieu de toutes ses misères, ait la main dans toutes les grandeurs.

Tandis que je m'abandonnais à ces réflexions, les bêtes féroces, enfermées dans les loges souterraines de l'amphithéâtre, se mirent à rugir : je tressaillis ; et, jetant les yeux sur l'arène, j'aperçus encore le sang des infortunés déchirés dans les derniers jeux. Un grand trouble me saisit : je me figure que je suis exposé au milieu de cette arène, réduit

---

[1] Sainte Aglaé.

à la nécessité de périr sous la dent des lions, ou de renier le Dieu qui est mort pour moi; je me dis : « Tu n'es plus chrétien; mais, si tu le redevenais un jour, que ferais-tu ? »

Je me lève, je me précipite hors de l'édifice; je remonte sur mon char; je regagne ma demeure. Toute la nuit, la terrible question de ma conscience retentit au fond de mon sein. Aujourd'hui même cette scène se retrace souvent à ma mémoire, comme si j'y trouvais quelque avertissement du ciel.

Après avoir prononcé ces mots, Eudore cesse tout à coup de parler. Les yeux fixes, l'air ému, il paraît frappé d'une vision surnaturelle. L'assemblée surprise garde le silence, et l'on n'entend plus que le murmure du Ladon et de l'Alphée, qui baignent le double rivage de l'île. La mère d'Eudore, effrayée, se lève. Le jeune chrétien, revenu à lui-même, s'empresse de calmer les inquiétudes maternelles en reprenant ainsi son discours.

LIVRE CINQUIÈME

SOMMAIRE.

Suite du récit. La cour va passer l'été à Baies. Naples, promenades d'Eudore, d'Augustin et de Jérôme. Leur entretien au tombeau de Scipion. Thraséas, ermite du Vésuve. Son histoire. Séparation des trois amis. Eudore retourne à Rome avec la cour. Les catacombes. Aventure de l'impératrice Prisca et de la princesse Valérie, sa fille. Eudore, banni de la cour, est envoyé en exil à l'armée de Constance. Il quitte Rome, il traverse l'Italie et les Gaules. Il arrive à Agrippina, sur les bords du Rhin. Il trouve l'armée romaine prête à porter la guerre chez les Francs. Il sert comme simple soldat parmi les archers crétois, qui composent, avec les Gaulois, l'avant-garde de l'armée de Constance.

L'impression que laissa dans mon esprit ce jour fatal, à présent si vive et si profonde, fut alors promptement effacée. Mes jeunes amis m'entourèrent; ils se moquèrent de mes terreurs et de mes remords ; ils riaient des anathèmes d'un obscur pontife sans crédit et sans pouvoir.

La cour, qui dans ce moment se transporta de Rome à Baies, en m'arrachant du théâtre de mes erreurs, m'enleva au souvenir de leur châtiment ; et, me croyant perdu sans retour auprès des chrétiens, je ne songeai qu'à m'abandonner aux plaisirs.

Je compterais, seigneur, parmi les beaux jours de ma vie l'été que je passai près de Naples, avec Augustin et Jérôme, s'il pouvait y avoir de beaux jours dans l'oubli de Dieu et les mensonges des passions.

La cour était pompeuse et brillante : tous les princes, amis ou enfants des césars s'y trouvaient rassemblés. On y voyait Licinius[1] et Sévère[2], compagnons d'armes de Galérius ; Daïa[3], nouvellement sorti de ses bois, et neveu du même césar ; Maxence[4], fils de Maximilien-Auguste. Mais Constantin préférait notre société à celle de ces princes jaloux de sa vertu, de sa valeur, de sa haute renommée, et publiquement ou secrètement ses ennemis.

J'habitais avec Augustin et Jérôme la villa de Constantin, bâtie sur le penchant du mont Pausilippe. Chaque matin, aussitôt que l'aurore commençait à paraître, je me rendais sous un portique qui s'étendait le long de la mer. Le soleil se levait devant moi sur le Vésuve : il illuminait de ses feux les plus doux la chaîne des montagnes de Salerne, l'azur de la mer parsemée des voiles blanches des pêcheurs, les îles de Caprée, d'Œnaria et de Prochyta[5], la mer, le cap Misène, et Baies avec tous ses enchantements.

---

[1] Devenu Auguste à la mort de Sévère.

[2] César à l'abdication de Dioclétien, et Auguste à la mort de Constance.

[3] César à l'abdication de Dioclétien.

[4] Le tyran qui prit la pourpre, et que Constantin vainquit aux portes de Rome.

[5] Ischia et Procida.

Des fleurs et des fruits humides de rosée sont moins frais que le paysage de Naples sortant des ombres de la nuit. J'étais toujours surpris, en arrivant au portique, de me trouver au bord de la mer ; car les vagues, dans cet endroit, faisaient à peine entendre le léger murmure d'une fontaine. En extase devant ce tableau, je m'appuyais contre une colonne, et, sans pensée, sans désir, sans projet, je restais des heures entières à respirer un air délicieux.

Aussitôt que le soleil, se retirant vers le tombeau de la nourrice d'Énée, mettait une partie du golfe de Naples à l'ombre du mont Pausilippe, les trois amis se séparaient. Jérôme, qu'entraînait l'amour de l'étude, allait consulter le rivage où Pline fut la victime du même amour, interroger les cendres d'Herculanum, chercher la cause des bruits menaçants de la Solfatare. Augustin, un *Virgile* à la main, parcourait les bords que chanta ce poëte immortel, le lac Averne, la grotte de la Sibylle, l'Achéron, le Styx, l'Élysée : il se plaisait surtout à relire les malheurs de Didon, au tombeau du tendre et beau génie qui raconta la touchante histoire de cette reine infortunée.

Plein de la noble ardeur de s'instruire, le prince Constantin m'invitait à le suivre aux monuments consacrés par les souvenirs de l'histoire. Nous faisions dans un esquif le tour du golfe de Baies : nous retrouvions les ruines de la maison de Cicéron ; nous reconnaissions le lieu du naufrage d'Agrippine, la plage où elle se sauva, le palais où son fils attendait le succès du parricide, et plus loin la demeure où cette mère tendit aux meurtriers les flancs qui avaient porté Néron. Nous visitions à Caprée les souterrains témoins de la honte de Tibère. « Ah ! qu'on est malheureux, disait Constantin, d'être le maître de l'univers, et d'être forcé, par la conscience de ses crimes, à s'exiler soi-même sur ce rocher ! »

Des sentiments si généreux dans l'héritier de Constance, et peut-être de l'empire romain, me rendaient plus cher le prince protecteur et compagnon de ma jeunesse. Aussi ne laissais-je échapper aucune occasion de réveiller les idées ambitieuses au fond de son cœur ; car l'ambition de Constantin me semble être l'espérance du monde.

La bonté de la Providence fit tout à coup briller un éclair de la grâce au milieu des ténèbres de nos âmes.

Un jour, errant aux environs de Baies, nous nous trouvâmes auprès de Literne [1]. Le tombeau de Scipion l'Africain frappa tout à coup nos regards : nous approchâmes avec respect. Le monument s'élève au bord de la mer. Une tempête a renversé la statue qui le couronnait. On lit encore cette inscription sur la table du sarcophage :

INGRATE PATRIE, TU N'AURAS PAS MES OS.

Nos yeux s'humectèrent de larmes au souvenir de la vertu et de l'exil du vainqueur d'Annibal. La grossièreté même du sépulcre, si frappante auprès des superbes mausolées de tant d'hommes inconnus qui couvrent l'Italie, servait à redoubler notre attendrissement. Nous n'osâmes pas nous reposer sur le tombeau même, mais nous nous assîmes à sa base, gardant un religieux silence, comme si nous eussions été au pied de l'autel. Après quelques moments de méditation, Jérôme éleva la voix, et nous dit :

« Amis, les cendres du plus grand des Romains me font vivement sentir notre petitesse et l'inutilité d'une vie dont je commence à être accablé. Je sens qu'il me manque quelque chose. Depuis longtemps je ne sais quel instinct voyageur me poursuit : vingt fois le jour, je suis prêt à vous dire adieu, à porter mes pas errants sur la terre. Le principe de cette inquiétude ne serait-il point dans le vide de nos désirs? La vie entière de Scipion nous accuse. Ne versez-vous pas des pleurs d'admiration, ne sentez-vous pas qu'il est un bonheur différent de celui que nous cherchons,

[1] Patria.

quand vous voyez l'Africain rendre une épouse à son époux, quand Cicéron vous peint ce grand homme parmi les esprits célestes, montrant à l'Émilien, dans un songe, qu'il existe une autre vie où la vertu est couronnée?

— Jérôme, répondit Augustin, vous avez fait ma propre histoire : comme vous, je suis tourmenté d'un mal dont j'ignore la cause ; je n'ai pas, toutefois, comme vous le besoin de m'agiter : je ne soupire au contraire qu'après le repos, et je voudrais, à l'exemple de Scipion, placer mes jours dans la suprême région de la tranquillité. Une langueur secrète me consume ; je ne sais de quel côté chercher le bonheur; plus je considère la vie, moins je m'y attache. Ah! s'il était quelque vérité cachée ; s'il existait quelque part une fontaine d'amour inépuisable, intarissable, sans cesse renouvelée, où l'on pût se plonger tout entier; Scipion, si ton songe n'était pas une erreur divine...

— Avec quel transport, s'écria impétueusement Jérôme, je m'élancerais vers cette source! Rivage du Jourdain, grotte de Bethléem, vous me verriez bientôt au nombre de vos anachorètes! O montagnes de la Judée! l'avenir ne pourrait plus séparer l'idée de vos déserts et de ma pénitence! »

Jérôme prononça ces mots avec une véhémence qui nous surprit. Sa poitrine se soulevait; il était comme un cerf altéré qui désire l'eau des fontaines.

« Votre confession, ô mes amis! dis-je alors, a cela d'étrange qu'elle est aussi la mienne. Mais je réunis en moi seul les deux plaies qui vous tourmentent, l'instinct voyageur et la soif du repos, quelquefois ce mal bizarre me fait tourner les yeux avec regret vers la religion de mon enfance.

— Ma mère, qui est chrétienne, reprit Augustin, m'a souvent entretenu de la beauté de son culte, où je trouverais, disait-elle, le bonheur de ma vie. Hélas! cette tendre mère habite de l'autre côté de ces flots; peut-être qu'en ce moment elle les contemple du rivage opposé, en songeant à son fils ! »

Augustin avait à peine achevé de prononcer ces mots, qu'un homme, vêtu de la robe des philosophes d'Épictète, sortit du tombeau de Scipion. Il paraissait être dans l'âge mûr, mais plus près de la jeunesse que de la vieillesse. Un air de gaieté angélique était répandu sur son visage ; on eût dit que ses lèvres ne pouvaient s'ouvrir que pour prononcer les choses les plus aimables.

« Jeunes seigneurs, dit-il en se hâtant de nous tirer de notre surprise, me le pardonnerez-vous ? J'étais assis dans ce monument lorsque vous y êtes arrivés, et j'ai entendu malgré moi vos discours. Puisque je sais maintenant votre histoire, je veux vous raconter la mienne ; elle pourra vous être utile ; peut-être y trouverez-vous un remède aux maux dont vous vous plaignez. »

Sans attendre notre réponse, l'étranger, avec une noble familiarité, prit place au milieu de nous, et parla de la sorte :

« Je suis le solitaire chrétien du Vésuve, dont vous pouvez avoir entendu parler, puisque je suis l'unique habitant du sommet de cette montagne. Je viens quelquefois visiter le tombeau de l'Africain ; en voici la raison : lorsque ce grand homme, retiré à Literne, se consolait par la vertu de l'injustice de sa patrie, des pirates descendirent sur ce rivage ; ils attaquèrent la maison de l'illustre exilé, sans savoir quel en était le possesseur. Déjà ils avaient escaladé les murs, quand des esclaves accourus au bruit se mirent en devoir de défendre leur maître. « Comment ! s'écrièrent-ils, vous osez violer la maison de Scipion ! » A ce nom, les pirates, saisis de respect, jetèrent leurs armes ; et, demandant pour toute grâce qu'il leur fût permis de contempler le vainqueur d'Annibal, ils se retirèrent pleins d'admiration après l'avoir vu.

« Thraséas, mon aïeul, d'une noble famille de Sicyone, se

trouvait avec ces pirates. Enlevé par eux dans son enfance, il avait été contraint de servir sur leurs vaisseaux. Il se cacha dans la maison de Scipion; et, quand les pirates se furent éloignés, il se jeta aux pieds de son hôte, et lui conta son aventure. L'Africain, touché de son sort, le renvoya dans sa patrie; mais les parents de Thraséas étaient morts pendant sa captivité, et leur fortune avait été dissipée. Mon aïeul revint trouver son libérateur, qui lui donna une petite terre auprès de sa maison de campagne, et le maria à la fille d'un pauvre chevalier romain. Je suis descendu cette famille : vous voyez que j'ai une raison légitime d'honorer le tombeau de Scipion.

« Ma jeunesse fut orageuse. J'essayai de tout, et je me dégoûtai de tout. J'étais éloquent, je fus célèbre, et je me dis : Qu'est-ce que cette gloire des lettres, disputée pendant la vie, incertaine après la mort, et que l'on partage souvent avec la médiocrité et le vice ? Je fus ambitieux, j'occupai un poste éminent, et je me dis : Cela valait-il la peine de quitter une vie paisible; et ce que je trouve remplace-t-il ce que je perds ? Il en fut ainsi du reste. Rassasié des plaisirs de mon âge, je ne voyais rien de mieux dans l'avenir, et mon imagination ardente me privait encore du peu que je possédais. Jeunes seigneurs, c'est un grand mal pour l'homme d'arriver trop tôt au bout de ses désirs, et de parcourir dans quelques années les illusions d'une longue vie.

« Un jour, plein des plus sombres pensées, je traversais un quartier de Rome peu fréquenté des grands, mais habité par un peuple pauvre et nombreux. Un édifice d'un caractère grave et d'une construction singulière frappa mes regards. Sous le portique, plusieurs hommes debout et immobiles paraissaient plongés dans la méditation.

« Tandis que je cherchais à deviner quel pouvait être ce monument, je vis passer à mes côtés un homme originaire de la Grèce, comme moi naturalisé Romain. C'était un descendant de Persée, dernier roi de Macédoine. Ses aïeux, après avoir été traînés au char de Paul Émile, devinrent simples greffiers à Rome. On m'avait jadis fait remarquer au coin de la rue Sacrée, sous un chétif abri, cette grande dérision de la fortune : j'avais causé quelquefois avec Perséus. Je l'arrêtai donc, pour lui demander à quel usage était destiné le monument que je considérais. — C'est, me répondit-il, le lieu où je viens oublier le trône d'Alexandre : je suis chrétien.—Perséus franchit les marches du portique, passa au milieu des catéchumènes, et pénétra dans l'enceinte du temple. Je l'y suivis plein d'émotion.

« Les mêmes disproportions qui régnaient au dehors de l'édifice se faisaient remarquer au dedans ; mais ces défauts étaient rachetés par le style hardi des voûtes et l'effet religieux de leurs ombres. Au lieu du sang des victimes et des orgies qui souillent l'autel des faux dieux, la pureté et le recueillement semblaient veiller au tabernacle des chrétiens. A peine le silence de l'assemblée était-il interrompu par la voix innocente de quelques enfants que des mères portaient dans leurs bras.

« La nuit approchait ; la lumière des lampes luttait avec celle du crépuscule, répandue dans la nef et le sanctuaire. Des chrétiens priaient de toutes parts à des autels retirés ; on respirait encore l'encens des cérémonies qui venaient de finir et l'odeur de la cire parfumée des flambeaux que l'on venait d'éteindre.

« Un prêtre, portant un livre et une lampe, sortit d'un lieu secret et monta dans une chaire élevée. On entendit le bruit de l'assemblée qui se mettait à genoux. Le prêtre lut d'abord quelques oraisons sacrées ; puis il récita une prière, à laquelle les chrétiens répondaient à demi-voix de toutes les parties de l'édifice. Ces réponses uniformes, revenant à des intervalles égaux, avaient quelque chose de touchant, surtout lorsqu'on faisait attention aux paroles du pasteur et à la condition du troupeau.

« Consolation des affligés, disait le prêtre, ressource des
« infirmes... »

« Et tous les chrétiens persécutés, achevant le sens suspendu, ajoutaient :

« Priez pour nous! priez pour nous! »

« Dans cette longue énumération des infirmités humaines, chacun, reconnaissant sa tribulation particulière, appliquait à ses propres besoins quelques-uns de ces cris vers le ciel. Mon tour ne tarda pas à venir. J'entendis le lévite prononcer distinctement ces paroles :

« Providence de Dieu, repos du cœur, calme dans la
« tempête.... »

« Il s'arrêta : mes yeux se remplirent de larmes ; il me sembla que les regards se fixaient sur moi, et que la foule charitable s'écriait :

« Priez pour lui ! priez pour lui! »

« Le prêtre descendit de la chaire, et l'assemblée se retira. Touché jusques au fond du cœur, j'allai trouver Marcellin, pontife suprême de cette religion qui console de tout : je lui racontai les peines de ma vie : il m'instruisit des vérités de son culte : je me suis fait chrétien, et depuis ce moment mes chagrins se sont évanouis. »

L'histoire de l'anachorète et l'aimable ingénuité de ce philosophe chrétien nous charmèrent. Nous lui fîmes plusieurs questions, auxquelles il répondit avec une parfaite sincérité. Nous ne nous lassions point de l'entendre. Sa voix avait une harmonie qui remuait doucement les entrailles. Une éloquence fleurie, et pourtant d'un goût simple, découlait naturellement de ses lèvres ; il donnait aux moindres choses un tour antique qui nous ravissait : il se répétait comme les anciens ; mais cette répétition, qui eût été un défaut chez un autre, devenait, je ne sais comment, la grâce même de ses discours. Vous l'eussiez pris pour un de ces législateurs de la Grèce qui donnaient jadis des lois aux hommes, en chantant sur une lyre d'or la beauté de la vertu et la toute-puissance des dieux.

Son départ mit un terme à cet entretien, dans lequel trois jeunes hommes sans religion avaient conclu que la religion était le seul remède à leurs maux. Ce fut, sans doute, la tombe de l'Africain qui nous inspira cette pensée : les cendres d'un homme persécuté élèvent les sentiments vers le ciel. Nous quittâmes à regret le village de Literne; nous nous embrassâmes : un secret pressentiment attristait nos cœurs ; nous avions l'air de nous dire un dernier adieu. De retour à Naples, nos plaisirs ne nous offrirent plus le même attrait. La cour quitta Bayes : Jérôme et Augustin retournèrent à Rome, et je suivis Constantin à son palais de Tibur. Ce fut là que je reçus une lettre d'Augustin. Il me marquait que, vaincu par les larmes de sa mère, il l'allait rejoindre à Carthage ; que Jérôme se préparait à visiter les Gaules, la Pannonie et les déserts habités par les solitaires chrétiens.

« Je ne sais, ajoutait Augustin en finissant sa lettre, si nous nous reverrons jamais. Hélas! mon ami, telle est la vie : elle est pleine de courtes joies et de longues douleurs, de liaisons commencées et rompues. Par une étrange fatalité, ces liaisons ne sont jamais faites à l'heure où elles pourraient devenir durables : on rencontre l'ami avec qui l'on voudrait passer ses jours au moment où le sort va le fixer loin de nous; on découvre le cœur que l'on cherchait la veille du jour où ce cœur va cesser de battre. Mille choses, mille accidents séparent les hommes qui s'aiment pendant la vie : puis vient cette séparation de la mort, qui renverse tous nos projets. Vous souvenez-vous de ce que nous disions un jour en regardant le golfe de Naples? Nous comparions la vie à un port de mer, où l'on voit aborder et d'où l'on voit sortir des hommes de tous les langages et de tous les pays. Le rivage retentit des cris de ceux qui arrivent et de ceux qui partent : les uns versent des larmes de joie en recevant des amis ; les autres, en se quittant, se disent un éternel adieu, car une fois sorti du port de la vie, on n'y rentre plus. Supportons donc, sans trop nous plaindre, mon cher Eudore, une séparation que les années auraient nécessairement produite, et à laquelle l'absence ne nous eût pas préparés. »

Comme Eudore allait continuer son récit, les serviteurs de Lasthénès revinrent après le repas du matin : ils déposèrent sur le gazon du blé nouveau, légèrement grillé dans l'épi, des glands de phagus et des laitages qui portaient encore l'empreinte des corbeilles. Les cœurs étaient diversement agités : Cyrille admirait, mais sans en rien montrer au dehors, le jeune homme qui, comme le roi-prophète, criait du fond de l'abîme :

« Seigneur, ayez pitié de moi, selon les grandeurs de votre miséricorde. »

Démodocus n'avait presque rien compris au récit d'Eudore : il ne trouvait là ni Polyphème, ni Circé, ni enchantements, ni naufrages ; et, dans cette harmonie nouvelle, il avait à peine reconnu quelques sons de la lyre d'Homère. Cymodocée, au contraire, avait merveilleusement entendu le fils de Lasthénès. Penchée sur le sein de son père, elle lui disait tout bas :

« Mon père, je pleure comme si j'étais chrétienne ! »

Le repas fini, Démodocus prit la parole :

« Fils de Lasthénès, ton récit m'enchante, bien que je n'en comprenne pas toute la sagesse. Il me semble que le langage des chrétiens est une espèce de poésie de la raison, dont Minerve ne m'a donné aucune intelligence. Achève de raconter ton histoire : si quelqu'un verse ici des larmes en l'écoutant, cela ne doit pas t'arrêter, car on a déjà vu de pareils exemples. Lorsqu'un fils d'Apollon chantait les malheurs de Troie à la table d'Alcinoüs, il y avait un étranger qui enveloppait sa tête dans son manteau et qui pleurait. Laissons donc s'attendrir ma Cymodocée : Jupiter a confié à la pitié le cœur de la jeunesse. Nous autres vieillards, accablés du fardeau de Saturne, si nous avons pour nous la paix et la justice, nous sommes privés de cette compassion et de ces sentiments délicats, ornement des beaux jours de la vie. Les dieux ont fait la vieillesse semblable à ces sceptres héréditaires qui, passant au fils chez une antique race, paraissent tout chargés de la majesté des siècles, mais qui ne se couvrent plus de fleurs depuis qu'ils se sont desséchés loin du tronc maternel. »

Eudore reprit ainsi son discours :

« Privé de mes amis, Rome ne m'offrit plus qu'une vaste solitude. L'inquiétude régnait à la cour : Maximien avait été obligé de se transporter de Milan en Pannonie, menacée d'une invasion des Carpiens et des Goths ; les Francs s'étaient emparés de la Batavie, défendue par Constance ; en Afrique, les Quinquégentiens, peuple nouveau, venaient tout à coup de paraître en armes ; on disait que Dioclétien lui-même passerait en Égypte, où la révolte du tyran Achillée demandait sa présence ; enfin, Galérius se disposait à partir pour aller combattre Narsès. Cette guerre des Parthes effrayait surtout le vieil empereur, qui se souvenait du sort de Valérien. Galérius, se prévalant du besoin que l'empire avait de son bras, et toujours livré aux inspirations d'Hiéroclès, cherchait à s'emparer entièrement de l'esprit de Dioclétien ; il ne craignait plus de laisser éclater sa jalousie contre Constance, dont le mérite et la belle naissance l'importunaient. Constantin se trouvait naturellement enveloppé dans cette jalousie ; et moi, comme l'ami de ce jeune prince, comme le plus faible et comme l'objet particulier de l'inimitié d'Hiéroclès, je portais tout le poids de la haine de Galérius.

Un jour, tandis que Constantin assistait aux délibérations du sénat, j'étais allé visiter la fontaine Égérie. La nuit me surprit : pour regagner la voie Appienne, je me dirigeai sur le tombeau de Cécilia Métella, chef-d'œuvre de grandeur et d'élégance. En traversant des champs abandonnés, j'aperçus plusieurs personnes qui se glissaient dans l'ombre et qui toutes, s'arrêtant au même endroit, disparaissaient subitement. Poussé par la curiosité, je m'avance, et j'entre hardiment dans la caverne où s'étaient plongés les mystérieux fantômes : je vis s'allonger devant moi des galeries souterraines, qu'à peine éclairaient, de loin à loin, quelques lampes suspendues. Les murs des corridors funèbres étaient bordés d'un triple rang de cercueils placés les uns au-dessus des autres. La lumière lugubre des lampes, rampant sur les parois des voûtes et se mouvant avec lenteur le long des sépulcres, répandait une mobilité effrayante sur ces objets éternellement immobiles. En vain, prêtant une oreille attentive, je cherche à saisir quelques sons pour me diriger à travers un abîme de silence : je n'entends que le battement de mon cœur dans le repos absolu de ces lieux. Je voulus retourner en arrière, mais il n'était plus temps : je pris une fausse route, et, au lieu de sortir du dédale, je m'y enfonçai. De nouvelles avenues, qui s'ouvrent et se croisent de toutes parts, augmentent à chaque instant mes perplexités. Plus je m'efforce de trouver un chemin, plus je m'égare ; tantôt je m'avance avec lenteur, tantôt je passe avec vitesse : alors, par un effet des échos, qui répétaient le bruit de mes pas, je crois entendre marcher précipitamment derrière moi.

Il y avait déjà longtemps que j'errais ainsi, mes forces commençaient à s'épuiser : je m'assis à un carrefour solitaire de la cité des morts. Je regardais avec inquiétude la lumière des lampes presque consumées qui menaçaient de s'éteindre. Tout à coup une harmonie semblable au chœur lointain des esprits célestes sort du fond de ces demeures sépulcrales : ces divins accents expiraient et renaissaient tour à tour ; ils semblaient s'adoucir encore en s'égarant dans les routes tortueuses du souterrain. Je me lève, et je m'avance vers les lieux d'où s'échappent ces magiques concerts : je découvre une salle illuminée. Sur un tombeau paré de fleurs, Marcellin célébrait le mystère des chrétiens. des jeunes filles, couvertes de voiles blancs, chantaient au pied de l'autel ; une nombreuse assemblée assistait au sacrifice. Je reconnais les catacombes [1] ! Un mélange de honte, de repentir, de ravissement, s'empare de mon âme. Nouvelle surprise ! Je crois voir l'impératrice et sa fille à genoux au milieu de la foule. Jamais spectacle plus miraculeux n'a frappé l'œil d'un mortel ; jamais Dieu ne fut plus dignement adoré et ne manifesta plus ouvertement sa grandeur. Tandis que je m'abandonne à ces réflexions, un diacre se penche à l'oreille du pontife, dit quelques mots, fait un signe : soudain les chants cessent, les lampes s'éteignent, la brillante vision disparaît. Emporté par les flots du peuple saint, je me trouve à l'entrée des catacombes.

Cette aventure fit prendre un cours nouveau à ma destinée. Sans avoir rien à me reprocher, je fus accusé de toutes parts : ainsi nos fautes ne sont pas toujours immédiatement punies ; mais, afin de nous rendre le châtiment plus sensible, Dieu nous fait échouer dans quelque entreprise raisonnable, ou nous livre à l'injustice des hommes.

J'ignorais que l'impératrice Prisca et sa fille Valérie étaient chrétiennes : les fidèles m'avaient caché cette importante victoire à cause de mon impiété. Les deux princesses, craignant la fureur de Galérius, n'osaient paraître à l'église : elles venaient prier la nuit aux catacombes, accompagnées du vertueux Dorothée. Le hasard me conduisit au sanctuaire des morts : les prêtres qui m'y découvrirent crurent qu'un sacrilége exclu des lieux saints n'y pouvait être descendu que dans la vue de pénétrer un secret qu'il importait à l'Église de cacher. Ils éteignirent les lampes, afin de me dérober la vue de l'impératrice, que j'avais eu toutefois le temps de reconnaître.

[1] Les catacombes de Saint-Sébastien.

Galérius faisait surveiller l'impératrice, dont on soupçonnait le penchant à la nouvelle religion. Des émissaires, envoyés par Hiéroclès, avaient suivi les princesses jusqu'aux catacombes, d'où ils me virent sortir avec elles. Le sophiste n'eut pas plutôt entendu le rapport des espions, qu'il courut en instruire Galérius : Galérius vole chez Dioclétien.

« Eh bien ! s'écria-t-il, vous n'avez jamais voulu croire ce qui se passe sous vos yeux : l'impératrice et votre fille Valérie sont chrétiennes ! Cette nuit même elles se sont rendues à la caverne que la secte impie souille de ses exécrables mystères. Et savez-vous quel est le guide de ces princesses ? C'est ce Grec sorti d'une race rebelle au peuple romain ; ce traître qui, pour mieux masquer ses projets, feint d'avoir abandonné la religion des séditieux, qu'il sert en secret ; ce perfide qui ne cesse d'empoisonner l'esprit du prince Constantin. Reconnaissez un vaste complot dirigé contre vous par les chrétiens, et dans lequel on cherche à faire entrer votre famille même. Ordonnez que l'on saisisse Eudore, et que la force des tourments lui arrache l'aveu de ses crimes et le nom de ses complices. »

Il le faut avouer, les apparences me condamnaient. En horreur à tous les partis, je passais parmi les chrétiens pour un apostat et pour un traître. Hiéroclès, qui les voyait dans cette erreur, disait hautement que j'avais dénoncé l'impératrice. Les païens, de l'autre côté, me regardaient comme l'apôtre de ma religion et le corrupteur de la famille impériale. Quand je passais dans les salles du palais, je voyais les courtisans sourire d'un air de mépris ; les plus vils étaient les plus sévères : le peuple même me poursuivait dans les rues avec des insultes ou des menaces. Enfin, ma position devint si pénible, que, sans l'amitié de Constantin, je crois que j'aurais attenté à ma vie. Mais ce généreux prince ne m'abandonna point dans mon malheur ; il se déclara hautement mon ami ; il affecta de se montrer avec moi en public ; il me défendit courageusement contre César devant Auguste, et publia partout que j'étais victime de la jalousie d'un sophiste attaché à Galérius.

Rome et la cour n'étaient occupées que de cette affaire, qui, compromettant les chrétiens et le nom de l'impératrice, semblait de la plus haute importance. On attendait avec anxiété la décision de l'empereur; mais il n'était pas dans le caractère de Dioclétien de prendre une résolution violente. Le vieil empereur eut recours à un moyen qui peint admirablement son génie politique. Il déclara tout à coup que les bruits répandus dans Rome n'étaient qu'un mensonge; que les princesses n'étaient pas sorties du palais la nuit même où on prétendait les avoir vues aux catacombes; que Prisca et Valérie, loin d'être chrétiennes, venaient de sacrifier aux dieux de l'empire; qu'enfin il punirait sévèrement les auteurs de ces faux rapports, et qu'il défendait de parler plus longtemps d'une histoire aussi ridicule que scandaleuse.

Mais, comme il fallait bien qu'un seul fût sacrifié pour tous, selon l'usage des cours, je reçus ordre de quitter Rome, et de me rendre à l'armée de Constance, campée sur les bords du Rhin.

Je me préparai à passer dans les Gaules, content d'embrasser le parti des armes et d'abandonner une vie incompatible avec mon caractère. Cependant, telle est la force de l'habitude, et peut-être le charme attaché à des lieux célèbres, que je ne pus quitter Rome sans quelques regrets. Je partis au milieu de la nuit, après avoir reçu les derniers embrassements de Constantin. Je traversai des rues désertes, je passai au pied de la maison abandonnée que j'avais naguère habitée avec Augustin et Jérôme. Sur le Forum tout était silencieux et solitaire : les nombreux monuments qui le couvrent, les Rostres, le temple de la Paix, ceux de Jupiter Stator et de la Fortune, les arcs de Titus et de Sévère, se dessinaient à demi dans les ombres, comme les ruines d'une ville puissante dont le peuple aurait depuis longtemps disparu. Quand je fus à quelque distance de Rome, je tournai la tête : j'aperçus, à la clarté des étoiles, le Tibre qui s'enfonçait parmi les monuments confus de la cité, et j'entrevis le faîte du Capitole qui semblait s'incliner sous le poids des dépouilles du monde.

La voie Cassia, qui me conduisait vers l'Étrurie, perd bientôt le peu de monuments dont elle est ornée, et, passant entre une antique forêt et le lac de Volsinium, elle pénètre dans des montagnes noires, couvertes de nuages et toujours infestées de brigands. Un mont de qui le sommet est planté de roches aiguës, un torrent qui se replie vingt-deux fois sur lui-même, et déchire son lit en s'écoulant, forment de ce côté la barrière de l'Étrurie. A la grandeur de la campagne romaine succèdent ensuite des vallons étroits et des monticules tapissés de bruyères, dont la pâle verdure se confond avec celle des oliviers. J'abandonnai les Apennins pour descendre dans la Gaule Cisalpine. Le ciel devint d'un bleu plus pur, et je cherchai vainement sur les montagnes cette espèce de pluie de lumière qui enveloppe les monts de la Grèce et de la haute Italie. J'aperçus de loin la cime blanchie des Alpes ; je gravis bientôt leurs vastes flancs. Tout ce qui vient de la nature dans ces montagnes me parut grand et indestructible ; tout ce qui appartient à l'homme me sembla fragile et misérable : d'une part, des arbres centenaires, des cascades qui tombent depuis des siècles, des rochers vainqueurs du temps et d'Annibal ; de l'autre, des ponts de bois, des parcs de brebis, des huttes de terre. Serait-ce qu'à la vue des masses éternelles qui l'environnent le chevrier des Alpes, vivement frappé de la brièveté de sa vie, ne s'est pas donné la peine d'élever des monuments plus durables que lui ?

Je sortis des Alpes à travers une espèce de portique creusé sous un énorme rocher. Je franchis cette partie de la Viennoise habitée par les Voconces [1], et je descendis

---

[1] Le Dauphiné.

à la colonie de Lucius [1]. Avec quel respect ne verrais-je point aujourd'hui le siége de Pothin et d'Irénée, et les eaux du Rhône teintes du sang des martyrs! Je remontai l'Arar [2], rivière bordée de coteaux charmants; sa fuite est si lente, que l'on ne saurait dire de quel côté coulent ses flots. Elle tient son nom d'un jeune Gaulois qui s'y précipita de désespoir, après avoir perdu son frère. De là je passai chez les Treveri [3], dont la cité est la plus belle et la plus grande des trois Gaules; et, m'abandonnant au cours de la Moselle et du Rhin, j'arrivai bientôt à Agrippina [4].

Constance me reçut avec bonté :

« Eudore, me dit-il, dès demain les légions se mettent en marche; nous allons chercher les Francs. Vous servirez d'abord comme simple archer parmi les Crétois; ils campent à l'avant-garde de l'autre côté du Rhin. Allez les rejoindre; distinguez-vous par votre conduite et par votre courage : si vous vous montrez digne de l'amitié de mon fils, je ne tarderai pas à vous élever aux premières charges de l'armée. »

C'est ici, seigneurs, qu'il faut remarquer la seconde de ces révolutions soudaines qui ont continuellement changé la face de mes jours. Des paisibles vallons de l'Arcadie j'avais été transporté à la cour orageuse d'un empereur romain; et maintenant, du sein de la mollesse et de la société civilisée, je passais à une vie dure et périlleuse, au milieu d'un peuple barbare.

[1] Lyon.
[2] La Saône.
[3] Le pays de Trèves.
[4] Cologne.

LIVRE SIXIÈME

SOMMAIRE.

Suite du récit. Marche de l'armée romaine en Batavie. Elle rencontre l'armée des Francs. Champ de bataille. Ordre de dénombrement de l'armée romaine. Ordre et dénombrement de l'armée des Francs. Pharamond, Clodion, Mérovée. Chants guerriers. Bardits des Francs. L'action s'engage. Attaque des Gaulois contre les Francs. Combat de cavalerie. Combat singulier de Vercingétorix, chef des Gaulois, et de Mérovée, fils du roi des Francs. Vercingétorix est vaincu. Les Romains plient. La légion chrétienne descend d'une colline et rétablit le combat. Mêlée. Les Francs se retirent dans leur camp. Eudore obtient la couronne civique et est nommé chef des Grecs par Constance. Le combat recommence au lever du jour. Attaque du camp des Francs par les Romains. Soulèvement des flots. Les Romains fuient devant la mer. Eudore, après avoir combattu longtemps, tombe percé de plusieurs coups. Il est secouru par un esclave des Francs, qui le porte dans une caverne.

La France est une contrée sauvage et couverte de forêts, qui commence au delà du Rhin et occupe l'espace compris entre la Batavie à l'occident, le pays des Scandinaves au nord, la Germanie à l'orient, et les Gaules au midi. Les peuples qui habitent ce désert sont les plus féroces des barbares : ils ne se nourrissent que de la chair des bêtes sauvages ; ils ont toujours le fer à la main ; ils regardent la paix comme la servitude la plus dure dont on puisse leur imposer le joug. Les vents, la neige, les frimas, font leurs délices ; ils bravent la mer, ils se rient des tempêtes ; et l'on dirait qu'ils ont vu le fond de l'Océan à découvert, tant ils connaissent et méprisent ses écueils. Cette nation inquiète ne cesse de désoler les frontières de l'empire. Ce fut sous le règne de Gordien le Pieux qu'elle se montra pour la première fois aux Gaules épouvantées. Les deux Décius périrent dans une expédition contre elle ; Probus, qui ne fit que la repousser, en prit le titre glorieux de Francique. Elle a paru à la fois si noble et si redoutable, qu'on a fait en sa faveur une exception à la loi qui défend à la famille impériale de s'allier au sang des barbares ; enfin, ces terribles Francs venaient de s'emparer de l'île de Batavie, et Constance avait rassemblé son armée, afin de les chasser de leur conquête.

Après quelques jours de marche, nous entrâmes sur le sol marécageux des Bataves, qui n'est qu'une mince écorce de terre flottant sur un amas d'eau. Le pays, coupé par les bras du Rhin, baigné et souvent inondé par l'Océan, embarrassé par des forêts de pins et de bouleaux, nous présentait à chaque pas des difficultés insurmontables.

Épuisé par les travaux de la journée, je n'avais durant la nuit que quelques heures pour délasser mes membres fatigués. Souvent il m'arrivait, pendant ce court repos, d'oublier ma nouvelle fortune ; et lorsque aux premières blancheurs de l'aube les trompettes du camp venaient à sonner l'air de Diane, j'étais étonné d'ouvrir les yeux au milieu des bois. Il y avait pourtant un charme à ce réveil du guerrier échappé aux périls de la nuit. Je n'ai jamais entendu sans une certaine joie belliqueuse la fanfare du clairon, répétée par l'écho des rochers, et les premiers hennissements des chevaux qui saluaient l'aurore. J'aimais à voir le camp plongé dans le sommeil, les tentes encore fermées d'où sortaient quelques soldats à moitié vêtus, le centurion qui se promenait devant les faisceaux d'armes en balançant son cep de vigne, la sentinelle immobile qui, pour résister au sommeil, tenait un doigt levé dans l'attitude du silence ; le cavalier qui traversait le fleuve coloré des feux du matin, le victimaire qui puisait l'eau du sacrifice, et souvent un berger, appuyé sur sa houlette, qui regardait boire son troupeau.

Cette vie des camps ne me fit point tourner les yeux avec regret vers les délices de Naples et de Rome, mais elle réveilla en moi une autre espèce de souvenirs. Plusieurs fois, pendant les longues nuits de l'automne, je me suis trouvé seul, placé en sentinelle, comme un simple soldat aux avant-postes de l'armée. Tandis que je contemplais les feux réguliers des lignes romaines et les feux épars des hordes des Francs; tandis que, l'arc à demi tendu, je prêtais l'oreille au murmure de l'armée ennemie, au bruit de la mer et au cri des oiseaux sauvages qui volaient dans l'obscurité, je réfléchissais sur ma bizarre destinée. Je songeais que j'étais là, combattant pour des barbares, tyrans de la Grèce, contre d'autres barbares dont je n'avais reçu aucune injure. L'amour de la patrie se ranimait au fond de mon cœur; l'Arcadie se montrait à moi dans tous ses charmes. Que de fois, durant les marches pénibles, sous les pluies et dans les fanges de la Batavie ; que de fois, à l'abri des huttes des bergers où nous passions la nuit; que de fois, autour du feu que nous allumions pour nos veilles à la tête du camp; que de fois, dis-je, avec de jeunes Grecs exilés comme moi, je me suis entretenu de notre cher pays! Nous racontions les jeux de notre enfance, les aventures de notre jeunesse, les histoires de nos familles.

Les Francs avaient été surpris par Constance : ils évitèrent d'abord le combat; mais, aussitôt qu'ils eurent rassemblé leurs guerriers, ils vinrent audacieusement au-devant de nous, et nous offrirent la bataille sur le rivage de la mer. On passa la nuit à se préparer de part et d'autre, et le lendemain, au lever du jour, les armées se trouvèrent en présence.

La Légion de fer et la Foudroyante occupaient le centre de l'armée de Constance.

Des intervalles ménagés dans la ligne des légions étaient remplis par des machines de guerre.

A l'aile gauche de ces légions, la cavalerie des alliés déployait son rideau mobile. Sur des coursiers tachetés comme des tigres et prompts comme des aigles se balançaient avec grâce des cavaliers de Numance, de Sagonte et des bords enchantés du Bétis. Un léger chapeau de plumes ombrageait leur front, un manteau de laine noire flottait sur leurs épaules, une épée recourbée retentissait à leur côté. La tête penchée sur le cou de leurs chevaux, les rênes entre les dents, deux courts javelots à la main, ils volaient à l'ennemi. Le jeune Viriate entraînait après lui la fureur de ces cavaliers rapides.

A l'aile opposée de l'armée se tenait immobile la troupe superbe des chevaliers romains : leur casque était d'argent surmonté d'une louve de vermeil; leur cuirasse étincelait d'or, et un large baudrier d'azur suspendait à leur flanc une lourde épée ibérienne. Sous leurs selles ornées d'ivoire s'étendait une housse de pourpre, et leurs mains, couvertes de gantelets, tenaient les rênes de soie qui leur servaient à guider de hautes cavales plus noires que la nuit.

Les archers crétois, les vélites romains et les différents corps des Gaulois étaient répandus sur le front de l'armée. L'instinct de la guerre est si naturel chez ces derniers, que souvent, dans la mêlée, les soldats deviennent des généraux, rallient leurs compagnons dispersés, ouvrent un avis salutaire, indiquent le poste qu'il faut prendre. Rien n'égale l'impétuosité de leurs attaques : tandis que le Germain délibère, ils ont franchi les torrents et les monts; vous les croyez au pied de la citadelle, et ils sont au haut du retranchement emporté. En vain les cavaliers les plus légers voudraient les devancer à la charge, les Gaulois rient de leurs efforts, voltigent à la tête des chevaux, et semblent leur dire : « Vous saisiriez plutôt les vents sur la plaine, ou les oiseaux dans les airs. »

Tous ces barbares avaient la tête élevée, les couleurs vives, les yeux bleus, le regard farouche et menaçant, ils portaient de larges braies, et leur tunique était chamarrée de morceaux de pourpre; un ceinturon de cuir pressait à leur côté leur fidèle épée. L'épée du Gaulois ne le quitte jamais : mariée, pour ainsi dire, à son maître, elle l'accompagne pendant la vie, elle le suit sur le bûcher funèbre et descend avec lui au tombeau.

Enfin, arrêtée comme un nuage menaçant sur le penchant d'une colline, une légion chrétienne, surnommée la Pudique, formait derrière l'armée le corps de réserve et la garde de César. Elle remplaçait auprès de Constance la légion thébaine égorgée par Maximien. Victor[1], illustre guerrier de Marseille, conduisait au combat les milices de cette religion, qui porte aussi noblement la casaque du vétéran que le cilice de l'anachorète.

Cependant l'œil était frappé d'un mouvement universel; on voyait les signaux du porte-étendard qui plantait le jalon des lignes, la course impétueuse du cavalier, les ondulations des soldats qui se nivelaient sous le cep du centurion. On entendait de toutes parts les grêles hennissements des coursiers, le cliquetis des chaînes, les sourds roulements des balistes et des catapultes, les pas réguliers de l'infanterie, la voix des chefs qui répétaient l'ordre, le bruit des piques qui s'élevaient et s'abaissaient au commandement des tribuns. Les Romains se formaient en bataille aux éclats de la trompette, de la corne et du lituus; et nous, Crétois, fidèles à la Grèce au milieu de ces peuples barbares, nous prenions nos rangs au son de la lyre.

Mais tout l'appareil de l'armée romaine ne servait qu'à rendre l'armée des ennemis plus formidable, par le contraste d'une sauvage simplicité.

Parés de la dépouille des ours, des veaux marins, des urochs et des sangliers, les Francs se montraient de loin comme un troupeau de bêtes féroces. Une tunique courte et serrée laissait voir toute la hauteur de leur taille, et ne leur cachait pas le genou. Les yeux de ces barbares ont la couleur d'une mer orageuse; leur chevelure blonde, ramenée en avant sur leur poitrine, et teinte d'une liqueur

---

[1] Le martyr.

rouge, est semblable à du sang et à du feu. La plupart ne laissent croître leur barbe qu'au-dessus de la bouche, afin de donner à leurs lèvres plus de ressemblance avec le mufle des dogues et des loups. Les uns chargent leur main droite d'une longue framée, et leur main gauche d'un bouclier qu'ils tournent comme une roue rapide; d'autres, au lieu de ce bouclier, tiennent une espèce de javelot, nommé angon, où s'enfoncent deux fers recourbés; mais tous ont à la ceinture la redoutable francisque, espèce de hache à deux tranchants, dont le manche est recouvert d'un dur acier; arme funeste que le Franc jette en poussant un cri de mort, et qui manque rarement de frapper le but qu'un œil intrépide a marqué.

Ces barbares, fidèles aux usages des anciens Germains, s'étaient formés en coin, leur ordre accoutumé de bataille. Le formidable triangle, où l'on ne distinguait qu'une forêt de framées, de peaux de bêtes et des corps demi-nus, s'avançait avec impétuosité, mais d'un mouvement égal, pour percer la ligne romaine. A la pointe de ce triangle étaient placés des braves qui conservaient une barbe longue et hérissée, et qui portaient au bras un anneau de fer. Ils avaient juré de ne quitter ces marques de servitude qu'après avoir sacrifié un Romain. Chaque chef, dans ce vaste corps, était environné des guerriers de sa famille, afin que, plus ferme dans le choc, il remportât la victoire ou mourût avec ses amis. Chaque tribu se ralliait sous un symbole : la plus noble d'entre elles se distinguait par des abeilles ou trois fers de lance. Le vieux roi des Sicambres, Pharamond, conduisait l'armée entière, et laissait une partie du commandement à son petit-fils Mérovée. Les cavaliers francs, en face de la cavalerie romaine, couvraient les deux côtés de leur infanterie : à leurs casques en forme de gueules ouvertes ombragées de deux ailes de vautour, à leurs corselets de fer, à leurs boucliers blancs, on les eût pris pour des fantômes, ou pour ces figures bizarres que l'on aperçoit au milieu des nuages pendant une tempête. Clodion, fils de Pharamond et père de Mérovée, brillait à la tête de ces cavaliers menaçants.

Sur une grève derrière cet essaim d'ennemis on apercevait leur camp, semblable à un marché de laboureurs et de pêcheurs; il était rempli de femmes et d'enfants, et retranché avec des bateaux de cuir et des chariots attelés de grands bœufs. Non loin de ce camp champêtre, trois sorcières en lambeaux faisaient sortir de jeunes poulains d'un bois sacré, afin de découvrir par leur course à quel parti Tuiston promettait la victoire. La mer d'un côté, des forêts de l'autre, formaient le cadre de ce grand tableau.

Le soleil du matin, s'échappant des replis d'un nuage d'or, verse tout à coup sa lumière sur les bois, l'Océan et les armées. La terre paraît embrasée du feu des casques et des lances; les instruments guerriers sonnent l'air antique de Jules César partant pour les Gaules. La rage s'empare de tous les cœurs, les yeux roulent du sang, la main frémit sur l'épée. Les chevaux se cabrent, creusent l'arène, secouent leur crinière, frappent de leur bouche écumante leur poitrine enflammée, ou lèvent vers le ciel leurs naseaux brûlants, pour respirer les sons belliqueux. Les Romains commencent le chant de Probus :

« Quand nous aurons vaincu mille guerriers francs, combien ne vaincrons-nous pas de millions de Perses ! »

Les Grecs répètent en chœur le Pæan, et les Gaulois l'hymne des druides. Les Francs répondent à ces cantiques de mort : ils serrent leurs boucliers contre leur bouche, et font entendre un mugissement semblable au bruit de la mer que le vent brise contre un rocher; puis tout à coup, poussant un cri aigu, ils entonnent le bardit à la louange de leurs héros :

« Pharamond ! Pharamond ! nous avons combattu avec l'épée.

« Nous avons lancé la francisque à deux tranchants; la tombait du front des guerriers et ruisselait le long de leurs bras. Les aigles et les oiseaux aux pieds jaunes poussaient des cris de joie; le corbeau nageait dans le sang des morts; tout l'Océan n'était qu'une plaie : les vierges ont pleuré longtemps !

« Pharamond ! Pharamond ! nous avons combattu avec l'épée.

« Nos pères sont morts dans les batailles, tous les vautours en ont gémi : nos pères les rassasiaient de carnage. Choisissons des épouses dont le lait soit du sang, et qui remplissent de valeur le cœur de nos fils. Pharamond, le bardit est achevé, les heures de la vie s'écoulent, nous sourirons quand il faudra mourir ! »

Ainsi chantaient quarante mille barbares. Leurs cavaliers haussaient et baissaient leurs boucliers blancs en cadence ; et, à chaque refrain, ils frappaient du fer d'un javelot leur poitrine couverte de fer.

Déjà les Francs sont à la portée du trait de nos troupes légères. Les deux armées s'arrêtent. Il se fait un profond silence. César, du milieu de la légion chrétienne, ordonne d'élever la cotte d'armes de pourpre, signal du combat; les archers tendent leurs arcs, les fantassins baissent leurs piques, les cavaliers tirent tous à la fois leurs épées, dont les éclairs se croisent dans les airs. Un cri s'élève du fond des légions : « Victoire à l'empereur ! » Les barbares repoussent ce cri par un affreux mugissement : la foudre éclate avec moins de rage sur les sommets de l'Apennin, l'Etna gronde avec moins de violence, lorsqu'il verse au sein des mers des torrents de feu, l'Océan bat ses rivages avec moins de fracas quand un tourbillon, descendu par l'ordre de l'Éternel, a déchaîné les cataractes de l'abîme.

Les Gaulois lancent les premiers leurs javelots contre les Francs, mettent l'épée à la main et courent à l'ennemi. L'ennemi les reçoit avec intrépidité. Trois fois ils retournent à la charge ; trois fois ils viennent se briser contre le vaste corps qui les repousse : tel un grand vaisseau, voguant par un vent contraire, rejette de ses deux bords les vagues qui fuient et murmurent le long de ses flancs. Non moins braves et plus habiles que les Gaulois, les Grecs font pleuvoir sur les Sicambres une grêle de flèches ; et, reculant peu à peu, sans rompre nos rangs, nous fatiguons les deux lignes du triangle de l'ennemi. Comme un taureau vainqueur dans cent pâturages, fier de sa corne mutilée et des cicatrices de sa large poitrine, supporte avec impatience la piqûre du taon sous les ardeurs du midi, ainsi les Francs, percés de nos dards, deviennent furieux à ces blessures sans vengeance et sans gloire. Transportés d'une aveugle rage, ils brisent le trait dans leur sein, se roulent par terre, et se débattent dans les angoisses de la douleur.

La cavalerie romaine s'ébranle pour enfoncer les barbares : Clodion se précipite à sa rencontre. Le roi chevelu pressait une cavale stérile, moitié blanche, moitié noire, élevée parmi des troupeaux de rennes et de chevreuils, dans les haras de Pharamond. Les barbares prétendaient qu'elle était de la race de Rinfax, cheval de la Nuit, à la crinière gelée, et de Skinfax, cheval du Jour, à la crinière lumineuse. Lorsque, pendant l'hiver, elle emportait son maître sur son char d'écorce sans essieu et sans roues, jamais ses pieds ne s'enfonçaient dans les frimas; et, plus légère que la feuille de bouleau roulée par le vent, elle effleurait à peine la cime des neiges nouvellement tombées.

Un combat violent s'engage entre les cavaliers sur les deux ailes des armées.

Cependant la masse effrayante de l'infanterie des barbares vient toujours roulant vers les légions. Les légions s'ouvrent, changent leur front de bataille, attaquent à grands coups de pique les deux côtés du triangle de l'ennemi. Les vélites, les Grecs et les Gaulois se portent sur le troisième côté. Les Francs sont assiégés comme une vaste forteresse. La mêlée s'échauffe ; un tourbillon de poussière rougie s'élève et s'arrête au milieu des combattants. Le sang coule comme les torrents grossis par les pluies de l'hiver, comme les flots de l'Euripe dans le détroit de l'Eubée. Le Franc, fier de ses larges blessures, qui paraissent avec plus d'éclat sur la blancheur d'un corps demi-nu, est un spectre déchaîné du monument, et rugissant au milieu des morts. Au brillant éclat des armes a succédé la sombre couleur de la poussière et du carnage. Les casques sont brisés, les panaches abattus, les boucliers fendus, les cuirasses percées. L'haleine enflammée de cent mille combattants, le souffle épais des chevaux, la vapeur des sueurs et du sang, forment sur le champ de bataille une espèce de météore que traverse de temps en temps la lueur d'un glaive, comme le trait brillant du foudre dans la livide clarté d'un orage. Au milieu des cris, des insultes, des menaces, du bruit des épées, des coups des javelots, du sifflement des flèches et des dards, du gémissement des machines de guerre, on n'entend plus la voix des chefs.

Mérovée avait fait un massacre épouvantable des Romains. On le voyait debout sur un immense chariot, avec douze compagnons d'armes, appelés ses douze pairs, qu'il surpassait de toute la tête. Au-dessus du chariot flottait une enseigne guerrière, surnommée l'Oriflamme. Le chariot, chargé d'horribles dépouilles, était traîné par trois taureaux dont les genoux dégouttaient de sang, et dont les cornes portaient des lambeaux affreux. L'héritier de l'épée de Pharamond avait l'âge, la beauté et la fureur de ce démon de la Thrace qui n'allume le feu de ses autels qu'au feu des villes embrasées. Les cheveux blonds du jeune Sicambre, ornés d'une couronne de lis, ressemblaient au lin moelleux et doré qu'une bandelette virginale rattache à la quenouille d'une reine des barbares. On eût dit que ses joues étaient peintes du vermillon de ces baies d'églantiers qui brillent au milieu des neiges, dans les forêts de la Germanie. Sa mère avait noué autour de son cou un collier de coquillages, comme les Gaulois suspendent des reliques aux rameaux du plus beau rejeton d'un bois sacré. Quand de sa main droite Mérovée agitant un drapeau blanc appelait les fiers Sicambres au champ de l'honneur, ils ne pouvaient s'empêcher de pousser des cris de guerre et d'amour ; ils ne se lassaient point d'admirer à leur tête trois générations de héros : l'aïeul, le père et le fils.

Mérovée, rassasié de meurtres, contemplait, immobile, du haut de son char de victoire, les cadavres dont il avait jonché la plaine. Ainsi se repose un lion de Numidie, après avoir déchiré un troupeau de brebis ; sa faim est apaisée, sa poitrine exhale l'odeur du carnage ; il ouvre et ferme tour à tour sa gueule fatiguée, qu'embarrassent des flocons de laine ; enfin il se couche au milieu des agneaux égorgés ; sa crinière, humectée d'une rosée de sang, retombe des deux côtés de son cou ; il croise ses griffes puissantes ; il allonge la tête sur ses ongles ; et, les yeux à demi fermés, il lèche encore les molles toisons étendues autour de lui.

Le chef des Gaulois aperçut Mérovée dans ce repos insultant et superbe. Sa fureur s'allume ; il s'avance vers le fils de Pharamond ; il lui crie d'un ton ironique :

« Chef à la longue chevelure, je vais t'asseoir autrement sur le trône d'Hercule le Gaulois. Jeune brave, tu mérites d'emporter la marque du fer au palais de Teutatès. Je ne veux point te laisser languir dans une honteuse vieillesse.

— Qui es-tu ? répondit Mérovée avec un sourire amer : es-tu d'une race noble et antique ? Esclave romain, ne crains-tu point ma framée ?

— Je ne crains qu'une chose, repartit le Gaulois frémissant de courroux, c'est que le ciel tombe sur ma tête.

— Cède-moi la terre, dit l'orgueilleux Sicambre.

— La terre que je te céderai, s'écria le Gaulois, tu la garderas éternellement. »

A ces mots, Mérovée, s'appuyant sur sa framée, s'élance du char par-dessus les taureaux, tombe à leurs têtes, et se présente au Gaulois, qui venait à lui.

Toute l'armée s'arrête pour regarder le combat des deux chefs. Le Gaulois fond l'épée à la main sur le jeune Franc, le presse, le frappe, le blesse à l'épaule, et le contraint de reculer jusque sous les cornes des taureaux. Mérovée à son tour lance son angon, qui, par ses deux fers recourbés, s'engage dans le bouclier du Gaulois. Au même instant le fils de Clodion bondit comme un léopard, met le pied sur le javelot, le presse de son poids, le fait descendre vers la terre, et abaisse avec lui le bouclier de son ennemi. Ainsi forcé de se découvrir, l'infortuné Gaulois montre la tête. La hache de Mérovée part, siffle, vole et s'enfonce dans le front du Gaulois, comme la cognée d'un bûcheron dans la cime d'un pin. La tête du guerrier se partage; sa cervelle se répand des deux côtés, ses yeux roulent à terre. Son corps reste encore un moment debout, étendant des mains convulsives, objet d'épouvante et de pitié.

A ce spectacle, les Gaulois poussent un cri de douleur. Leur chef était le dernier descendant de ce Vercingétorix qui balança si longtemps la fortune de Jules. Il semblait que par cette mort l'empire des Gaules, en échappant aux Romains, passait aux Francs : ceux-ci, pleins de joie, entourent Mérovée, l'élèvent sur un bouclier, et le proclament roi avec ses pères, comme le plus brave des Sicambres. L'épouvante commence à s'emparer des légions. Constance, qui, du milieu du corps de réserve, suivait de l'œil les mouvements des troupes, aperçoit le découragement des cohortes. Il se tourne vers la légion chrétienne : « Braves soldats, la fortune de Rome est entre vos mains. Marchons à l'ennemi ! »

Aussitôt les fidèles abaissent devant César leurs aigles, surmontées de l'étendard du salut. Victor commande : la légion s'ébranle, et descend en silence de la colline. Chaque soldat porte sur son bouclier une croix entourée de ces mots : « Tu vaincras par ce signe. » Tous les centurions étaient des martyrs couverts des cicatrices du fer et du feu. Que pouvait contre de tels hommes la crainte des blessures et de la mort? O touchante fidélité! ces guerriers allaient répandre pour leurs princes les restes d'un sang dont ces princes avaient presque tari la source! Aucune frayeur, mais aussi aucune joie ne paraissait sur le visage des héros chrétiens. Leur valeur tranquille était pareille à un lis sans tache. Lorsque la légion s'avança dans la plaine, les Francs se sentirent arrêtés au milieu de leur victoire. Ils ont conté qu'ils voyaient à la tête de cette légion une colonne de feu et de nuées, et un cavalier vêtu de blanc, armé d'une lance et d'un bouclier d'or. Les Romains qui fuyaient tournent le visage; l'espérance revient au cœur du plus faible et du moins courageux : ainsi, après un orage de nuit, quand le soleil du matin paraît dans l'orient, le laboureur rassuré admire l'astre qui répand un doux éclat sur la nature ; sous les lierres de la cabane antique, le jeune passereau pousse des cris de joie; le vieillard vient s'asseoir sur le seuil de la porte : il entend des bruits charmants au-dessus de sa tête, et il bénit l'Éternel.

A l'approche des soldats du Christ, les barbares serrent leurs rangs, les Romains se rallient. Parvenue sur le champ de bataille, la légion s'arrête, met un genou en terre, et reçoit de la main d'un ministre de paix la bénédiction du Dieu des armées. Constance lui-même ôte sa couronne de laurier et s'incline. La troupe sainte se relève, et, sans jeter ses javelots, elle marche l'épée haute à l'ennemi. Le combat recommence de toutes parts. La légion chrétienne ouvre une large brèche dans les rangs des barbares ; Romains, Grecs et Gaulois, nous entrons tous à la suite de Victor dans l'enceinte des Francs rompus. Aux attaques d'une armée disciplinée succèdent des combats à la manière des héros d'Ilion. Mille groupes de guerriers se heurtent, se choquent, se pressent, se repoussent; partout règnent la douleur, le désespoir, la fuite. Filles des Francs, c'est en vain que vous préparez le baume pour des plaies que vous ne pourrez guérir! L'un est frappé au cœur du fer d'une javeline, et sent s'échapper de ce cœur les images chères et sacrées de la patrie ; l'autre a les deux bras brisés du coup d'une massue, et ne pressera plus sur son sein le fils qu'une épouse porte encore à la mamelle. Celui-ci regrette son palais, celui-là sa chaumière ; le premier ses plaisirs, le second ses douleurs ; car l'homme s'attache à la vie par ses misères autant que par ses prospérités. Ici, environné de ses compagnons, un soldat païen expire en vomissant des imprécations contre César et contre les dieux. Là un soldat chrétien meurt isolé, d'une main retenant ses entrailles, de l'autre pressant un crucifix, et priant Dieu pour son empereur. Les Sicambres, tous frappés par devant et couchés sur le dos, conservaient dans la mort un air si farouche, que le plus intrépide osait à peine les regarder.

Je ne vous oublierai pas, couple généreux, jeunes Francs que je rencontrai au milieu du champ du carnage ! Ces fidèles amis, plus tendres que prudents, afin d'avoir dans le combat la même destinée, s'étaient attachés ensemble par une chaîne de fer. L'un était tombé mort sous la flèche d'un Crétois; l'autre, atteint d'une blessure cruelle, mais encore vivant, se tenait à demi soulevé auprès de son frère d'armes. Il lui disait : « Guerrier, tu dors après les fatigues de la bataille. Tu n'ouvriras plus les yeux à ma voix, mais la chaîne de notre amitié n'est point rompue ; elle me retient à tes côtés. »

En achevant ces mots, le jeune Franc s'incline et meurt sur le corps de son ami. Leurs belles chevelures se mêlent et se confondent comme les flammes ondoyantes d'un double trépied qui s'éteint sur un autel, comme les rayons humides et tremblants de l'étoile des Gémeaux qui se couche dans la mer. Le trépas ajoute ses chaînes indestructibles aux liens qui unissaient les deux amis.

Cependant les bras fatigués portent des coups ralentis ; les clameurs deviennent plus déchirantes et plus plaintives.

Tantôt une grande partie des blessés, expirant à la fois, laisse régner un affreux silence ; tantôt la voix de la douleur se ranime et monte en longs accents vers le ciel. On voit errer des chevaux sans maîtres, qui bondissent ou s'abattent sur des cadavres ; quelques machines de guerre abandonnées brûlent çà et là comme les torches de ces immenses funérailles.

La nuit vint couvrir de son obscurité ce théâtre des fureurs humaines. Les Francs vaincus, mais toujours redoutables, se retirèrent dans l'enceinte de leurs chariots. Cette nuit, si nécessaire à notre repos, ne fut pour nous qu'une nuit d'alarmes : à chaque instant nous craignions d'être attaqués. Les barbares jetaient des cris qui ressemblaient aux hurlements des bêtes féroces : ils pleuraient les braves qu'ils avaient perdus, et se préparaient eux-mêmes à mourir. Nous n'osions ni quitter nos armes, ni allumer des feux. Les soldats romains frémissaient, se cherchaient dans les ténèbres ; ils s'appelaient, ils se demandaient un peu de pain ou d'eau ; ils pansaient leurs blessures avec leurs vêtements déchirés. Les sentinelles se répondaient en se renvoyant de l'une à l'autre le cri des veilles.

Tous les chefs des Crétois avaient été tués. Le sang de Philopœmen paraissant à mes compagnons d'un favorable augure, ils m'avaient nommé leur commandant. En attirant sur moi les efforts de l'ennemi, j'avais eu le bonheur de sauver la Légion de fer d'une entière destruction. La confirmation de mon grade, une couronne de chêne et les éloges de Constance avaient été le prix de ce hasard heureux. A la tête des troupes légères, je touchais presque au camp des barbares, et j'attendais avec impatience le retour de l'aurore ; mais cette aurore nous découvrit un spectacle qui surpassait en horreur tout ce que nous avions vu jusqu'alors.

Les Francs, pendant la nuit, avaient coupé les têtes des cadavres romains, et les avaient plantées sur des piques devant leur camp, le visage tourné vers nous. Un énorme bûcher, composé de selles de chevaux et de boucliers brisés, s'élevait au milieu du camp. Le vieux Pharamond, roulant des yeux terribles, et livrant au souffle du matin sa longue chevelure blanche, était assis au haut du bûcher. Au bas paraissaient Clodion et Mérovée : ils tenaient à la main, en guise de torches, l'hast enflammé de deux piques rompues, prêts à mettre le feu au trône funèbre de leur père, si les Romains parvenaient à forcer le retranchement des chariots.

Nous restons muets d'étonnement et de douleur ; les vainqueurs semblent vaincus par tant de barbarie et tant de magnanimité. Les larmes coulent de nos yeux, à la vue des têtes sanglantes de nos compagnons d'armes ; chacun se rappelle que ces bouches muettes et décolorées prononçaient encore la veille les paroles de l'amitié. Bientôt à ce mouvement de regret succède la soif de la vengeance. On n'attend point le signal de l'assaut ; rien ne peut résister à la fureur du soldat : les chariots sont brisés, le camp est ouvert, on s'y précipite. Alors se présente un nouvel ennemi : les femmes des barbares, vêtues de robes noires, s'élancent au-devant de nous, se percent de nos armes, ou cherchent à les arracher de nos mains : les unes arrêtent par la barbe le Sicambre qui fuit, et le ramènent au combat ; les autres, comme des bacchantes enivrées, déchirent leurs époux et leurs pères ; plusieurs étouffent leurs enfants, et les jettent sous les pieds des hommes et des chevaux ; plusieurs, se passant au cou un lacet fatal, s'attachent aux cornes des bœufs, et s'étranglent en se faisant traîner misérablement. Une d'entre elles s'écrie du milieu de ses compagnes : « Romains, tous vos présents n'ont point été funestes ! Si vous nous avez apporté le fer qui enchaîne, vous nous avez donné le fer qui délivre ! » Et elle se frappe d'un poignard.

C'en était fait des peuples de Pharamond, si le ciel, qui

leur garde peut-être de grandes destinées, n'eût sauvé le reste de leurs guerriers. Un vent impétueux se lève entre le nord et le couchant; les flots s'avancent sur les grèves; on voit venir, écumante et lumineuse, une de ces marées de l'équinoxe qui, dans ces climats, semblent jeter l'Océan tout entier hors de son lit. La mer, comme un puissant allié des barbares, entre dans le camp des Francs pour en chasser les Romains. Les Romains reculent devant l'armée des flots; les Francs reprennent courage. Ils profitent de notre désordre, ils nous repoussent, ils nous pressent, ils secondent les efforts de la mer. Une scène extraordinaire frappe les yeux de toutes parts : là, les bœufs épouvantés nagent avec les chariots qu'ils entraînent : ils ne laissent voir au-dessus des vagues que leurs cornes recourbées, et ressemblent à une multitude de fleuves qui auraient apporté eux-mêmes leurs tributs à l'Océan ; ici, les Saliens mettent à flot leurs bateaux de cuir, et nous frappent à coups de rame et d'aviron. Mérovée s'était fait une nacelle d'un large bouclier d'osier : porté sur cette conque guerrière, il nous poursuivait escorté de ses pairs, qui bondissaient autour de lui comme des tritons. Pleines d'une joie insensée, les femmes battaient des mains, et bénissaient les flots libérateurs. Partout la lame croissante se brise et jaillit contre les armes ; partout disparaît le cavalier qui se noie, le fantassin qui n'a plus que son épée hors de l'eau ; des cadavres qui paraissent se ranimer roulent avec les algues, le sable et le limon. Séparé du reste des légions, et réuni à quelques soldats, je combattis longtemps une multitude de barbares; mais enfin, accablé par le nombre, je tombai, percé de coups, au milieu de mes compagnons étendus morts à mes côtés.

Je demeurai plusieurs heures évanoui. Quand je rouvris les yeux à la lumière, je n'aperçus plus qu'une grève humide abandonnée par les flots, des corps noyés, à moitié ensevelis dans le sable ; la mer retirée dans un lointain immense, et traçant à peine une ligne bleuâtre à l'horizon. Je voulus me soulever, mais je ne pus y parvenir ; et je fus contraint de rester couché sur le dos, les regards attachés au ciel. Tandis que mon âme flottait entre la mort et la vie, j'entendis une voix prononcer en latin ces mots : « Si quelqu'un respire encore ici, qu'il parle. » Je tournai la tête avec effort, et j'entrevis un Franc, que je reconnus pour esclave à sa saie d'écorce de bouleau. Il aperçut mon mouvement, accourut vers moi, et, reconnaissant ma patrie à mon vêtement : « Jeune Grec, me dit-il, prenez courage. » Et il se mit à genoux à mes côtés, se pencha sur moi, examina mes blessures. « Je ne les crois pas mortelles, » s'écria-t-il après un moment de silence. Aussitôt il tira d'un sac de peau de chevreuil du baume, des simples, un vase plein d'une eau pure. Il lava mes plaies, les essuya légèrement, les banda avec de longues feuilles de roseaux. Je ne pouvais lui témoigner ma reconnaissance que par un mouvement de tête et par l'admiration qu'il devait lire dans mes yeux presque éteints. Quand il fallut me transporter, son embarras devint extrême. Il regardait avec inquiétude autour de nous : il craignait, comme il me l'a dit depuis, d'être découvert par quelque parti de barbares. L'heure du flux approchait ; mon libérateur tira du danger même le moyen de mon salut : il aperçut une nacelle des Francs échouée sur le sable ; il commença par me soulever à moitié ; puis, se couchant presque à terre devant moi, il m'attira doucement à lui, me chargea sur ses épaules, se leva, et me porta avec peine au bateau voisin ; car il était déjà sur l'âge. La mer ne tarda pas à couvrir ses grèves. L'esclave arracha du sable une pique dont le fer était rompu ; et lorsque les flots soulevèrent la nacelle, il la dirigea, avec son arme brisée, comme aurait fait le pilote le plus habile. Chassés par le flux, nous entrâmes bien avant dans les terres, sur les rives d'un fleuve bordé de forêts.

Ces lieux étaient connus du Franc. Il descendit dans

l'eau, et, me prenant de nouveau sur ses épaules, il me déposa dans une espèce de souterrain où les barbares ont coutume de cacher leur blé pendant la guerre. Là il me fit un lit de mousse, et me donna un peu de vin pour me ranimer.

« Pauvre infortuné! me dit-il en me parlant dans ma propre langue, il faut que je vous quitte, et vous serez obligé de passer la nuit seul ici. J'espère vous apporter demain matin de bonnes nouvelles : en attendant, tâchez de goutter un peu de sommeil. »

En disant ces mots, il étendit sur moi sa misérable saie, dont il se dépouilla pour me couvrir, et il s'enfuit dans les bois.

LIVRE SEPTIÈME

SOMMAIRE.

Suite du récit. Eudore devient esclave de Pharamond. Histoire de Zacharie. Clotilde, femme de Pharamond. Commencement du christianisme chez les Francs. Mœurs des Francs. Retour du printemps. Chasse. Barbares du Nord. Tombeau d'Ovide. Eudore sauve la vie à Mérovée. Mérovée promet la liberté à Eudore. Retour des chasseurs au camp de Pharamond. La déesse Hertha. Festin des Francs. On délibère sur la paix et sur la guerre avec les Romains. Dispute de Camulogène et de Chlodéric. Les Francs se décident à demander la paix. Eudore, devenu libre, est chargé par les Francs d'aller proposer la paix à Constance. Zacharie conduit Eudore jusque sur la frontière de la Gaule. Leurs adieux.

« Par Hercule! s'écria Démodocus en interrompant le récit d'Eudore, j'ai toujours aimé les enfants d'Esculape : ils sont pieux envers les hommes et connaissent les choses cachées. On les trouve parmi les dieux, les centaures, les héros et les bergers. Mon fils, quel était le nom de ce divin barbare pour qui Jupiter, hélas! ne me semble pas avoir puisé dans l'urne des biens? Le maître des nuées dispose à son gré du sort des mortels : il donne à l'un la prospérité, il fait tomber l'autre dans toute sorte de malheurs. Le roi d'Ithaque fut réduit à sentir un mouvement de joie en se couchant sur un lit de feuilles séchées, qu'il avait amoncelées de ses propres mains. Jadis, chez les hommes plus vertueux, un favori du dieu d'Épidaure eût été l'ami et le compagnon des guerriers ; aujourd'hui il est esclave chez une nation inhospitalière. Mais hâte-toi, fils de Lasthénès, de m'apprendre le nom de ton libérateur ; car je veux l'honorer comme Nestor honorait Machaon.

— Son nom, parmi les Francs, était Harold, reprit Eudore en souriant. Il vint me retrouver aux premiers rayons du jour, selon sa promesse. Il était accompagné d'une femme vêtue d'une robe de fil teinte de pourpre. Ses traits offraient, au premier coup d'œil, un mélange inexplicable de barbarie et d'humanité : c'était une expression de physionomie naturellement forte et sauvage, corrigée par je ne sais quelle habitude étrangère de pitié et de douceur.

« Jeune Grec, me dit l'esclave, remerciez Clotilde, femme de Pharamond, mon maître. Elle a obtenu votre grâce de son époux : elle vient elle-même vous chercher pour vous mettre à l'abri des Francs. Quand vous serez guéri de vos blessures, vous vous montrerez sans doute esclave reconnaissant et fidèle. »

Plusieurs serfs entrèrent alors dans la caverne. Ils m'étendirent sur des branches d'arbres entrelacées et me portèrent au camp de mon maître.

Les Francs, malgré leur valeur et le soulèvement des flots, avaient été obligés de céder la victoire à la discipline des légions : heureux d'échapper à une entière défaite, ils se retiraient devant les vainqueurs. Je fus jeté dans les chariots avec les autres blessés. On marcha quinze jours et quinze nuits en s'enfonçant vers le nord, et l'on ne s'arrêta que quand on se crut à l'abri de l'armée de Constance.

Le vieil esclave, occupé de ses devoirs, ne pouvait donner

que quelques moments à mes peines. J'étais toujours étonné de la sérénité de son visage, au milieu des travaux dont il était accablé.

« Eudore, me dit-il un soir, vos blessures sont presque guéries. Demain, vous commencerez à remplir vos nouveaux devoirs. Je sais que l'on doit vous envoyer avec quelques serfs chercher du bois au fond de la forêt. Allons, mon fils et mon compagnon, rappelez votre vertu. Le ciel vous aidera si vous l'implorez. »

A ces mots, l'esclave s'éloigna et me laissa plongé dans le désespoir. Je passai la nuit dans une agitation horrible, formant et rejetant tour à tour mille projets. Tantôt je voulais attenter à mes jours, tantôt je songeais à la fuite. Mais comment fuir, faible et sans secours? Comment trouver un chemin à travers ces bois? Hélas! j'avais une ressource contre mes maux, la religion; et c'était le seul moyen de délivrance auquel je ne songeais pas! Le jour me surprit au milieu de ces angoisses, et j'entendis tout à coup une voix qui me cria :

« Esclave romain, lève-toi ! »

On me donna une peau de sanglier pour me couvrir, une corne de bœuf pour puiser de l'eau, un poisson sec pour ma nourriture : et je suivis les serfs qui me montraient le chemin.

Lorsqu'ils furent arrivés à la forêt, ils commencèrent par ramasser, parmi la neige et les feuilles flétries, les branches d'arbres brisés par les vents. Ils en formaient çà et là des monceaux, qu'ils liaient avec des écorces. Ils me firent quelques signes pour m'engager à les imiter ; et, voyant que j'ignorais leur ouvrage, ils se contentèrent de mettre sur mes épaules un paquet de rameaux desséchés. Mon front orgueilleux fut forcé de s'humilier sous le joug de la servitude ; mes pieds nus foulaient la neige, mes cheveux étaient hérissés par le givre, et la bise glaçait les larmes dans mes yeux. J'appuyais mes pas chancelants sur une branche arrachée de mon fardeau ; et, courbé comme un vieillard, je cheminais lentement entre les arbres de la forêt.

J'étais prêt à succomber à ma douleur, lorsque je vis tout à coup auprès de moi le vieil esclave, chargé d'un poids plus pesant que le mien, et me souriant de cet air paisible qui ne l'abandonnait jamais. Je ne pus me défendre d'un mouvement de honte.

Quoi ! me dis-je en moi-même, cet homme, accablé par les ans, sourit sous un fardeau triple du mien ; et moi, jeune et fort, je pleure !

« Eudore, me dit mon libérateur en m'abordant, ne trouvez-vous pas que le premier fardeau est bien lourd ? Mon jeune compagnon, l'habitude et surtout la résignation rendront les autres plus légers. Voyez quel poids je suis venu à bout de porter à mon âge !

— Ah ! m'écriai-je, chargez-moi de ce poids qui fait plier vos genoux. Puissé-je expirer en vous délivrant de vos peines !

— Eh ! mon fils, repartit le vieillard, je n'ai point de peines. Pourquoi désirer la mort? Allons, je veux vous réconcilier avec la vie. Venez vous reposer à quelques pas d'ici ; nous allumerons du feu et nous causerons ensemble.

Nous gravîmes des monticules irréguliers, formés comme je le vis bientôt, par les débris d'un ouvrage romain. De grands chênes croissaient dans ce lieu, sur une autre génération de chênes tombés à leurs pieds. Lorsque nous fûmes arrivés au sommet des monticules, je découvris l'enceinte d'un camp abandonné.

— Voilà, me dit l'esclave, le bois de Teuteberg et le camp de Varus. La pyramide de terre que vous apercevez au milieu est la tombe où Germanicus fit renfermer les restes des légions massacrées. Mais elle a été rouverte par les barbares ; les os des Romains ont été de nouveau semés sur la terre, comme l'attestent ces crânes blanchis cloués au tronc des arbres. Un peu plus loin vous pouvez remarquer les autels sur lesquels on égorgea les centurions des premières compagnies, et le tribunal de gazon d'où Arminius harangua les Germains. »

A ces mots, le vieillard jeta sa ramée sur la neige. Il en tira quelques branches, dont il fit un peu de feu ; puis, m'invitant à m'asseoir auprès de lui et à réchauffer mes mains glacées, il me raconta son histoire :

« Mon fils, vous plaindrez-vous encore de vos malheurs ? Oseriez-vous parler de vos peines à la vue du camp de Varus ? Ou plutôt ne reconnaissez-vous pas quel est le sort de tous les hommes, et combien il est inutile de se révolter contre des maux inséparables de la condition humaine ? Je vous offre moi-même un exemple frappant de ce qu'une fausse sagesse appelle les coups de la fortune. Vous gémissez de votre servitude ! Et que direz-vous donc quand vous verrez en moi un descendant de Cassius, esclave et esclave volontaire ?

« Lorsque mes ancêtres furent bannis de Rome pour avoir défendu la liberté, et qu'on n'osa même plus porter leurs images aux funérailles, ma famille se réfugia dans le christianisme, asile de la véritable indépendance.

« Nourri des préceptes d'une loi divine, je servis longtemps comme simple soldat dans la légion thébaine, où je portais le nom de Zacharie. Cette légion chrétienne ayant refusé de sacrifier aux faux dieux, Maximien la fit massacrer près d'Agaune, dans les Alpes. On vit alors un exemple à jamais mémorable de l'esprit de douceur de l'Évangile. Quatre mille vétérans, blanchis dans le métier des armes, pleins de force, et ayant à la main la pique et l'épée, tendirent, comme des agneaux paisibles, la gorge aux bourreaux. La pensée de se défendre ne se présenta pas même à leur esprit, tant ils avaient gravées au fond du cœur les paroles de leur Maître, qui ordonne d'obéir et défend de se venger ! Maurice, qui commandait la légion, tomba le premier. La plupart des soldats périrent par le fer. On m'avait attaché les mains derrière le dos. Assis parmi la foule des victimes, j'attendais le coup fatal ; mais je ne sais par quel dessein de la Providence je fus oublié dans ce grand massacre. Les corps entassés autour de moi me dérobèrent à la vue des centurions ; et Maximien, ayant accompli son œuvre, s'éloigna avec l'armée.

« Vers la seconde veille de la nuit, n'entendant plus que le bruit d'un torrent dans les montagnes, je levai la tête, et je fus à l'instant frappé d'un prodige. Les corps de mes compagnons semblaient jeter une vive lumière et répandre une agréable odeur. J'adorai le Dieu des miracles, qui n'avait pas voulu accepter le sacrifice de mes jours ; et, comme je ne pouvais donner la sépulture à tant de saints, je cherchai du moins le grand Maurice. Je le trouvai à demi recouvert de la neige tombée pendant la nuit. Animé d'une force surnaturelle, je me dégageai de mes liens, et avec le fer d'une lance je creusai à mon général une fosse profonde. J'y réunis le tronc et le chef de Maurice, en priant le nouveau Machabée d'obtenir bientôt pour son soldat une place dans la milice céleste. Ensuite je quittai ce champ de triomphe et de larmes ; je pris le chemin des Gaules, et je me retirai vers Denis, premier évêque de Lutèce.

« Ce saint prélat me reçut avec des pleurs de joie, et m'admit au nombre de ses disciples. Quand il me crut capable de le seconder dans son ministère, il m'imposa les mains, et, me créant prêtre de Jésus-Christ, il me dit : « Humble Zacharie, soyez charitable ; voilà toutes les in-« structions que j'ai à vous donner. » Hélas ! j'étais toujours destiné à perdre mes amis, et toujours par la même main ! Maximien fit trancher la tête à Denis et à ses compagnons, Rustique et Éleuthère. Ce fut son dernier exploit dans les Gaules, qu'il céda bientôt après à Constance.

« J'avais sans cesse devant les yeux le précepte de mon saint évêque. Je me sentis pressé du désir de rendre quelque service à des misérables, et j'allais souvent prier Denis de m'obtenir cette faveur, par son intercession auprès du Fils de Marie.

« Les chrétiens de Lutèce avaient enseveli leur évêque dans une grotte, au pied de la colline sur laquelle il avait été décapité. Cette colline s'appelait le mont de Mars, et elle était séparée de la Sequana par des marais. Un jour, comme je traversais ces marais, je vis venir à moi une femme chrétienne tout éplorée, qui s'écria : « O Zacharie ! je suis la « plus infortunée des femmes ! Mon époux a été pris par les « Francs ; il me laisse avec trois enfants en bas âge, et sans « aucun moyen de les nourrir ! » Une rougeur subite couvrit mon front ; je compris que Dieu m'envoyait cette grâce par les prières du généreux martyr que j'allais implorer. Je cachai cependant ma joie, et je dis à cette femme : « Ayez « bon courage, Dieu aura pitié de vous. » Et, sans m'arrêter, je me mis en route pour la colonie d'Agrippina.

« Je connaissais le soldat prisonnier, il était chrétien, et j'avais été quelque temps son frère d'armes. C'était un homme simple, et craignant Dieu pendant la prospérité ; mais les revers le décourageaient aisément, et il était à craindre qu'il ne perdît la foi dans le malheur. J'appris à Agrippina qu'il était tombé entre les mains du chef des Saliens. Les Romains venaient de conclure une trêve avec les Francs. Je passai chez ces barbares. Je me présentai à Pharamond, et m'offris en échange du chrétien ; je ne pouvais payer autrement sa rançon, car je ne possédais rien au monde. Comme j'étais fort et vigoureux, et que l'autre esclave était faible, ma proposition fut acceptée. J'y mis pour seule condition que mon maître renverrait son prisonnier, sans lui dire par quel moyen il était racheté. Cela fut fait ainsi, et ce pauvre père de famille rentra plein de joie dans ses foyers, pour nourrir ses enfants et consoler son épouse.

« Depuis ce temps, je suis demeuré esclave ici. Dieu m'a bien récompensé ; car, en habitant parmi ces peuples, j'ai eu le bonheur d'y semer la parole de Jésus-Christ. Je vais surtout le long des fleuves réparer, autant qu'il est en moi, le malheur d'une expérience funeste : les barbares, afin d'éprouver si leurs enfants seront vaillants un jour, ont coutume de les exposer aux flots sur un bouclier. Ils ne conservent que ceux qui surnagent, et laissent périr les autres. Quand je puis réussir à sauver des eaux ces petits anges, je les baptise au nom du Père, du Fils et du Saint-Esprit, pour leur ouvrir le ciel.

« Les lieux où se livrent les batailles m'offrent encore une abondante moisson. Je rôde comme un loup ravissant, dans les ténèbres, au milieu du carnage et des morts. J'appelle les mourants qui croient que je les viens dépouiller ; je leur parle d'une meilleure vie ; je tâche de les envoyer dans le repos d'Abraham. S'ils ne sont pas mortellement blessés, je m'empresse de les secourir, espérant les gagner par la charité au Dieu des pauvres et des misérables.

« Jusqu'à présent ma plus belle conquête est la jeune femme de mon vieux maître Pharamond. Clothilde a ouvert son cœur à Jésus-Christ. De violente et cruelle qu'elle était, elle est douce et compatissante. Elle m'aide à sauver tous les jours quelques infortunés. C'est à elle que vous devez la vie. Lorsque je courus lui apprendre que je vous avais trouvé parmi les morts, elle songea d'abord à vous tenir caché dans la grotte afin de vous soustraire à l'esclavage. Elle découvrit ensuite que les Francs allaient continuer leur retraite. Alors il ne lui resta plus qu'à révéler le secret à son époux, et à obtenir votre grâce de Pharamond; car, si les barbares aiment les esclaves sains et vigoureux, leur impatience naturelle et le mépris qu'ils ont eux-mêmes pour la vie leur font presque toujours sacrifier les blessés.

« Mon fils, telle est l'histoire de Zacharie. Si vous trouvez qu'il a fait quelque chose pour vous, il ne vous demande en récompense que de ne pas vous laisser abattre par les chagrins, et de souffrir qu'il sauve votre âme après avoir sauvé votre corps. Eudore, vous êtes né dans ce doux climat voisin de la terre des miracles, chez ces peuples polis qui ont civilisé les hommes, dans cette Grèce où le sublime Paul a porté la lumière de la foi : que d'avantages n'avez-vous donc pas sur les hommes du Nord, dont l'esprit est grossier et les mœurs féroces ! seriez-vous moins sensible qu'eux à la charité évangélique ? »

Les dernières paroles de Zacharie entrèrent dans mon cœur comme un aiguillon. L'indigne secret de ma vie m'accablait. Je n'osais lever les yeux sur mon libérateur. Moi, qui avais soutenu sans trouble les regards des maîtres du monde, j'étais anéanti devant la majesté d'un vieux prêtre chrétien esclave chez les barbares ! Retenu par la honte de confesser l'oubli que j'avais fait de ma religion, poussé par le désir de tout avouer, mon désordre était extrême. Zacharie s'en aperçut. Il crut que mes blessures étaient rouvertes : il me demanda la cause de mon agitation avec inquiétude. Vaincu par tant de bonté, et les larmes malgré moi se faisant un passage, je me jetai aux pieds du vieillard :

« O mon père ! ce ne sont pas les blessures de mon corps qui saignent ; c'est une plaie plus profonde et plus mortelle. Vous qui faites tant d'actes sublimes au nom de votre religion, pourriez-vous croire, en voyant entre nous si peu de ressemblance, que j'ai la même religion que vous?

— Jésus-Christ ! s'écria le saint levant les mains vers le ciel ; Jésus-Christ ! mon divin maître, quoi ! vous auriez ici un autre serviteur que moi !

— Je suis chrétien, » répondis-je.

L'homme de charité me prend dans ses bras, m'arrose de ses larmes, me presse contre ses cheveux blancs, en disant avec des sanglots de joie :

« Mon frère ! mon cher frère ! J'ai trouvé un frère ! »

Et je répétais :

« Je suis chrétien, je suis chrétien. »

Pendant cette conversation, la nuit était descendue. Nous

reprîmes nos fardeaux, et nous retournâmes à la hutte de Pharamond. Le lendemain, Zacharie vint me chercher à la pointe du jour. Il me conduisit au fond d'une forêt. Dans le tronc d'un vieux hêtre, où Ségovia, prophétesse des Germains, avait jadis rendu ses oracles, je vis une petite image qui représentait Marie mère du Sauveur. Elle était ornée d'une branche de lierre chargée de ses fruits mûrs, et nouvellement placée aux pieds de la Mère et de l'Enfant, car la neige ne l'avait point encore recouverte.

« Cette nuit même, me dit Zacharie, j'ai appris à l'épouse de notre maître que nous avions un frère parmi nous. Pleine de joie, elle a voulu venir au milieu des ténèbres parer notre autel, et offrir cette branche à Marie en signe d'allégresse. »

Zacharie avait à peine achevé de prononcer ces mots, que nous vîmes accourir Clothilde. Elle se mit à genoux sur la neige, au pied du hêtre. Nous nous plaçâmes à ses côtés, et elle prononça à haute voix l'oraison du Seigneur dans un idiome sauvage. Ainsi je vis commencer le christianisme chez les Francs. Religion céleste, qui dira les charmes de votre berceau? Combien il parut divin dans Bethléem aux pasteurs de la Judée! Qu'il me sembla miraculeux dans les catacombes, lorsque je vis s'humilier devant lui une puissante impératrice! Et qui n'eût versé des larmes en le retrouvant sous un arbre de la Germanie, entouré, pour tous adorateurs, d'un Romain esclave, d'un prisonnier grec et d'une reine barbare!

Qu'attendais-je pour retourner au bercail? Les dégoûts avaient commencé à m'avertir de la vanité des plaisirs; l'ermite du Vésuve avait ébranlé mon esprit, Zacharie subjuguait mon cœur; mais il était écrit que je ne reviendrais à la vérité que par une suite de malheurs et d'expériences.

Zacharie redoubla de zèle et de soins auprès de moi. Je croyais, en l'écoutant, entendre une voix sortie du ciel.

Quelle leçon n'offrait point la seule vue de l'héritier chrétien de Cassius et de Brutus ! Le stoïque meurtrier de César, après une vie courte, libre, puissante et glorieuse, déclare que la vertu n'est qu'un fantôme ; le charitable disciple de Jésus-Christ, esclave, vieux, pauvre, ignoré, proclame qu'il n'y a rien de réel ici-bas que la vertu. Ce prêtre, qui ne paraissait savoir que la charité, avait toutefois l'esprit de science et un goût pur des arts et des lettres. Il possédait les antiquités grecques, hébraïques et latines. C'était un charme de l'entendre parler des hommes des anciens jours, en gardant les troupeaux des barbares. Il m'entretenait souvent des coutumes de nos maîtres ; il me disait :

« Quand vous serez retourné dans la Grèce, mon cher Eudore, on s'assemblera autour de vous pour vous ouïr conter les mœurs des rois à la longue chevelure. Vos malheurs présents vous deviendront une source d'agréables souvenirs. Vous serez parmi ces peuples ingénieux un nouvel Hérodote, arrivé d'une contrée lointaine pour les enchanter de vos merveilleux récits. Vous leur direz qu'il existe dans les forêts de la Germanie un peuple qui prétend descendre des Troyens (car tous les hommes, ravis des belles fables de vos Hellènes, veulent y tenir par quelque côté) ; que ce peuple, formé de diverses tribus de Germains, les Sicambres, les Bructères, les Saliens, les Cattes, a pris le nom de Franc, qui veut dire libre, et qu'il est digne de porter ce nom.

« Son gouvernement est pourtant essentiellement monarchique. Le pouvoir, partagé entre différents rois, se réunit dans la main d'un seul lorsque le danger est pressant. La tribu des Saliens, dont Pharamond est le chef, a presque toujours l'honneur de commander, parce qu'elle passe parmi les barbares pour la plus noble. Elle doit cette renommée à l'usage qui exclut chez elle les femmes de la puissance, et ne confie le sceptre qu'à un guerrier.

« Les Francs s'assemblent une fois l'année, au mois de

mars, pour délibérer sur les affaires de la nation. Ils viennent au rendez-vous tout armés. Le roi s'assied sous un chêne. On lui apporte des présents, qu'il reçoit avec beaucoup de joie. Il écoute la plainte de ses sujets ou plutôt de ses compagnons, et rend la justice avec équité.

« Les propriétés sont annuelles. Une famille cultive chaque année le terrain qui lui est assigné par le prince, et après la récolte le champ moissonné rentre dans la possession commune.

« Le reste des mœurs se ressent de cette simplicité. Vous voyez que nous partageons avec nos maîtres la saie, le lait, le fromage, la maison de terre, la couche de peaux.

« Vous fûtes hier témoin du mariage de Mérovée. Un bouclier, une francisque, un canot d'osier, un cheval bridé, deux bœufs accouplés, ont été les présents de noces de l'héritier de la couronne des Francs. Si, dans les jeux de son âge, il saute mieux qu'un autre au milieu des lances et des épées nues, s'il est brave à la guerre, juste pendant la paix, il peut espérer après sa mort un bûcher funèbre, et même une pyramide de gazon pour couvrir son tombeau. »

Ainsi me parlait Zacharie.

Le printemps vint enfin ranimer les forêts du Nord. Bientôt tout changea de face dans les bois et dans les vallées : les angles noircis des rochers se montrèrent les premiers sur l'uniforme blancheur des frimas; les flèches rougeâtres des sapins parurent ensuite, et de précoces arbrisseaux remplacèrent par des festons de fleurs les cristaux glacés qui pendaient à leurs cimes. Les beaux jours ramenèrent la saison des combats.

Une partie des Francs reprend les armes, une autre se prépare à aller chasser l'aurochs et les ours dans les contrées lointaines. Mérovée se mit à la tête des chasseurs, et je fus compris au nombre des esclaves qui devaient l'accompagner. Je dis adieu à Zacharie, et me séparai pour quelque temps du plus vertueux des hommes.

Nous parcourûmes avec une rapidité incroyable les régions qui s'étendent depuis la mer de Scandie jusqu'aux grèves du Pont-Euxin. Ces forêts servent de passage à cent peuples barbares qui roulent tour à tour leurs torrents vers l'empire romain. On dirait qu'ils ont entendu quelque chose au midi qui les appelle du septentrion et de l'aurore. Quel est leur nom, leur race, leur pays ? Demandez-le au ciel qui les conduit, car ils sont aussi inconnus aux hommes que les lieux d'où ils sortent et où ils passent. Ils viennent ; tout est préparé pour eux : les arbres sont leurs tentes, les déserts sont leur voies. Voulez-vous savoir où ils ont campé ? Voyez ces ossements de troupeaux égorgés, ces pins brisés comme par la foudre, ces forêts en feu, et ces plaines couvertes de cendres.

Nous eûmes le bonheur de ne rencontrer aucune de ces grandes migrations ; mais nous trouvâmes quelques familles errantes, auprès desquelles les Francs sont un peuple policé. Ces infortunés, sans abri, sans vêtements, souvent même sans nourriture, n'ont, pour consoler leurs maux, qu'une liberté inutile et quelques danses dans le désert. Mais, lorsque ces danses sont exécutées au bord d'un fleuve, dans la profondeur des bois ; que l'écho répète pour la première fois les accents d'une voix humaine ; que l'ours regarde du haut de son rocher ces jeux de l'homme sauvage, on ne peut s'empêcher de trouver quelque chose de grand dans la rudesse même du tableau, de s'attendrir sur la destinée de cet enfant de la solitude, qui naît inconnu du monde, foule un moment des vallées où il ne repassera plus, et bientôt cache sa tombe sous la mousse des déserts, qui n'a pas même conservé l'empreinte de ses pas.

Un jour, ayant passé l'Ister vers son embouchure, et m'étant un peu écarté de la troupe des chasseurs, je me trouvai à la vue des flots du Pont-Euxin. Je découvris un tombeau de pierre, sur lequel croissait un laurier. J'arrachai les herbes qui couvraient quelques lettres latines, et bientôt je parvins à lire ce premier vers des élégies d'un poëte infortuné :

« Mon livre, vous irez à Rome, et vous irez à Rome sans moi. »

Je ne saurais vous peindre ce que j'éprouvai en retrouvant au fond de ce désert le tombeau d'Ovide. Quelles tristes réflexions ne fis-je point sur les peines de l'exil, qui étaient aussi les miennes, et sur l'inutilité des talents pour le bonheur ! Rome, qui jouit aujourd'hui des tableaux du plus ingénieux de ses poëtes, Rome a vu couler vingt ans d'un œil sec les larmes d'Ovide.

Les Francs n'avaient traversé de si vastes contrées qu'afin de visiter quelques tribus de leur nation transportées autrefois par Probus au bord du Pont-Euxin. Nous apprîmes, en arrivant, que ces tribus avaient disparu depuis plusieurs mois et qu'on ignorait ce qu'elles étaient devenues. Mérovée prit à l'instant la résolution de retourner au camp de Pharamond.

La Providence avait ordonné que je retrouverais la liberté au tombeau d'Ovide. Lorsque nous repassâmes auprès de ce monument, une louve, qui s'y était cachée pour y déposer ses petits, s'élança sur Mérovée. Je tuai cet animal furieux. Dès ce moment, mon jeune maître me promit de demander ma liberté à son père. Je devins son compagnon pendant le reste de la chasse. Il me faisait dormir à ses côtés. Quelquefois je lui parlais de la bataille sanglante où je l'avais vu traîné par trois taureaux indomptés, et il tressaillait de joie au souvenir de sa gloire. Quelquefois aussi je l'entretenais des costumes et des traditions de mon pays : mais de tout ce que je lui racontais, il n'écoutait avec plaisir que l'histoire des travaux d'Hercule et de Thésée. Quand j'essayais de lui faire comprendre nos arts, il brandissait sa framée, et me disait avec impatience : Grec, Grec, je suis ton maître. »

Après une absence de plusieurs mois, nous arrivâmes au

camp de Pharamond. La hutte royale était déserte. Le chef à la longue chevelure avait eu des hôtes : après avoir prodigué en leur honneur tout ce qu'il possédait de richesses, il était allé vivre dans la cabane d'un chef voisin, qui, ruiné à son tour par le monarque barbare, s'était établi avec lui chez un autre chef. Nous trouvâmes enfin Pharamond goûtant, assis à un grand repas, les charmes de cette hospitalité naïve, et il nous apprit le sujet de ces fêtes.

Au milieu de la mer des Suèves, se voit une île appelée Chaste, consacrée à la déesse Hertha. La statue de cette divinité est placée sur un char toujours couvert d'un voile. Ce char, traîné par des génisses blanches, se promène, à des temps marqués, au milieu des nations germaniques. Les inimitiés sont alors suspendues, et pour un moment les forêts du Nord cessent de retentir du bruit des armes. La déesse mystérieuse venait de passer chez les barbares, et nous étions arrivés au milieu des réjouissances que cause son apparition. Zacharie eut à peine un moment pour me serrer dans ses bras. Tous les chefs étaient convoqués au banquet solennel : on devait y traiter de la conclusion de la paix, ou de la continuation de la guerre avec les Romains. Je fus chargé du rôle d'échanson, et Mérovée prit sa place au milieu des guerriers.

Ils étaient rangés en demi-cercle, ayant au centre le foyer où s'apprêtaient les viandes du festin. Chaque chef, armé comme pour la guerre, était assis sur un faisceau d'herbes ou sur un rouleau de peaux; il avait devant lui une petite table séparée des autres, sur laquelle on lui servait une portion de la victime, selon sa vaillance ou sa noblesse. Le guerrier reconnu pour le plus brave (et c'était Mérovée) occupait la première place. Des affranchis, armés de lances et de boucliers, portaient çà et là des trépieds chargés de viande, et des cornes d'aurochs pleines de liqueur de froment.

Vers la fin du repas, on commença à délibérer. Il y avait

dans la ligue des Francs un Gaulois appelé Camulogène, descendant du fameux vieillard qui défendit Lutèce contre Labiénus, lieutenant de Jules. Élevé parmi les quarante mille disciples des écoles d'Augustodunum [1], il avait perfectionné une éducation brillante sous les rhéteurs les plus célèbres de Marseille et de Burdigalie [2]; mais l'inconstance naturelle aux Gaulois et un caractère sauvage l'avaient jeté d'abord dans la révolte des Bagaudes. Ces paysans soulevés furent domptés par Maximien, et Camulogène passa chez les Francs, qui l'adoptèrent à cause de sa valeur et de ses richesses. Les prêtres du banquet de Pharamond ayant fait faire silence, le Gaulois se leva, et, peut-être lassé secrètement d'un long exil, il proposa d'envoyer des députés à César. Il vanta la discipline des légions romaines, les vertus de Constance, les charmes de la paix et la douceur de la société.

« Qu'un Gaulois nous parle de la sorte, répondit Chlodéric, chef d'une tribu des Francs, cela ne doit pas nous surprendre : il attend quelques récompenses de ses anciens maîtres. J'avoue que le cep de vigne d'un centurion est plus facile à manier que ma framée, et qu'il est moins périlleux d'adorer César sur la pourpre au Capitole que de le mépriser dans cette hutte sur une peau de loup. Je les ai vus dans Rome même, ces avides possesseurs de tant de palais, qui sont assez à plaindre pour désirer encore une cabane dans nos forêts : croyez-moi, ils ne sont pas si redoutables que la frayeur d'un Gaulois vous les représente. Conquis par cette nation de femmes, les Gaulois peuvent demander la paix s'ils le veulent : pour Chlodéric, il sent en lui quelque chose qui le porte à brûler le Capitole et à effacer le nom romain de la terre. »

L'assemblée applaudit à ce discours en agitant les lances et en frappant sur les boucliers.

[1] Autun.
[2] Bordeaux.

« Allez donc à Rome, repartit le Gaulois avec impétuosité. Que faites-vous ici, cachés dans vos forêts? Quoi! braves, vous parlez de passer le Tibre, et vous n'avez pu encore franchir le Rhin! Les serfs gaulois, conquis par une nation de femmes, n'étaient pas assis tranquillement à un repas lorsqu'ils ravageaient cette ville que vous menacez de loin. Ignorez-vous que l'épée de fer d'un Gaulois a seule servi de contre-poids à l'empire du monde? Partout où il s'est remué quelque chose de grand, vous trouverez mes ancêtres. Les Gaulois seuls ne furent point étonnés à la vue d'Alexandre. César les combattit dix ans pour les soumettre, et Vercingétorix aurait soumis César, si les Gaulois n'eussent été divisés. Les lieux les plus célèbres dans l'univers ont été assujettis à mes pères. Ils ont ravagé la Grèce, occupé Byzance, campé sur les ruines de Troie, possédé le royaume de Mithridate, et vaincu au delà du Taurus ces Scythes qui n'avaient été vaincus par personne. Le destin de la terre paraît attaché à mes ancêtres, comme à une nation fatale et marquée d'un sceau mystérieux. Tous les peuples semblent avoir ouï successivement cette voix qui annonça l'arrivée de Brennus à Rome, et qui disait à Céditius, au milieu de la nuit : « Céditius, va dire aux tri-
« buns que les Gaulois seront demain ici. »

Camulogène allait continuer, lorsque Chlodéric, l'interrompant par de bruyants éclats de rire, frappant du pommeau de son épée la table du festin, et renversant son vase à boire, s'écria :

« Rois chevelus, avez-vous compris quelque chose aux longs propos de cette prophétesse des Gaulois? Qui de vous a entendu parler de cet Alexandre, de ce Mithridate? Camulogène, si tu sais faire de grands discours dans la langue de tes maîtres, épargne-toi la peine de les prononcer devant nous. Nous défendons à nos enfants d'apprendre à lire et à écrire, cet art de la servitude ; nous ne voulons que du fer, des combats, du sang. »

Des cris tumultueux s'élevèrent dans le conseil des barbares. Le Gaulois, se vengeant de l'insulte par le mépris :

« Puisque le fameux Chlodéric ne connaît pas Alexandre et n'aime pas les longs discours, je ne lui dirai qu'un mot : Si les Francs n'ont pas d'autres guerriers que lui pour porter la flamme au Capitole, je leur conseille d'accepter la paix à quelque prix que ce puisse être.

— Traître ! s'écria le Sicambre écumant de rage, avant que peu d'années se soient écoulées, j'espère que ta nation changera de maître. Tu reconnaîtras, en cultivant la terre pour les Francs, quelle est la valeur des rois chevelus.

— Si je n'ai que la tienne à craindre, repartit ironiquement le Gaulois, je ne me donnerai pas la peine de recueillir l'œuf du serpent à la lune nouvelle, afin de me mettre à l'abri des malheurs que me prépare Teutatès. »

A ces mots, Chlodéric furieux tendit à Camulogène la pointe de sa framée, en lui disant d'une voix étouffée par la colère :

« Tu n'oserais seulement y porter la vue.

— Tu mens, » repartit le Gaulois tirant son épée et se précipitant sur le Franc.

On se jeta entre les deux guerriers. Les prêtres firent cesser ce nouveau festin des Centaures et des Lapithes. Le lendemain, jour où la lune avait acquis toute sa splendeur, on décida dans le calme ce qu'on avait discuté dans l'ivresse, alors que le cœur ne peut feindre et qu'il est ouvert aux entreprises généreuses.

On se détermina à faire des propositions de paix aux Romains ; et, comme Mérovée, fidèle à sa parole, avait déjà obtenu ma liberté de son père, il fut résolu que j'irais à l'instant porter les paroles du conseil à Constance. Zacharie et Clothilde vinrent m'annoncer ma délivrance. Ils me conjurèrent de me mettre en route sur le-champ, pour éviter l'inconstance naturelle aux barbares. Je fus obligé de céder à leurs inquiétudes. Zacharie m'accompagna jusqu'à la frontière des Gaules. Le bonheur de recouvrer ma liberté était balancé par le chagrin de me séparer de ce vieillard. En vain je le pressai de me suivre, en vain je m'attendris sur les maux dont il était accablé. Il cueillit en marchant une plante de lis sauvage dont la cime commençait à percer la neige, et il me dit :

« Cette fleur est le symbole du chef des Saliens et de sa tribu ; elle croît naturellement plus belle parmi ces bois que dans un sol moins exposé aux glaces de l'hiver ; elle efface la blancheur des frimas qui la couvrent, et qui ne font que la conserver dans leur sein, au lieu de la flétrir. J'espère que cette rude saison de ma vie, passée auprès de la famille de mon maître, me rendra un jour comme ce lis aux yeux de Dieu : l'âme a besoin, pour se développer dans toute sa force, d'être ensevelie quelque temps sous les rigueurs de l'adversité. »

En achevant ces mots, Zacharie s'arrêta, me montra le ciel, où nous devions nous retrouver un jour ; et, sans me laisser le temps de me jeter à ses pieds, il me quitta après m'avoir donné sa première leçon. C'est ainsi que Jésus-Christ, dont il imite l'exemple, se plaisait à instruire ses disciples en se promenant au bord du lac de Génésareth, et faisait parler l'herbe des champs et les lis de la vallée.

LIVRE HUITIÈME

SOMMAIRE

Interruption du récit. Chastes sentiments d'Eudore et de Cymodocée, l'un pour l'autre. Rage de Satan contre l'Église. Assemblée des démons. Discours du démon de l'homicide. Discours du démon de la fausse sagesse. Discours du démon de la volupté. Discours de Satan. Les démons se répandent sur la terre.

Déjà le récit d'Eudore s'était prolongé jusqu'à la neuvième

heure du jour. Le soleil dardait ses rayons brûlants sur les montagnes de l'Arcadie, et les oiseaux muets étaient retirés dans les roseaux du Ladon. Lasthénès invita les étrangers à prendre un nouveau repas et leur proposa de remettre au jour suivant la fin de l'histoire de son fils. On quitta l'île et les deux autels, et l'on regagna en silence le toit hospitalier.

A peine quelques mots interrompus se firent entendre le reste de la journée. L'évêque de Lacédémone paraissait profondément occupé de l'histoire du fils de Lasthénès. Il admirait la peinture de l'état de l'Église et de ses progrès dans tout le monde. Il voyait figurer au milieu de ce tableau les hommes que les fidèles avaient à craindre, et dont les caractères, tracés par Eudore, ne promettaient qu'un sombre avenir. Cyrille reçut même de Rome des nouvelles alarmantes, qu'il ne crut pas devoir communiquer à la vertueuse famille.

Eudore à son tour était loin d'être tranquille. Il portait au pied de la croix des tribulations intérieures ; il ignorait encore qu'elles étaient une suite des desseins de Dieu. Il redoublait de prières et d'austérités ; mais, au travers des pleurs de la pénitence, ses yeux apercevaient malgré lui la fille d'Homère, la vierge innocente. La prêtresse des Muses éprouvait de son côté des sentiments confus et une émotion nouvelle.

« Mon père, disait-elle à Démodocus, quel divin étranger nous a conviés à ses banquets ! combien le fils de Lasthénès est grand par le cœur et par les armes ! N'est-ce point un de ces premiers habitants du monde que Jupiter a transformés en dieux favorables aux mortels ? Jouet des cruelles destinées, que de combats il a livrés ! que de maux il a soufferts ! O Muses chastes et puissantes ! ô mes divinités tutélaires ! où étiez-vous lorsque d'indignes chaînes pressaient de si nobles mains ? Ne pouviez vous faire tomber les liens de ce jeune héros au son de vos lyres ! Mais, prêtre d'Homère, toi qui sais toutes choses et qui as la sage retenue des vieillards, dis : quelle est cette religion dont parle Eudore? Elle est belle, cette religion! elle approche le cœur de la justice, elle apaise les folles amours. Celui qui la suit est toujours prêt à secourir le malheur, comme un voisin généreux, sans se donner le temps de prendre sa ceinture. Allons dans les temples immoler des brebis à Cérès qui porte des lois, au Soleil qui voit l'avenir. La robe traînante, la coupe des libations à la main, faisons le tour des autels arrosés de sang, pétrissons les gâteaux sacrés, et tâchons de découvrir quel est le génie inconnu qui protége Eudore... Je sens qu'une divinité mystérieuse parle à mon cœur... Mais une vierge doit-elle pénétrer les secrets des jeunes hommes, et chercher à connaître leurs dieux? La pudeur lèvera-t-elle son voile pour interroger les oracles? »

En achevant ces mots, Cymodocée remplit son sein des larmes qui coulaient de ses yeux.

Ainsi le ciel rapprochait deux cœurs dont l'union devait amener le triomphe de la croix. Satan, le prince des ténèbres, achevait dans ce moment même la revue des temples de la terre. Il avait visité les sanctuaires du mensonge et de l'imposture, l'antre de Trophonius, les soupiraux de la Sibylle, les trépieds de Delphes, la pierre de Teutatès, les souterrains d'Isis, de Mitra, de Wichnou. Partout les sacrifices étaient suspendus, les oracles abandonnés, et les prestiges de l'idolâtrie près de s'évanouir devant la vérité du Christ. Satan gémit de la perte de sa puissance, mais du moins il ne cédera pas la victoire sans combat. Il jure, par l'éternité de l'enfer, d'anéantir les adorateurs du vrai Dieu, oubliant que les portes du lieu de douleurs ne prévaudront pas contre la bien-aimée du Fils de l'homme. L'archange rebelle quitte la terre et descend dans le sombre empire.

Aussitôt que le souverain des hiérarchies maudites est entré dans son habitacle impur, il ordonne aux quatre chefs des légions rebelles de convoquer le sénat des enfers. Les démons s'empressent d'obéir aux ordres de leur monarque. Ils remplissent en foule la vaste salle du conseil de Satan; ils se placent sur les gradins brûlants du sombre amphithéâtre.

Non plus comme cet astre du matin qui nous apporte la lumière, mais semblable à une comète effrayante, Lucifer s'assied sur son trône, au milieu de ce peuple d'esprits. Tel qu'on voit pendant une tempête une vague s'élever au-dessus des autres flots, et menacer les nautoniers de sa cime écumante, ou tel que, dans une ville embrasée, on remarque, au milieu des édifices fumants, une haute tour dont les flammes couronnent le sommet, tel paraît l'archange tombé au milieu de ses compagnons. Il soulève le sceptre de l'enfer, où, par un feu subtil, tous les maux sont attachés. Dissimulant les chagrins qui le dévorent, Satan parle ainsi à l'assemblée :

« Dieux des nations, Trônes, Ardeurs, guerriers généreux, milices invincibles, race noble et indépendante, magnanimes enfants de cette forte patrie, le jour de gloire est arrivé; nous allons recueillir le fruit de notre constance et de nos combats. Depuis que j'ai brisé le joug du tyran, j'ai tâché de me rendre digne du pouvoir que vous m'avez confié. Je vous ai soumis l'univers ; vous entendez ici les plaintes des descendants de cet homme qui devait vous remplacer au séjour des béatitudes. Pour sauver cette race misérable, notre persécuteur fut obligé d'envoyer son Fils sur la terre. Il a paru, ce Messie; il a osé pénétrer dans nos royaumes; et, si vous eussiez secondé mon audace, nous l'aurions chargé de fers et retenu au fond de ces abîmes : la guerre alors était à jamais terminée entre nous et l'Éternel. Mais cette occasion favorable est perdue, et c'est ce qui nous oblige à reprendre les armes. Les sectateurs du Christ se multiplient. Trop sûrs de la justice de nos droits, nous avons négligé de défendre nos autels : faisons donc tous ensemble un nouvel effort, afin de renverser cette croix qui nous menace, et délibérons sur les moyens les plus prompts de parvenir à cette victoire. »

Ainsi parle le blasphémateur vaincu du Christ dans la nuit éternelle, cet archange qui vit le Sauveur briser avec sa croix les portes de l'enfer, et délivrer la troupe des justes d'Israël : les démons éperdus fuyaient à l'aspect de la lumière divine; et Satan lui-même, renversé au milieu des ruines de son empire, avait la tête écrasée sous le pied d'une femme.

Lorsque le père du mal eut fini son discours, le démon de l'homicide se leva. Des bras teints de sang, des gestes furieux, une voix effrayante, tout annonce en cet esprit révolté les crimes qui le souillent et la violence des sentiments qui l'agitent. Il ne peut supporter la pensée qu'un seul chrétien échappe à ses fureurs : ainsi, dans l'Océan qui baigne les rivages du nouveau monde, on voit un monstre marin poursuivre sa proie au milieu des flots : si la proie brillante déploie tout à coup des ailes argentées, et trouve, oiseau d'un moment, sa sûreté dans les airs, le monstre trompé bondit sur les vagues, et, vomissant des tourbillons d'écume et de fumée, il effraye les matelots de sa rage impuissante.

« Qu'est-il besoin de délibérer? s'écria l'ange atroce. Faut-il, pour détruire les peuples du Christ, d'autres moyens que des bourreaux et des flammes! Dieux des nations, laissez-moi le soin de rétablir vos temples. Le prince qui va bientôt régner sur l'empire romain est dévoué à ma puissance. J'exciterai la cruauté de Galérius. Qu'un immense et dernier massacre fasse nager les autels de notre ennemi dans le sang de ses adorateurs. Satan aura commencé la victoire en perdant le premier homme; moi, je l'aurai couronnée en exterminant les chrétiens. »

Il dit, et tout à coup les angoisses de l'enfer se font sentir à cet esprit féroce; il pousse un cri comme un coupable frappé du glaive des bourreaux, comme un assassin percé de la pointe des remords. Une sueur ardente paraît sur son front; quelque chose de semblable à du sang distille de sa bouche : il se débat en vain sous le poids de la réprobation.

Alors le démon de la fausse sagesse se lève avec une gravité qui ressemble à une triste folie. La feinte sévérité de sa voix, le calme apparent de ses esprits, trompent la multitude éblouie : tel qu'une belle fleur portée sur une tige empoisonnée, il séduit les hommes et leur donne la mort. Il affecte la forme d'un vieillard, chef d'une de ces écoles répandues dans Athènes et dans Alexandrie. Des cheveux blancs couronnés d'une branche d'olivier, un front à moitié chauve, préviennent d'abord en sa faveur; mais, quand on le considère de plus près, on découvre en lui un abîme de bassesse et d'hypocrisie, et une haine monstrueuse de la véritable raison. Son crime commença dans le ciel avec la création des mondes, aussitôt que ces mondes eurent été livrés à ses vaines disputes. Il blâma les ouvrages du Tout-Puissant; il voulait, dans son orgueil, établir un autre ordre parmi les anges et dans l'empire de la souveraine sagesse; c'est lui qui fut le père de l'athéisme, exécrable fantôme que Satan même n'avait point enfanté, et qui devint amoureux de la Mort lorsqu'elle parut aux enfers. Mais, quoique le démon des doctrines funestes s'applaudisse de ses lumières, il sait pourtant combien elles sont pernicieuses aux mortels, et il triomphe des maux qu'elles font à la terre. Plus coupable que tous les anges rebelles, il connaît sa propre perversité, et il s'en fait un titre de gloire. Cette fausse sagesse, née après les temps, parla de cette sorte à l'assemblée des démons :

« Monarques de l'enfer, vous le savez, j'ai toujours été opposé à la violence. Nous n'obtiendrons la victoire que par le raisonnement, la douceur et la persuasion. Laissez-moi répandre parmi nos adorateurs, et chez les chrétiens eux-mêmes, ces principes qui dissolvent les liens de la société et minent les fondements des empires. Déjà Hiéroclès, ministre chéri de Galérius, s'est jeté dans mes bras. Les sectes se multiplient. Je livrerai les hommes à leur propre raison; je leur enverrai mon fils, l'Athéisme, amant de la Mort et ennemi de l'Espérance. Ils en viendront jusqu'à nier l'existence de celui qui les créa. Vous n'aurez point à livrer de combats, dont l'issue est toujours incertaine : je saurai forcer l'Éternel à détruire une seconde fois son ouvrage. »

A ce discours de l'esprit le plus profondément corrompu de l'abîme, les démons applaudirent en tumulte. Le bruit de cette lamentable joie se prolongea sous les voûtes infernales.

Le démon de la volupté, essayant de sourire sur le siége où il était à demi couché, fait un effort et relève la tête. Trop délicat pour pousser des cris de rage, il pleure seulement, et prononce ces paroles avec de profonds soupirs :

« Dieux de l'Olympe, et vous que je connais moins, divinités du brahmane et du druide, je n'essayerai point de le cacher; oui, l'enfer me pèse! Vous ne l'ignorez pas : je ne nourrissais contre l'Éternel aucun sujet de haine, et j'ai seulement suivi, dans sa rébellion et dans sa chute, un ange que j'aimais. Mais puisque je suis tombé du ciel avec vous, je veux du moins vivre longtemps au milieu des mortels, et je ne me laisserai point bannir de la terre. J'ai des temples enchantés, des fêtes gracieuses, de l'encens, des parfums et de riants sacrifices. Et les chrétiens m'arracheraient ce léger dédommagement des joies célestes! le myrte de mes bosquets, qui donne à l'enfer tant de victimes, serait transformé en croix sauvage, qui multiplie les habitants du ciel! Non, je ferai connaître aujourd'hui ma puissance. L'ange de la sagesse s'applaudit d'avoir enlevé Hiéroclès à notre ennemi; mais Hiéroclès est aussi fidèle à mon culte : déjà j'ai allumé dans son sein une flamme criminelle; je saurai maintenir mon ouvrage, faire naître des rivalités, bouleverser le monde en me jouant, et, par les délices, amener les hommes à partager vos douleurs. »

En achevant ces mots, Astarté se laisse tomber sur sa couche. Il veut sourire, mais le serpent qu'il porte caché sous sa ceinture le frappe secrètement au cœur : le faible démon pâlit, et les chefs expérimentés des bandes infernales devinèrent sa blessure.

Cependant les trois avis partageaient l'horrible sanhédrin. Satan impose silence à l'assemblée :

« Compagnons, vos conseils sont dignes de vous; mais, au lieu de choisir entre des avis également sages, suivons-les tous, pour obtenir un succès éclatant. Appelons encore à notre aide l'Idolâtrie et l'Orgueil. Moi-même je réveillerai la Superstition dans le cœur de Dioclétien, et l'Ambition dans l'âme de Galérius. Vous tous, dieux des nations, secondez mes efforts : allez, volez, excitez le zèle du peuple et des prêtres. Remontez sur l'Olympe, faites revivre les fables des poëtes. Que les bois de Dodone et de Daphné rendent de nouveaux oracles; que le monde soit partagé entre des fanatiques et des athées; que les doux poisons de la volupté allument des passions féroces; et, de tous ces maux réunis, faisons naître contre les chrétiens une épouvantable persécution. »

Ainsi parle Lucifer : trois fois il frappe son trône de son sceptre; trois fois le creux de l'abîme renvoie un long mugissement. Le chaos, unique et sombre voisin de l'enfer, ressent le contre-coup, s'entr'ouvre, et laisse passer au travers de son sein un faible rayon de lumière qui descend jusque dans la nuit des réprouvés. Jamais Satan n'avait paru plus formidable depuis le jour où, renonçant à l'obéissance, il se déclara l'ennemi de l'Éternel. Aussitôt les légions s'élèvent, sortent du conseil, traversent la mer de larmes, la région des supplices, et volent vers la porte gardée par le Crime et la Mort. On voit passer la troupe immonde à la lueur des fournaises ardentes, comme, dans une grotte souterraine, voltigent à la lumière d'un flambeau ces oiseaux douteux dont un insecte impur semble avoir tissu les ailes.

Sous le vestibule du palais des enfers, devant le lit de fer où repose l'Éternité des douleurs, est suspendue une lampe : là brûle la flamme primitive de la colère céleste, qui alluma les brasiers éternels. Satan prend une étincelle de ce feu. Il part : du premier bond il touche à la ceinture étoilée ; du second pas il arrive au séjour des hommes. Il porte l'étincelle fatale dans tous les temples, rallume les feux éteints sur les autels des idoles : aussitôt Pallas remue sa lance, Bacchus agite son thyrse, Apollon tend son arc, les vieux pénates d'Énée prononcent des paroles mystérieuses, et les dieux d'Ilion prophétisent au Capitole. Le père du mensonge place un esprit d'illusion à chaque simulacre des divinités païennes ; et, réglant les mouvements de ses invisibles cohortes, il fait agir de concert, contre l'Église de Jésus-Christ, l'armée entière des démons.

LIVRE NEUVIÈME

SOMMAIRE

Reprise du récit d'Eudore. Eudore à la cour de Constance. Il passe dans l'île des Bretons. Il obtient les honneurs du triomphe.

Trop fidèle à ses promesses, le démon des voluptés est descendu sous les lambris dorés qu'habite le disciple des faux sages. Il réveille dans son cœur une flamme assoupie ; il le perce d'une flèche trempée dans les eaux qui recouvrent les ruines fumantes de Gomorrhe. La famille de Lasthénès jouit avec ses hôtes des derniers moments de paix que le ciel lui laisse ici-bas. Rassemblés, comme la veille, au lever de l'aurore, Lasthénès, ses filles et son épouse, Cyrille, Démodocus et Cymodocée, sont assis à la porte du verger, et prêtent une oreille attentive au guerrier repentant, qui recommence à parler en ces mots :

« Je vous ai dit, seigneurs, que Zacharie m'avait laissé sur la frontière des Gaules. Constance se trouvait alors à Lutèce. Après plusieurs jours de fatigue, j'arrivai chez les Belges [1] de la Sequana. Le premier objet qui me frappa dans les marais de Parisii, ce fut une tour octogone, consacrée à huit dieux gaulois. Du côté du midi, à deux mille pas de Lutèce, et par delà le fleuve qui l'embrasse, on découvrait le temple d'Hésus ; plus près, dans une prairie au bord du fleuve, s'élevait un second temple dédié à Isis ; et vers le nord, sur une colline, on voyait les ruines d'un troisième temple, jadis bâti en l'honneur de Teutatès. Cette colline était le mont de Mars, où Denis avait reçu la palme du martyre.

En approchant de la Sequana, j'aperçus, à travers un rideau de saules et de noyers, ses eaux claires, transparentes, d'un goût excellent, et qui rarement croissent ou diminuent. Des jardins plantés de quelques figuiers, qu'on avait entourés de paille pour les préserver de la gelée, étaient le seul ornement de ses rives. J'eus quelque peine à découvrir le village que je cherchais, et qui porte le nom de Lutèce, c'est-à-dire la belle pierre ou la belle colonne. Un berger me le montra enfin au milieu de la Sequana, dans une île qui s'allonge en forme de vaisseau. Deux ponts de bois, défendus par deux châteaux, où l'on paye le tribut à César, joignent ce misérable hameau aux deux rives opposées du fleuve.

J'entrai dans la capitale des Parisii par le pont du septentrion, et je ne vis dans l'intérieur du village que des huttes de bois et de terre, recouvertes de paille et échauffées par des fourneaux. Je n'y remarquai qu'un seul monument : c'était un autel élevé à Jupiter par la compagnie

---

[1] Les habitants de l'Ile-de-France.

des nautes. Mais hors de l'île, de l'autre côté du bras méridional de la Séquana, on voyait, sur la colline Lucotitius, un aqueduc romain, un cirque, un amphithéâtre, et le palais des Thermes habité par Constance.

Aussitôt que César eut appris que j'étais à la porte de son palais, il s'écria :

« Qu'on laisse entrer l'ami de mon fils ! »

Je me jetai aux pieds du prince ; il me releva avec douceur, m'honora de ses éloges devant sa cour, et, me prenant par la main, me fit passer avec lui dans la salle du conseil. Je lui racontai ce qui m'était arrivé chez les Francs. Constance parut charmé que ces peuples consentissent enfin à poser les armes, et il fit partir à l'heure même un centurion pour traiter de la paix avec eux. Je remarquai avec douleur que la pâleur et la faiblesse de Constance étaient augmentées.

Je trouvai réunis dans le palais de ce prince les fidèles les plus illustres de la Gaule et de l'Italie. Là brillaient Donatien et Rogatien, aimables frères ; Gervais et Protais, l'Oreste et le Pylade des chrétiens ; Procula de Marseille, Just de Lugdunum ; enfin, le fils du préfet des Gaules, Ambroise, modèle de science, de fermeté et de candeur. Ainsi que Xénophon, on racontait qu'il avait été nourri par des abeilles ; l'Église attendait en lui un orateur et un grand homme.

J'avais un désir extrême d'apprendre de la bouche de Constance les changements survenus à la cour de Dioclétien depuis ma captivité. Il me fit bientôt appeler dans les jardins du palais, qui descendent en amphithéâtre sur la colline Lucotitius, jusqu'à la prairie où s'élève le temple d'Isis, au bord de la Sequana.

« Eudore, me dit-il, nous allons combattre Carrausius et délivrer la Bretagne[1] de ce tyran, usurpateur de la pourpre impériale. Mais, avant de partir pour cette province, il est

---

[1] L'Angleterre.

bon que vous connaissiez l'état des affaires à Rome, afin de régler votre conduite sur ce que je vais vous apprendre. Vous vous souvenez peut-être que, lorsque vous vîntes me trouver dans les Gaules, Dioclétien allait pacifier l'Égypte, et Galérius combattre les Perses. Ce dernier a obtenu la victoire : depuis ce moment son orgueil et son ambition n'ont plus connu de bornes. Il a épousé Valérie, fille de Dioclétien, et il manifeste ouvertement le désir de parvenir à l'empire, en forçant son beau-père à abdiquer. Dioclétien, qui commence à vieillir, et dont l'esprit est affaibli par une maladie, ne peut presque plus résister à un ingrat. Les créatures de Galérius triomphent. Hiéroclès, votre ennemi, jouit d'une haute faveur ; il a été nommé proconsul du Péloponèse, votre patrie. Mon fils est exposé à mille dangers. Galérius a cherché à le faire périr, en l'obligeant une fois à combattre un lion, une autre fois en le chargeant d'une entreprise dangereuse contre les Sarmates. Enfin, Galérius favorise Maxence, fils de Maximien, quoiqu'au fond il ne l'aime pas, mais seulement parce qu'il voit en lui un rival de Constantin. Ainsi, Eudore, tout annonce que nous touchons à une révolution. Mais, tandis qu'il me reste un souffle de vie, je ne crains point la jalousie de Galérius. Que mon fils échappe à ses gardes, qu'il vienne retrouver son père, on apprendra, si l'on ose m'attaquer, que l'amour des peuples est pour les princes un rempart inexpugnable. »

Quelques jours après cet entretien, nous partîmes pour l'île des Bretons, que l'Océan sépare du reste du monde. Les Pictes avaient attaqué la muraille d'Agricola, immortalisée par Tacite. D'une autre part, Carrausius, afin de résister à Constance, avait soulevé le reste des anciennes factions de Caractacus et de la reine Boudicée. Ainsi nous fûmes plongés à la fois dans les troubles des discordes civiles et dans les horreurs d'une guerre étrangère. Un peu de courage naturel au sang dont je sors et une suite d'actions heureuses me conduisirent de grade en grade jusqu'au rang de premier tribun de la légion britannique. Bientôt je fus créé maître de la cavalerie, et je commandais l'armée lorsque les Pictes furent vaincus sous les murs de Petuaria[1], colonie que les Parisii des Gaules ont plantée au bord de l'Abus[2]. J'attaquai Carrausius sur le Thamésis[3], fleuve couvert de roseaux, qui baigne le village marécageux de Londinum[4]. L'usurpateur avait choisi ce champ de bataille, parce que les Bretons s'y croyaient invincibles. Là s'élevait une vieille tour, du haut de laquelle un barde annonçait, dans ses chants prophétiques, je ne sais quels tombeaux chrétiens qui devaient illustrer le lieu[5]. Carrausius fut vaincu, et ses soldats l'assassinèrent. Constance me laissa toute la gloire de ce succès. Il envoya à l'empereur mes lettres couronnées de lauriers. Il sollicita et obtint pour moi la statue et les honneurs qui ont remplacé le triomphe. Bientôt après nous repassâmes dans les Gaules : et César, voulant me donner une nouvelle preuve de sa puissante amitié, me créa commandant des contrées armoricaines. Je me disposai à partir pour ces provinces, où florissait encore la religion des druides, et dont les rivages étaient souvent insultés par les flottes des barbares du Nord.

Quand les préparatifs de mon voyage furent achevés, Rogatien, Sébastien, Gervais, Protais et tous les chrétiens du palais de César accoururent pour me dire adieu.

« Nous nous retrouverons peut-être à Rome, s'écrièrent-ils, au milieu des persécutions et des épreuves. Puisse un jour la religion nous réunir à la mort, comme de vieux amis et de dignes chrétiens ! »

[1] Berverley, dans le comté d'York, en Angleterre.
[2] L'Humber.
[3] La Tamise.
[4] Londres.
[5] Westminster.

LIVRE DIXIÈME

SOMMAIRE

Eudore revient dans les Gaules. Il est nommé commandant de l'Armorique. Les Gaules. L'Armorique. Velléda, la prêtresse des druides.

J'employai plusieurs mois à visiter les Gaules avant de me rendre à ma province. Jamais pays n'offrira un pareil mélange de mœurs, de religion, de civilisation, de barbarie. Partagé entre les Grecs, les Romains et les Gaulois, entre les chrétiens et les adorateurs de Jupiter et de Teutatès, il présente tous les contrastes.

De longues voies romaines se déroulent à travers les forêts des druides. Dans les colonies des vainqueurs, au milieu des bois sauvages, vous apercevez les plus beaux monuments de l'architecture grecque et romaine; des aqueducs à trois galeries, suspendus sur des torrents; des amphithéâtres, des capitoles, des temples d'une élégance parfaite; et non loin des colonies vous trouvez les huttes arrondies des Gaulois, leurs forteresses de solives et de pierres. A Lugdunum, à Narbonne, à Marseille, à Burdigalie, la jeunesse gauloise s'exerce avec succès dans l'art de Démosthènes et de Cicéron; à quelques pas plus loin, dans les montagnes, vous n'entendrez plus qu'un langage grossier semblable au croassement des corbeaux. Un château romain se montre sur la cime d'un roc; une chapelle chrétienne s'élève au fond d'une vallée, près de l'autel où l'eubage immole la victime humaine. J'ai vu le soldat légionnaire veiller au milieu d'un désert sur le rempart d'un camp, et le Gaulois, devenu sénateur, embarrasser sa toge romaine dans les halliers de ses bois. J'ai vu les vignes de Falerne mûrir sur les coteaux d'Augustodunum, l'olivier de Corinthe fleurir à Marseille, et l'abeille de l'Attique parfumer Narbonne.

Mais ce que l'on admire partout dans les Gaules, ce qui fait le principal caractère de ce pays, ce sont les forêts. On voit çà et là dans leur vaste enceinte quelques camps romains abandonnés ; on y trouve ensevelis sous l'herbe les squelettes du cheval et du cavalier. Les graines que les soldats y semèrent jadis pour leur nourriture forment des espèces de colonies étrangères et civilisées, au milieu des plantes natives et sauvages des Gaules. Je ne pouvais reconnaître sans une sorte d'attendrissement ces végétaux domestiques, dont quelques-uns étaient originaires de la Grèce. Ils s'étaient répandus sur les collines et le long des vallées, selon les habitudes qu'ils avaient apportées de leur sol natal. Ainsi des familles exilées choisissent de préférence les sites qui leur rappellent la patrie.

Je me souviens encore aujourd'hui d'avoir rencontré un homme parmi les ruines d'un de ces camps romains : c'était un pâtre des barbares. Tandis que ses porcs affamés achevaient de renverser l'ouvrage des maîtres du monde en fouillant les racines qui croissaient sous les murs, lui, tranquillement assis sur les débris d'une porte décumane, pressait sous son bras une outre gonflée de vent ; il animait ainsi une espèce de flûte dont les sons avaient une douceur selon son goût. En voyant avec quelle profonde indifférence ce berger foulait le camp des Césars, combien il préférait à de pompeux souvenirs son instrument grossier et son sayon de peau de chèvre, j'aurais dû sentir qu'il faut peu de chose pour passer la vie, et qu'après tout, dans un terme aussi court, il est indifférent d'avoir épouvanté la terre par le son du clairon, ou charmé les bois par les soupirs d'une musette.

J'arrivai enfin chez les Rhédons [1]. L'Armorique ne m'offrit que des bruyères, des bois, des vallées étroites et profondes traversées de petites rivières que ne remonte point le navigateur, et qui portent à la mer des eaux inconnues :

---

[1] Les peuples de Rennes.

région solitaire, triste, orageuse, enveloppée de brouillards, retentissante du bruit des vents, et dont les côtes hérissées de rochers sont battues d'un Océan sauvage.

Le château où je commandais, situé à quelques milles de la mer, était une ancienne forteresse des Gaulois, agrandie par Jules César, lorsqu'il porta la guerre chez les Vénètes [1] et les Curiosolites [2]. Il était bâti sur un roc, appuyé contre une forêt et baigné par un lac.

Là, séparé du reste du monde, je vécus plusieurs mois dans la solitude. Cette retraite me fut utile. Je descendis dans ma conscience ; je sondai des plaies que je n'avais encore osé toucher depuis que j'avais quitté Zacharie ; je m'occupai de l'étude de ma religion. Je perdais chaque jour un peu de cette inquiétude si amère que nourrit le commerce des hommes. Je comptais déjà sur une victoire qui aurait demandé des forces supérieures aux miennes. Mon âme était encore tout affaiblie par ma première insouciance et mes criminelles habitudes ; je trouvais même, dans les anciens doutes de mon esprit et la mollesse de mes sentiments, un certain charme qui m'arrêtait.

Un événement interrompit tout à coup des recherches dont le résultat devait avoir pour moi tant d'importance.

Les soldats m'avertirent que depuis quelques jours une femme sortait des bois à l'entrée de la nuit, montait seule dans une barque, traversait le lac, descendait sur la rive opposée, et disparaissait.

Je n'ignorais pas que les Gaulois confient aux femmes les secrets les plus importants ; que souvent ils soumettent à un conseil de leurs filles et de leurs épouses les affaires qu'ils n'ont pu régler entre eux. Les habitants de l'Armorique avaient conservé leurs mœurs primitives, et portaient avec impatience le joug romain. Braves, comme tous les

---

[1] Les habitants de Vannes.
[2] Peuples des environs de Dinan.

Gaulois, jusqu'à la témérité, ils se distinguaient par une franchise de caractère qui leur est particulière, par des haines et des amours violentes, et par une opiniâtreté de sentiments que rien ne peut changer ni vaincre.

Une circonstance particulière aurait pu me rassurer : il y avait beaucoup de chrétiens dans l'Armorique, et les chrétiens sont sujets fidèles; mais Clair, pasteur de l'Église des Rhédons, homme plein de vertus, était alors à Condivincum [1], et lui seul pouvait me donner les lumières qui me manquaient. La moindre négligence pouvait me perdre auprès de Dioclétien, et compromettre Constance, mon protecteur. Je crus donc ne devoir pas mépriser le rapport des soldats. Mais, comme je connaissais la brutalité de ces hommes, je résolus de prendre sur moi-même le soin d'observer la Gauloise.

Vers le soir, je me revêtis de mes armes, que je recouvris d'une saie, et, sortant secrètement du château, j'allai me placer sur le rivage du lac, dans l'endroit que les soldats m'avaient indiqué.

Caché parmi les rochers, j'attendis quelque temps sans voir rien paraître. Tout à coup mon oreille est frappée des sons que le vent m'apporte du milieu du lac. J'écoute, et je distingue les accents d'une voix humaine; en même temps je découvre un esquif suspendu au sommet d'une vague; il redescend, disparaît entre deux flots, puis se montre encore sur la cime d'une lame élevée; il approche du rivage. Une femme le conduisait : elle chantait en luttant contre la tempête, et semblait se jouer dans les vents; on eût dit qu'ils étaient sous sa puissance, tant elle paraissait les braver. Je la voyais jeter tour à tour en sacrifice, dans le lac, des pièces de toile, des toisons de brebis, des pains de cire, et de petites meules d'or et d'argent.

Bientôt elle touche à la rive, s'élance à terre, attache sa

[1] Nantes.

nacelle au tronc d'un saule, et s'enfonce dans le bois en s'appuyant sur la rame de peuplier qu'elle tenait à la main. Elle passa tout près de moi sans me voir. Sa taille était haute. Elle portait une faucille d'or suspendue à une ceinture d'airain, et elle était couronnée d'une branche de chêne.

Je la suivis à quelque distance. Elle traversa d'abord une châtaigneraie dont les arbres, vieux comme le temps, étaient presque tous desséchés par la cime. Nous marchâmes ensuite plus d'une heure sur une lande couverte de mousse et de fougère. Au bout de cette lande nous trouvâmes un bois, et au milieu de ce bois une autre bruyère de plusieurs milles de tour. Jamais le sol n'en avait été défriché, et l'on y avait semé des pierres, pour qu'il restât inaccessible à la faux et à la charrue. A l'extrémité de cette arène s'élevait une de ces roches isolées que les Gaulois appellent dolmens, et qui marquent le tombeau de quelque guerrier. Un jour le laboureur, au milieu de ses sillons, contemplera ces informes pyramides : effrayé de la grandeur du monument, il attribuera peut-être à des puissances invisibles et funestes ce qui ne sera que le témoignage de la force et de la rudesse de ses aïeux.

La nuit était descendue. La jeune fille s'arrêta non loin de la pierre, frappa trois fois des mains en prononçant à haute voix ce mot mystérieux :

— Au gui l'an neuf !

A l'instant, je vis briller dans la profondeur du bois mille lumières ; chaque chêne enfanta pour ainsi dire un Gaulois ; les barbares sortirent en foule de leur retraite : les uns étaient complètement armés ; les autres portaient une branche de chêne dans la main droite et un flambeau dans la gauche. A la faveur de mon déguisement, je me mêle à leur troupe : au premier désordre de l'assemblée succèdent bientôt l'ordre et le recueillement, et l'on commence une procession solennelle.

Des eubages marchaient à la tête, conduisant deux taureaux blancs qui devaient servir de victimes ; les bardes suivaient en chantant sur une espèce de guitare les louanges de Teutatès : après eux venaient les disciples ; ils étaient accompagnés d'un héraut d'armes vêtu de blanc, couvert d'un chapeau surmonté de deux ailes, et tenant à sa main une branche de verveine entourée de deux serpents. Trois sénanis [1], représentant trois druides, s'avançaient à la suite du héraut d'armes : l'un portait un pain, l'autre un vase plein d'eau, le troisième une main d'ivoire. Enfin, la druidesse (je reconnus alors sa profession) venait la dernière. Elle tenait la place de l'archidruide, dont elle était descendue.

On s'avança vers le chêne de trente ans, où l'on avait découvert le gui sacré. On dressa au pied de l'arbre un autel de gazon. Les sénanis y brûlèrent un peu de pain, et y répandirent quelques gouttes d'un vin pur. Ensuite un eubage vêtu de blanc monta sur le chêne, et coupa le gui avec la faucille d'or de la druidesse ; une saie blanche étendue sous l'arbre reçut la plante bénite ; les autres eubages frappèrent les victimes : et le gui, divisé en égales parties, fut distribué à l'assemblée.

Cette cérémonie achevée, on retourna à la pierre du tombeau ; on planta une épée nue, pour indiquer le centre du mallus ou du conseil : au pied du dolmen étaient appuyées deux autres pierres, qui en soutenaient une troisième couchée horizontalement. La druidesse monte à cette tribune. Les Gaulois debout et armés l'environnent, tandis que les sénanis et les eubages élèvent des flambeaux : les cœurs étaient secrètement attendris par cette scène, qui leur rappelait l'ancienne liberté. Quelques guerriers en cheveux blancs laissaient tomber de grosses larmes, qui roulaient sur leurs boucliers. Tous penchés en avant et appuyés sur leurs lances, ils semblaient déjà prêter l'oreille aux paroles de la druidesse.

[1] Philosophes gaulois qui succédèrent aux druides.

Elle promena quelque temps ses regards sur ces guerriers, représentants d'un peuple qui le premier osa dire aux hommes : « Malheur aux vaincus ! » mot impie retombé maintenant sur sa tête. On lisait sur le visage de la druidesse l'émotion que lui causait cet exemple des vicissitudes de la fortune. Elle sortit bientôt de ses réflexions, et prononça ce discours :

« Fidèles enfants de Teutatès, vous qui, au milieu de l'esclavage de votre patrie, avez conservé la religion et les lois de vos pères, je ne puis vous contempler ici sans verser des larmes ! Est-ce là le reste de cette nation qui donnait les lois au monde ? Où sont ces États florissants de la Gaule, ce conseil des femmes auquel se soumit le grand Annibal ! Où sont ces druides qui élevaient dans leurs colléges sacrés une nombreuse jeunesse ? Proscrits par les tyrans, à peine quelques-uns d'entre eux vivent inconnus dans les antres sauvages. Velléda, une faible druidesse, voilà donc tout ce qui vous reste aujourd'hui pour accomplir vos sacrifices ! O île de Sayn, île vénérable et sacrée ! je suis demeurée seule des neuf vierges qui desservaient votre sanctuaire. Bientôt Teutatès n'aura plus ni prêtres ni autels. Mais pourquoi perdrions-nous l'espérance ? J'ai à vous annoncer les secours d'un allié puissant; auriez-vous besoin qu'on vous retraçât le tableau de vos souffrances pour vous faire courir aux armes ? Esclaves en naissant, à peine avez-vous passé le premier âge, que des Romains vous enlèvent. Que devenez-vous ? Je l'ignore. Parvenus à l'âge d'homme, vous allez mourir sur la frontière pour la défense de vos tyrans, ou creuser le sillon qui les nourrit. Condamnés aux plus rudes travaux, vous abattez vos forêts, vous tracez avec des fatigues inouïes les routes qui introduisent l'esclavage jusque dans le cœur de votre pays : la servitude, l'oppression et la mort accourent sur ces chemins en poussant des cris d'allégresse, aussitôt que le passage est ouvert. Enfin, si vous survivez à tant d'outrages, vous serez conduits à

Rome; là, renfermés dans un amphithéâtre, on vous forcera de vous entretuer, pour amuser par votre agonie une populace féroce. Gaulois, il est une manière plus digne de vous de visiter Rome! Souvenez-vous que votre nom veut dire voyageur. Apparaissez tout à coup au Capitole, comme ces terribles voyageurs vos aïeux et vos devanciers. On vous demande à l'amphithéâtre de Titus? Partez : obéissez aux illustres spectateurs qui vous appellent. Allez apprendre aux Romains à mourir, mais d'une tout autre façon qu'en répandant votre sang dans leurs fêtes : assez longtemps ils ont étudié la leçon, faites-la-leur pratiquer. Ce que je vous propose n'est point impossible. Les tribus des Francs qui s'étaient établies en Espagne retournent maintenant dans leur pays; leur flotte est à la vue de vos côtes; ils n'attendent qu'un signal pour vous secourir. Mais, si le ciel ne couronne pas vos efforts, si la fortune des Césars doit l'emporter encore, eh bien, nous irons chercher avec les Francs un coin du monde où l'esclavage soit inconnu. Que les peuples étrangers nous accordent ou nous refusent une patrie, une terre ne peut nous manquer pour y vivre ou pour y mourir. »

Je ne puis vous peindre, seigneur, l'effet de ce discours prononcé à la lueur des flambeaux, sur une bruyère, près d'une tombe, dans le sang des taureaux mal égorgés, qui mêlaient leurs derniers mugissements aux sifflements de la tempête : ainsi l'on représente ces assemblées des esprits de ténèbres que des magiciennes convoquent la nuit dans les lieux sauvages. Les imaginations échauffées ne laissèrent aucune autorité à la raison. On résolut, sans délibérer, de se réunir aux Francs. Trois fois un guerrier voulut ouvrir un avis contraire, trois fois on le força au silence, et à la troisième fois le héraut d'armes lui coupa un pan de son manteau.

Ce n'était là que le prélude d'une scène épouvantable. La foule demande à grands cris le sacrifice d'une victime humaine, afin de mieux connaître la volonté du ciel. Les druides réservaient autrefois pour ces sacrifices quelque malfaiteur déjà condamné par les lois. La druidesse fut obligée de déclarer que, puisqu'il n'y avait point de victime désignée, la religion demandait un vieillard, comme l'holocauste le plus agréable à Teutatès.

Aussitôt on apporte un bassin de fer, sur lequel Velléda devait égorger le vieillard. On place le bassin à terre devant elle. Elle n'était point descendue de la tribune funèbre d'où elle avait harangué le peuple; mais elle s'était assise sur un triangle de bronze, les vêtements en désordre, la tête échevelée, tenant un poignard à la main, et une torche flamboyante sous ses pieds. Je ne sais comment aurait fini cette scène : j'aurais peut-être succombé sous le fer des barbares en essayant d'interrompre le sacrifice; le ciel, dans sa bonté ou dans sa colère, mit fin à mes perplexités. Les astres penchaient vers leur couchant. Les Gaulois craignirent d'être surpris par la lumière. Ils résolurent d'attendre, pour offrir l'hostie abominable, que Dis, père des ombres, eût ramené une autre nuit dans les cieux. La foule se dispersa sur les bruyères, et les flambeaux s'éteignirent; seulement quelques torches agitées par le vent brillaient encore çà et là dans la profondeur des bois, et l'on entendait le chœur lointain des bardes, qui chantaient en se retirant ces paroles lugubres :

« Teutatès veut du sang; il a parlé dans le chêne des druides. Le gui sacré a été coupé avec une faucille d'or, au sixième jour de la lune, au premier jour du siècle. Teutatès veut du sang, il a parlé dans le chêne des druides. »

Je me hâtai de retourner au château. Je convoquai les tribus gauloises. Lorsqu'elles furent réunies au pied de la forteresse, je leur déclarai que je connaissais leur assemblée séditieuse, et les complots qu'on tramait contre César.

Les barbares furent glacés d'effroi. Environnés de soldats romains, ils crurent toucher à leur dernier moment. Tout à coup des gémissements se font entendre : une troupe de femmes se précipite dans l'assemblée. Elles étaient chrétiennes et portaient dans leurs bras leurs enfants nouvellement baptisés. Elles tombent à mes genoux, me demandent grâce pour leurs époux, leurs fils et leurs frères; elles me présentent leurs nouveaux-nés, et me supplient, au nom de cette génération pacifique, d'être doux et charitable.

Eh! comment aurais-je pu résister à leurs prières? Comment aurais-je pu mettre en oubli la charité de Zacharie? Je relevai ces femmes.

« Mes sœurs, leur dis-je, je vous accorde la grâce que vous me demandez au nom de Jésus-Christ, notre commun Maître. Vous me répondrez de vos époux, et je serai tranquille quand vous m'aurez promis qu'ils resteront fidèles à César. »

Les Armoricains poussèrent des cris de joie, et ils élevèrent jusqu'aux nues une clémence qui me coûtait bien peu. Avant de les congédier, j'arrachai d'eux la promesse qu'ils renonceraient à des sacrifices affreux sans doute, puisqu'ils avaient été proscrits par Tibère même et par Claude. J'exigeai toutefois qu'on me livrât la druidesse Velléda et son père Ségenax, le premier magistrat des Rhédons. Dès le soir même on m'amena les deux otages; je leur donnai le château pour asile. Je fis sortir une flotte qui rencontra celle des Francs, et l'obligea de s'éloigner des côtes de l'Armorique. Tout rentra dans l'ordre.

LIVRE ONZIÈME

SOMMAIRE

Suite du récit. Repentir d'Eudore. Sa pénitence publique. Il quitte l'armée. il passe en Égypte pour demander sa retraite à Dioclétien. Navigation. Alexandre. Le Nil. L'Égypte. Eudore obtient sa retraite de Dioclétien. La Thébaïde. Retour d'Eudore chez son père. Fin du récit.

La grande époque de ma vie, ô Cyrille ! doit être comptée de ce moment, puisque c'est l'époque de mon retour à la religion. Clair[1] arriva : je tombai à ses genoux ; je lui fis la confession des iniquités de ma vie. Il m'embrassa avec des transports de joie, et m'imposa une partie de cette pénitence, non assez rigoureuse, dont vous voyez la suite aujourd'hui.

Les fièvres de l'âme sont semblables à celles du corps : pour les guérir, il faut surtout changer de lieux. Je résolus de quitter l'Armorique, de renoncer au monde, et d'aller pleurer mes erreurs sous le toit de mes pères. Je renvoyai à Constance les marques de mon pouvoir, en le priant de me permettre d'abandonner le siècle et les armes. César essaya de me retenir par toutes sortes de moyens : il me nomma préfet du prétoire des Gaules, dignité suprême dont l'autorité s'étend sur l'Espagne et sur les îles des Bretons. Mais Constance, s'apercevant que j'étais ferme dans mes projets, m'écrivit ces mots, pleins de sa douceur accoutumée :

« Je ne puis vous accorder moi-même la grâce que vous me demandez, parce que vous appartenez au peuple romain. L'empereur seul a le droit de prononcer sur votre sort. Rendez-vous donc auprès de lui, sollicitez votre retraite ; et, si Auguste vous refuse, revenez trouver César. »

Je remis le commandement de l'Armorique au tribun qui me devait remplacer, et je m'embarquai au port de Nîmes, j'arrivai à Ostie, et je revis cette Rome, théâtre de mes premières erreurs. En vain quelques jeunes amis voulurent me rappeler à leurs fêtes, ma tristesse corrompait la joie du banquet; en affectant de sourire, je tenais longtemps la coupe à mes lèvres, pour cacher les pleurs qui tombaient

---

[1] Romain converti qui se rendit illustre par ses vertus chrétiennes.

de mes yeux. Prosterné devant le chef des chrétiens, qui m'avait retranché de la communion des fidèles, je le suppliai de me réunir au troupeau. Marcellin m'admit au repentir ; il me fit même espérer que mon épreuve serait abrégée et que la maison du Seigneur me serait rouverte après cinq ans, si je persévérais dans la pénitence.

Il ne me restait plus qu'à porter mes prières aux pieds de Dioclétien : il était encore en Égypte. Je ne voulus point attendre son retour, et je me déterminai à passer en Orient.

Il y avait au môle de Marc-Aurèle un de ces vaisseaux chrétiens que les évêques d'Alexandrie envoient, dans les temps de disette, porter du blé destiné au soulagement des pauvres. Ce vaisseau était prêt à faire voile pour l'Égypte : je m'y embarquai. La saison était favorable. Nous levâmes l'ancre, et nous nous éloignâmes rapidement des côtes de l'Italie.

Hélas ! j'avais déjà traversé cette mer en sortant pour la première fois de mon Arcadie ! J'étais jeune alors, plein d'espérance ; je rêvais gloire, fortune, honneurs ; je ne connaissais le monde que par les songes de mon imagination, Aujourd'hui, me disais-je, quelle différence ! je reviens de ce monde, et qu'ai-je appris dans ce triste pèlerinage ?

L'équipage était chrétien : les devoirs de notre religion, accomplis sur le vaisseau, semblaient augmenter la majesté de la scène. Si tous ces hommes revenus à la raison ne voyaient plus Vénus sortir d'une mer brillante, et s'envoler au ciel sur l'aile des Heures, ils admiraient la main de Celui qui creusa l'abîme, et qui répandit à volonté la terreur ou la beauté sur les flots. Avions-nous besoin des fables d'Alcyon et de Céix pour trouver des rapports attendrissants entre les oiseaux qui passent sur les mers et nos destinées ? En voyant se suspendre à nos mâts des hirondelles fatiguées, nous étions tentés de les interroger touchant notre patrie. Elles avaient peut-être voltigé autour de notre demeure et suspendu leurs nids à notre toit. Reconnaissez ici,

Démodocus, cette simplicité des chrétiens qui les rend semblables à des enfants. Un cœur couronné d'innocence vaut mieux pour le marinier qu'une poupe ornée de fleurs ; et les sentiments que répand une âme pure sont plus agréables au souverain des mers que le vin qui coule d'une coupe d'or.

Nous passâmes non loin d'Utique et de Carthage : Marius et Caton ne me rappelèrent dans le crime et dans la vertu qu'un peu de gloire et beaucoup de malheur.

Déjà nous avions laissé à notre droite l'île délicieuse des Lotophages, les autels des Philènes, et Leptis, patrie de Sévère. Nous ne tardâmes pas à traverser le golfe de Cyrène. La treizième aurore embellissait les cieux lorsque nous vîmes se former à l'horizon, le long des flots, une rive basse et désolée. Par delà une vaste plaine de sable, une haute colonne attira bientôt nos regards. Les marins reconnurent la colonne de Pompée, consacrée aujourd'hui à Dioclétien par Pollion, préfet d'Égypte. Nous nous dirigeâmes sur ce monument, qui annonce si bien aux voyageurs cette cité fille d'Alexandre, bâtie par le vainqueur d'Arbelles pour être le tombeau du vaincu de Pharsale. Nous vînmes jeter l'ancre à l'occident du phare, dans le grand port d'Alexandrie. Pierre, évêque de cette ville fameuse, m'accueillit avec une bonté paternelle. Il m'offrit un asile dans les bâtiments des serviteurs de l'autel ; mais des liens de parenté me firent choisir la maison de la pieuse Aecaterine.

Avant de rejoindre Dioclétien dans la haute Égypte, je passai quelques jours à Alexandrie pour en visiter les merveilles. La bibliothèque excita mon admiration. Le lendemain, je m'embarquai pour Memphis. Nous entrâmes à pleines voiles dans le fleuve. Les mariniers le saluèrent de leurs cris, et portèrent à leur bouche son onde sacrée. Un paysage à fleur d'eau s'étendait sur l'une et l'autre rive. Ce fertile marais était à peine ombragé par des sycomores chargés de figues, et par des palmiers qui semblent être les roseaux du Nil. Quelquefois le désert, comme un ennemi, se glisse dans la verte plaine ; il pousse ses sables en longs serpents d'or, et dessine, au sein de la fécondité, des méandres stériles. Les hommes ont multiplié sur cette terre l'obélisque, la colonne et la pyramide, sorte d'architecture isolée qui remplace par l'art les troncs des vieux chênes que la nature a refusés à un sol rajeuni tous les ans.

Cependant nous commencions à découvrir à notre droite les premières sinuosités de la montagne de Libye, et à notre gauche la crête des monts de la mer Érythrée. Bientôt, dans l'espace vide que laissait l'écartement de ces deux chaînes de montagnes, nous vîmes paraître le sommet des deux grandes pyramides. Placées à l'entrée de la vallée du Nil, elles ressemblent aux portes funèbres de l'Égypte, ou plutôt à quelque monument triomphal élevé à la mort pour ses victoires : Pharaon est là avec tout son peuple, et ses sépulcres sont autour de lui.

Non loin et comme à l'ombre de ces demeures du néant, Memphis s'élève entourée de cercueils. Baignée par le lac Achérus, où Caron passait les morts ; voisine de la plaine des tombeaux, elle semble n'avoir qu'un pas à franchir pour descendre aux enfers avec ses générations. Je ne m'arrêtai pas longtemps dans cette ville, déchue de sa première grandeur. Cherchant toujours Dioclétien, je remontai jusque dans la haute Égypte. Je visitai Thèbes aux cent portes, Tentyra aux ruines magnifiques, et quelques-unes des quatre mille cités que le Nil arrose dans son cours.

Enfin, je rencontrai Dioclétien auprès des grandes cataractes, où il venait de conclure un traité avec les peuples de Nubie. L'empereur me daigna parler des honneurs militaires que j'avais obtenus, et me témoigner quelque regret de la résolution que j'avais prise.

« Toutefois, dit-il, si vous persistez dans votre projet, vous pouvez retourner dans votre patrie. J'accorde cette grâce à vos services : vous serez le premier de votre famille qui soit rentré sous le toit de ses pères avant d'avoir laissé un fils en otage au peuple romain. »

Plein de joie de me trouver libre, il me restait à voir en Égypte une autre espèce d'antiquités, plus d'accord avec mes sentiments, ma pénitence et mes remords. Je touchais au désert témoin de la fuite des Hébreux et consacré par les miracles du Dieu d'Israël : je résolus de le traverser, en prenant la route de Syrie.

Je redescendis le fleuve de l'Égypte. A deux journées au-dessus de Memphis, je pris un guide pour me conduire au rivage de la mer Rouge ; de là je devais passer à Arsinoé[1] pour me rendre à Gaza avec les marchands de Syrie. Quelques dattes et des outres remplies d'eau furent les seules provisions du voyage. Le guide marchait devant moi, monté sur un dromadaire : je le suivais sur une cavale arabe. Nous franchîmes la première chaîne des montagnes qui bordent la rive orientale du Nil, et, perdant de vue les humides campagnes, nous entrâmes dans une plaine aride : rien ne représente mieux le passage de la vie à la mort. Figurez-vous, seigneurs, des plages sablonneuses, labourées par les pluies de l'hiver, brûlées par les feux de l'été, d'un aspect rougeâtre et d'une nudité affreuse. Quelquefois seulement des nopals épineux couvrent une petite partie de l'arène sans bornes, le vent traverse ces forêts armées, sans pouvoir courber leurs inflexibles rameaux : çà et là des débris de vaisseaux pétrifiés étonnent les regards, et des monceaux de pierres élevés de loin à loin servent à marquer le chemin aux caravanes.

Nous marchâmes tout un jour dans cette plaine. Nous franchîmes une autre chaîne de montagnes, et nous découvrîmes une seconde plaine, plus vaste et plus désolée que la première.

---

[1] Suez.

La nuit vint. La lune éclairait le désert vide : on n'apercevait, sur une solitude sans ombre, que l'ombre immobile de notre dromadaire et l'ombre errante de quelques troupeaux de gazelles. Le silence n'était interrompu que par le bruit des sangliers qui broyaient des racines flétries, ou par le chant du grillon, qui demandait en vain dans ce sable inculte le foyer du laboureur.

Nous reprîmes notre route avant le retour de la lumière. Le soleil se leva dépouillé de ses rayons et semblable à une meule de fer rougie. La chaleur augmentait à chaque instant. Vers la troisième heure du jour le dromadaire commença à donner des signes d'inquiétude : il enfonçait ses naseaux dans le sable et soufflait avec violence. Par intervalle, l'autruche poussait des sons lugubres. Les serpents et les caméléons se hâtaient de rentrer dans le sein de la terre. Je vis le guide regarder le ciel et pâlir. Je lui demandai la cause de son trouble :

« Je crains, dit-il, le vent du midi; sauvons-nous. »

Tournant le visage au nord, il se mit à fuir de toute la vitesse de son dromadaire. Je le suivis : l'horrible vent qui nous menaçait était plus léger que nous.

Soudain de l'extrémité du désert accourt un tourbillon. Le sol emporté devant nous manque à nos pas, tandis que d'autres colonnes de sable, enlevées derrière nous, roulent sur nos têtes. Égaré dans un labyrinthe de tertres mouvants et semblables entre eux, le guide déclare qu'il ne reconnaît plus sa route : pour dernière calamité, dans la rapidité de notre course, les outres remplies d'eau s'écoulent. Haletants, dévorés d'une soif ardente, retenant fortement notre haleine dans la crainte d'aspirer des flammes, la sueur ruisselle à grands flots de nos membres abattus. L'ouragan redouble de rage : il creuse jusqu'aux antiques fondements de la terre, et répand dans le ciel les entrailles brûlantes du désert. Enseveli dans une atmosphère de sable embrasé, le guide échappe à ma vue. Tout à coup j'entends son cri; je vole à sa voix : l'infortuné, foudroyé par le vent de feu, était tombé mort sur l'arène, et son dromadaire avait disparu.

En vain j'essayai de ranimer mon malheureux compagnon, mes efforts furent inutiles. Je m'assis à quelque distance, tenant mon cheval en main, et n'espérant plus qu'en Celui qui changea les feux de la fournaise d'Azarias en un vent frais et une douce rosée. Un acacia qui croissait dans ce lieu me servit d'abri. Derrière ce frêle rempart, j'attendis la fin de la tempête. Vers le soir, le vent du nord reprit son cours : l'air perdit sa chaleur cuisante, les sables tombèrent du ciel, et me laissèrent voir les étoiles : inutiles flambeaux qui me montrèrent seulement l'immensité du désert !

Toutes les bornes avaient disparu, tous les sentiers étaient effacés. Des paysages de sable formés par les vents offraient de toutes parts leurs nouveaux aspects et leurs créations nouvelles. Épuisée de soif, de faim et de fatigue, ma cavale ne pouvait plus porter son fardeau : elle se coucha mourante à mes pieds. Le jour vint achever mon supplice. Le soleil m'ôta le peu de force qui me restait : j'essayai de faire quelques pas; mais bientôt, incapable d'aller plus en avant, je me précipitai la tête dans un buisson, et j'attendis ou plutôt j'appelai la mort.

Déjà le soleil avait passé au milieu de son cours : tout à coup le rugissement d'un lion se fait entendre. Je me soulève avec peine, et j'aperçois l'animal terrible courant à travers les sables. Il me vint alors en pensée qu'il se rendait peut-être à quelque fontaine connue des bêtes de ces solitudes. Je me recommandai à la puissance qui protégea Daniel; et, louant Dieu, je me levai et suivis de loin mon étrange conducteur. Nous ne tardâmes pas d'arriver à une petite vallée. Là se voyait un puits d'eau fraîche, environné d'une mousse verdoyante. Un dattier s'élevait auprès; ses fruits mûrs pendaient sous ses palmes recourbées.

Ce secours inespéré me rendit la vie. Le lion but à la fontaine et s'éloigna doucement, comme pour me céder sa place au banquet de la Providence : ainsi renaissaient pour moi ces jours du berceau du monde, alors que le premier homme, exempt de souillure, voyait les bêtes de la création se jouer autour de leur roi et lui demander le nom qu'elles porteraient au désert.

De la vallée du palmier on apercevait à l'orient une haute montagne. Je me dirigeai sur cette espèce de phare, qui semblait m'appeler à un port à travers les flots fixes et les ondes épaisses d'un océan de sable. J'arrivai au pied de cette montagne; je commençai à gravir des rocs noircis et calcinés qui fermaient l'horizon de toutes parts. La nuit était descendue; je n'entendais que les pas d'une bête sauvage qui marchait devant moi et qui brisait, en passant dans l'ombre, quelques plantes désséchées. Je crus reconnaître le lion de la fontaine. Tout à coup il se mit à rugir : les échos de ces montagnes inconnues semblèrent s'éveiller pour la première fois, et répondirent par un murmure sauvage aux accents du lion. Il s'était arrêté devant une caverne dont l'entrée était fermée par une pierre. J'entrevois une faible lumière à travers les fentes du rocher. Le cœur palpitant de surprise et d'espoir, je m'approche, je regarde : ô miracle ! je découvre réellement une lumière au fond de cette grotte !

« Qui que vous soyez, m'écriai-je, vous qui apprivoisez les bêtes farouches, prenez pitié d'un voyageur égaré ! »

A peine avais-je prononcé ces mots, que j'entendis la voix d'un vieillard qui chantait un cantique de l'Écriture.

« O chrétien ! m'écriai-je de nouveau, recevez votre frère ! »

A l'instant même je vis paraître un homme cassé de vieillesse, et qui semblait réunir sur sa tête autant d'années que Jacob. Il était vêtu d'une robe de feuilles de palmier :

« Étranger, me dit-il, soyez le bienvenu ! Vous voyez un homme qui est sur le point d'être réduit en poussière.

L'heure de mon heureux sommeil est arrivée; mais je puis encore vous donner l'hospitalité pour quelques moments. Entrez, mon frère, dans la grotte de Paul. »

Je suivis, en tremblant de respect, ce fondateur du christianisme dans le sables de la Thébaïde.

Au fond de la grotte, un palmier, étendant et entrelaçant ses branches de toutes parts, formait une espèce de vestibule. Une fontaine très-claire coulait auprès. De cette fontaine sortait un petit ruisseau qui, à peine échappé de sa source, rentrait dans le sein de la terre. Paul s'assit avec moi au bord de l'eau, et le lion qui m'avait montré le puits de l'Arabe se vint coucher à nos pieds.

« Étranger, me dit l'anachorète avec une bienheureuse simplicité, comment vont les choses du monde? Bâtit-on encore des villes? Quel est le maître qui règne aujourd'hui? Il y a cent treize ans que j'habite cette grotte : depuis cent ans je n'ai vu que deux hommes, vous aujourd'hui, et Antoine, l'héritier de mon désert qui vint frapper hier à ma porte, et qui reviendra demain pour m'ensevelir. »

En achevant ces mots, Paul alla chercher dans le trou d'un rocher un pain du plus pur froment. Il me dit que la Providence lui fournissait chaque jour une pareille nourriture. Il m'invita à rompre avec lui le don céleste. Nous bûmes un peu d'eau dans le creux de notre main; et, après ce repas frugal, l'homme saint me demanda quels événements m'avaient conduit dans cette retraite inaccessible. Après avoir entendu la déplorable histoire de ma vie :

« Eudore, me dit-il, vos fautes ont été grandes; mais il n'est rien que ne puissent effacer des larmes sincères. Ce n'est pas sans dessein sur vous que la Providence vous a fait voir le christianisme naissant par toute la terre. Vous le retrouvez encore dans cette solitude, parmi les lions, sous les feux du tropique, comme vous l'avez rencontré au milieu des ours et des glaces du pôle. Soldat de Jésus-Christ, vous êtes destiné à combattre et à vaincre pour la foi. O

Dieu, dont les voies sont incompréhensibles! c'est toi qui as conduit ce jeune confesseur dans cette grotte, afin que je lui dévoile l'avenir, et qu'en achevant de lui faire connaître sa religion je complète en lui, par la grâce, l'œuvre que la nature a commencée. Eudore, reposez-vous ici toute cette journée; demain, au lever du soleil, nous irons prier Dieu sur la montagne, et je vous parlerai avant de mourir. »

L'anachorète m'entretint encore longtemps de la beauté de la religion et des bienfaits qu'elle doit répandre un jour sur le genre humain. Ce vieillard présentait dans ses discours un contraste extraordinaire : aussi naïf qu'un enfant, quand il était abandonné à la seule nature, il semblait avoir tout oublié, ou ne rien connaître du monde, de ses grandeurs, de ses peines, de ses plaisirs; mais, quand Dieu descendait dans son âme, Paul devenait un génie inspiré, rempli de l'expérience du présent et des visions de l'avenir. Deux hommes se trouvaient ainsi réunis dans le même homme : on ne pouvait dire lequel était le plus admirable, ou de Paul l'ignorant, ou de Paul le prophète, puisque c'était à la simplicité du premier qu'était accordée la sublimité du second.

Après m'avoir donné des leçons pleines d'une douceur grave et d'une agréable sagesse, Paul m'invite à faire un sacrifice de louange à l'Éternel; il se lève, et, debout sous le palmier, il chante :

« Béni soyez-vous, Dieu de nos pères, qui n'avez pas méprisé ma bassesse !

« Solitude, ô mon épouse! vous allez perdre celui qui trouvait en vous des douceurs.

« Le solitaire doit avoir le corps chaste, la bouche pure, l'esprit éclairé d'une lumière divine.

« Sainte tristesse de la pénitence, percez mon âme comme un aiguillon d'or, et remplissez-la d'une douleur céleste.

« Les larmes sont mères des vertus, et le malheur est un marchepied pour s'élever vers le ciel. »

La prière du saint était à peine achevée, qu'un doux et profond sommeil me saisit. Je m'endormis sur le lit de cendre que Paul préférait à la couche des rois. Le soleil était prêt à finir son tour, quand je rouvris les yeux à la lumière. L'ermite me dit :

« Levez-vous, priez, mangez, et allons sur la montagne. »

Je lui obéis : nous partîmes. Pendant plus de six heures nous gravîmes des rochers escarpés, et au lever du jour nous atteignîmes la pointe la plus élevée du mont Colzim.

Un horizon immense s'étendait en cercle autour de nous. On découvrait, à l'orient, les sommets d'Horeb et de Sinaï, le désert de Sur et la mer Rouge; au midi, les chaînes des montagnes de la Thébaïde; au nord, les plaines stériles où Pharaon poursuivit les Hébreux; et à l'occident, par delà les sables où je m'étais égaré, la vallée féconde de l'Égypte.

L'Aurore, entr'ouvrant le ciel de l'Arabie Heureuse, éclaira quelque temps ce tableau. L'onagre, la gazelle et l'autruche couraient rapidement dans le désert, tandis que les chameaux d'un caravane passaient lentement à la file, menés par l'âne intelligent qui leur servait de conducteur. On voyait fuir, sur la mer Rouge, des vaisseaux chargés de parfums et de soie, ou qui portaient quelque sage aux rives indiennes. Couronnant enfin de splendeur cette frontière des deux mondes, le soleil se leva : il parut éclatant de lumière au sommet du Sinaï; faible et pourtant brillante image du Dieu que Moïse contempla sur la cime de ce mont sacré !

Le solitaire prit la parole :

« Confesseur de la foi, jetez les yeux autour de vous. Voilà cet Orient d'où sont sorties toutes les religions et toutes les révolutions de la terre; voilà cette Égypte qui a donné des dieux élégants à votre Grèce, et des dieux informes à l'Inde; voilà ce désert de Sur, où Moïse reçut la loi; Jésus-Christ a paru dans ces mêmes régions, et un jour viendra qu'un descendant d'Ismaël rétablira l'erreur sous la tente de l'Arabe. La morale écrite est pareillement un fruit de ce sol fécond. Or remarquez que les peuples de l'Orient, comme en punition de quelque grande rébellion tentée par leurs pères, ont presque toujours été soumis à des tyrans : ainsi (merveilleux contre-poids!) la morale est née auprès de l'esclavage, et la religion nous est venue de la contrée du malheur. Enfin, ces mêmes déserts ont vu marcher les armées de Sésostris, de Cambyse, d'Alexandre, de César. Siècles à venir, vous y ramènerez des armées non moins nombreuses, des guerriers non moins célèbres! Tous les grands mouvements imprimés à l'espèce humaine sont partis d'ici ou sont venus s'y perdre. Une énergie surnaturelle s'est conservée aux bords où le premier homme a reçu la vie; quelque chose de merveilleux semble encore attaché au berceau de la création et aux sources de la lumière.

« Sans nous arrêter à ces grandeurs humaines qui tour à tour ont trébuché dans la tombe; sans considérer ces siècles fameux qu'une pelletée de terre sépare et qu'un peu de poussière recouvre, c'est surtout pour les chrétiens que l'Orient est le pays des merveilles.

« Vous avez vu le christianisme pénétrer, à l'aide de la morale, chez les nations civilisées de l'Italie et de la Grèce; vous l'avez vu s'introduire par la charité au milieu des peuples de la Gaule et de la Germanie; ici, sous l'influence d'une nature qui affaiblit l'âme en rendant l'esprit obstiné, chez un peuple grave par ses institutions politiques et léger par son climat, la charité et la morale seraient insuffisantes. La religion de Jésus-Christ ne peut entrer dans les temples d'Isis et d'Ammon que sous les voiles de la pénitence. Il faut qu'elle offre à la mollesse le spectacle de toutes les privations; il faut qu'elle oppose aux fourberies des prêtres et aux mensonges des faux dieux des miracles certains et de vrais oracles; des scènes extraordinaires de vertu peuvent seules arracher la foule enchantée aux jeux du cirque et du théâtre : tandis que, d'une part, les hommes commettent de grands crimes, les grandes expiations sont nécessaires, afin que la renommée de ces dernières étouffe la célébrité des premiers.

« Voilà la raison de l'établissement de ces missionnaires qui commencent en moi et qui se perpétueront dans ces solitudes. Admirez notre divin chef, qui sait dresser sa milice selon les lieux et les obstacles qu'elle a à combattre. Contemplez les deux religions qui vont lutter ici corps à corps, jusqu'à ce que l'une ait terrassé l'autre. L'antique culte d'Osiris, qui se perd dans la nuit des temps, fier de ses traditions, de ses mystères, de ses pompes, se croit sûr de la victoire. Le grand dragon d'Égypte se couche au milieu des eaux et dit : « Le fleuve est à moi. » Il croit que le crocodile recevra toujours l'encens des mortels, que le bœuf qu'on assomme à la crèche sera toujours le plus grand des dieux. Non, mon fils ; une armée va se former dans le désert et marcher à la vérité. Elle s'avance de la Thébaïde et de la solitude de Scété ; elle est composée de saints vieillards qui ne portent que des bâtons blancs pour assiéger les prêtres de l'erreur dans leurs temples. Ces derniers occupent des champs fertiles et sont plongés dans le luxe et les plaisirs ; les premiers habitent un sable brûlant parmi toutes les rigueurs de la vie. L'enfer, qui presse sa ruine, tente tous les moyens de victoire : les démons de la volupté, de l'or, de l'ambition, cherchent à corrompre la milice fidèle. Le ciel vient au secours de ses enfants ; il prodigue en leur faveur les miracles. Qui pourrait dire les noms de tant d'illustres solitaires, les Antoine, les Sérapion, les Macaire, les Pacôme ? La victoire se déclare pour eux : le Seigneur se revêt de l'Égypte, comme un berger de son manteau. Partout où l'erreur avait parlé, la vérité s'est fait entendre, partout où les faux dieux avaient placé un mystère, Jésus-Christ a placé un saint. Les grottes de la Thébaïde sont envahies ; les catacombes des morts sont occupées par les vivants morts aux passions de la terre. Les dieux, forcés dans leurs temples, retournent au fleuve ou à la charrue. Un cri de triomphe s'élève depuis la pyramide de Chéops jusqu'au tombeau d'Osymandué. La postérité de Joseph rentre dans la terre de Gessen; et cette conquête, due aux larmes des vainqueurs, ne coûte pas une larme aux vaincus ! »

Paul suspendit un moment son discours, ensuite, reprenant la parole :

« Eudore, dit-il, vous n'abandonnerez plus les rangs des soldats de Jésus-Christ. Si vous n'êtes pas rebelle à la voix du ciel, quelle couronne vous attend ! quelle gloire sera répandue sur vous ! Eh ! mon fils, que chercheriez-vous à présent parmi les hommes ? Le monde pourrait-il vous toucher ? Voudriez-vous, ainsi que l'infidèle Israélite, mener des danses autour du veau d'or ? Savez-vous quelle fin menace cet empire qui depuis longtemps écrase le genre humain ? Les crimes des maîtres du monde amèneront bientôt le jour de la vengeance.

« Eudore, il faut nous séparer. Je ne dois plus descendre de la montagne. Celui qui me doit ensevelir approche; il vient couvrir ce pauvre corps et rendre la terre à la terre. Vous le trouverez au bas du rocher; vous attendrez son retour; il vous montrera le chemin. »

Alors l'étonnant vieillard me força de le quitter. Triste et plongé dans les plus sérieuses pensées, je m'éloignai en silence. J'entendais la voix de Paul qui chantait son dernier cantique. Prêt à se brûler sur l'autel, le vieux phénix saluait par des concerts sa jeunesse renaissante. Au bas de la montagne je rencontrai un autre vieillard qui hâtait ses pas. Il tenait à la main la tunique d'Athanase, que Paul lui avait demandée pour lui servir de linceul. C'était le grand Antoine, éprouvé par tant de combats contre l'enfer. Je voulus lui parler; mais lui, toujours marchant, s'écriait :

« J'ai vu Élie, j'ai vu Jean dans le désert, j'ai vu Paul dans un paradis ! »

Il passa, et j'attendis son retour toute la journée. Il ne revint que le jour suivant. Des pleurs coulaient de ses yeux.

« Mon fils, s'écria-t-il en s'approchant de moi, le séraphin n'est plus sur la terre. A peine hier m'étais-je éloigné de vous, que je vis, au milieu d'un chœur d'anges et de prophètes, Paul, tout éclatant d'une blancheur pure, monter au ciel. Je courus au haut de la montagne, j'aperçus le saint, les genoux en terre, la tête levée et les bras étendus vers le ciel : il semblait encore prier, et il n'était plus ! Deux lions qui sortirent des rochers voisins m'ont aidé à lui creuser un tombeau, et sa tunique de feuilles de palmier est devenue mon héritage. »

Ce fut ainsi qu'Antoine me raconta la mort du premier des anachorètes. Nous nous mîmes en route, et nous arrivâmes au monastère où déjà se formait, sous la direction d'Antoine, cette milice dont Paul m'avait annoncé les conquêtes. Un solitaire me conduisit à Arsinoé. J'en partis bientôt avec les marchands de Ptolémaïs. En traversant l'Asie, je m'arrêtai aux Saints Lieux, où je connus la pieuse Hélène, épouse de Constance, mon généreux protecteur, et mère de Constantin, mon illustre ami. J'eus le bonheur de rencontrer à Byzance le jeune prince Constantin, qui daigna me presser dans ses bras et me confier ses vastes projets. Je vous revis enfin, ô mes parents ! après dix années d'absence et de malheurs. Si le ciel exauçait mes vœux, je ne quitterais plus les vallons de l'Arcadie : heureux d'y passer mes jours dans la pénitence, et d'y dormir après ma mort dans le tombeau de mes pères !

Ces dernières paroles mirent fin au récit d'Eudore : les vieillards qui l'écoutaient demeurèrent quelque temps en silence. Lasthénès remerciait Dieu au fond du cœur de lui avoir donné un tel fils. Cyrille n'avait plus rien à dire à un jeune homme qui avouait ses fautes avec tant de candeur ; il le regardait même avec un mélange de respect et d'admiration, comme un confesseur appelé par le ciel aux plus hautes destinées. Démodocus était presque effrayé du langage inconnu et des vertus incompréhensibles d'Eudore. Les trois vieillards se lèvent avec majesté, comme trois rois, et rentrent au foyer de Lasthénès. Cyrille, prend congé de ses hôtes et retourne à Lacédémone. Eudore se retire dans la grotte témoin de sa pénitence. Démodocus, resté seul avec sa fille, la serre tendrement dans ses bras, et lui dit avec un pressentiment triste :

« Fille de Démodocus, tu seras peut-être aussi malheureuse à ton tour ; car Jupiter dispose de nos destinées. Mais tu imiteras Eudore. L'adversité a augmenté les vertus de ce jeune homme. Les vertus les plus rares ne sont pas toujours le résultat de cette lente maturité que l'âge amène : la grappe encore verte, tordue par la main du vigneron, et flétrie sur le cep avant l'automne, donne le plus doux vin aux bords de l'Alphée et sur les coteaux de l'Érymanthe. »

LIVRE DOUZIÈME

SOMMAIRE

Invocation à l'Esprit-Saint. Conjuration des démons contre l'Église. Dioclétien ordonne de faire le dénombrement des chrétiens. Hiéroclès part pour l'Achaïe. Entretien d'Eudore et de Cymodocée.

Esprit Saint, qui fécondas le vaste abîme en le couvrant de tes ailes, c'est à présent que j'ai besoin de ton secours ! Du haut de la montagne qui voit s'abaisser à ses pieds les sommets d'Aonie, tu contemples ce mouvement perpétuel des choses de la terre, cette société humaine où tout change, même les principes ; où le bien devient le mal, où le mal devient le bien : tu regardes en pitié les dignités qui nous enflent le cœur, les vains honneurs qui le corrompent ; tu menaces le pouvoir acquis par des crimes ; tu consoles le malheur acheté par des vertus ; tu vois les diverses passions des hommes, leurs craintes honteuses, leurs haines basses, leurs vœux intéressés, leurs joies si courtes, leurs ennuis si longs ; tu pénètres toutes ces misères, ô Esprit créateur ! Anime et vivifie ma parole dans le récit que je vais faire : heureux si je puis adoucir l'horreur du tableau en y peignant les miracles de ton amour.

Placés aux postes désignés par leur chef, les esprits des ténèbres soufflent de toutes parts la discorde et l'horreur du nom chrétien. Ils déchaînent dans Rome même les passions des chefs et des ministres de l'empire. Astarté présente sans cesse à Hiéroclès l'image de la fille d'Homère. Satan réveille secrètement l'ambition de Galérius : il lui peint les fidèles attachés à Dioclétien, comme le seul appui qui soutient le vieil empereur sur son trône. Le préfet d'Achaïe, déserteur de la loi évangélique et livré au démon de la fausse sagesse, confirme le fougueux César dans sa haine contre les adorateurs du vrai Dieu. La mère de Galérius se plaint de ce que les disciples de la croix insultent à ses sacrifices et refusent de prier pour son fils les divinités champêtres. Lorsqu'un vautour, sauvage enfant de la montagne, va fondre sur une colombe qui se désaltère dans un courant d'eau, à l'instant où il se précipite, d'autres vautours, arrêtés sur un rocher, poussent des cris cruels et l'excitent à dévorer sa proie : ainsi Galérius, qui veut anéantir la religion de Jésus-Christ, est encore animé au carnage par sa mère et par l'impie Hiéroclès. Enivré de ses victoires sur les Parthes, traînant à sa suite le luxe et la corruption de l'Asie, nourrissant les projets les plus ambitieux, il fatigue Dioclétien de ses plaintes et de ses menaces.

« Qu'attendez-vous, lui dit-il, pour punir une race

odieuse que votre dangereuse clémence laisse multiplier dans l'empire? Nos temples sont déserts, ma mère est insultée, votre épouse séduite. Osez frapper des sujets rebelles : vous trouverez dans leurs richesses des ressources qui vous manquent, et vous ferez un acte de justice agréable aux dieux. »

Dioclétien était un prince orné de modération et de sagesse ; son âge le faisait encore pencher vers la douceur en faveur des peuples : tel un vieil arbre, en abaissant ses rameaux, rapproche ses fruits de la terre. Mais l'avarice, qui resserre le cœur, et la superstition, qui le trouble, gâtaient les grandes qualités de Dioclétien. Il se laissa séduire par l'espoir de trouver des trésors chez les fidèles. Marcellin, évêque de Rome, reçut l'ordre de livrer aux temples des idoles les richesses du nouveau culte. L'empereur se rendit lui-même à l'église où ces trésors devaient avoir été rassemblés. Les portes s'ouvrent : il aperçoit une troupe innombrable de pauvres, d'infirmes, d'orphelins !

« Prince, lui dit le pasteur des hommes, voilà les trésors de l'Église, les joyaux, les vases précieux, les couronnes d'or de Jésus-Christ. »

Cette austère et touchante leçon fit monter la rougeur au front du prince. Un monarque est terrible quand il est vaincu en magnanimité : la puissance, par un instinct sublime, prétend à la vertu, comme une mâle jeunesse se croit faite pour la beauté : malheur à celui qui ose lui faire sentir les qualités ou les grâces qui lui manquent !

Satan profite de ce moment de faiblesse pour augmenter le ressentiment de Dioclétien de toutes les frayeurs de la superstition. Tantôt les sacrifices sont tout à coup suspendus, et les prêtres déclarent que la présence des chrétiens éloigne les dieux de la patrie ; tantôt le foie des victimes immolées paraît sans tête ; leurs entrailles, parsemées de taches livides, n'offrent que des signes funestes ; les divinités, couchées sur leurs lits, dans les places publiques, détournent les yeux ; les portes des temples se referment d'elles-mêmes ; des bruits confus font retentir les antres sacrés ; chaque moment apporte à Rome la nouvelle d'un nouveau prodige : le Nil a retenu le produit de ses eaux ; la foudre gronde, la terre tremble, les volcans vomissent des flammes ; la peste et la famine ravagent les provinces de l'Orient ; l'Occident est troublé par des séditions dangereuses et des guerres étrangères : tout est attribué à l'impiété des chrétiens.

Dans la vaste enceinte du palais de Dioclétien, au milieu du jardin des Thermes, s'élevait un cyprès qu'arrosait une fontaine. Au pied de ce cyprès était un autel consacré à Romulus. Tout à coup un serpent, le dos marqué de taches sanglantes, sort en sifflant de dessous l'autel ; il embrasse le tronc du cyprès. Parmi le feuillage, sur le rameau le plus élevé, trois passereaux étaient cachés dans leur nid : l'horrible dragon les dévore ; la mère vole alentour en gémissant ; l'impitoyable reptile la saisit bientôt par les ailes, et l'enveloppe malgré ses cris. Dioclétien, effrayé de ce prodige, fait appeler Tagès, chef des aruspices. Gagné secrètement par Galérius, et fanatique adorateur des idoles, Tagès s'écrie :

« O prince ! le dragon représente la religion nouvelle prête à dévorer les deux Césars et le chef de l'empire ! Hâtez-vous de détourner les effets de la colère céleste, en punissant les ennemis des dieux. »

Alors le Tout-Puissant prend dans sa main les balances d'or où sont pesées les destinées des rois et des empires : le sort de Dioclétien fut trouvé léger. A l'instant l'empereur rejeté sent en lui quelque chose d'extraordinaire : il lui semble que son bonheur l'abandonne, et que les Parques, fausses divinités qu'il adore, filent plus rapidement ses jours. Une partie de sa prudence accoutumée lui échappe. Il ne voit plus aussi clairement les hommes et leurs passions ; il se laisse entraîner aux siennes : il veut que les officiers chrétiens de son palais sacrifient aux dieux, et il ordonne qu'il soit fait un dénombrement exact des fidèles dans tout l'empire.

Galérius est transporté de joie. Comme un vigneron, possesseur d'un terrain fameux dans les vallons du Tmolus, se promène entre les ceps de sa vigne en fleur, et compte déjà les flots du vin pur qui rempliront la coupe des rois ou le calice des autels : ainsi Galérius voit couler en espérance les torrents du sang précieux que lui promet le christianisme florissant. Les proconsuls, les préfets, les gouverneurs des provinces, quittent la cour pour exécuter les ordres de Dioclétien. Hiéroclès baise humblement le bas de la toge de Galérius; et, faisant un effort, comme un homme qui va s'immoler à la vertu, il ose lever un regard humilié vers César :

« Fils de Jupiter, lui dit-il, prince sublime, amateur de la sagesse, je pars pour l'Achaïe. Je vais commencer à punir ces factieux qui blasphèment ton éternité. Mais César, toi qui es ma fortune et mes dieux, permets que je m'explique avec franchise. Un sage, même au péril de ses jours, doit la vérité tout entière à son prince. Le divin empereur ne montre point encore assez de fermeté contre des hommes odieux. Oserai-je le dire sans attirer sur moi ta colère? Si des mains affaiblies par l'âge laissent échapper les rênes de l'État, Galérius, vainqueur des Parthes, n'est-il pas digne de monter sur le trône de l'univers? Mais, ô mon héros! garde-toi des ennemis qui t'environnent! Dorothée, chef du palais, est chrétien. Depuis qu'un Arcadien rebelle fut introduit à la cour, l'impératrice même favorise les impies. Le jeune prince Constantin, ô honte! ô douleur!... »

Hiéroclès s'interrompit brusquement, versa des pleurs et parut profondément alarmé des périls de César. Il rallume ainsi dans le cœur du tyran ses deux passions dominantes, l'ambition et la cruauté. Il jette en même temps les fondements de sa grandeur future : car Hiéroclès n'était point aimé de l'empereur, ennemi des sophistes; et il savait qu'il n'obtiendrait jamais sous Dioclétien les honneurs qu'il espérait de Galérius.

Il vole à Tarente et monte sur la flotte qui doit le porter en Messénie. Il brûle de revoir le rivage de la Grèce : c'est là que respire la fille d'Homère ; c'est là qu'il pourra satisfaire sa haine contre les chrétiens. Cependant il cache ses sentiments au fond de son cœur; et, couvrant ses vices du masque des vertus, les mots de sagesse et d'humanité sortent incessamment de sa bouche : telle une eau profonde, qui recèle dans son sein des écueils et des abîmes, embellit souvent sa surface de l'image et de la lumière des cieux.

Cependant les démons, qui veulent hâter la ruine de l'Église, envoient au proconsul d'Achaïe un vent favorable. Il franchit rapidement cette mer qui vit passer Alcibiade, lorsque l'Italie charmée accourut pour contempler le plus beau des Grecs. Déjà Hiéroclès a vu fuir les jardins d'Alcinoüs et les hauteurs de Buthrotum, lieux voisins, immortalisés par les deux maîtres de la lyre. Leucate, où respirent encore les feux de la fille de Lesbos; Ithaque, hérissée de rochers; Zacynthe, couverte de forêts; Céphallénie, aimée des colombes, attirent tour à tour les regards du proconsul romain. Il découvre les Strophades, demeure impure de Céléno, et bientôt il salue les monts lointains de l'Élide. Il ordonne de tourner la proue vers l'orient. Il rase le sablonneux rivage où Nestor offrait une hécatombe à Neptune, quand Télémaque venait lui demander des nouvelles d'Ulysse, égal aux dieux pour sa sagesse. Il laisse à sa gauche Pylos, Sphactérie, Mothone ; il s'enfonce dans le golfe de Messénie; et son vaisseau, abandonnant les flots amers, vient enfin arrêter sa course dans les eaux tranquilles du Pamysus.

Tandis que, semblable à un sombre nuage levé sur les mers, Hiéroclès s'approche de la patrie des dieux et des héros, l'ange des saintes amours était descendu dans la grotte du fils de Lasthénès : ainsi le fils supposé d'Ananias s'offrit au jeune Tobie pour le conduire auprès de la fille de Raguel. Lorsque Dieu veut mettre dans le cœur de l'homme ces chastes ardeurs d'où sortent des miracles de vertu, c'est au plus beau des esprits du ciel que ce soin important est confié. Uriel est son nom ; d'une main il tient une flèche d'or tirée du carquois du Seigneur, de l'autre un flambeau allumé au foudre éternel. Sa naissance ne précéda point celle de l'univers : il naquit avec Ève, au moment même où la première femme ouvrit les yeux à la lumière récente. La puissance créatrice répandit sur le chérubin ardent un mélange des grâces séduisantes de la mère des humains et des beautés mâles du père des hommes : il a le sourire de la pudeur et le regard du génie. Quiconque est frappé de son trait divin ou brûlé de son flambeau céleste embrasse avec transport les dévouements les plus héroïques, les entreprises les plus périlleuses, les sacrifices les plus douloureux.

L'ange des saintes amours allume dans le cœur du fils de Lasthénès une flamme irrésistible : le chrétien repentant se sent brûler sous le cilice, et l'objet de ses vœux est une infidèle ! Le souvenir de ses erreurs passées alarme Eudore : il craint de retomber dans les fautes de sa première jeunesse ; il songe à fuir, à se dérober au péril qui le menace : ainsi, lorsque la tempête n'a point encore éclaté, que tout paraît tranquille sur le rivage, que des vaisseaux imprudents osent déployer leurs voiles et sortir du port, le pêcheur expérimenté secoue la tête au fond de sa barque, et, appuyant sur la rame une main robuste, il se hâte de quitter la haute mer, afin de se mettre à l'abri derrière un rocher. Ah ! si Eudore pouvait convertir à Jésus-Christ cette femme idolâtre ; si, la prenant pour son épouse, il lui ouvrait à la fois les portes du ciel et les portes de la chambre nuptiale ! Quel bonheur pour un chrétien !

Le soleil se plongeait dans la mer des Atlantides et dorait

de ses derniers rayons les îles Fortunées, lorsque Démodocus voulut quitter la famille chrétienne; mais Lasthénès lui représenta que la nuit était pleine d'embûches et de périls. Le prêtre d'Homère consentit à attendre chez son hôte le retour de l'Aurore. Retirée à son appartement, Cymodocée repassait dans son esprit ce qu'elle savait de l'histoire d'Eudore. La brûlante insomnie chasse enfin de sa couche la prêtresse des Muses. Elle se lève : elle veut respirer la fraîcheur de la nuit et descend dans les jardins, sur la pente de la montagne.

Suspendue au milieu du ciel de l'Arcadie, la lune était presque, comme le soleil, un astre solitaire : l'éclat de ses rayons avait fait disparaître les constellations autour d'elle; quelques-unes se montraient çà et là dans l'immensité : le firmament, d'un bleu tendre, ainsi parsemé de quelques étoiles, ressemblait à un lit d'azur chargé des perles de la rosée. Les hauts sommets du Cylène, les croupes du Pholoé et du Telphusse, les forêts d'Anémose et de Phalante, formaient de toutes parts un horizon confus et vaporeux. On entendait le concert lointain des torrents et des sources qui descendent des monts de l'Arcadie. Dans le vallon où l'on voyait briller ses eaux, Alphée semblait suivre encore les pas d'Aréthuse, Zéphyre soupirait dans les roseaux de Syrinx, et Philomèle chantait dans les lauriers de Daphné, au bord du Ladon.

Cette belle nuit rappelle à la mémoire de Cymodocée cette autre nuit qui la conduisit auprès du jeune homme semblable au chasseur Endymion. A ce souvenir, le cœur de la fille d'Homère palpite avec plus de vitesse.

Cymodocée s'avançait involontairement vers le lieu où le fils de Lasthénès avait achevé de conter son histoire. Lorsqu'une chevrette des Pyrénées s'est reposée pendant le jour avec le pasteur au fond d'un vallon, si la nuit, s'échappant de la crèche, elle vient chercher le pâturage accoutumé, le berger la retrouve le matin sous le cytise en fleur qu'il a choisi pour abri : ainsi la fille d'Homère monte peu à peu vers la grotte habitée par le chasseur arcadien. Tout à coup elle entrevoit comme une ombre immobile à l'entrée de cette grotte; elle croit reconnaître Eudore. Elle s'arrête; ses genoux tremblent sous elle; elle ne peut ni fuir ni avancer. C'était le fils de Lasthénès lui-même; il priait, environné des marques de sa pénitence : le cilice, la cendre, la tête blanchie d'un martyr, excitaient ses larmes et animaient sa foi. Il entend les pas de Cymodocée, il voit cette vierge prête à tomber sur la terre; il vole à son secours et la soutient dans ses bras.

Comme un laboureur porte doucement à la bergerie l'agneau que la ronce a déchiré, ainsi le fils de Lasthénès enlève dans ses bras Cymodocée, et la dépose sur un banc de mousse à l'entrée de la grotte. Alors la fille de Démodocus, d'une voix tremblante :

« Me pardonneras-tu d'avoir encore troublé tes mystères? Un dieu (je ne sais quel dieu) m'a égarée comme la première nuit.

— Cymodocée, répondit Eudore aussi tremblant que la prêtresse des Muses, ce Dieu qui vous a égarée est mon Dieu, mon Dieu qui vous cherche et qui veut peut-être vous donner à moi. »

Un mouvement du fils de Lasthénès fit alors rouler à terre un crucifix; la jeune Messénienne poussa un cri de surprise mêlé d'une sorte de frayeur.

« C'est l'image de mon Dieu, dit Eudore en relevant avec respect le bois sacré, de ce Dieu descendu au tombeau et ressuscité plein de gloire.

— C'est donc, repartit la fille d'Homère, comme le jeune homme de l'Arabie, pleuré des femmes de Byblos, et rendu à la lumière des cieux par la volonté de Jupiter?

— Cymodocée, répliqua Eudore avec une douce sévérité, vous connaîtrez quelque jour combien cette comparaison est impie et sacrilège : au lieu des mystères de honte et de plaisir, vous voyez ici des miracles de modestie et de douleur; vous voyez le fils du Tout-Puissant attaché à une croix pour nous ouvrir le ciel et pour mettre en honneur sur la terre l'infortune, la simplicité et l'innocence. Mais au bord du Ladon, sous les ombrages de l'Arcadie, au milieu d'une nuit enchantée, dans ce pays où l'imagination des poëtes a placé le bonheur, comment arrêter l'esprit d'une prêtresse des Muses sur un objet aussi grave? Toutefois, fille de Démodocus, les austères méditations fortifient dans le cœur du chrétien les attachements légitimes; et, en le rendant capable de toutes les vertus, elles le rendent plus digne d'être aimé. »

Cymodocée prêtait une oreille attentive à ce discours : je ne sais quoi d'étonnant se passait au fond de son cœur. Il lui semblait qu'un bandeau tombait tout à coup de ses yeux, et qu'elle découvrait une lumière lointaine et divine. La sagesse, la raison et la pudeur s'offraient pour la première fois à ses regards dans une alliance inconnue. Cette tristesse évangélique que le chrétien mêle à tous les sentiments de la vie, cette voix douloureuse qu'il fait sortir du sein des plaisirs, achevaient d'étonner et de confondre la fille d'Homère. Eudore lui présentant le crucifix :

« Voilà, lui dit-il, le Dieu de charité, de paix, de miséricorde, et pourtant le Dieu persécuté! O Cymodocée! c'est sur cette image auguste que je pourrais seulement recevoir votre foi si vous me jugiez digne de devenir votre époux. Jamais l'autel de vos idoles, jamais le carquois de votre Amour, ne verront l'adorateur du Christ uni à la prêtresse des Muses. »

Quel moment pour la fille d'Homère! Passer tout à coup des idées voluptueuses de la mythologie à un amour juré sur un crucifix! Ces mains, qui n'avaient jamais porté que les guirlandes des Muses et les bandelettes des sacrifices, sont chargées pour la première fois du signe redoutable du salut des hommes. Cymodocée, qu'un charme irrésistible entraîne, promet aisément de se faire instruire dans la religion du maître de son cœur.

« Et d'être mon épouse ! » dit Eudore en pressant les mains de la vierge timide.

« Et d'être ton épouse ! » répéta la jeune fille tremblante.

Doux serment qu'elle prononce devant le Dieu des larmes et du malheur.

Alors on entend sur le sommet des montagnes un chœur qui commençait la fête des Lupercales. Il chantait le dieu protecteur de l'Arcadie, Pan aux pieds de chèvre, l'effroi des nymphes, l'inventeur de la flûte à sept tuyaux. Ces chants étaient le signal du lever de l'aurore; elle éclairait de son premier rayon la tombe d'Épaminondas, et la cime du bois Pélagus dans les champs de Mantinée. Cymodocée se hâte de retourner auprès de son père; Eudore va réveiller Lasthénès.

LIVRE TREIZIÈME

SOMMAIRE.

Cymodocée déclare à son père qu'elle veut embrasser la religion des chrétiens pour devenir l'épouse d'Eudore. Irrésolution de Démodocus. On apprend l'arrivée d'Hiéroclès en Achaïe. Astarté attaque Eudore et est vaincu par l'ange des saintes amours. Démodocus consent à donner sa fille à Eudore, pour éviter les persécutions d'Hiéroclès. Jalousie d'Hiéroclès. Dénombrement des chrétiens en Arcadie. Hiéroclès accuse Eudore auprès de Dioclétien. Cymodocée et Domodocus partent pour Lacédémone.

Déjà le prêtre d'Homère offrait une libation au soleil sortant de l'onde. Il saluait cet astre dont la lumière éclaire les pas du voyageur, et, touchant d'une main la terre humide de rosée, il se préparait à quitter le toit de Lasthénès. Tout à coup Cymodocée se présente devant son père. Elle se jette dans les bras du vieillard. Démodocus cherche à consoler Cymodocée.

« Ma fille, lui dit-il, quelle divinité t'a frappée? Tu pleures, toi dont l'âge ne devrait connaître que les ris innocents! Quelque peine cachée se serait-elle glissée dans ton sein? O mon enfant! ayons recours aux autels des dieux préservateurs, à la compagnie des sages, qui rend à notre âme sa tranquillité première. Le temple de Junon Lacinienne est ouvert de tous côtés, et toutefois les vents ne dispersent point dans son enceinte les cendres du sacrifice; tel doit être notre cœur : si les souffles des passions y pénètrent, il faut du moins qu'ils ne troublent jamais l'inaltérable paix de son sanctuaire.

— Père de Cymodocée, répond la jeune Messénienne, tu ne sais pas notre bonheur! Eudore aime ta fille; il veut, dit-il, suspendre à ma porte les couronnes d'hyménée.

— Dieux des ingénieux mensonges, s'écria Démodocus, ne m'as-tu point abusé? Dois-je te croire, ô ma fille? et la vérité aurait-elle cessé de veiller à tes lèvres? Mais pourquoi m'étonnerais-je de te voir aimée d'un héros? Apprends-moi comment le chasseur arcadien t'a fait connaître qu'il était blessé par le fils de Vénus.

« Cette nuit même, répondit Cymodocée, je voulais chanter les Muses pour écarter je ne sais quel souci de mon cœur. Eudore, comme un de ces songes brillants qui s'échappent par les portes de l'Élysée, m'a rencontrée dans l'ombre. Il a pris ma main; il m'a dit : « Vierge, je veux que les enfants de tes enfants soient assis pendant sept générations sur les genoux de Démodocus. » Mais il m'a dit tout cela dans son langage chrétien, bien mieux que je ne te le puis raconter. Il m'a parlé de son Dieu. C'est un Dieu qui aime ceux qui pleurent et qui bénit les infortunés. Mon père, ce Dieu m'a charmée; nous n'avons point parmi les nôtres de divinités si douces et si secourables. Il faut que j'apprenne à connaître et à pratiquer la religion des chrétiens, car le fils de Lasthénès ne peut me recevoir qu'à ce prix. »

Lorsque le serein Borée et le vent nébuleux du midi se disputent l'empire des mers, les matelots se fatiguent à présenter tour à tour la voile oblique à la tempête : ainsi Démodocus cède ou résiste aux sentiments contraires qui l'agitent. Il pense avec joie que Cymodocée déposera sur l'autel de l'hymen le rameau stérile de la vestale; que la famille d'Homère, prête à s'éteindre, verra refleurir autour d'elle de nombreux rejetons. Démodocus aperçoit encore dans le fils de Lasthénès un gendre illustre et honoré, et surtout un protecteur puissant contre le favori de Galérius; mais bientôt il frémit en songeant que sa fille abandonnera ses dieux paternels, qu'elle sera parjure aux neuf Sœurs, au culte de son divin aïeul.

« Ah! ma fille, s'écriait-il en la serrant contre son cœur, quel mélange de bonheur et de larmes! Que m'as-tu dit? Comment te refuser, et comment consentir à ce que tu demandes? Tu quitterais ton père pour suivre un Dieu étranger à nos ancêtres! Quoi! nous pourrions avoir deux religions! nous pourrions demander au ciel des faveurs différentes! Quand nos cœurs ne font qu'un même cœur, nous cesserions d'avoir un seul et même sacrifice!

— Mon père, dit Cymodocée en l'interrompant, je ne te délaisserai jamais! jamais mes vœux ne seront différents des tiens! Chrétienne, je vivrai avec toi près de ton temple, et je redirai avec toi les vers de mon divin aïeul. »

Le prêtre d'Homère, poussant des sanglots et pressant dans sa main sa barbe vénérable, échappe aux caresses de sa fille. Il va seul errer autour de la demeure de Lasthénès et demander conseil aux dieux sur la montagne : tel autrefois l'aigle des Alpes s'envolait au milieu des nuées pendant un orage, et, noble augure des destinées romaines, allait apprendre, au sein de la foudre, les desseins cachés du ciel. A la vue de tous ces sommets de l'Arcadie, marqués par le culte de quelque divinité, Démodocus verse des larmes, et la superstition est prête à l'emporter dans son cœur. Mais comment refuser Eudore à Cymodocée? comment rendre sa fille éternellement malheureuse? Dieu, qui poursuit ses desseins, achève de subjuguer Démodocus, et fait servir à la gloire de ses futurs élus la faiblesse paternelle. Par un effet de sa puissance, il termine les incertitudes du prêtre d'Homère; il dissipe ses craintes, il lui présente le mariage de Cymodocée et d'Eudore sous les auspices les plus prospères. Démodocus rentre aux foyers de Lasthénès; il retrouve sa fille affligée, il s'écrie :

« Ne pleure point, ô vierge digne de toutes les prospérités! Que jamais Démodocus ne coûte une larme à des yeux qu'il chérit plus que la lumière du jour! Deviens l'épouse d'Eudore, et puisse seulement ton nouveau Dieu ne t'arracher jamais à ton père! »

Eudore, dans ce moment même, révélait pareillement à Lasthénès le secret de son cœur.

« Mon fils, dit l'époux de Séphora, que Cymodocée soit chrétienne! Apportez-lui le royaume du ciel en héritage, et souvenez-vous d'être complaisant envers votre épouse. »

Eudore vole auprès de Démodocus. Il croyait trouver seul le prêtre d'Homère : il voit la fille et le père dans les bras l'un de l'autre. Il ne sait si son sort est décidé : il s'arrête. Démodocus l'aperçoit.

« Voilà ton épouse! s'écrie-t-il. »

Des larmes d'attendrissement étouffent la voix du vieillard. Eudore se précipite aux pieds de son nouveau père, et tient en même temps embrassés les genoux de Cymodocée. Lasthénès, son épouse et ses filles, surviennent alors. Les jeunes chrétiennes se jettent au cou de la prêtresse des Muses. Elles la comblent de caresses, elles l'appellent deux fois leur sœur, et comme servante de Jésus-Christ et comme épouse de leur frère.

Cyrille fut choisi d'un commun accord pour répandre les

premières semences de la foi dans le cœur de la future catéchumène. Les deux familles résolurent de se rendre à Sparte, afin que le saint évêque pût multiplier ses leçons et hâter l'hymen de Cymodocée.

Mais, tandis que le ciel poursuit ses desseins, l'enfer accomplit ses menaces. Démodocus et Lasthénès s'étaient à peine liés par des serments que la nouvelle de l'arrivée d'Hiéroclès vint consterner les habitants de la Messénie. Vous eussiez vu les mères presser leurs filles dans leurs bras, les jeux suspendus comme dans une calamité publique, l'Église en deuil, les païens même effrayés : tel est l'effet de l'apparition du méchant.

Précédé de ses licteurs, le proconsul entre dans les murs de Messène. Il fait publier aussitôt l'ordre du dénombrement des chrétiens. Lorsqu'un loup ravissant rôde autour d'une bergerie, son œil s'enflamme à l'aspect du troupeau nombreux nourri dans un gras pâturage; la vue de la brebis excite sa faim; et sa langue, sortant de sa gueule béante, semble déjà teinte du sang dont il brûle de s'abreuver : ainsi Hiéroclès, en proie à sa haine contre les fidèles, s'émeut à la pensée des vierges sans défense, des faibles enfants et de la foule des chrétiens qu'il va bientôt rassembler au pied de son tribunal.

Cependant, poussé par les plus dangereux des esprits de l'abîme, il monte au sommet de l'Ithome. Il cherche des yeux, dans la forêt d'oliviers, les colonnes du temple d'Homère. O surprise! il ne trouve point au sanctuaire le gardien de l'autel. Il apprend que Démodocus et sa fille sont allés visiter Lasthénès, dont le fils a rencontré Cymodocée au milieu des bois du Taygète. A cette nouvelle inattendue, Hiéroclès change de visage : mille pensées confuses s'élèvent dans son sein. Lasthénès est le chrétien le plus riche de la Grèce; il est le père d'Eudore, ennemi puissant d'Hiéroclès. Comment Eudore a-t-il quitté l'armée de Constance? Quelle fatalité l'a ramené sur ces rivages pour traverser encore les desseins du proconsul d'Achaïe? Aurait-il touché le cœur de Cymodocée?... Hiéroclès brûle d'éclairer ses soupçons, et l'inquiétude qui le dévore ne lui permet aucun retard.

Non loin de la retraite de Lasthénès, près des ruines d'un temple qu'Oreste avait consacré aux Grâces et aux Furies, on voyait s'élever un magnifique palais. Hiéroclès l'avait fait bâtir par un des descendants d'Ictinus et de Phidias, lorsqu'il espérait ravir Cymodocée à son père, et cacher ensuite sa victime dans cette délicieuse demeure. Rappelé à la cour des empereurs, il n'avait point eu le temps d'exécuter son noir projet. Aujourd'hui il veut se rendre à ce palais; il ordonne que les chrétiens de l'Arcadie viennent de toutes parts y porter leurs noms. Voisin de la demeure de Lasthénès, il espère ainsi revoir plus tôt Cymodocée, et découvrir quel dessein a pu conduire la prêtresse des Muses chez l'adorateur du Christ.

Plus prompte que l'éclair, la renommée a bientôt publié la nouvelle de l'arrivée d'Hiéroclès, depuis les sommets d'Apesante, montagne respectée des peuples de l'Argolide, jusqu'au promontoire de Malée, qui voit les astres fatigués se reposer sur sa cime. Elle raconte en même temps les maux qui menacent les chrétiens; Démodocus en frémit. Souffrira-t-il que sa fille embrasse une religion qu'environnent les périls? Mais peut-il violer ses serments? Peut-il désoler Cymodocée, qui s'obstine à vouloir Eudore pour époux?

Des pensées tumultueuses s'élèvent également au fond du cœur d'Eudore; les démons lui livrent un secret combat. Dans l'espoir de le séduire, ils arment contre lui la générosité de ses propres sentiments. Amener une âme à Dieu en dépit de tous les dangers et de tous les obstacles est le plus grand bonheur du chrétien; mais Eudore ne se sent point encore ce zèle ardent et ce courage sublime. L'enfer, qui veut faire naître des rivalités funestes, mais qui craint de voir Cymodocée passer sous le joug de la croix, cherche à obscurcir la foi du fils de Lasthénès. Satan appelle Astarté, lui ordonne d'attaquer le jeune chrétien qu'il a si souvent vaincu, et de l'arracher à la puissance de l'ange des saintes amours.

Aussitôt le démon de la volupté se revêt de tous ses charmes. Il prend à la main une torche odorante, et traverse les bois de l'Arcadie. Les zéphyrs agitent doucement la lumière du flambeau. Le fantôme magique fait naître sur ses pas une foule de prestiges.

Astarté entre dans la grotte d'Eudore, et, « Tu peux, lui dit-il tout bas, tu peux mourir pour ton Dieu si ton Dieu t'appelle ; mais comment précipiter Cymodocée dans tes malheurs ? Ah ! qu'il serait plus sage d'adoucir ta farouche vertu ! Laisse à Cymodocée ses fables ingénieuses : le ciel prendra-t-il sa foudre, parce que ton épouse couvrira de quelques fleurs les autels élégants des Muses et chantera les poétiques songes d'Homère ? Aie pitié de la jeunesse et de la beauté. »

Telles sont les inspirations dangereuses de l'esprit de ténèbres. En même temps, d'un air enjoué, avec un sourire perfide, il lance contre Eudore les mêmes dards dont il perça jadis le plus sage des rois. Mais l'ange des saintes amours défend le fils de Lasthénès. Aux feux des sens il oppose les feux de l'âme, à une tendresse d'un moment une tendresse éternelle. Il détourne d'un souffle pur les traits du démon de la volupté, et les flèches impuissantes viennent s'émousser sur le cilice d'Eudore, comme sur un bouclier de diamant.

Toutefois le faux honneur du monde et un attachement encore timide l'emportent en ce moment dans le cœur du soldat pénitent. Il ne veut point avoir surpris la parole de Démodocus ; il craint d'exposer Cymodocée. Il va trouver le prêtre d'Homère :

« Je viens, lui dit-il, vous délier de votre serment. La

félicité de mes jours serait de voir Cymodocée chrétienne et de recevoir sa main à l'autel du véritable Dieu ; mais on va faire le dénombrement du troupeau choisi. Quoique ce dénombrement n'annonce encore rien de funeste, vos sentiments sont alarmés peut-être, et l'avenir repose dans le sein de Dieu : que le beau présent que vous consentiez à me faire soit libre, que votre volonté seule décide du destin de Cymodocée et du bonheur de ma vie.

— Mortel généreux, répondit le vieillard touché jusqu'aux larmes, un dieu mit au fond de tes entrailles la magnanimité des rois des premiers temps ; et quand ta mère te donna le jour au milieu des lauriers et des bandelettes, ce fut Jupiter même qui plaça dans ton sein ton noble cœur. O mon fils ! que veux-tu que je fasse ? Tu sais si ma fille m'est chère ! Ne pourrait-elle devenir ton épouse sans embrasser la foi des chrétiens ? Nous serions ainsi délivrés de toutes craintes ; et, sans exposer Cymodocée à des périls nouveaux, tu la protégerais contre l'impie Hiéroclès.

— Démodocus, répondit tristement Eudore, je puis, par cet effort plus qu'humain, renoncer à votre fille ; mais sachez qu'un chrétien ne peut recevoir une épouse souillée de l'encens des idoles. Quel ministre voudrait bénir, au pied de la croix, l'alliance de l'enfer et du ciel ? Mon fils entendra-t-il prononcer sur son berceau le nom du fils de l'Homme et le nom de Jupiter ? Sera-ce la Vierge sans tache ou l'impudique Vénus qui donnera des leçons à ma fille ? Démodocus, nos lois nous défendent de nous unir à des femmes étrangères au culte du Dieu d'Israël : nous voulons des épouses qui partagent nos dangers dans cette vie, et que nous puissions retrouver au ciel après notre mort. »

Cymodocée avait entendu, d'un lieu voisin, la voix confuse de son père et du fils de Lasthénès. L'ange des saintes amours l'inspire, et la mère du Sauveur la remplit de résolutions généreuses : elle vole à l'appartement de Démodocus ; elle tombe aux pieds du vieillard, et joignant des mains suppliantes :

« Mon père, s'écrie-t-elle, les dieux me préservent d'affliger tes vieux ans ! mais je veux être l'épouse d'Eudore. Je serai chrétienne sans cesser d'être ta fille soumise et dévouée. »

A ces paroles, Eudore levant les bras au ciel :

« Dieu de mes pères, qu'ai-je fait pour mériter une pareille récompense ? Toute ma vie j'ai offensé vos lois, et vous me comblez de félicité ! Accomplissez vos décrets éternels ; achevez d'attirer à vous cet ange d'innocence. Ce sont ses propres vertus qui la portent dans votre sein. »

Il dit, et l'on entend les pas précipités d'un messager rapide : les portes s'ouvrent, un esclave de Démodocus paraît : il arrive du temple d'Homère : la sueur coule de son front ; ses pieds nus et ses cheveux en désordre sont couverts de poussière ; il porte au bras gauche un bouclier fracassé, avec lequel il a brisé les branches des chênes en traversant l'épaisseur des bois. Il prononce ces mots :

« Démodocus, Hiéroclès a paru au temple de ton aïeul ; sa bouche était pleine de menaces. Fier de la protection de Galérius, il parle avec fureur de ta Cymodocée, il jure, par le lit de fer des Euménides, que ta fille passera dans sa couche, dût le noir chagrin, compagnon des Parques, s'asseoir sur le seuil de ta demeure pendant le reste de tes jours. »

Une pâleur mortelle se répand sur le front de Démodocus ; ses genoux tremblants le supportent à peine ; mais ce nouveau malheur fixe ses résolutions. Des ordres sévères contre les fidèles ne menaceraient Cymodocée, devenue chrétienne, que d'un péril incertain et éloigné ; l'amour du proconsul, au contraire, expose la prêtresse des Muses à des maux aussi prochains qu'inévitables. Dans ce pressant danger, la protection d'Eudore semble donc à Démodocus un bonheur inespéré, et le seul refuge qui reste à Cymodocée contre les violences d'Hiéroclès.

Le vieillard prend sa fille dans ses bras :

« Mon enfant, lui dit-il, je ne violerai point mes serments, je serai fidèle à la parole que je t'ai jurée ; reste à jamais l'épouse d'Eudore ; c'est maintenant à lui de te défendre, et comme la mère de ses enfants, et comme la compagne de ses jours. Peut-être que les Dieux se plairont à exercer ta vertu ; mais, ô Cymonocée ! tu ne te laisseras point battre. S'il est des muses chrétiennes, elles te prêteront leur secours ; leurs chants pleins de sagesse fortifieront ton cœur contre l'attaque de tes ennemis. »

Lasthénès entra comme Démodocus achevait de prononcer ces mots.

Eudore posa la main sur son cœur en signe de reconnaissance et de tendresse, et prononça ces paroles avec un grand éclat de voix et les yeux attachés à la terre :

« Je reçois, ô Démodocus ! l'inestimable don que vous faites à Dieu par mes mains. Je défendrai, au prix de tout mon sang, la vierge que vous me confiez : j'en jure par vous, ô Lasthénès, ô mon père ! je serai fidèle à Cymodocée. »

Après avoir reçu ce serment, le prêtre des dieux partit avec sa fille, dans le dessein de fermer le temple d'Homère et de se rendre ensuite à Lacédémone, où la famille de Lasthénès devait l'attendre chez Cyrille.

Démodocus et Cymodocée prennent les sentiers les plus déserts, pour éviter la rencontre de leur persécuteur ; mais déjà le proconsul était arrivé au palais de l'Alphée. Ces riantes solitudes, le cristal si pur du Ladon, les croupes des montagnes couvertes de pins, la fraîcheur des vallées de l'Arcadie, et les scènes tranquilles que ces doux noms rappellent, rien ne peut calmer le trouble d'Hiéroclès. Ses licteurs vont de toutes parts rassembler les fidèles dans les paisibles retraites où jadis les bergers d'Évandre menaient une vie moins innocente que celle de ces premiers chrétiens. Du fond des grottes consacrées à Pan et aux divinités champêtres, on voit descendre des troupeaux de femmes, d'enfants et de vieillards, que les soldats chassent devant eux. En face du palais d'Hiéroclès, devant une vaste prairie que bordaient les eaux du Ladon, s'élevait le tribunal du gouverneur romain. Assis sur sa chaise d'ivoire, Hiéroclès recevait les noms qui devaient remplir les listes fatales. Tout à coup un murmure se fait entendre; les chrétiens tournent la tête, et reconnaissent la famille puissante de Lasthénès, que l'on amène au pied du tribunal.

Comme un chasseur des Alpes qui poursuit avec de grands cris une troupe de chamois bondissants parmi les rochers et les cascades, si tout à coup un sanglier vient à s'élever au milieu des faons fugitifs, le chasseur effrayé recule et reste les yeux fixés sur le terrible animal, qui hérisse son poil et découvre ses défenses meurtrières : ainsi Hiéroclès reste interdit à l'aspect d'Eudore, qu'il reconnaît au milieu de sa famille. Toute son ancienne inimitié se réveille; il ne voit point, il est vrai, Cymodocée; mais la beauté du fils de Lasthénès, son air mâle et guerrier, l'admiration qu'il inspire, augmentent ses alarmes. Plusieurs soldats de la garde du proconsul, qui avaient fait la guerre sous Eudore, environnent leur ancien général et le comblent de bénédictions : les uns vantent sa douceur, d'autres sa générosité, tous sa valeur et sa gloire. Ceux-ci rappellent la bataille des Francs, où il remporta la couronne civique, ceux-là parlent de ses victoires sur les Bretons. On répète de toutes parts : « C'est ce jeune guerrier couvert de blessures, qui triompha de Carrausius; c'est le maître de la cavalerie; c'est le préfet des Gaules; c'est le favori de Constance et l'ami du prince Constantin. » Ces discours font pâlir sur son trône le proconsul indigné : il congédie brusquement l'assemblée et se renferme dans son palais.

Hiéroclès ne doute plus que son rival ne soit aimé de

Cymodocée. Mille projets sinistres se présentent à son esprit : il veut enlever de force la fille de Démodocus, il veut jeter Eudore au fond des cachots; mais bientôt il craint la faveur dont le fils de Lasthénès jouit à la cour. Il n'ose attaquer ouvertement un triomphateur qui fut décoré des dignités de l'empire ; il connaît la modération de Dioclétien, toujours ennemi de la violence. Il prend donc un moyen plus lent, mais plus sûr, de satisfaire la haine qu'il nourrit depuis si longtemps contre Eudore : il écrit à Rome que les chrétiens de l'Achaïe sont prêts à se soulever, qu'ils s'opposent au dénombrement et qu'ils ont à leur tête cet Arcadien exilé par l'empereur à l'armée de Constance.

Hiéroclès espère ainsi faire bannir Eudore de la Grèce et pouvoir poursuivre, sans obstacle, ses coupables projets sur Cymodocée. Cependant il environne son rival d'espions et de délateurs, et cherche à pénétrer un secret qui doit causer le malheur de sa vie. Le fils de Lasthénès ne s'était point endormi sur les dangers de ses frères. Ce n'était plus ce jeune homme incertain dans ses désirs chimériques, dans ses projets, nourri de songes et d'illusions : c'était un homme éprouvé par le malheur, capable des actions les plus graves comme les plus hautes, réfléchi, sérieux, occupé, éloquent au conseil, brave à la guerre, et conservant des passions d'autant plus propres à atteindre un but élevé, qu'elles n'étaient plus mêlées dans son âme aux petites choses. Il connaissait l'empire d'Hiéroclès sur Galérius, et de Galérius sur Dioclétien. Il prévoyait que le sophiste persécuteur de Cymodocée s'abandonnerait aux plus noires fureurs contre les chrétiens quand il viendrait à découvrir la conversion de la prêtresse des Muses. Eudore aperçoit d'un coup d'œil tous les maux dont l'Église est menacée, et il cherche à les détourner : avant de se rendre à Lacédémone avec sa famille, il fit partir un messager fidèle, chargé d'instruire Constantin de la vérité et de prévenir auprès d'Auguste les dangereux rapports d'Hiéroclès.

Comme le préfet d'Achaïe descendait de son tribunat, Démodocus et sa fille arrivaient au temple d'Homère. Les feux n'étaient point encore éteints sur les autels domestiques; Démodocus les fait aussitôt ranimer. On conduit au sanctuaire la génisse aux cornes dorées, on apporte au prêtre des dieux une coupe d'argent ciselée : c'était celle dont se servaient autrefois Danaüs et le vieux Phoronée dans leurs sacrifices. Une main savante avait représenté sur cette coupe Ganymède enlevé par l'aigle de Jupiter; les compagnons du chasseur phrygien paraissaient accablés de tristesse, et sa meute fidèle faisait retentir de ses aboiements douloureux les forêts de l'Ida. Le père de Cymodocée remplit cette coupe d'un vin pur; il se revêt d'une tunique sans tache, il couronne sa tête d'une branche d'olivier; on l'eût pris pour Tirésias ou pour le divin Amphiaraüs, prêt à descendre vivant aux enfers avec ses armes blanches, son char blanc et ses coursiers blancs. Démodocus répand la libation aux pieds de la statue du poëte. La génisse tombe sous le couteau sacré; Cymodocée suspend sa lyre à l'autel; ensuite, adressant la parole au cygne de Méonie :

« Auteur de ma race, ta fille te consacre ce luth mélodieux que tu pris soin quelquefois d'accorder pour elle. Deux divinités, Vénus et l'Hymen, me forcent de passer sous d'autres lois : que peut une jeune fille contre les ordres du Destin? Andromaque (tu l'as raconté) ne voyait dans la superbe Troie qu'Astyanax et son Hector. Je n'ai point encore de fils, mais je dois suivre mon époux. »

Tels furent les adieux de la prêtresse des Muses au chantre de Pénélope et de Nausicaa.

LIVRE QUATORZIÈME

SOMMAIRE.

Description de la Laconie. Arrivée de Démodocus chez Cyrille. Instruction de Cymodocée. Astarté envoie le démon de la jalousie à Hiéroclès. Cymodocée va à l'église pour être fiancée à Eudore. Cérémonie de l'Église primitive. Des soldats, par ordre d'Hiéroclès, dispersent les fidèles. Eudore sauve Cymodocée et la défend au tombeau de Léonidas. Il reçoit l'ordre de partir pour Rome. Les deux familles se décident à envoyer Cymodocée à Jérusalem pour la mettre sous la protection de la mère de Constantin. Eudore et Cymodocée partent pour s'embarquer à Athènes.

Démodocus ferme en pleurant les portes du temple d'Homère. Il monte sur son char avec Cymodocée; il traverse de nouveau la Messénie. Bientôt il arrive à la statue de Mercure placée à l'entrée de l'Herméum, et pénètre dans les défilés du Taygète. Des rochers entassés jusqu'au ciel formaient des deux côtés de grands escarpements stériles, au haut desquels croissaient à peine quelques sapins, comme des touffes d'herbes sur des tours et des murailles en ruine. Cachée parmi des genêts à demi brûlés et des sauges jaunissantes, l'importune cigale faisait entendre son chant monotone sous les ardeurs du midi.

« Ma fille, disait Démodocus, c'est par le même chemin que Lyciscus s'échappa, comme moi, avec sa fille vers Lacédémone, et sa fuite donna naissance à la tragique aventure d'Aristomène. Que de générations se sont écoulées pour nous amener à notre tour dans ces lieux solitaires! Puisse le grand Jupiter nous envoyer quelque signe favorable et détourner de toi tous les malheurs! »

A peine avait-il prononcé ces mots, qu'un vautour à tête chauve tombe, de la cime d'un arbre desséché, sur une hirondelle; un aigle fond du sommet des montagnes, il enlève le vautour dans ses serres puissantes : soudain l'éclair brille à l'orient, la foudre éclate, perce d'un trait enflammé le roi des airs et précipite sur la terre le vainqueur, le vaincu et leur victime. Démodocus, effrayé, cherche en vain l'arrêt des destinées dans ces jeux incertains du hasard. Cependant le char a franchi le sommet de l'Herméum, et commence à descendre vers Pillane. Le prêtre d'Homère salue l'Eurotas, dont il côtoie les bords; il touche au tombeau de Ladas : il découvre bientôt la statue de la Pudeur, qui marque l'endroit où Pénélope, prête à suivre Ulysse, baissa son voile en rougissant. Il laisse derrière lui le monument de Diane Mysienne, le bois sacré de Carnéus, les sept colonnes, la sépulture du Coursier, et tout à coup il arrive au penchant fleuri d'un coteau que couronnait le temple d'Achille : Sparte et la vallée de la Laconie se présentent à ses regards. La chaîne des montagnes du Taygète, couvert de neige et de forêts, se déployait à l'occident; d'autres montagnes moins élevées formaient à l'orient un rideau parallèle : elles diminuaient de hauteur par degrés, et se terminaient aux sommets rougis du Ménélaïon. La vallée comprise entre ces deux chaînes de montagnes était obstruée vers le nord par un amas confus de monticules irréguliers. Ceux-ci, s'avançant au midi, venaient former de leurs dernières croupes les collines où Sparte était assise. Depuis Sparte jusqu'à la mer, on n'aperçoit qu'un terrain uni, fertile, entrecoupé de champs, de vignes et de froment, ombragé de bosquets d'oliviers, de sycomores et de platanes. L'Eurotas promenait son cours tortueux dans cette riante solitude et cachait sous des lauriers-roses ses flots d'azur, qu'embellissaient les cygnes de Léda.

Le prêtre des dieux et Cymodocée ne pouvaient se lasser d'admirer ce tableau, que peignaient de mille couleurs les feux de l'aurore naissante. Qui pourrait fouler impunément la poussière de Sparte et contempler sans émotion la patrie de Lycurgue et de Léonidas? Démodocus agitait encore d'étonnement son sceptre augural, que déjà ses coursiers rapides entraient dans Lacédémone. Le char traverse la place publique, franchit le sénat des vieillards et le portique des Perses, prend la route du théâtre adossé à la citadelle, et monte à la maison de Cyrille, bâtie près du temple de Vénus armée.

La famille de Lasthénès attendait, chez l'évêque de Lacédémone, l'arrivée de la nouvelle épouse; le prélat était instruit de tout ce qui s'était passé en Arcadie. Pour mettre Cymodocée à l'abri des entreprises d'Hiéroclès et afin qu'Eudore acquît des droits sur elle, Cyrille se proposait de la fiancer au fils de Lasthénès aussitôt qu'elle serait déclarée néophyte; mais la prêtresse des Muses ne pouvait devenir l'épouse d'Eudore qu'après avoir reçu le baptême. Les vieillards saluèrent l'aimable étrangère avec une tendresse grave et sainte. Les soins les plus touchants lui furent prodigués par sa nouvelle mère et ses nouvelles sœurs. Ces caresses, que Cymodocée n'avait jamais connues, lui semblaient d'une extrême douceur. Elle ne vit point Eudore, qui, dans ce moment de bonheur, redoublait de veilles et d'austérités. Dès le soir même, Cyrille commença les instructions de la jeune infidèle. Elle écoutait avec candeur et ingénuité; la morale et la charité évangélique charmaient son cœur. Elle pleurait abondamment sur le mystère de la croix et sur les douleurs du Fils de l'homme; le culte de la Mère du Sauveur la remplissait d'attendrissement et de délices; elle se faisait conter sans cesse par le vieux martyr l'histoire de la crèche, des bergers, des anges, des mages; elle répétait tout bas ces paroles qu'elle avait apprises : « Je vous salue, Marie, pleine de grâces. » La grandeur du Dieu des chrétiens effrayait un peu Cymodocée; elle se réfugiait auprès de Marie, qu'elle paraissait prendre pour sa mère. Elle expliquait souvent à Démodocus quelques-unes des leçons qu'elle avait reçues; elle s'asseyait sur ses genoux et lui disait dans un langage charmant l'heureuse vie des patriarches.

« Crois-tu, ajoutait-elle, que le Dieu des chrétiens, qui me commande d'aimer mon père afin de vivre longuement, ne vaut pas bien ces dieux qui ne me parlent jamais de toi? »

Rien n'était plus touchant que de voir ainsi ce missionnaire d'une espèce nouvelle, tour à tour disciple d'un vieillard et maître d'un autre vieillard, placé, comme la grâce et la persuasion, entre ces hommes vénérables, pour faire goûter au prêtre d'Homère les sérieuses instructions du prêtre d'Israël.

L'ennemi du genre humain voyait en frémissant de rage cette vierge innocente échapper à son pouvoir. Il en accuse Astarté.

« Faible démon, s'écrie-t-il, que fais-tu donc dans l'abîme? Tu n'as quitté le ciel qu'en gémissant, et maintenant encore te voilà vaincu par l'ange des saintes amours! »

Artasté répondit :

« O Satan ! calme ta colère. Si je n'ai pu l'emporter sur l'ange qui m'a remplacé au séjour du bonheur, ma défaite même va servir au succès de tes desseins. J'ai un fils aux enfers ; mais je nose l'approcher, car ses fureurs m'intimident. Tu le connais : descends à sa prison ; ramène-le sur la terre. Je vais l'attendre auprès d'Hiéroclès ; et, quand ce mortel sera brûlé de mes feux et de ceux de mon fils, tu n'auras plus qu'à livrer les chrétiens au démon de l'homicide. »

Il dit ; et Satan se précipite au fond du gouffre des tourments. Par delà des marais croupissants et des lacs de soufre et de bitume, dans les vastes régions de l'enfer, s'ouvre un cachot, séjour du plus infortuné des habitants de l'abîme. C'est là que le démon de la jalousie fait entendre ses éternels hurlements. Couché parmi des vipères et d'affreux reptiles, jamais le sommeil n'approcha de ses yeux. L'inquiétude, le soupçon, la vengeance, le désespoir, agitent ses regards ; des chimères occupent et tourmentent son esprit : il tressaille ; il croit entendre des bruits mystérieux, il croit poursuivre de vains fantômes. Pour éteindre sa soif brûlante, il boit dans une coupe d'airain un poison composé de ses sueurs et de ses larmes. Ses lèvres tremblantes respirent l'homicide : au défaut de la victime qu'il cherche sans cesse, il se frappe lui-même d'un poignard, oubliant qu'il est immortel.

Le prince des ténèbres, descendu vers ce monstre, s'arrête à l'entrée de la caverne.

« Archange puissant, dit-il, je t'ai toujours distingué des innombrables esprits de mon empire. Aujourd'hui tu peux me prouver ta reconnaissance : il faut allumer dans le sein d'un mortel cette flamme que tu mis autrefois dans le cœur d'Hérode. Il faut perdre les chrétiens ; il faut reprendre le sceptre du monde : l'entreprise est digne de ton courage. Viens, ô mon fils ! seconde les vastes desseins de ton roi. »

Le démon de la jalousie retire de sa bouche la coupe empoisonnée, et essuyant ses lèvres avec sa chevelure de serpents :

« O Satan ! répondit-il avec un profond soupir, le poids de l'enfer ne courbera-t-il jamais ton front superbe ? Veux-tu m'exposer encore aux coups de cette foudre qui t'a précipité dans le gouffre des pleurs ? Que peux-tu contre la croix ? une femme a écrasé ta tête orgueilleuse. Je hais la lumière du ciel. Poursuis, si tu le veux, tes projets ; mais laisse-moi jouir en paix de ma rage, et ne viens plus troubler mes fureurs. »

Il dit ; et d'une main forcenée il arrache les serpents attachés à ses flancs, et les déchire avec ses dents bruyantes.

Satan frémissant de colère :

« Ange pusillanime, d'où te vient aujourd'hui cette crainte ? Le repentir, cette lâche vertu des chrétiens, serait-il entré dans ton cœur ? Regarde autour de toi : voilà ton éternelle demeure ! A des maux sans fin sache opposer une haine sans terme, et bannis d'inutiles regrets. Ose me suivre. Je te rendrai ton empire sur l'homme abattu. Mais n'attends pas que mon bras te contraigne à m'accorder ce que j'ai daigné demander à ton zèle. »

A cette espérance, à cette menace, le démon de la jalousie se laisse entraîner.

Satan, plein de joie, monte aussitôt sur un char de feu, et fait placer à ses côtés le monstre qu'il appelle son fils; il l'instruit de ce qu'il doit faire, et lui nomme la victime qu'il doit frapper. Pour éviter l'importunité des esprits de ténèbres, les deux chefs de l'enfer traversent invisibles le séjour de la douleur. La Mort seule les voit sortir des portes de l'abîme, et les salue par un sourire affreux. Bientôt ils touchent à la terre, et descendent dans le vallon de l'Alphée. En proie à son fatal amour, le proconsul d'Achaïe était alors agité d'un sommeil pénible. Le démon de la jalousie se cache sous la figure d'un vieil augure, confident des peines secrètes d'Hiéroclès. Il prend le visage ridé de l'antique devin, sa voix sombre, son front chauve, et sa pâleur religieuse. Sa tête est couverte d'un long voile; les bandelettes sacrées descendent sur ses épaules : il s'approche du lit de l'impie comme un songe funeste. Du rameau qu'il tient à la main, il touche la poitrine d'Hiéroclès :

« Tu dors, lui dit-il, et ton ennemi triomphe! Cymodocée, conduite à Lacédémone, embrasse la religion des chrétiens, et va bientôt devenir l'épouse du fils de Lasthénès. Réveille-toi, saisissons ta proie ; et, pour l'enlever à ton rival, perdons, s'il le faut, la race entière des chrétiens. »

En achevant de prononcer ces mots, le démon de la jalousie arrache de sa tête le voile et les bandelettes sacerdotales. Il reprend son horrible forme : il se penche sur Hiéroclès; il le serre étroitement dans ses bras, et fait couler sur lui un sang impur. Rempli de terreur, l'infortuné se débat sous le poids du fantôme, et se réveille en poussant un cri : tel un homme enseveli vivant au champ des tombeaux sort avec effroi de sa léthargie, frappe du front son cercueil, et fait entendre une plainte dans le sein de la terre. Tous les poisons du monstre infernal ont passé dans l'âme de l'ennemi des fidèles. Il s'élance de son lit, les cheveux hérissés. Il appelle ses gardes : il veut devancer les ordres d'Auguste, il veut qu'on arrête les chrétiens, qu'on disperse leurs assemblées ; il parle de conspiration, d'un projet fatal à l'empire.

« Il faut du sang !... s'écrie-t-il. Un feu dévorant coule dans tous les cœurs... Ne consultons point les entrailles des victimes : les vœux, les prières, les autels, ne peuvent rien pour nous ! »

L'insensé ! Bientôt les délateurs arrivés de Lacédémone lui confirment la vérité du songe qui le poursuit.

Eudore, résigné aux décrets de la Providence, et désirant avec ardeur la gloire du martyre, ne croyait pas toutefois l'orage si près de sa tête. Il s'occupait à perfectionner son âme, pour se rendre digne à la fois et des destinées que Paul lui avait prédites et de l'épouse que Dieu lui avait choisie. Dans une terre dont le maître s'est éloigné, on voit un arbre de riche espérance devenir stérile : le maître, après quelques années d'absence, rentre à sa demeure : il retourne à son arbre chéri, il coupe les branches blessées par la chèvre ou rompues par les vents ; l'arbre reprend une vigueur nouvelle, et bientôt sa tête s'incline sous le poids de ses fruits parfumés : ainsi le fils de Lasthénès, abandonné de Dieu, avait langui faute de culture ; mais, quand le père de famille rentra dans son héritage et donna ses soins à la plante de son amour, Eudore se couronna des vertus que son enfance avait promises.

Il touchait à l'accomplissement d'une partie de ses vœux, il allait recevoir la foi de Cymodocée. La nouvelle catéchumène avait mérité par son intelligence, sa pureté et sa douceur, d'être admise aux deux degrés d'auditrice et de postulante. Elle devait paraître à l'église, pour la première fois, le jour d'une fête consacrée à la mère du Sauveur ; fiancée après la célébration des mystères, elle était destinée à jurer dans le même moment fidélité à son Dieu et à son époux.

Les premiers chrétiens choisissaient surtout le silence des ombres pour accomplir les cérémonies de leur culte. Le jour qui précéda la nuit où Cymodocée triompha de l'enfer, ce jour se passa dans les méditations et les prières. Vers le soir, Séphora et ses deux filles commencèrent à parer la nouvelle épouse. Elle se dépouilla d'abord des ornements des Muses ; elle déposa sur un autel domestique, consacré à la reine des anges, son sceptre, son voile et ses bandelettes : sa lyre était restée au temple d'Homère. Ce ne fut pas sans répandre des larmes que Cymodocée se sépara des marques gracieuses de la religion paternelle. Une tunique blanche, une couronne de lis, lui tinrent lieu des perles et des colliers que ne portaient point les chrétiennes. La pudeur évangélique remplaça sur ses lèvres le sourire des Muses, et lui donna des charmes dignes du ciel.

A la seconde veille de la nuit, elle sortit au milieu des flambeaux, portant un flambeau elle-même. Elle était précédée de Cyrille, des prêtres, des veuves et des diaconesses, le chœur des vierges l'attendait à la porte.

Les chrétiens s'écriaient :

« C'est une nouvelle Ève ! c'est l'épouse du jeune Tobie ! c'est la chaste Suzanne ! c'est Esther ! »

Ce nom d'Esther, donné par la voix du peuple fidèle, devint aussitôt le nom chrétien de Cymodocée.

Près du Lesché, et non loin des tombeaux des rois Agides, les chrétiens de Sparte avaient bâti une église. Éloignée du bruit et de la foule, environnée de cours et de jardins, elle était séparée de tout monument profane. Après avoir passé un péristyle décoré de fontaines où les fidèles se purifiaient avant la prière, on trouvait trois portes qui conduisaient à la basilique. Au fond de l'église, à l'orient, on apercevait l'autel, et, derrière l'autel, le sanctuaire. Cet autel, d'or massif, enrichi de pierreries, couvrait le corps d'un martyr; quatre rideaux d'une étoffe précieuse l'environnaient. Une colombe d'ivoire, image de l'Esprit-Saint, était suspendue au-dessus de l'autel, et protégeait de ses ailes le tabernacle. Les murs étaient décorés de tableaux qui représentaient des sujets tirés de l'Écriture. Le baptistère s'élevait isolé à la porte de l'église, et faisait soupirer l'impatient catéchumène.

Lorsqu'on fut arrivé au lieu de la fête, l'évêque, tenant l'Évangile à la main, monta sur son trône, qui s'élevait au fond du sanctuaire, en face du peuple. Les prêtres, assis à sa droite et à sa gauche, remplirent le demi-cercle de l'abside. Les diacres se rangèrent debout derrière eux; la foule occupait le reste de l'église, les hommes étaient séparés des femmes; les premiers la tête découverte, les secondes la tête voilée.

Tandis que l'assemblée prenait ses rangs, un chœur chantait le psaume de l'introduction de la fête. Après ce cantique, les fidèles prièrent en silence; ensuite l'évêque prononça l'oraison des vœux réunis des fidèles. Le lecteur monta à l'ambon [1], et choisit dans l'Ancien et le Nouveau Testament les textes qui se rapportaient davantage à la double fête que l'on célébrait. Quel spectacle pour Cymodocée! Quelle différence de cette sainte et tranquille cérémonie, aux sanglants sacrifices, aux chants impurs des païens! Tous les yeux se tournaient sur l'innocente catéchumène; elle était assise au milieu d'une troupe de vierges, qu'elle effaçait par sa beauté. Accablée de respect et de crainte, à peine osait-elle lever un regard timide pour chercher dans la foule celui qui, après Dieu, occupait alors uniquement son cœur.

Le lecteur fut remplacé par l'évêque dans la chaire de vérité. Il expliqua d'abord l'évangile du jour : il parla de la conversion des idolâtres et du bonheur qu'aurait bientôt

---

[1] *L'ambon* ou *jubé* est une tribune placée au devant du chœur. On en voit encore un à Paris dans l'église Saint-Étienne-du-Mont.

une fille vertueuse d'être unie à un époux chrétien, sous la protection de la mère du Sauveur.

Cyrille descendit de la chaire. Un diacre s'écria :

« Priez, mes frères ! »

L'assemblée se leva, se tourna vers l'orient, et, les mains étendues vers le ciel, pria pour les chrétiens, pour les infidèles, pour les persécuteurs, pour les faibles, pour les malades, pour les affligés, pour tous ceux qui pleurent. Alors les diacres firent sortir du lieu saint tous ceux qui ne devaient point assister au sacrifice, les gentils, les possédés du démon, les pénitents. La mère d'Eudore, assistée de deux veuves, vint chercher la tremblante catéchumène; elle la conduisit aux pieds de Cyrille. Alors le martyr, lui adressant la parole, lui dit :

« Qui êtes-vous ? »

Elle répondit, selon l'instruction qu'elle avait reçue :

« Je suis Cymodocée, fille de Démodocus.

— Que voulez-vous ? dit le prélat.

— Sortir, repartit la jeune vierge, des ténèbres de l'idolâtrie, et entrer dans le troupeau de Jésus-Christ.

— Avez-vous, dit l'évêque, bien pensé à votre résolution ? Ne craignez-vous ni la prison ni la mort ? Votre foi en Jésus-Christ est-elle vive et sincère ? »

Cymodocée prononça d'une voix ferme :

« Je ne crains ni la prison ni la mort, et ma foi en Jésus-Christ est vive et sincère. »

Alors l'évêque lui imposa les mains, et la marqua au front du signe de la croix. Une langue de feu parut à la voûte de l'église, et l'Esprit-Saint descendit sur la vierge prédestinée. Un diacre lui met une palme à la main, les jeunes chrétiennes lui jettent des couronnes; elle retourne au banc des femmes, précédée de cent flambeaux et semblable à une martyre qui s'envole éclatante vers le ciel.

Le sacrifice commence. L'évêque salue le peuple, et un diacre s'écrie :

« Embrassez-vous les uns les autres. »

L'assemblée se donne le baiser de paix. Le prêtre reçoit les dons des fidèles, l'autel est comblé de pains offerts en sacrifice; Cyrille les bénit. Les lampes sont allumées, l'encens fume, les chrétiens élèvent leurs voix : le sacrifice s'accomplit, l'hostie est partagée aux élus, l'agape suit la communion sainte, et tous les cœurs se tournent vers une cérémonie attendrissante.

L'épouse de Lasthénès annonce à Cymodocée qu'elle va promettre sa foi à Eudore. Cymodocée est soutenue dans les bras des vierges qui l'environnent. Mais qui peut dire où est le nouvel époux ? Pourquoi marque-t-il si peu d'empressement ? Quel lieu de ce temple le dérobe aux yeux de la fille d'Homère ? On fait silence; les portes de l'église s'ouvrent, et l'on entend au dehors une voix qui disait :

« J'ai péché devant Dieu et devant les hommes. Priez pour moi, mes frères. »

Cymodocée reconnaît la voix d'Eudore. Le descendant de Philopœmen, revêtu d'un cilice, la tête couverte de cendres, prosterné sur le pavé du vestibule, accomplissait sa pénitence et se confessait publiquement. Le prélat offre au Seigneur, en faveur du chrétien humilié, une prière de miséricorde que répètent tous les fidèles. Quel nouveau sujet d'étonnement pour Cymodocée ! Elle est conduite une seconde fois à l'autel; elle est fiancée à son époux, et répète, de la voix la plus touchante, les paroles que l'évêque récitait avant elle. Un diacre s'était rendu auprès d'Eudore : debout à la porte de l'église, où il ne pouvait pénétrer, le pénitent prononce de son côté les mots qui l'engagent à Cymodocée. Échangé de l'autel au vestibule, le serment des deux époux est reporté de l'un à l'autre par les prêtres : on eût cru voir l'union de l'innocence et du repentir. La fille de Démodocus consacre à la reine des anges une quenouille chargée d'une laine sans tache, symbole des occupations domestiques. Pendant cette cérémonie, qui faisait répandre des larmes à tous les témoins, les vierges de la nouvelle Sion chantaient le cantique de l'épouse.

A peine les vierges chrétiennes avaient-elles cessé leur cantique, qu'on entendit au dehors d'autres voix et d'autres concerts. Démodocus avait rassemblé une troupe de ses parents et de ses amis, et faisait chanter à son tour l'union d'Eudore et de Cymodocée.

A peine les chants d'allégresse avaient cessé, que l'on entend retentir le pas régulier des soldats et le bruit des armes. Une rumeur confuse s'élève dans les airs; des hommes farouches entrent dans l'asile de la paix, le fer et la flamme à la main. La foule épouvantée se précipite par toutes les portes de l'église. Étouffés dans les étroits passages de la nef et des vestibules, les femmes, les enfants, les vieillards, poussent des cris lamentables; tout fuit, tout se disperse. Cyrille, revêtu de ses habits pontificaux et tranquille devant le Saint des saints, est arrêté à l'autel. Un centurion, chargé des ordres d'Hiéroclès, cherche Cymodocée, la reconnaît au milieu de la foule, et veut porter sur elle une main profane. A l'instant Eudore, cet agneau paisible, devient un lion rugissant. Il se précipite sur le centurion, lui arrache son épée, la brise, et, saisissant dans ses bras la fille de Démodocus, il l'emporte à travers les ombres. Le centurion désarmé appelle ses soldats et poursuit le fils de Lasthénès. Eudore, redoublant de vitesse, touche déjà la tombe de Léonidas; mais il entend derrière lui la marche précipitée des satellites d'Hiéroclès. Ses forces sont épuisées; il ne peut plus porter son fardeau, il dépose son épouse derrière le monument sacré. Auprès du tombeau s'élevait le trophée d'armes des guerriers des Thermopyles. Eudore saisit la lance du roi de Lacédémone : les soldats arrivent. Prêts à s'élancer sur le chrétien, ils croient voir, à la lueur de leurs torches, l'ombre magnanime de Léonidas, qui d'une main tient sa lance et de l'autre embrasse son sépulcre. Les yeux du fils de Lasthénès étincellent; il

secoue dans la nuit sa noire chevelure; le fer de sa lance
brise et renvoie en mille éclairs la lueur des flambeaux :
moins terrible parut aux Perses Léonidas lui-même, dans
cette nuit où, pénétrant jusqu'à la tente de Xerxès, il remplit de meurtre et d'épouvante le camp des barbares. O surprise ! plusieurs soldats reconnaissent leur général.

« Romains, s'écrie Eudore, c'est mon épouse que vous
me voulez ravir; mais vous ne me l'arracherez qu'avec la
vie ! »

Touchés par la voix de leur ancien compagnon d'armes,
effrayés de son air terrible, les soldats s'arrêtent. Quand
une troupe rustique est entrée dans un champ de blé nouveau, les frêles épis tombent sans effort sous la faucille,
mais, arrivés au pied d'un chêne qui s'élève au milieu des
gerbes, les moissonneurs admirent l'arbre puissant que
pourraient seules abattre ou la tempête ou la cognée :
ainsi, après avoir dispersé la foule des chrétiens, les soldats s'arrêtent devant le fils de Lasthénès. En vain le lâche
centurion leur ordonne d'avancer : ils semblent attachés sur
le sol par un charme. Dieu leur inspirait secrètement cet
effroi. Il fait plus : il ordonne à l'ange protecteur du fils de
Lasthénès de se dévoiler aux yeux de la cohorte. La foudre
gronde dans les cieux, l'ange paraît au côté d'Eudore, sous
la forme d'un guerrier couvert d'armes étincelantes; les
soldats jettent leur bouclier sur leur dos, et s'enfuient dans
les ténèbres au milieu de la grêle et des éclairs. Eudore
profite de cet instant : il enlève de nouveau Cymodocée, il
arrive bientôt chez son père, et, du moins pour un moment,
met à l'abri la vierge qui vient de lui consacrer ses jours.

En proie au démon de la jalousie, Hiéroclès s'était porté
à cette violence contre les chrétiens, dans l'espoir de ravir
Cymodocée à Eudore avant qu'elle eût prononcé les mots
qui l'engageaient à son époux; mais ses satellites arrivèrent
trop tard, et le courage d'Eudore sauva l'innocente catéchumène. Le messager que le fils de Lasthénès avait envoyé à

Constantin revint à Lacédémone la nuit même de ce scandale. Il apporta des nouvelles à la fois heureuses et inquiétantes. Dioclétien avait encore pris un de ces partis modérés convenables à son caractère. Sur le faux rapport envoyé par Hiéroclès, l'empereur avait ordonné de surveiller les prêtres et de disperser les assemblées secrètes; mais, éclairé par Constantin, il n'avait pu croire qu'Eudore se fût mis à la tête des rebelles, et il se contentait de le rappeler à Rome. Constantin ajoutait dans sa lettre :

« Venez donc auprès de moi; nous aurons besoin de votre secours. J'envoie Dorothée à Jérusalem, afin de prévenir ma mère du sort qui menace les fidèles. Il doit toucher à Athènes. Si vous choisissiez le Pirée pour vous embarquer, vous pourriez apprendre de la bouche de votre ancien ami des choses importantes. »

La galère de Dorothée venait en effet d'arriver au port de Phalère. La famille de Lasthénès et celle de Démodocus délibèrent sur le parti qui leur reste à prendre.

« Cymodocée, dit Eudore, ne peut demeurer dans la Grèce après mon départ sans être exposée aux violences d'Hiéroclès : elle ne peut me suivre à Rome, puisqu'elle n'est pas encore mon épouse. Il s'offre une circonstance favorable : Dorothée pourrait conduire Cymodocée à Jérusalem. Sous la protection de l'épouse de Constance, elle achèverait de s'instruire des vérités du salut. Aussitôt que l'empereur m'en accorderait la grâce, j'irais au tombeau de Jésus-Christ réclamer la foi que la fille de Démodocus m'a jurée. »

Les deux familles regardèrent ce dessein comme une inspiration du ciel : ainsi, lorsque les marins ont embarqué sur leur galère cet oiseau belliqueux et rustique qui réveille au matin les laboureurs; si, pendant la nuit, au travers des sifflements d'une tempête, il fait entendre son cri guerrier et villageois, je ne sais quel doux regret de la patrie pénètre avec un rayon d'espérance dans le cœur du matelot réjoui : il bénit la voix qui, rappelant au milieu des mers la vie pastorale, semble promettre une terre prochaine. Démodocus lui-même est rassuré par le projet d'Eudore; sans songer à une séparation douloureuse, il ne voit, au premier moment, qu'un moyen de sauver sa fille : il l'aurait voulu suivre aux extrémités de la terre, mais son âge et ses fonctions de pontife l'enchaînaient au sol de la Grèce.

« Eh bien, dit Lasthénès, que la volonté de Dieu s'accomplisse! Démodocus conduira Cymodocée à Athènes; Eudore s'y rendra de son côté. Les deux époux s'embarqueront au même moment et au même port, l'un pour Rome, l'autre pour la Syrie. »

Le départ fut fixé au jour suivant, dans la crainte de quelque nouvelle fureur du proconsul. Avant de quitter Lacédémone, Eudore écrivit à Cyrille, qu'il ne put voir dans les prisons. Le confesseur, accoutumé aux chaînes, envoya du fond de son cachot sa bénédiction au couple persécuté. Jeunes époux, vous espériez encore le bonheur sur la terre, et déjà le chœur des vierges et des martyrs commençait pour vous, dans le ciel, des cantiques d'une union plus durable et d'une félicité sans fin.

LIVRE QUINZIÈME

SOMMAIRE.

Athènes. Adieux de Cymodocée, d'Eudore et de Démodocus. Cymodocée s'embarque avec Dorothée pour Joppé. Eudore s'embarque en même temps pour Ostie. La mère du Sauveur envoie Gabriel à l'ange des mers. Eudore arrive à Rome. Il trouve le sénat prêt à se rassembler pour prononcer sur le sort des chrétiens. Il est choisi pour plaider leur cause. Hiéroclès arrive à Rome : les sophistes le chargent de défendre leur secte et d'accuser les chrétiens. Symmaque, pontife de Jupiter, doit parler au sénat en faveur des anciens dieux de la patrie.

Monté sur un coursier de Thessalie et suivi d'un seul serviteur, le fils de Lasthénès avait quitté Lacédémone; il marchait vers Argos par le chemin de la montagne. La religion et l'amour remplissaient son âme de résolutions généreuses. Dieu, qui voulait l'élever au plus haut degré de la gloire, le conduisait à ces grands spectacles qui nous apprennent à mépriser les choses de la terre. Eudore, errant sur des sommets arides, foulait le patrimoine du Roi des rois. Pendant trois soleils il presse les flancs de son coursier, et vient se reposer un moment dans Argos. Tous ces lieux, encore remplis des noms d'Hercule, de Pélops, de Clytemnestre, d'Iphigénie, n'offraient que des débris silencieux. Il voit ensuite les portes solitaires de Mycènes et la tombe ignorée d'Agamemnon : il ne cherche à Corinthe que les monuments où l'Apôtre fit entendre sa voix. En traversant l'isthme dépeuplé, il se rappelle ces jeux chantés par Pindare, qui participaient en quelque sorte de l'éclat et de la toute-puissance des dieux; il cherche à Mégare les foyers de son aïeule qui recueillit les cendres de Phocion. Tout était désert à Éleusis; et dans le canal de Salamine une seule barque de pêcheur était attachée aux pierres d'un môle détruit. Mais lorsque, suivant la voie sacrée, le fils de Lasthénès eut gravi le mont Pœcile, et que la plaine de l'Attique s'offrit à ses regards, il s'arrêta saisi d'admiration et de surprise : la citadelle d'Athènes, élégamment découpée dans la forme d'un piédestal, portait au ciel le temple de Minerve et les Propylées : la ville s'étendait à sa base, et laissait voir les colonnes confuses de mille autres monuments. Le mont Hymette faisait le fond du tableau, et un bois d'oliviers servait de ceinture à la cité de Minerve.

Eudore traverse le Céphise, qui coule dans ce bois sacré : il demande la route des jardins d'Académe : des tombeaux lui tracent le chemin de cette retraite de la philosophie. Il reconnaît les pierres funèbres de Thrasybule, de Conon, de Timothée; il salue les sépulcres de ces jeunes hommes, morts pour la patrie dans la guerre du Péloponèse : Périclès, qui compara Athènes privée de sa jeunesse à l'année dépouillée de son printemps, repose lui-même au milieu de ces fleurs moissonnées.

La statue de l'Amour annonce au fils de Lasthénès l'entrée des jardins de Platon. Adrien, en rendant à l'Académie son ancienne splendeur, n'avait fait qu'ouvrir un asile aux songes de l'esprit humain. Quiconque était parvenu au grade de sophiste semblait avoir acquis le privilége de l'insolence et de l'erreur. Le cynique, à peine couvert d'une petite chlamyde sale et déchirée, insultait, avec son bâton et sa besace, au platonicien enveloppé dans un large manteau de pourpre; le stoïcien, vêtu d'une longue robe noire, déclarait la guerre à l'épicurien couronné de fleurs. De toutes parts retentissaient les cris de l'école, que les Athéniens appelaient le chant des cygnes et des sirènes; et les promenades qu'avait immortalisées un génie divin étaient abandonnées aux plus imposteurs comme aux plus inutiles des hommes.

Eudore cherchait dans ces lieux le premier officier du palais de l'empereur : il ne se put défendre d'un mouvement de mépris lorsqu'il traversa les groupes des sophistes, qui le prenaient pour un adepte : désirant l'attirer à leurs systèmes, ils lui proposaient la sagesse dans le langage de la folie. Il pénètre enfin jusqu'à Dorothée : ce vertueux chrétien se promenait au fond d'une allée de platanes que bordait un canal limpide; il était environné d'une troupe de jeunes gens déjà célèbres par leurs talents ou par leur naissance. On remarquait auprès de lui Grégoire de Nazianze, animé d'un souffle poétique; Jean, nouveau Démosthène, que son éloquence prématurée avait fait nommer *Bouche d'or;* Basile, et Grégoire de Nysse, son frère : ceux-ci montraient un penchant décidé vers la religion qu'avaient professée Justin le philosophe et Denys l'Aréopagite. Julien, au contraire, neveu de Constantin, s'attachait à Lampridius, ennemi déclaré du culte évangélique : des habitudes bizarres et des mouvements convulsifs décelaient dans le jeune prince une sorte de déréglement de l'esprit et du cœur.

Dorothée eut quelque peine à reconnaître Eudore : le visage du fils de Lasthénès avait pris cette beauté mâle que donnent le métier des armes et l'exercice des vertus. Ils se retirèrent à l'écart, et Dorothée ouvrit son cœur à l'ami de Constantin.

« J'ai quitté Rome, lui dit-il, à l'arrivée de votre messager. Le mal est encore plus grand que vous ne le croyez peut-être : Galérius l'emporte, et tôt ou tard Dioclétien sera obligé d'abdiquer la pourpre. On veut perdre d'abord les chrétiens, afin d'ôter à l'empereur son premier appui : c'est l'ancien projet d'Hiéroclès, aujourd'hui tout-puissant auprès de César. Celui-ci répète sans cesse que le dénombrement ordonné, en découvrant une multitude effrayante d'ennemis des dieux, a révélé le danger de l'empire; qu'il faut en venir aux mesures les plus sévères pour réprimer une secte qui menace les autels de la patrie. Pour moi, presque tombé dans la disgrâce de Dioclétien, vous savez quel sujet me conduit en Syrie. Eudore, nos frères malheureux tournent les yeux vers vous. La gloire que vous vous êtes acquise dans les armes, et surtout votre repentir éclatant, sont l'objet de l'admiration et des discours de tous les fidèles. Le souverain pontife vous attend : Constantin vous appelle. Ce prince, environné de délateurs, se soutient à peine à la cour; il a besoin d'un ami tel que vous, qui puisse l'aider de ses conseils, et, s'il le faut, le servir de son bras.

Eudore raconte à son tour à Dorothée les événements qui s'étaient passés dans la Grèce. Dorothée s'engage avec joie à conduire vers Hélène l'épouse du fils de Lasthénès. Une galère napolitaine, prête à retourner en Italie, se trouvait au port de Phalère, non loin du vaisseau de Dorothée : Eudore la retient pour son passage. Les deux voyageurs fixent ensuite le moment du départ au troisième jour de la fête des Panathénées. Démodocus arriva pour cette époque fatale avec la triste Cymodocée ; il alla cacher ses pleurs dans la citadelle, où le plus ancien des prytanes, son parent et son ami, lui donna l'hospitalité.

Le fils de Lasthénès avait été reçu par le docte Piste, évêque d'Athènes, qui brilla depuis dans ce concile de Nicée, où l'on vit trois prélats ayant le don des miracles et ressuscitant les morts, quarante évêques, confesseurs ou martyrs, des prêtres savants, des philosophes même ; enfin les plus plus grands caractères, les plus beaux génies et les hommes les plus vertueux de l'Église.

La veille de la double séparation du père et de la fille, de l'épouse et de l'époux, Eudore fit savoir à Cymodocée que tout était prêt, et que le lendemain, vers le coucher du soleil, il irait la chercher sous le portique du temple de Minerve.

Le jour fatal arrive : le fils de Lasthénès sort de sa demeure ; il passe devant l'Aréopage, où le Dieu que Paul annonça n'était plus inconnu ; il monte à la citadelle et se trouve le premier au rendez-vous, sous le portique du plus beau temple de l'univers.

Jamais si brillant spectacle n'avait frappé les regards d'Eudore. Athènes s'offrait à lui dans toutes ses pompes : le mont Hymette s'élevait à l'orient, comme revêtu d'une robe d'or ; le Pentélique se courbait vers le septentrion, pour aller joindre le Permetta ; le mont Icare s'abaissait au couchant et laissait voir derrière lui la cime sacrée du Cythéron ; au midi, la mer, le Pirée, les rivages d'Égine, les côtes d'Épidaure, et, dans le lointain, la citadelle de Corinthe, terminaient le cercle entier de la patrie des arts, des héros et des dieux.

Athènes, avec tous ses chefs-d'œuvre, reposait au centre de ce bassin superbe : ses marbres polis, et non pas usés par le temps, se peignaient des feux du soleil à son coucher ; l'astre du jour, prêt à se plonger dans la mer, frappait de ses derniers rayons les colonnes du temple de Minerve : il faisait étinceler les boucliers des Perses, suspendus au fronton du portique, et semblait animer sur la frise les admirables sculptures de Phidias.

Ajoutez à ce tableau le mouvement que la fête des Panathénées répandait dans la ville et dans la campagne. Là, de jeunes canéphores reportaient aux jardins de Vénus les corbeilles sacrées ; ici, le péplus flottait encore au mât du vaisseau qui se mouvait par ressorts ; des chœurs répétaient les chansons d'Armodius et d'Aristogiton ; les chars roulaient vers le Stade ; les citoyens couraient au Lycée, au Pœcile, au Céramique ; la foule se pressait surtout au théâtre de Bacchus, placé sous la citadelle ; et la voix des acteurs, qui représentaient une tragédie de Sophocle, montait par intervalles jusqu'à l'oreille du fils de Lasthénès.

Cymodocée parut : à son vêtement sans tache, à son front virginal, à ses yeux d'azur, à la modestie de son maintien, les Grecs l'auraient prise pour Minerve elle-même, sortant de son temple et prête à rentrer dans l'Olympe, après avoir reçu l'encens des mortels.

Eudore, saisi d'admiration, dit à Cymodocée :

« Comment vous exprimer la reconnaissance et les sentiments de mon cœur ? Vous consentez à quitter pour moi la Grèce, à traverser les mers, à vivre sous des cieux étrangers, loin de votre père, loin de celui que vous avez choisi pour époux. Ah ! si je ne croyais vous ouvrir les cieux et vous conduire à des félicités éternelles, pourrais-je vous demander de pareilles marques d'attachement ? »

Démodocus sortit alors des bâtiments du temple : oubliant qu'il avait consenti au départ de sa fille, les chagrins de son cœur s'exhalent aussitôt en plaintes amères.

« Comment, s'écrie-t-il, as-tu la barbarie d'arracher une fille à son père ? Du moins, si ma Cymodocée était ton épouse, si vous me laissiez l'un et l'autre un aimable enfant qui pût sourire à ma douleur et de ses mains innocentes se jouer avec mes cheveux blanchis !... Mais loin de toi, loin de moi, sous un ciel inhospitalier, errante sur une mer où des pirates barbares… Ah! si ma fille allait tomber entre leurs mains! s'il lui fallait servir un maître cruel, préparer son repas et son lit! Que la terre me cache dans son sein avant que j'éprouve un pareil malheur! Les chrétiens ont-ils donc un cœur plus dur que les rochers? Leur Dieu est-il donc inexorable? »

Cymodocée avait volé dans les bras de son père et mêlait ses larmes à celles du vieillard. Eudore écoutait les reproches de Démodocus avec une fermeté qui n'avait rien de dur et une affliction qui n'avait rien de faible.

« Mon père, répondit-il, permettez que je vous donne ce nom; car votre Cymodocée est déjà mon épouse aux yeux de l'Éternel; je ne l'arrache point de force à vos embrassements, elle est libre de suivre ou de rejeter ma religion; mon Dieu ne veut point obtenir les cœurs par contrainte : si cela doit vous coûter à tous deux trop de regrets et de pleurs, demeurez ensemble dans la Grèce. Puisse le ciel répandre sur vous ses faveurs! Pour moi, j'accomplirai ma destinée. Mais, Démodocus, si votre fille m'aime, si vous croyez que je la puisse rendre heureuse, si vous craignez pour elle les persécutions d'Hiéroclès, supportez une séparation qui, je l'espère, ne sera pas de longue durée, et qui met Cymodocée à l'abri des plus grands malheurs. Démodocus, Dieu dispose de nous comme il lui plaît : notre devoir est de nous soumettre à sa volonté suprême.

— O mon fils! repartit Démodocus, excuse ma douleur; je le sens, je suis injuste : tu ne mérites pas les reproches que je te fais; tu sauves, au contraire, ma Cymodocée des persécutions d'un impie; tu la mets sous la protection d'une princesse magnanime; tu lui apportes de grands biens et un nom illustre. Mais comment rester seul dans la Grèce? Oh! que ne suis-je libre de quitter les sacrifices que les peuples ont confiés à mes soins! Cymodocée, je n'entendrai plus ta douce voix retentir dans les chœurs des sacrifices;

tu ne me présenteras plus l'orge nouvelle ou le couteau sacré : je contemplerai, suspendue à l'autel, ta lyre couverte de poussière et ses cordes brisées; mes yeux pleins de larmes verront se dessécher aux pieds de la statue d'Homère les couronnes de fleurs qu'embellissaient ta chevelure. Hélas! j'avais compté sur toi pour me fermer les yeux : je mourrai donc sans pouvoir te bénir en quittant la vie! Le lit où j'exhalerai mon dernier soupir sera solitaire; car, ma fille, je n'espère plus te revoir; j'entends le vieux nocher qui m'appelle; à mon âge, il ne faut pas compter sur les jours : lorsque la graine de la plante est mûre et séchée, elle devient légère, et le moindre vent l'emporte. »

Comme le prêtre d'Homère prononçait ces mots, des applaudissements font retentir le théâtre de Bacchus; l'acteur qui représentait OEdipe à Colone élève la voix, et ces paroles viennent frapper les oreilles d'Eudore, de Démodocus et de Cymodocée :

« O Thésée! unissez dans mes mains vos mains à celles de ma fille! promettez-moi de servir de père à ma chère Antigone! »

« Je le promets! s'écrie Eudore, appliquant à ses destinées les vers du poëte.

— Elle est donc à toi, » dit Démodocus en lui tendant les bras.

Eudore s'y précipite, le vieillard presse ses deux enfants contre son cœur : ainsi l'on voit un saule creusé par les ans, dont le sein entr'ouvert porte quelques fleurs de la prairie; l'arbre étend son ombrage antique sur ces jeunes trésors et semble n'implorer que pour eux le zéphyr et la rosée; mais bientôt un brûlant orage renverse et le saule et les fleurs, aimables enfants de la terre.

La lune parut à l'horizon, son front d'argent se couronnait des rayons d'or du soleil, dont le disque élargi s'enfonçait dans les flots. C'était l'heure qui ramène aux nautoniers le vent favorable pour sortir du port de l'Attique. Les chars et les esclaves de Démodocus l'attendaient au bas de la citadelle, à l'entrée de la rue des Trépieds. Il fallut descendre, il fallut se soumettre à sa destinée ; les chars entraînent les trois infortunés, qui n'avaient plus la force de gémir. Ils ont bientôt passé la porte du Pirée, les tombeaux d'Antiope, de Ménandre et d'Euripide ; ils tournent vers le temple ruiné de Cérès, et, après avoir traversé le champ d'Aristide, ils touchent au port de Phalère. Le vent venait de se lever, les flots, légèrement agités, battaient le rivage, les galères déployaient leurs voiles ; on entendait les cris des matelots qui levaient l'ancre avec de grands efforts. Dorothée attendait les passagers sur la grève, et les barques des vaisseaux étaient déjà prêtes à les recevoir. Eudore, Démodocus et Cymodocée descendent des chars arrêtés au bord des vagues. Le prêtre d'Homère ne pouvait plus se soutenir, ses genoux se dérobaient sous lui. Il disait à sa fille d'une voix éteinte :

« Ce port me sera funeste comme au père de Thésée : je ne verrai point revenir ta voile blanche ! »

Le fils de Lasthénès et la jeune catéchumène s'inclinent devant Démodocus, et lui demandent sa dernière bénédiction : un pied dans la mer et le visage tourné vers la rive, ils avaient l'air d'offrir un sacrifice expiatoire, à la manière antique. Démodocus lève les mains, et bénit ses deux enfants du fond de son cœur, mais sans pouvoir prononcer une parole. Eudore soutient Cymodocée, et lui remet un écrit pour la pieuse Hélène ; ensuite, imprimant avec respect le baiser des adieux sur le front de la vierge éplorée :

« Mon épouse, lui dit-il, devenez bientôt chrétienne ; souvenez-vous d'Eudore, et que, du haut de la tour du Troupeau, la fille de Jérusalem jette quelquefois un regard sur la mer qui nous sépare.

— Mon père, dit Cymodocée d'une voix entrecoupée par les sanglots, mon tendre père, vivez pour moi : je tâcherai de vivre pour vous. O Eudore! vous reverrai-je un jour? reverrai-je mon père? »

Alors Eudore inspiré :

« Oui, nous nous reverrons pour ne nous quitter jamais ! »

Les mariniers enlèvent Cymodocée, les esclaves entraînent Démodocus. Eudore se jette dans la barque qui le transporte à son vaisseau. La flotte sort de Phalère, et les matelots couronnés de fleurs font blanchir la mer sous l'effort des rames; ils invoquent les Néréides, et Palémon, et Thétis, et saluent en s'éloignant la tombe sacrée de Thémistocle.

Le vaisseau de Cymodocée prend sa course vers l'orient, et celui du fils de Lasthénès tourne la proue vers l'Italie.

La divine mère du Sauveur veillait sur les jours de l'innocente pèlerine : elle envoie Gabriel à l'ange des mers, afin de lui commander de ne laisser souffler que la plus douce haleine des vents. Aussitôt Gabriel, après avoir détaché de ses épaules ses ailes blanches bordées d'or, se plonge du ciel dans les flots.

Aux sources de l'Océan, sous des grottes profondes, toujours retentissantes du bruit des vagues, habite l'ange sévère qui veille aux mouvements de l'abîme. Pour l'instruire de ses devoirs, la Sagesse le prit avec elle, lorsqu'à la naissance des temps elle se promena sous la mer. Ce fut lui qui, par l'ordre de Dieu, ouvrit au déluge les cataractes du ciel; c'est lui qui, dans les derniers jours du monde, doit une seconde fois rouler les flots sur le sommet des montagnes. Placé au berceau de tous les fleuves, il dirige leur cours, enfle ou fait décroître leurs ondes; il repousse dans la nuit des pôles et retient sous des chaînes de glace les brouillards, les nuages et les tempêtes; il connaît les écueils les plus cachés, les détroits les plus déserts, les terres les plus lointaines, et les découvre tour à tour au génie de l'homme; il voit d'un regard et les tristes régions du Nord et les brillants climats des tropiques ; deux fois par jour il soulève les écluses de l'Océan, et, rétablissant avec sa main l'équilibre du globe, à chaque équinoxe il ramène la terre sous les feux obliques du soleil.

Gabriel pénètre dans le sein des mers : des nations entières et des continents inconnus dorment engloutis dans le gouffre des ondes. Combien de monstres divers que ne verra jamais l'œil des mortels ! Quel puissant rayon de vie jusque dans ces profondeurs ténébreuses ! mais aussi que de débris et de naufrages ! Gabriel plaint les hommes et admire la puissance divine. Bientôt il aperçoit l'ange des mers, attentif à quelques grandes révolutions des eaux : assis sur un trône de cristal, il tenait à la main un frein d'or ; sa chevelure verte descendait humide sur ses épaules, et une écharpe d'azur enveloppait ses formes divines. Gabriel le salue avec majesté.

« Esprit redoutable, lui dit-il, ô mon frère ! le pouvoir que l'Éternel vous a confié montre assez le haut rang que vous occupez dans les hiérarchies célestes ! Quel monde nouveau ! quelle intelligence sublime ! Que vous êtes heureux de connaître ces merveilleux secrets !

— Divin messager, répondit l'ange des mers, quel que soit le sujet qui vous amène, je reçois avec joie un hôte tel que vous. Pour mieux admirer la puissance de notre Maître, il faudrait l'avoir vu, comme moi, poser les fondements de cet empire : j'étais présent quand il divisa en deux parts les eaux de l'abîme ; je le vis assujettir les flots au mouvement des astres, et lier le destin de l'Océan à celui de la lune et du soleil ; il couvrit Léviathan d'une cuirasse de fer, et l'envoya se jouer dans ces gouffres ; il planta des forêts de corail sous les ondes ; il les peupla de poissons et d'oiseaux ; il fit sortir des îles riantes du sein d'un élément furieux ; il régla le cours des vents ; il soumit les orages à des lois ; et, s'arrêtant sur le rivage, il dit à la mer : « Tu « n'iras pas plus loin, et tu briseras ici l'orgueil de tes flots. »

Illustre serviteur de Marie, hâtez-vous de m'apprendre quel ordre souverain vous a fait descendre dans ces grottes mobiles. Les temps sont-ils accomplis? Faut-il rassembler les nuages? Faut-il rompre les digues de l'Océan? Abandonnant l'univers au chaos, dois-je remonter avec vous dans les cieux?

— Je vous apporte un message de paix, dit Gabriel avec un sourire : l'homme est toujours l'objet des complaisances de l'Éternel; la croix va triompher sur la terre; Satan va rentrer dans l'enfer. Marie vous ordonne de conduire aux ports ces deux époux que vous voyez s'éloigner des bords de la Grèce. Ne laissez souffler sur les ondes que la plus douce haleine des vents.

— Qu'il soit fait selon la volonté de l'Étoile des mers! dit en s'inclinant respectueusement l'ange qui gouverne les tempêtes. Puisse Satan être bientôt renfermé dans les lieux de son supplice! Souvent il trouble mon repos et déchaîne malgré moi les orages. »

En prononçant ces mots, le puissant esprit choisit les vents doux et parfumés qui caressent les rivages de l'Inde et de l'océan Pacifique; ils les dirige dans les voiles d'Eudore et de Cymodocée, et fait avancer les deux galères par un même souffle à deux ports opposés.

Favorisé de cette bénigne influence du ciel, Eudore touche bientôt au rivage d'Ostie. Il vole à Rome. Constantin l'embrasse avec tendresse et lui fait le récit des malheurs de l'Église et des intrigues de la cour.

Le sénat était convoqué pour délibérer sur le sort des fidèles. Rome reposait dans l'attente et dans la terreur. Toutefois Dioclétien, par un dernier acte de justice, en cédant aux violences de Galérius, avait voulu que les chrétiens eussent un défenseur au sénat. Les prêtres les plus illustres de la capitale de l'empire s'occupaient, dans ce moment, du choix d'un orateur digne de plaider la cause de la croix. Le concile, que présidait Marcellin, était assemblé à la lueur des lampes dans les catacombes : ces Pères, assis sur les tombeaux des martyrs, ressemblaient à de vieux guerriers délibérant sur le champ de bataille, ou à des rois blessés en défendant leurs peuples. Il n'y avait pas un de ces confesseurs qui ne portât sur ses membres les marques d'une glorieuse persécution : l'un avait perdu l'usage de ses mains, l'autre ne voyait plus la lumière des cieux ; la langue de celui-ci avait été coupée, mais le cœur lui restait pour louer l'Éternel ; celui-là se montrait tout mutilé par le bûcher, comme une victime à demi dévorée des feux du sacrifice. Les saints vieillards ne pouvaient s'accorder sur le choix d'un défenseur : aucun d'eux n'était éloquent que par ses vertus, et chacun craignait de compromettre le sort des fidèles. Le pontife de Rome proposa de s'en référer à la décision du ciel. On place le saint Évangile sur le sépulcre du martyr qui servait d'autel : les Pères se mettent en prières et demandent à Dieu d'indiquer, par quelques versets des Écritures, le défenseur agréable à ses yeux. Dieu, qui leur avait inspiré cette pensée, fait descendre aussitôt l'ange chargé d'inscrire les décrets éternels dans le livre de la vie. L'esprit céleste, enveloppé d'un nuage, marque au milieu de la Bible les décrets demandés. Les Pères se lèvent ; Marcellin ouvre la loi des chrétiens ; il lit ces paroles des Machabées :

« Il se revêtit de la cuirasse comme un géant, il se couvrit de ses armes dans les combats, et son épée était la protection de tout le camp. »

Marcellin, surpris, ferme et rouvre une seconde fois le livre prophétique ; il y trouve ces mots :

« Son souvenir sera doux comme un concert de musique dans un festin délicieux. Il a été destiné divinement pour faire rentrer le peuple dans la pénitence. »

Enfin le souverain pontife consulte une troisième fois l'oracle d'Israël ; tous les Pères sont frappés de ce passage des Cantiques :

« Je me suis couvert d'un sac en jeûnant…. J'ai pris pour mon vêtement un cilice. »

Aussitôt une voix (on ne sait quelle voix) prononça le nom d'Eudore. Les vieux martyrs, subitement éclairés, font retentir d'un Hosanna prolongé les voûtes des catacombes. Ils relisent le texte sacré. Saisis d'étonnement, ils voient avec quelle justesse tous les mots s'appliquent au fils de Lasthénès. Chacun admire les conseils du Très-Haut ; chacun reconnaît combien ce choix est saint et désirable. La renommée du jeune orateur, sa pénitence exemplaire, sa faveur à la cour, son habitude de parler devant les princes, les charges dont il a été revêtu, l'amitié dont Constantin l'honore, tout justifie l'arrêt du ciel. On se hâte de lui porter les vœux des Pères. Eudore s'humilie dans la poudre; il cherche à se soustraire à cet honneur si sublime, à ce fardeau si pesant. On lui montre les passages de l'Écriture : il se soumet. Il se retire aussitôt parmi les tombeaux des saints, et se prépare par des veilles, des prières et des larmes, à plaider la plus grande cause qui fut jamais portée au tribunal des humains.

Tandis qu'il ne songe qu'à remplir dignement l'effrayante mission dont il est chargé, Hiéroclès arrivait à Rome, soutenu de toutes les puissances de l'enfer. Cet ennemi de Dieu avait appris avec désespoir le mauvais succès de ses violences à Lacédémone, la fuite de Cymodocée et le départ d'Eudore pour l'Italie. Les ordres modérés qu'il reçut en même temps de Dioclétien lui firent comprendre que ses calomnies n'avaient pas réussi complètement à la cour. Il avait cru renverser un rival; et ce rival était simplement rappelé sous l'œil vigilant du chef de l'empire. Il tremble que le fils de Lasthénès ne parvienne à le perdre dans l'esprit de Dioclétien. Afin de prévenir quelque disgrâce soudaine, il se détermine à voler auprès de Galérius, qui ne cessait de le redemander à ses conseils. L'esprit de ténèbres console en même temps l'apostat.

« Hiéroclès, lui dit-il secrètement, tu seras bientôt assez puissant pour atteindre Cymodocée jusque dans les bras d'Hélène. Cette vierge imprudente, en changeant de religion, t'offre une espérance nouvelle. Si tu peux déterminer les princes à persécuter les chrétiens, ton rival se trouvera d'abord enveloppé dans le massacre; tu vaincras ensuite la fille d'Homère par la crainte des tourments, ou tu la réclameras comme une esclave chrétienne échappée à ton pouvoir. »

Le sophiste, qui prend ces conseils pour les inspirations de son cœur, s'applaudit de la profondeur de son génie : il ne sait pas qu'il n'est que l'instrument des projets de Satan contre la croix. Plein de ces pensées, le proconsul s'était précipité des montagnes de l'Arcadie, comme le torrent du Styx qui tombe de ces mêmes montagnes, et qui donne la mort à tous ceux qui boivent de ses eaux. Il passe en Épire, s'embarque au promontoire d'Actium, aborde à Tarente, et ne s'arrête qu'auprès de Galérius, qui profanait alors à Tusculum les jardins de Cicéron.

César était environné dans ce moment des sophistes de l'école, qui se prétendaient aussi persécutés parce qu'on méprisait leurs opinions. Ils s'agitaient pour être consultés sur la grande question que l'on allait débattre. Ils se disaient juges naturels de tout ce qui concerne la religion des hommes. Ils avaient supplié Dioclétien de leur donner comme aux chrétiens un orateur au sénat. L'empereur, importuné de leurs cris, leur avait accordé leur demande. L'arrivée d'Hiéroclès les remplit de joie. Ils le nomment orateur des sectes philosophiques. Hiéroclès accepte un honneur qui flatte sa vanité et lui fournit l'occasion de se rendre accusateur des chrétiens. Galérius, dont il corrompt l'esprit et seconde les projets, lui accorde une protection éclatante, et lui permet de s'exprimer au Capitole avec toute la licence des opinions des faux sages. Symmaque, pontife de Jupiter, doit parler en faveur des anciens faux dieux de la patrie.

Le jour qui allait décider du sort de la moitié des habitants de l'empire, le jour où les destinées du genre humain étaient menacées dans la religion de Jésus-Christ, ce jour si désiré, si craint des anges, des démons et des hommes, ce jour se leva. Dès la première blancheur de l'aube, les gardes prétoriennes occupèrent les avenues du Capitole. Un peuple immense était répandu sur le Forum, autour du temple de Jupiter Stator, et le long du Tibre jusqu'au théâtre de Marcellus : ceux qui n'avaient pu trouver place étaient montés jusque sur les toits voisins et sur les arcs de triomphe de Titus et de Sévère. Dioclétien sort de son palais; il s'avance au Capitole par la voie Sacrée, comme s'il allait triompher des Marcomans et des Parthes. On avait peine à le reconnaître : depuis quelque temps, il succombait sous une maladie de langueur et sous le poids des ennuis que lui donnait Galérius. En vain le vieillard avait pris soin de colorer son visage : la pâleur de la mort perçait à travers cet éclat emprunté.

Galérius, environné de tout le faste de l'Asie, suivait l'empereur sur un char superbe, traîné par des tigres. Le peuple tremblait, effrayé de la taille gigantesque et de l'air furieux du nouveau Titan. Constantin s'avançait ensuite, monté sur un cheval léger ; il attirait les vœux et les regards des soldats et des chrétiens; les trois orateurs marchaient après les maîtres du monde. Le pontife de Jupiter, porté par le collège des prêtres, précédé des aruspices, et suivi du corps des vestales, saluait la foule, qui reconnaissait avec joie l'interprète du culte de Romulus. Hiéroclès, couvert du manteau des stoïciens, paraissait dans une litière ; il était entouré de Libanius, de Jamblique, de Porphyre et de la troupe des sophistes : le peuple, naturellement ennemi de l'affectation et de la vaine sagesse, lui prodiguait les railleries et les mépris. Enfin, Eudore se montrait le dernier, vêtu d'un habit de deuil : il marchait seul, à pied, l'air grave, les yeux baissés, et semblait porter tout le poids des douleurs de l'Église : les païens reconnaissaient avec étonnement, dans ce simple appareil, le guerrier dont ils avaient vu les statues triomphales ; les fidèles s'inclinaient avec respect devant leur défenseur : les vieillards le bénissaient, les femmes le montraient à leurs enfants, tandis qu' tous les autels de Jésus-Christ les prêtres offraient pour lui le saint sacrifice.

Il y avait au Capitole une salle appelée la salle Julienne : Auguste l'avait jadis décorée d'une statue de la Victoire. Là se trouvaient la colonne miliaire, la poutre percée des clous sacrés, la louve de bronze et les armes de Romulus. Autour des murs étaient suspendus les portraits des consuls, l'équitable Publicola, le généreux Fabricius, Cincinnatus le rustique, Fabius le temporiseur, Paul-Émile, Caton, Marcellus, et Cicéron, père de la patrie. Ces citoyens magnanimes semblaient encore siéger au sénat avec les successeurs des Tigellin et des Séjan, comme pour montrer d'un coup d'œil les extrémités du vice et de la vertu, et pour attester les affreux changements que le temps amène dans les empires.

Ce fut dans cette vaste salle que se réunirent les juges des chrétiens. Dioclétien monta sur son trône ; Galérius s'assit à la droite, et Constantin à la gauche de l'empereur ; les officiers du palais occupaient, chacun selon son rang, les degrés du trône. Après avoir salué la statue de la Victoire, et renouvelé devant elle le serment de fidélité, les sénateurs se rangèrent sur les bancs autour de la salle ; les orateurs se placèrent au milieu d'eux. Le vestibule et la cour du Capitole étaient remplis par les grands, les soldats et le peuple. Dieu permit aux puissances de l'abîme et aux habitants des tabernacles divins de se mêler à cette délibération mémorable : aussitôt les anges et les démons se répandent dans le sénat, les premiers pour calmer, les seconds pour soulever les passions ; ceux-ci pour éclairer les esprits, ceux-là pour les aveugler.

On immola d'abord un taureau blanc à Jupiter, auteur

des bons conseils : pendant ce sacrifice, Eudore se couvrit la tête, et secoua son manteau, qu'avaient souillé quelques gouttes d'eau lustrale. Dioclétien donne le signal, et Symmaque se lève au milieu des applaudissements universels : nourri dans les grandes traditions de l'éloquence latine, ces paroles sortirent de sa bouche, comme on voit les flots majestueux d'un fleuve rouler lentement dans une campagne qu'ils embellissent de leur cours :

LIVRE SEIZIÈME

SOMMAIRE

Harangues de Symmaque, d'Hiéroclès et d'Eudore. Dioclétien consent à donner l'édit de persécution, mais il veut que l'on consulte auparavant la sibylle de Cumes.

« Très-clément empereur Dioclétien, et vous, très-heureux prince César Galérius, si jamais vos âmes divines donnèrent une preuve éclatante de leur justice, c'est dans l'affaire importante qui rassemble le très-auguste sénat au pied de Vos Éternités.

« Proscrirons-nous les adorateurs du nouveau Dieu? Laisserons-nous les chrétiens jouir en paix du culte de leur divinité? Telle est la question que l'on propose au sénat.

« Que Jupiter et les autres dieux vengeurs de l'humanité me préservent de faire couler jamais le sang et les larmes ! Pourquoi persécuterions-nous des hommes qui remplissent tous les devoirs du citoyen? Les chrétiens exercent des arts utiles ; leurs richesses alimentent le trésor de l'État ; ils servent avec courage dans nos armées ; ils ouvrent souvent dans nos conseils des avis pleins de sens, de justesse et de prudence. D'ailleurs, ce n'est point par la violence que l'on parviendra au but désiré. L'expérience a démontré que les chrétiens se multiplient sous le fer des bourreaux. Voulez-vous les gagner à la religion de la patrie, appelez-les au temple de la Miséricorde, et non pas aux autels des Euménides.

« C'est une vérité reconnue depuis longtemps, que Rome a dû l'empire du monde à sa piété envers les immortels. Elle a élevé des autels à tous les génies bienfaisants, à la petite Fortune, à l'Amour filial, à la Paix, à la Concorde, à la Justice, à la Liberté, à la Victoire, au dieu Terme, qui, seul, ne se leva point devant Jupiter dans l'assemblée des dieux. Cette famille divine pourrait-elle déplaire aux chrétiens? Quel homme oserait refuser des hommages à de si nobles déités?

« Dioclétien, je suppose que Rome, chargée d'années, apparaisse tout à coup à vos yeux sous les voûtes de ce Capitole, et qu'elle s'adresse ainsi à Votre Éternité :

« — Grand prince, ayez égard à cette vieillesse où ma piété envers les dieux m'a fait parvenir. Libre comme je le suis, je m'en tiendrai toujours à la religion de mes ancêtres. Cette religion a mis l'univers sous ma loi. Ses sacrifices ont éloigné Annibal de mes murailles, et les Gaulois du Capitole. Quoi! l'on renverserait un jour cette statue de la Victoire, sans craindre de soulever mes légions ensevelies aux champs de Zama ! N'aurai-je été préservée des plus redoutables ennemis que pour être déshonorée par mes enfants dans ma vieillesse?

« C'est ainsi, ô puissant empereur! que vous parle Rome suppliante. Voyez se lever de leurs tombeaux, sur le chemin d'Appius, ces républicains, vainqueurs des Volsques et des Samnites, dont nous révérons ici les images : ils montent à ce Capitole qu'ils remplirent de dépouilles opimes : ils viennent, couronnés de la branche du chêne, unir leurs voix à la voix de la patrie. Ces mânes sacrés n'avaient point rompu leur sommeil de fer pour la perte de nos mœurs et de nos lois; ils ne s'étaient point réveillés au bruit des proscriptions de Marius ou des fureurs du triumvirat; mais la cause du ciel les arrache au cercueil, et ils viennent la plaider devant leurs fils. Romains séduits par la religion nouvelle, comment avez-vous pu changer pour un culte étranger nos belles fêtes et nos pieuses cérémonies ?

« Princes, je le répète, nous ne demandons point la persécution des chrétiens. On dit que le Dieu qu'ils adorent est un Dieu de paix et de justice : nous ne refusons point de l'admettre dans le Panthéon; car nous souhaitons, très-pieux empereur, que les dieux de toutes les religions vous protégent : mais que l'on cesse d'insulter Jupiter! Dioclétien, Galérius, sénateurs, indulgence pour les chrétiens, protection pour les dieux de la patrie ! »

En achevant de prononcer ces mots, Symmaque salue de nouveau la statue de la Victoire, et se rassied au milieu des sénateurs. Les esprits étaient différemment agités : les uns, charmés de la dignité du discours de Symmaque, se rappelaient les jours des Hortentius et des Cicéron; les autres blâmaient la modération du pontife de Jupiter. Satan n'avait plus d'espoir que dans Hiéroclès, et cherchait à détruire l'effet de l'éloquence du grand prêtre; les anges de lumière profitaient au contraire de cette éloquence pour ramener le sénat à des sentiments plus humains. On voyait s'agiter les casques des guerriers, les toges des sénateurs, les robes et les sceptres des augures et des auspices; on entendait un murmure confus, signe équivoque du blâme et de la louange. Dans un champ où l'ivraie et d'inutiles fleurs de pourpre et d'azur s'élèvent au milieu du froment d'or, si quelque zéphyr se glisse dans la forêt diaprée, d'abord les plus frêles épis courbent leurs têtes; bientôt le souffle croissant balance en tumulte les gerbes fécondes et les plantes stériles : tel paraissait dans le sénat le mouvement de tant d'hommes divers.

Les courtisans regardaient curieusement Dioclétien et Galérius, afin de régler leur opinion sur celle de leurs maîtres : César donnait des signes d'emportement; mais le visage d'Auguste était impassible.

Hiéroclès se lève : il s'enveloppe dans son manteau, et garde quelque temps un air sévère et pensif. Initié à toutes les ruses de l'éloquence athénienne; armé de tous les sophismes; souple, adroit, railleur, hypocrite; affectant une élocution concise et sentencieuse ; parlant d'humanité en demandant le sang de l'innocent; méprisant les leçons du temps et de l'expérience; voulant à travers mille maux conduire le monde au bonheur par des systèmes; esprit faux, s'applaudissant de sa justesse : tel était l'orateur qui parut dans la lice pour attaquer toutes les religions, et surtout celle des chrétiens. Il rejette son manteau en arrière, pose les deux mains sur son cœur, s'incline jusqu'au pavé du Capitole en saluant Auguste et César, et prononce ce discours :

« Valérius Dioclétien, fils de Jupiter, empereur éternel, Auguste, huit fois consul, très-clément, très-divin, très-sage; Valérius Maximianus Galérius, fils d'Hercule, fils adoptif de l'empereur, César, éternel et très-heureux, Parthique, triomphateur, amateur de la science, et vérissime philosophe; sénat très-vénérable et sacré, vous permettez donc que ma voix se fasse entendre! Troublé par cet honneur insigne, comment pourrais-je m'exprimer avec assez de force ou de grâce? Pardonnez à la faiblesse de mon éloquence, en faveur de la vérité qui me fait parler.

« La terre, dans sa fécondité première, enfanta les hommes. Les hommes, par hasard et par nécessité, s'assemblèrent pour leurs besoins communs. La propriété commença : les violences suivirent; l'homme ne put les réprimer : il inventa les dieux.

« La religion trouvée, les tyrans en profitèrent. L'intérêt multiplia les erreurs, les passions y mêlèrent leurs songes.

« L'homme, oubliant l'origine des dieux, crut bientôt à leur existence. On prit pour le consentement unanime des peuples ce qui n'était que le consentement unanime des passions. Les tyrans, en écrasant les hommes, eurent soin de faire élever des temples à la piété et à la miséricorde, afin que les infortunés crussent aussi qu'il y avait des dieux.

« Le prêtre, d'abord trompeur, ensuite trompé, se passionna pour son idole; le malheureux, pour les simulacres de sa douleur : de là le fanatisme, le plus grand des maux qui aient affligé l'espèce humaine.

« Ce monstre, portant un flambeau, parcourut les trois régions de la terre. Il brûla, par la main des mages, les temples de Memphis et d'Athènes; il alluma la guerre sacrée qui livra la Grèce à Philippe. Bientôt, si une secte odieuse venait à s'étendre, de nos jours même, et malgré l'accroissement des lumières, on verra l'univers plongé dans un abîme de malheurs.

« C'est ici, princes, que je tâcherai de peindre les maux que le fanatisme a faits aux hommes, en vous dévoilant l'origine et les progrès de la religion la plus ridicule et la plus horrible que la corruption des peuples ait engendrée.

« Que ne m'est-il permis d'ensevelir dans un profond oubli ces honteuses turpitudes ! Mais je suis appelé à la défense de la vérité : il faut sauver mon empereur, il faut éclairer le monde. Je sais que j'expose mes jours au ressentiment d'une faction dangereuse. Qu'importe? un ami de la sagesse doit fermer son cœur à toute crainte comme à toute pitié, quand il s'agit du bonheur de ses frères et des droits sacrés de l'humanité.

« Vous connaissez ce peuple que sa lèpre et ses déserts séparent du genre humain, ce peuple odieux qu'extermina le divin Titus.

« Un certain fourbe, appelé Moïse, par une suite de crimes et de prestiges grossiers, délivra ce peuple de la servitude. Il le conduisit au milieu des sables de l'Arabie; il lui promettait, au nom du dieu Jéhova, une terre où couleraient le lait et le miel.

« Après quarante années les Juifs arrivèrent à cette terre promise, dont ils égorgèrent les habitants. Ce jardin délicieux était la stérile Judée, petite vallée de pierres, sans blé, sans arbres, sans eaux.

« Retirés dans leur repaire, ces brigands ne se firent remarquer que par leur haine contre le genre humain : ils vivaient au milieu des adultères, des meurtres, des cruautés.

« Que pouvait-il sortir d'une pareille race? (c'est ici le prodige) une race plus exécrable encore, les chrétiens : ils ont surpassé en folie, en crimes, les Juifs leurs pères.

« Partout où ils se glissent, ils font naître des troubles; ils débauchent les soldats de nos armées; ils portent la désunion dans les familles; ils arment le frère contre le frère, l'époux contre l'épouse. Puissants aujourd'hui, ils ont des temples, des trésors, et ils refusent de prêter serment aux empereurs dont ils tiennent ces bienfaits; ils insultent aux sacrées images de Dioclétien, ils aiment mieux mourir que de sacrifier à ses autels. Dernièrement encore, n'ont-ils pas laissé la divine mère de Galérius offrir seule des victimes pour son fils aux génies innocents des montagnes? Enfin, joignant le fanatisme à la dissolution, ils voudraient précipiter du Capitole la statue de la Victoire, arracher de leurs sanctuaires vos dieux paternels!

« Qu'on ne croie pas cependant que je défende ici ces dieux qui, dans l'enfance des peuples, ont pu paraître nécessaires à des législateurs habiles. Nous n'avons plus besoin de ces ressources : la raison commence son règne; désormais on n'élèvera d'autel qu'à la vertu. Le genre humain se perfectionne chaque jour : un temps viendra que tous les hommes, soumis à la seule pensée, se conduiront par les clartés de l'esprit. Je ne soutiens donc ni Jupiter, ni Mitra, ni Sérapis. Mais, si l'on conserve une religion dans l'empire, l'ancienne réclame une juste préférence. La nouvelle est un mal qu'il faut extirper par le fer et par le feu : il faut guérir les chrétiens eux-mêmes de leur propre folie. Eh bien, un peu de sang coulera! Nous nous attendrirons sans doute sur le sort des criminels; mais nous admirerons, nous bénirons la loi qui frappera les victimes pour la consolation des sages et le bonheur du genre humain. »

Hiéroclès achevait à peine son discours, que Galérius donna le signal des applaudissements. L'œil en feu, le visage rouge de colère, César semblait déjà prononcer l'arrêt fatal des chrétiens. Ses courtisans levaient les mains au ciel, comme saisis d'horreur et de crainte ; ses gardes frémissaient de rage en songeant que des impies voulaient renverser l'autel de la Victoire. Les sophistes qui environnaient Hiéroclès le portaient au ciel : c'était l'intrépide ami des princes, le véritable ami des principes, le soutien de la vertu, un Socrate !

Les chrétiens répandus dans l'assemblée se montraient abattus et consternés. Constantin surtout était plongé dans une douleur profonde; il jetait par intervalles un regard inquiet et attendri sur Eudore.

Le fils de Lasthénès se leva, sans paraître ému de la défaveur de César, des bassesses des courtisans et des clameurs de la foule. Son habit de deuil, sa noble figure, encore embellie par l'expression d'une simple tristesse, attirèrent tous les regards. Les anges du Seigneur, formant un cercle invisible autour de lui, le couvraient de lumière et lui donnaient une assurance divine. Du haut du ciel, les quatre évangélistes, penchés sur sa tête, lui dictaient secrètement les paroles qu'il allait répéter. On entendait dire de toutes parts dans le sénat : « C'est le chrétien. » Eudore s'incline devant Auguste et César ; ensuite, sans saluer la statue de la Victoire, sans faire de gestes, sans chercher à séduire ou l'oreille ou les yeux, il parle en ces mots :

« Auguste, César, pères conscrits, peuple romain, au nom de ces hommes victimes d'une haine injuste, moi, Eudore, fils de Lasthénès, natif de Mégalopolis, en Arcadie, et chrétien, salut !

« Hiéroclès a commencé son discours par excuser la faiblesse de son éloquence; je réclame à mon tour l'indulgence du sénat. Je ne suis qu'un soldat, plus accoutumé à verser mon sang pour mes princes qu'à demander en termes fleuris le massacre d'une foule de vieillards, de femmes et d'enfants.

« Je remercie d'abord Symmaque de la modération qu'il a montrée envers mes frères. Le respect que je dois au chef de l'empire me force à me taire sur le culte des idoles. J'observerai cependant que les Camille, les Scipions, les Paul-Émile, n'ont point été de grands hommes parce qu'ils suivaient le culte de Jupiter, mais parce qu'ils s'éloignaient de la morale et des exemples des divinités de l'Olympe. Dans notre religion, au contraire, on ne peut atteindre au plus haut degré de la perfection qu'en imitant notre Dieu. Nous plaçons aussi de simples mortels dans les éternelles demeures; mais il ne suffit pas, pour acquérir cette gloire, d'avoir porté le bandeau royal, il faut avoir pratiqué la vertu : nous abandonnons à votre ciel les Néron et les Domitien.

« Toutefois l'effet d'une religion quelconque est si salutaire à l'âme, que le pontife de Jupiter a parlé des chrétiens avec douceur, tandis qu'un homme qui ne reconnaît pas de Dieu demande notre sang au nom de l'humanité et de la vertu. Eh quoi! Hiéroclès, c'est sous le manteau que vous portez que vous voulez semer la désolation dans l'empire! Magistrat romain, vous provoquez la mort de plusieurs millions de citoyens romains! Car, pères conscrits, vous ne pouvez vous le dissimuler, nous ne sommes que d'hier, et déjà nous remplissons vos cités, vos colonies, vos camps, le palais, le sénat, le Forum : nous ne vous laissons que vos temples.

« Prince, notre accusateur est un apostat, et il se confesse athée : il sait lui-même quel titre je pourrais ajouter à ces titres. Symmaque est un homme pieux, dont l'âge, la science et les mœurs sont également respectables. Dans toute cause criminelle, on prend en considération le caractère des témoins : Symmaque nous excuse ; Hiéroclès nous dénonce : lequel des deux doit être écouté ? Auguste, César, pères conscrits, peuple romain, daignez me prêter une oreille attentive : je vais reprendre la suite des accusations d'Hiéroclès, et défendre la religion de Jésus-Christ. »

A ce grand nom l'orateur s'arrêta ; tous les chrétiens s'inclinèrent, et la statue de Jupiter trembla sur son autel. Eudore reprit :

« Je ne remonterai point, comme Hiéroclès, jusqu'au berceau du monde pour en venir à la question du moment. Je laisse aux disciples de l'école ce vain étalage de principes odieux, de faits altérés et de déclamations puériles. Il ne s'agit ici ni de la formation du monde ni de l'origine des sociétés : tout se borne à savoir si l'existence des chrétiens est compatible avec la sûreté de l'État ; si la morale et la politique n'ont rien à reprocher au culte de Jésus-Christ. Cependant je ne puis m'empêcher de vous faire remarquer la singulière opinion d'Hiéroclès touchant les Hébreux.

« La raison politique de l'établissement de Jérusalem au centre d'un pays stérile était trop profonde pour être aperçue de l'accusateur des chrétiens. Le législateur des Israélites voulait en faire un peuple qui pût résister au temps, conserver le culte du vrai Dieu au milieu de l'idolâtrie universelle, et trouver dans les institutions une force qu'il n'avait point par lui-même : il les enferma donc dans la montagne. Leurs lois et leur religion furent conformes à cet état d'isolement : ils n'eurent qu'un temple, qu'un sacrifice, qu'un livre. Quatre mille ans se sont écoulés ; et ce peuple existe encore. Hiéroclès, montrez-nous ailleurs un exemple d'une législation aussi miraculeuse dans ses effets, et nous écouterons ensuite vos railleries sur le pays des Hébreux.

« Princes, je n'entrerai point dans les preuves de la religion chrétienne : une longue suite de prophéties, toutes vérifiées, des miracles éclatants, des témoins sans nombre, ont depuis longtemps attesté la divinité de celui que nous appelons le Sauveur. Sa vertu sublime est reconnue de l'univers; plusieurs empereurs romains, sans être soumis à Jésus-Christ, l'ont honoré de leurs hommages; des philosophes fameux ont rendu justice à la beauté de sa morale.

« Nous sommes, dit notre délateur, des séditieux; nous refusons d'adorer les images de l'empereur, et d'offrir des sacrifices aux dieux pour le père de la patrie.

« Les chrétiens, des séditieux! Poussés à bout par leurs persécuteurs, et poursuivis comme des bêtes féroces, ils n'ont pas même fait entendre le plus léger murmure; neuf fois ils ont été massacrés, et, s'humiliant sous la main de Dieu, ils ont laissé l'univers se soulever contre les tyrans. Que Hiéroclès nomme un seul fidèle engagé dans une conspiration contre son prince! Soldats chrétiens que j'aperçois ici, Sébastien, Pacôme, Victor, dites-nous où vous avez reçu les nobles blessures dont vous êtes couverts. Est-ce dans les émeutes populaires, en assiégeant le palais de vos empereurs, ou bien en affrontant, pour la gloire de vos princes, la flèche du Parthe, l'épée du Germain et la hache du Franc? Hélas! généreux guerriers, mes compagnons, mes amis, mes frères, je ne m'inquiète point de mon sort, bien que j'aie quelque raison de regretter à présent la vie; mais je ne puis m'empêcher de m'attendrir sur votre destinée. Que n'avez-vous choisi un défenseur plus éloquent! J'aurais pu mériter une couronne civique en vous sauvant des mains des barbares, et je ne pourrai vous dérober au fer d'un proconsul romain!

« Finissons ce discours. Dioclétien, vous trouverez chez les chrétiens des sujets respectueux, qui vous seront soumis sans bassesse, parce que le principe de leur obéissance vient du ciel. Ce sont des hommes de vérité : leur langage ne diffère point de leur conduite; ils ne reçoivent point les bienfaits d'un maître en le maudissant dans leur cœur.

Demandez à de tels hommes leur fortune, leur vie, leurs enfants; ils vous les donneront, parce que tout cela vous appartient. Mais voulez-vous les forcer à encenser les idoles, ils mourront! Pardonnez! princes, à cette liberté chrétienne : l'homme a aussi ses devoirs à remplir envers le ciel. Si vous exigez de nous des marques de soumission qui blessent ces devoirs sacrés, Hiéroclès peut appeler les bourreaux : nous rendrons à César notre sang, qui est à César, et à Dieu notre âme, qui est à Dieu.

Eudore reprend sa place, rejette sur son épaule sa toge à demi tombée, et se hâte de recouvrir avec une modeste rougeur les cicatrices de son sein.

Pourrais-je exprimer la diversité des sentiments que le discours du fils de Lasthénès excita dans l'assemblée? C'était un mélange d'admiration, de crainte, de fureur : chacun éclatait en mouvements de haine ou d'amour. Ceux-ci admiraient la beauté de la religion accusée, ceux-là n'y voyaient qu'un reproche fait à leurs mœurs et à leurs dieux. Les guerriers étaient émus et vivement intéressés en faveur d'Eudore.

« Que nous servira donc, disaient-ils, de verser notre sang pour la patrie, de souffrir l'esclavage chez les barbares, de triompher des ennemis du prince, si un sophiste nous peut égorger au Capitole? »

Pour la première fois de sa vie, Dioclétien paraissait ému : même en laissant persécuter les fidèles, Dieu se servait de l'éloquence chrétienne pour semer les germes de la foi dans le sénat romain. La mâle simplicité du discours d'Eudore triomphait et des calomnies d'Hiéroclès et des touchants souvenirs dont Symmaque avait environné la statue de la Victoire; tout semble annoncer que l'empereur va prononcer une sentence favorable aux chrétiens.

Hiéroclès, alarmé, voulait paraître calme et victorieux; mais la rage et la frayeur perçaient malgré lui dans ses regards : lorsqu'un tigre s'est précipité dans la fosse escarpée que creusa sous ses pas un berger de Libye, la bête féroce, après s'être longtemps débattue, se couche avec une apparente tranquillité au milieu de l'enceinte fatale; mais, à l'agitation de ses yeux et de ses lèvres sanglantes, on voit qu'elle ressent vivement la crainte et la douleur du piège où elle est tombée.

Galérius rendit bientôt l'espérance à son ministre. Ce fougueux César, accoutumé au langage déshonoré de ses flatteurs, s'indigne des accents de la vertu et de la noble assurance d'un homme de bien. Il déclare que, si l'on ne punit pas les fidèles, il quittera la cour, et se mettra à la tête des légions d'Orient :

« Car ces ennemis du ciel porteraient sur moi leurs mains sacrilèges. »

Trop accoutumé à céder à la violence de Galérius, Dioclétien fut effrayé de ses menaces. Il savait qu'en proscrivant les chrétiens il se privait d'un grand appui contre l'ambition de César ; mais le vieillard n'avait plus la force d'envisager sans frémir les hasards d'une guerre civile. Satan achève d'épouvanter, par un prodige, l'esprit superstitieux de Dioclétien. Tout à coup le bouclier de Romulus se détache de la voûte du Capitole, tombe, blesse le fils de Lasthénès, et va couvrir, en roulant, la louve de bronze qui fut frappée de la foudre à la mort de Jules César. Galérius s'écrie :

« Vous le voyez, ô Dioclétien ! le père des Romains n'a pu supporter les blasphèmes de ce chrétien ! Imitez son exemple ; écrasez les impies, et protégez au Capitole le génie de l'empire. »

Alors Dioclétien, malgré les remords de sa conscience et les lumières de sa politique, promet de donner un édit contre les fidèles : mais, par une dernière ressource de son génie, il voulut que les dieux prononçassent dans leur propre cause, et l'aidassent, avec Galérius, à porter le poids de l'exécration de l'avenir.

« Si la Sibylle de Cumes, dit-il, approuve la résolution que vous me faites prendre, on publiera l'édit que vous me demandez. Mais, en attendant la réponse de l'oracle, je veux qu'on laisse à tous les citoyens la jouissance de leurs droits et la liberté de leur culte. »

En prononçant ces derniers mots, l'empereur quitta brusquement le Capitole. Galérius et Hiéroclès sortirent triomphants : le premier, méditant les projets les plus ambitieux; le second, mêlant à ces mêmes projets des desseins de vengeance. Constantin, accablé de douleur, se dérobe avec Eudore à la curiosité de la foule. L'enfer pousse un cri de joie, et les anges du Seigneur, dans une sainte tristesse, s'envolent aux pieds de l'Éternel.

LIVRE DIX-SEPTIÈME

SOMMAIRE.

Cymodocée arrive à Joppé. Elle monte à Jérusalem. Hélène la reçoit comme sa fille. Semaine sainte. Réponse de la Sibylle de Cumes. Hiéroclès fait partir un centurion pour réclamer Cymodocée. Dioclétien donne l'édit de persécution.

Emportée par le souffle de l'ange des mers, Cymodocée versait des torrents de larmes. Le vaisseau s'avançait vers le dernier promontoire de l'Attique. Déjà Sunium élevait sur la pointe d'un rocher son beau temple : les colonnes de marbre blanc semblaient se balancer dans les flots avec la lumière dorée des étoiles. Cymodocée était assise sur la poupe ornée de fleurs, entre les statues d'ivoire de Castor et de Pollux. Sans les larmes qui coulaient de ses yeux, on l'eût prise pour la sœur de ces dieux charmants, prête à descendre avec Pâris dans l'île où la fille de Tyndare célébra son hymen avant d'aborder à Troie. Le vaisseau vole à la gauche des Cyclades blanchissantes, rangées au loin sur la mer comme une troupe de cygnes.

Peu à peu la plaine de la Palestine sort de l'onde et se dessine le long de la mer; les montagnes de la Judée se montrent derrière cette plaine : le vaisseau vint en silence, au milieu de la nuit, jeter l'ancre dans le port de Joppé : plus sacré que le vaisseau d'Hiram chargé des cèdres du temple, il portait le temple vivant de Jésus-Christ, et l'innocence, préférable au bois parfumé. Les passagers chrétiens descendent au rivage; ils se prosternent et baisent avec transport la terre où s'accomplit leur salut. Dorothée et la jeune catéchumène se réunissent à une troupe de pèlerins qui devaient partir au point du jour pour Jérusalem.

On quitte les murs de Joppé, qu'embellissent des bois de lentisques et de grenadiers, semblables à des rosiers chargés de pommes rouges ; on traverse la plaine de Saron, qui, dans l'Écriture, partage avec le Carmel et le Liban l'honneur d'être l'image de la beauté : elle était couverte de ces fleurs dont Salomon, dans toute sa pompe royale, ne pouvait égaler la magnificence. Bientôt on pénètre dans les montagnes de Judée par le hameau qui vit naître l'heureux coupable à qui Jésus-Christ promit le ciel sur la croix. Les pieux voyageurs vous saluèrent aussi, berceau de Jérémie, vous qui respirez encore la tristesse du prophète des douleurs ! Ils franchissent le torrent qui fournit au berger de Bethléem les pierres dont il frappa le Philistin; ils s'enfoncent dans un désert où des figuiers sauvages, clair-semés, étalaient au vent brûlant du midi leurs feuilles noircies; la terre, qui jusque-là avait conservé quelque verdure, se dépouille; les flancs des monts s'élargissent et prennent à la fois un air plus grand et plus stérile : peu à peu la végétation se retire et meurt; les mousses mêmes disparaissent; une teinte rouge et ardente succède à la pâleur des rochers. Parvenus à un col élevé, tout à coup les pèlerins découvrent un vieux mur surmonté de la cime de quelques édifices nouveaux. Le guide s'écrie : « Jérusalem ! » et la troupe, soudain arrêtée par un mouvement involontaire, répète : « Jérusalem ! Jérusalem ! »

A l'instant les chrétiens se précipitent de leurs cavales ou de leurs chameaux. Ceux-ci se prosternent trois fois, ceux-là se frappent le sein en poussant des sanglots ; les uns apostrophent la ville sacrée dans le langage le plus pathétique ; les autres restent muets d'étonnement, le regard attaché sur Jérusalem. Mille souvenirs accablent à la fois le cœur et l'esprit : souvenir qui n'embrassent rien moins que la durée du monde. O muse de Sion ! toi seul pourrais peindre ce désert qui respire la divinité de Jéhovah et la grandeur des prophètes !

Entre la vallée du Jourdain et les plaines de l'Idumée s'étend une chaîne de montagnes qui commence aux champs fertiles de la Galilée, et va se perdre dans les sables de l'Yémen. Au centre de ces montagnes se trouve un bassin aride, fermé de toutes parts par des sommets jaunes et rocailleux : ces sommets ne s'entr'ouvrent qu'au levant, pour laisser voir le gouffre de la mer Morte et les montagnes lointaines de l'Arabie. Au milieu de ces paysages de pierres, sur un terrain inégal et penchant, dans l'enceinte d'un mur jadis ébranlé sous les coups du bélier, et fortifié par des tours qui tombent, on aperçoit de vastes débris ; des cyprès épars, des buissons d'aloès et de nopals, quelques masures arabes, pareilles à des sépulcres blanchis, recouvrent cet amas de ruines : c'est la triste Jérusalem.

Au premier aspect de cette région désolée, un grand ennui saisit le cœur. Mais, lorsque, passant de solitude en solitude, l'espace s'étend sans bornes devant vous, peu à peu l'ennui se dissipe ; le voyageur éprouve une terreur secrète qui, loin d'abaisser l'âme, donne du courage et élève le génie. Des aspects extraordinaires décèlent de toutes parts une terre travaillée par des miracles : le soleil brûlant, l'aigle impétueux, l'humble hysope, le cèdre superbe, le figuier stérile, toute la poésie, tous les tableaux de l'Écriture sont là : chaque nom renferme un mystère, chaque grotte déclare l'avenir, chaque sommet retentit des accents d'un prophète. Dieu même a parlé sur ces bords : les torrents desséchés, les rochers fendus, les tombeaux entr'ouverts, attestent le prodige; le désert paraît encore muet de terreur, et l'on dirait qu'il n'a osé rompre le silence depuis qu'il a entendu la voix de l'Éternel.

La pieuse Hélène a porté ses pas à cette terre sacrée : elle veut arracher le tombeau de Jésus-Christ aux profanations de l'idolâtrie ; elle veut renfermer dans de majestueux édifices tant de lieux consacrés par les paroles et les douleurs du Fils de Dieu. Elle appelle de toutes les parties du monde les chrétiens à son secours ; ils descendent en troupes aux rivages de la Syrie : les pieds nus, les yeux baignés de pleurs, ils s'avancent, en chantant des cantiques, vers la montagne où s'opéra le salut des hommes. Dorothée conduit aussi à ce sanctuaire la catéchumène que la mère de Constantin doit instruire et protéger.

La caravane entre par la porte du château qui vit depuis s'élever la tour des Pisans et l'hospice des braves chevaliers du Temple. Le bruit se répand aussitôt que le premier officier de la maison de l'empereur est arrivé avec une catéchumène. Hélène reçoit l'épouse du défenseur des chrétiens avec la noblesse d'une impératrice, la bonté d'une mère et le zèle d'une sainte.

« Esther, lui dit-elle, j'aime à trouver dans vos traits une jeune femme que j'ai vue souvent en songe assise à la droite de la divine Marie. Vous n'avez point connu de mère, je vous en servirai. Remerciez Dieu, ma fille, de vous avoir conduite au tombeau de Jésus-Christ. Ici les plus hautes vérités de la foi semblent s'abaisser et devenir sensibles aux cœurs les plus simples. »

A ces touchantes paroles, Cymodocée verse des pleurs d'attendrissement et de respect. Comme on voit une vigne qu'un violent orage a détachée de l'ormeau qui la soutenait dans les airs; ses tendres rameaux couvrent la terre; mais, si on lui présente un autre appui, elle embrasse aussitôt l'arbre secourable, et présente de nouveau aux rayons du soleil son feuillage délicat : ainsi la fille de Démodocus, séparée de son père, s'attache étroitement à la mère de l'ami d'Eudore.

Cependant le temps, qui fuit sans cesse, avait ramené la veille du jour douloureux où Jésus-Christ expira sur la croix. Cymodocée, avec une troupe de vierges choisies, accompagne Hélène au tombeau du Sauveur. La nuit était au milieu de son cours, le Saint-Sépulcre était rempli de fidèles, et pourtant un profond silence régnait dans ce lieu sacré. Le chandelier à sept branches brûlait devant l'autel; quelques lampes éclairaient à peine le reste de l'édifice; toutes les images des martyrs et des anges étaient voilées; le sacrifice était suspendu, et l'hostie déposée dans le saint tombeau. Hélène se place au milieu de la foule : elle avait quitté son diadème, elle ne voulait pas ceindre son front d'une couronne de diamants dans ces lieux où le Rédempteur avait porté une couronne d'épines. L'habileté de Cymodocée dans l'art des chants était déjà connue de ses compagnes; elles avaient invité la fille d'Homère à soupirer les plaintes de Jérémie. Hélène l'encourage d'un regard. Cymodocée s'avance au pied de l'autel : elle était vêtue d'une robe de bysse aurore, attachée par une ceinture de soie, et bordée de grenades d'or, à la manière des filles juives; ses cheveux, son cou et ses bras étaient chargés, pour un moment, de croissants, de bandelettes de cinq couleurs, de bracelets, de pendants d'oreilles et de colliers : telle parut aux yeux des Israélites Michol, épouse promise à David pour prix de sa victoire sur les Philistins; tel un palmier de Syrie orne sa tête de ses fruits, enchaînés comme des cristaux de corail à des filets d'ambre. Cymodocée, élevant une voix pure, fait entendre ces lamentations :

« Comment la ville autrefois pleine de peuple est-elle assise dans la solitude? Comment l'or est-il obscurci? Comment les pierres du sanctuaire ont-elles été dispersées? La maîtresse des nations est veuve ; la reine des provinces est sujette au tribut. Les rues de Sion pleurent, les portes sont détruites, les prêtres gémissent, les vierges sont désolées. O race de Juda ! vous avez été traitée comme un vase d'argile. Jérusalem, Jérusalem, dans un moment tu vis tomber l'orgueil de tes tours, et tes ennemis plantèrent leurs tentes à l'endroit même où le Juste, pleurant sur toi, avait prédit ta ruine. »

Ainsi chantait Cymodocée sur un mode pathétique, transmis aux chrétiens par la religion des Hébreux. De temps en temps des trompettes d'airain mêlaient leurs gémissements aux plaintes de Jérémie. Quelle éloquence dans ces leçons, redites sur les ruines de Jérusalem, près du temple dont il ne restait pas pierre sur pierre, et à la veille d'une persécution ! La voix émue d'une jeune fille séparée de son père, et tremblant pour les jours de son époux, ajoutait un charme à ces cantiques. Les prières continuent jusqu'au lever de l'aurore : alors se prépare la procession solennelle qui doit parcourir la voie Douloureuse.

La vraie croix, portée par quatre évêques, confesseurs et martyrs, marche à la tête du troupeau. Allongé sur deux files, un nombreux clergé, en silence et en habits de deuil, suit le signe de la rédemption des hommes. Viennent ensuite les chœurs des vierges et des veuves, les catéchumènes qui doivent entrer dans le sein de l'Église, les pécheurs qui vont être réconciliés. L'évêque de Jérusalem, la tête découverte, une corde au cou en signe d'expiation, termine la pompe. Hélène marche derrière lui, appuyée sur l'épouse du défenseur des chrétiens : la troupe innombrable des fidèles, l'orphelin, l'aveugle, le boiteux, accompagnent, pleins d'espérance, cette croix qui guérit l'infirme et console l'affligé.

On sort par la porte de Bethléem; et, tournant au levant, le long de la piscine de Bethsabée, on descend vers le puits de Néphi, pour remonter à la fontaine de Siloé. A l'aspect de la vallée de Josaphat, remplie de tombeaux, de cette vallée où la trompette de l'ange du jugement doit rassembler les morts, une sainte terreur saisit l'âme des fidèles. La pompe religieuse passe au pied du mont Moria, et traverse le torrent de Cédron, qui roulait une eau fangeuse et rougie; elle laisse à droite les sépulcres de Josaphat et d'Absalon, et vient prier au jardin des Oliviers, à l'endroit même que le Fils de l'homme arrosa d'une sueur de sang. A chaque station un prêtre explique au peuple, ou le miracle, ou la parole, ou l'action dont ce lieu sacré fut témoin. La porte des Palmes s'ouvre, et la procession rentre dans Jérusalem. Au travers des décombres entassés, elle parvient aux ruines du palais du prétoire, près de l'enceinte du temple : c'est là que commence le chemin du Calvaire. Le prêtre qui doit parler à la foule ne peut lire l'évangile, à cause des pleurs qui tombent de ses yeux : à peine on entend sa voix altérée :

« Mes frères, s'écrie-t-il, là s'élevait la prison où il fut couronné d'épines! De ce portique en ruines, Pilate le montra aux Juifs en leur disant : « Voilà l'homme ! »

A ces paroles, les chrétiens éclatent en sanglots. On marche vers le Calvaire : le prêtre décrit de nouveau la voie Douloureuse :

« Là fut la maison du riche; là Jésus-Christ tomba sous sa croix; plus loin l'Homme-Dieu dit aux femmes :
« Ne pleurez pas sur moi, mais sur vous et sur vos
« fils. »

On arrive au sommet du Calvaire; on y plante le signe du salut des hommes : à l'instant le soleil se couvre de ténèbres, la terre tremble, le voile du nouveau temple se déchire. Immortels témoins de la passion du Sauveur, vous nous rassemblâtes autour de la vraie croix : on vit descendre du ciel Marie mère de pitié, Madeleine pénitente, Pierre qui pleura son péché, Jean qui n'abandonna pas son maître, l'esprit redoutable qui présenta le calice amer au Rédempteur du monde, et l'ange de la mort encore épouvanté du coup qu'il porta au Fils de l'Éternel.

Bien différent fut le jour de triomphe qui suivit ce jour de deuil! Les images des saints sont dévoilées, le feu nouveau est bénit devant l'autel, l'antique *alleluia* de Jacob ébranle les voûtes de l'église :

« O fils, ô filles de Sion! le Roi des cieux, le Roi de gloire va sortir du tombeau! Quel est cet ange vêtu de blanc, assis à l'entrée du sépulcre? Apôtres, accourez! Heureux ceux qui croiront sans avoir vu! »

Le peuple répète en chœur cet hymne des bénédictions et des louanges.

Mais rien n'égale la félicité des catéchumènes qui dans ce jour solennel passent au rang des élus. Tous, vêtus de blanc et couronnés de fleurs, reçoivent sur le front l'eau pure qui les rend à l'innocence des premiers jours du monde. Cymodocée contemplait avec envie la félicité de ces nouveaux chrétiens; mais la fille d'Homère n'était point encore assez instruite des vérités de la foi. Cependant elle touchait à l'heureux moment de son baptême; elle ne devait plus acheter que par une dernière épreuve le bonheur de partager la religion de son époux.

Tandis que, sous la protection d'Hélène, elle se croit à l'abri de tous les dangers, déjà s'avance vers Jérusalem le centurion qui poursuit la colombe fugitive. L'aruspice qui devait consulter la Sibylle de Cumes sur le sort des chrétiens avait quitté Rome; il était accompagné d'un satellite d'Hiéroclès, chargé secrètement au nom de Galérius de se rendre l'oracle favorable : aussitôt que la prêtresse aurait prononcé l'arrêt fatal, le ministre du proconsul avait ordre de s'embarquer pour la Syrie, de saisir Cymodocée dans la ville sainte, de réclamer cette nouvelle Virginie au tribunal d'un nouvel Appius, comme une esclave chrétienne échappée à son maître.

Le prince des ténèbres, poursuivant ses desseins, avait volé de Rome à Cumes, afin d'inspirer à la Sibylle l'oracle trompeur qui devait perdre les fidèles. Il découvre avec complaisance le lac Averne, environné d'une sombre forêt. C'est par une ouverture voisine de ces lieux que souvent les démons s'élancent du sein des ombres : du fond de ce soupirail empesté, ils se plaisent à répandre chez les peuples mille fables obscures touchant les vastes demeures de la nuit et du silence. Mais ces anges criminels trahissent malgré eux le secret de leurs douleurs : car ils placent sur le chemin de leur empire les Remords couchés sur un lit de fer, la Discorde aux crins de couleuvres, rattachés par des bandelettes sanglantes, les vains Songes suspendus aux branches d'un orme antique, le Travail, les Chagrins, l'Épouvante, la Mort et les joies coupables du cœur.

L'Éternel, qui voit Satan s'avancer vers l'antre de la Sibylle, s'oppose à l'entier accomplissement des projets de l'enfer. Si Dieu, dans la profondeur de ses conseils, souffre que son église soit persécutée, il ne permet pas que les démons puissent s'en attribuer la coupable gloire ; même en châtiant les chrétiens, il songe à humilier les esprits rebelles. Il veut que les faux oracles se taisent et que les idoles, s'avouant vaincues, reconnaissent enfin le triomphe de la croix.

Un ange, chargé des ordres du Très-Haut, descend aussitôt sur la colline où Dédale, après avoir franchi les cieux, consacra, dit la Fable, ses ailes au génie de la lumière. Le messager céleste pénètre dans le temple de la Sibylle. L'aruspice envoyé par Dioclétien offrait dans ce moment même un sacrifice. Quatre taureaux tombent égorgés en l'honneur d'Hécate ; on immole une brebis noire à la Nuit, mère des Euménides ; le feu est allumé sur les autels de Pluton ; les victimes entières sont précipitées dans la flamme, et des flots d'huile inondent leurs entrailles brûlantes. On invoque le Chaos, le Styx, le Phlégéton, les Parques, les Furies, divinités infernales : on leur dévoue la tête des chrétiens. A peine l'odieux sacrifice est consommé, que la Sibylle, hors d'elle-même, s'écrie :

« Il est temps de consulter l'oracle : le dieu ! voilà le dieu ? »

Tantis qu'elle parle à l'entrée du sanctuaire, Satan agite tout à coup la prêtresse des idoles. Les traits de la Sibylle s'altèrent, son visage change de couleur, ses cheveux se hérissent, sa poitrine se soulève, sa taille s'agrandit, sa voix n'a plus rien d'une mortelle. Assise sur le trépied, elle lutte encore contre l'inspiration du prince des ténèbres.

« Puissant Apollon, s'écrie l'aruspice, dieu de Sminthe et de Délos, vous que le destin a choisi pour dévoiler l'avenir aux mortels, daignez m'apprendre quel sera le sort des chrétiens ! Le pieux empereur doit-il faire disparaître de la terre les sacriléges ennemis des dieux ? »

A ces mots, la prêtresse se lève trois fois avec violence ; trois fois une force surnaturelle la rasseoit sur le trépied : les cent portes du sanctuaire s'ouvrent pour laisser passer les paroles prophétiques. O prodige ! la Sibylle reste muette. En vain, fatiguée par le démon, elle cherche à rompre le silence ; elle ne rend que des sons confus et inarticulés. L'ange du Seigneur s'est dévoilé aux yeux de la prêtresse : la bouche entr'ouverte, les yeux égarés, les cheveux épars, elle le montre de la main aux spectateurs ; ils ne voient point l'apparition céleste, mais ils sont saisis d'épouvante. Domptée par l'esprit de l'abîme, et faisant un dernier effort, la Sibylle veut ordonner la proscription des chrétiens et elle ne prononce que ces mots :

« Les justes qui sont sur la terre m'empêchent de parler. »

Satan, vaincu par cet oracle, s'envole plein de honte et de douleur, sans perdre toutefois l'espérance et sans abandonner ses projets. Ce qu'il n'a pu faire lui-même, il le fera par les passions des hommes. L'aruspice confie la réponse des dieux à un cavalier numide, plus léger que les vents : Dioclétien la reçoit; le conseil s'assemble.

« Ces prétendus justes, s'écrie Hiéroclès, ce sont les chrétiens. L'oracle les désigne, par dérision, sous le nom qu'ils se donnent eux-mêmes. Auguste, ce sont donc les chrétiens qui font taire la voix du ciel, tant ces monstres sont en horreur aux dieux et aux hommes ! »

Dioclétien, secrètement troublé par l'antique serpent, est frappé de l'explication d'Hiéroclès. Il ne voit plus ce que l'oracle a de favorable aux fidèles. La superstition étouffe la sagesse : il craint de favoriser des hommes dévoués aux Furies. Cependant il hésite encore. Alors un bruit se répand dans le conseil que les chrétiens ont mis le feu au palais. Galérius, par l'avis d'Hiéroclès, avait préparé cet incendie, afin de triompher des incertitudes de l'empereur. Aussitôt César, affectant un air consterné :

« Il est bien temps de délibérer, quand des scélérats vont vous faire périr au milieu des flammes ! »

A ces mots, tout le conseil, ou séduit ou trompé, demande la mort des impies; et l'empereur, effrayé lui-même. ordonne de publier l'édit de persécution.

LIVRE DIX-HUITIÈME

SOMMAIRE

Joie de l'enfer. Galérius, conseillé par Hiéroclès, force Dioclétien à abdiquer. Constantin, aidé par Eudore, s'échappe de Rome et fuit vers Constance. Eudore est jeté dans les cachots. Hiéroclès premier ministre de Galérius. Persécution générale. Le démon de la tyrannie porte à Jérusalem la nouvelle de la persécution. Le centurion envoyé par Hiéroclès met le feu aux lieux saints. Dorothée sauve Cymodocée. Rencontre de Jérôme dans la grotte de Bethléem.

Depuis le jour où Satan vit la première femme porter à sa

bouche le fruit de mort, il n'avait pas ressenti une telle joie.

« Enfer, s'écriait-il, ouvrez vos abîmes pour recevoir les âmes que le Christ vous avait arrachées ! Le Christ est vaincu, son empire est détruit ; l'homme m'appartient sans retour. »

Ainsi parlait le prince des ténèbres : sa voix pénètre dans le gouffre des douleurs. Les réprouvés crurent entendre de nouveau la sentence fatale, et poussèrent des cris affreux au milieu des flammes. Tout ce qui restait de démons au fond de la nuit éternelle accourut sur la terre. L'air fut obscurci de cet essaim d'esprits immondes. Le chérubin qui dirige le cours du soleil recula d'horreur, et couvrit son front d'un nuage sanglant ; des voix lamentables sortirent du sein des forêts ; sur les autels des faux dieux les idoles laissèrent échapper un effroyable sourire ; les méchants de toutes les parties du globe sentirent au même moment un nouvel attrait vers le mal et enfantèrent des projets de révolutions.

Hiéroclès surtout est emporté par une ardeur irrésistible ; il veut mettre la dernière main à son ouvrage. Tandis que Dioclétien règne encore, l'apostat ne peut jouir d'une autorité absolue. Le sophiste saisit donc le moment favorable ; et, s'adressant à Galérius, dont il connaît les passions :

« Prince, voulez-vous régner ? vous n'avez pas un instant à perdre. Auguste vient de se priver de l'appui des chrétiens. En exterminant ces factieux, vous serez à couvert de la haine qu'entraîne quelquefois une mesure sévère, puisque l'édit est donné sous le nom de l'empereur. Dioclétien est effrayé de la résolution qu'il a prise : profitez de ce moment de crainte, représentez au vieillard qu'il est temps pour lui de goûter le repos et de laisser à un héros plus jeune le soin d'exécuter des ordres d'où dépend le salut de l'empire. Vous nommerez des Césars de votre choix ; vous ferez régner la sagesse : le présent vous devra son bonheur, et les siècles futurs retentiront de vos vertus. »

Galérius approuva le zèle d'Hiéroclès; il appela le lâche conseiller son digne ami, son fidèle ministre. Tous les favoris de César applaudirent, même Publius, qui, rival de la faveur de l'apostat, ne cherchait que le moyen de le perdre ; mais, en habile courtisan, il se garda bien de s'opposer à un crime qui flattait l'ambition de Galérius. Préfet de Rome, il se chargea de gagner les prétoriens et les légion campées au Champ de Mars.

Galérius se rend au palais des Thermes. Dioclétien était enfermé seul dans le lieu le plus reculé de sa vaste demeure. A l'instant où l'empereur avait prononcé l'arrêt des chrétiens, Dieu avait prononcé l'arrêt de l'empereur : le règne avait fini avec la justice. Rongé de remords et d'inquiétudes, Auguste se sentait abandonné du ciel, et des pensées amères occupaient son âme : tout à coup on annonce Galérius. Dioclétien le salue du nom de César.

« Toujours César! s'écrie le prince avec violence. Ne serai-je jamais que César ? »

En même temps il ferme les portes, et, s'adressant à l'empereur :

« Auguste, on vient d'afficher votre édit dans Rome, et les chrétiens ont eu l'insolence de le déchirer. Je prévois que cette race impie causera bien des maux à votre vieillesse; souffrez que je punisse vos ennemis, et déchargez-vous sur moi du fardeau de l'empire : votre âge, vos longs travaux, votre santé chancelante, tout vous fait une loi de chercher le repos.»

Dioclétien, sans paraître surpris, répliqua :

« C'est vous qui plongez ma vieillesse dans ces malheurs ; sans vous, j'aurais laissé après moi l'empire tranquille. Irai-je, après vingt années de gloire, languir dans l'obscurité?

— Eh bien, dit Galérius en fureur, si vous ne voulez pas

renoncer à l'empire, c'est à moi de me consulter. Depuis quinze ans je combats les barbares sur des frontières sauvages, tandis que les autres Césars règnent en paix sur des provinces fertiles : je suis las du dernier rang.

— Songez vous, répondit le vieillard, que vous êtes dans mon palais? Gardien de troupeaux ! tout faible que je suis, je puis encore vous faire rentrer dans votre néant ; mais j'ai trop d'expérience pour être étonné de l'ingratitude, et je suis trop las de gouverner les hommes pour vous disputer ce triste honneur. Infortuné Galérius, savez-vous ce que vous demandez? Depuis vingt ans que je tiens les rênes de l'empire, un sommeil paisible n'a point encore fermé mes yeux ; je n'ai vu autour de moi que bassesses, intrigues, mensonges, trahisons ; je n'emporterai du trône que le vide des grandeurs et un profond mépris pour la race humaine. Je vous le donne, ce lambeau de pourpre qui n'est plus pour moi qu'un linceul funèbre : avec lui je vous fais le présent de tous les soucis du trône. Gouvernez un monde qui se dissout, où mille principes de mort germent de tous les côtés ; guérissez des mœurs corrompues ; accordez des religions qui se combattent : faites disparaître un esprit de sophisme qui ronge jusqu'aux entrailles de la société ; repoussez dans leurs forêts des barbares qui tôt ou tard dévoreront l'empire romain. Je pars : je vous verrai, de mon jardin de Salone, devenir l'exécration de l'univers. Vous-même, fils ingrat, vous ne mourrez point sans être la victime de l'ingratitude de vos fils. Régnez donc ; hâtez la fin de cet État, dont j'ai retardé la chute de quelques instants. Vous êtes de la race de ces princes qui paraissent sur la terre à l'époque des grandes révolutions, lorsque les familles et les royaumes se perdent par la volonté des dieux. »

Ainsi le sort de l'empire se décidait dans le palais de Dioclétien : les chrétiens délibéraient entre eux sur les tribulations de l'Église. Eudore était l'âme de tous leurs conseils.

L'édit, publié au son des trompettes, ordonnait de brûler les livres saints et d'abattre les églises ; il déclarait les chrétiens infâmes ; il les privait des droits de citoyen ; il défendait aux magistrats de recevoir leurs plaintes pour cause de mauvais traitements, de vol, de rapt et d'adultère ; il autorisait toute sorte de personnes à les dénoncer, soumettait aux tortures et condamnait à la mort quiconque refusait de sacrifier aux dieux.

Les soldats chrétiens répandus dans les légions viennent avertir Eudore qu'un nouveau complot est près d'éclater ; que l'on fait au nom de Galérius des largesses à l'armée ; que les troupes doivent s'assembler le lendemain au Champ de Mars, et que l'on parle de l'abdication de l'empereur.

Le fils de Lasthénès se fait mieux instruire : ensuite il vole à Tibur, demeure accoutumée de Constantin. Ce prince habitait, loin des piéges de la cour, une petite retraite au-dessus de la cascade de l'Anio, tout auprès des temples de Vesta et de la Sibylle.

« Fils de César, dit Eudore, non-seulement on va massacrer les chrétiens, mais Dioclétien remet le sceptre à Galérius. C'est demain, au Champ de Mars, en présence des légions, que se passera cette grande scène. Vous ne serez point appelé au partage de la puissance ; vos crimes sont votre gloire, celle de votre père, et votre penchant pour une religion divine. Daïa, ce pâtre, fils de la sœur de Galérius, et Sévère le soldat, tels sont les Césars que l'on réserve au peuple romain. Dioclétien désirait vous nommer, mais vous avez été rejeté avec menace. Prince, cher espoir de l'Église et du monde, il faut céder à l'orage. Galérius vous craint, et il en veut à vos jours. Demain, aussitôt que votre sort sera connu, vous fuirez vers votre père ; tout sera préparé pour votre départ. Vous aurez soin, à chaque maison, de faire mutiler les chevaux derrière vous, afin qu'on ne puisse vous poursuivre. Vous attendrez auprès de Constance le moment de sauver les chrétiens et l'empire ; et, quand il en sera temps, ces Gaulois qui ont déjà vu de près le Capitole vous en ouvriront le chemin. »

Constantin reste un moment en silence : mille pensées violentes s'élèvent dans son cœur. Indigné des outrages qu'on lui prépare, animé de l'espoir de venger le sang des justes, peut-être touché de l'éclat d'un trône, qui tente toujours les grandes âmes, il ne se peut résoudre à la fuite; son respect, sa reconnaissance pour Dioclétien, arrêtaient seuls son ardeur : la nouvelle de l'abdication de ce prince a brisé tous les liens qui retenaient le fils de Constance. Il veut aller soulever les légions au Champ de Mars ; il ne respire que la vengeance et les combats : tel, dans les déserts de l'Arabie, on voit un coursier attaché au milieu d'un sable brûlant ; pour trouver un peu d'ombre contre les ardeurs du soleil, il baisse et cache sa tête entre ses jambes rapides ; ses crins descendent épars ; il laisse tomber de son œil sauvage un regard oblique sur son maître : mais, ses pieds sont-ils dégagés des entraves, il frémit, il dévore la terre ; la trompette sonne, il dit : « Allons ! »

Eudore calme les transports guerriers de Constantin.

« Les légions sont vendues, lui dit-il, tous vos pas sont surveillés, et vous tenteriez une entreprise qui précipiterait l'empire dans des maux incalculables. Fils de Constance, vous régnerez un jour sur le monde, et les hommes vous devront le bonheur. Mais Dieu retient encore entre ses mains votre couronne, et il veut éprouver son Église.

— Eh bien, dit le jeune prince avec une touchante vivacité, vous m'accompagnerez dans les Gaules, et nous marcherons ensemble à Rome, à la tête de ces soldats tant de fois témoins de votre valeur.

— Prince, répond Eudore d'une voix émue, nos obligations ne sont pas les mêmes : vous vous devez à la terre pour le ciel ; je me dois au ciel pour la terre. Votre devoir est de partir, le mien de rester. La jalousie que j'ai inspirée à Hiéroclès a sans doute précipité le sort des chrétiens :

ma fortune, mes conseils, ma vie, leur appartiennent; je ne puis quitter un champ de bataille où j'ai appelé l'ennemi; mon épouse et son père réclament aussi ma présence en Orient. Enfin, s'il faut des exemples de fermeté à mes frères, Dieu m'accordera peut-être les vertus qui me manquent. »

Le prince demande son char : il y monte avec Eudore; ils roulent, à travers les ombres, le long des portiques déserts du temple d'Hercule. L'Anio retentissait dans les débris du palais de Mécène. Le char passe rapidement la villa de Brutus, les jardins d'Adrien, et s'arrête à la tombe de la famille Plotia. Eudore se sépara de Constantin au pied de cette tour funèbre, et rentra dans Rome par un sentier désert, afin de préparer la fuite du prince. Constantin, dévorant mal ses soucis et cachant à peine sa colère, prit le chemin du palais des Thermes.

L'attaque de Galérius avait été si brusque, et la résolution de Dioclétien si prompte, que le fils de Constance, occupé tout entier du sort des chrétiens, s'était laissé surprendre par son ennemi. Il savait bien que depuis longtemps César cherchait à forcer Auguste à quitter l'empire; mais, ou trompé ou trahi, il avait cru cette catastrophe encore assez éloignée. Il voulut pénétrer chez Dioclétien : déjà tout était changé avec la fortune. Un officier de Galérius refusa l'entrée du palais au jeune prince en lui disant d'une voix menaçante :

« L'empereur vous ordonne de vous rendre au camp des légions. »

A l'extrémité du Champ de Mars, au pied du tombeau d'Octave, s'élevait un tribunal de gazon, surmonté d'une colonne qui portait une statue de Jupiter. C'était à ce tribunal que Dioclétien devait paraître au lever de l'aurore, pour abdiquer la pourpre au milieu des soldats sous les armes. Depuis le jour où Sylla se dépouilla de la dictature, jamais plus grand spectacle n'avait frappé les regards des Romains. La curiosité, la crainte, l'espoir, avaient conduit au Champ de Mars une foule immense. Toutes les passions, émues à l'approche du règne nouveau, attendaient l'issue de cette scène extraordinaire. Quels seront les Augustes? quels seront les Césars? Les courtisans dressaient au hasard des autels aux dieux inconnus ; ils auraient craint de blesser, même en pensée, le pouvoir qui n'existait pas encore. Ils adoraient le néant d'où la servitude allait sortir; ils s'épuisaient à deviner quelle serait la passion du prince à venir, afin de se pourvoir promptement de la bassesse qui serait le plus en faveur sous ce règne. Tandis que les méchants pensaient à montrer leurs vices, les bons songeaient à cacher leurs vertus. Le peuple seul, avec une indifférence stupide, venait voir des soldats étrangers lui nommer des maîtres, aux mêmes lieux où ce peuple libre donnait jadis son suffrage pour l'élection de ses magistrats.

Dioclétien parut bientôt au tribunal. Les légions firent silence, et l'empereur, prenant la parole :

« Soldats, mon âge m'oblige de remettre le pouvoir souverain à Galérius, et de créer de nouveaux Césars. »

A ces mots, tous les yeux se tournent vers Constantin, qui venait d'arriver. Mais tout à coup Dioclétien proclame Césars Daïa et Sévère. On demeure interdit; on se demande quel est ce Daïa, et si Constantin a changé de nom. Alors Galérius, repoussant de la main le fils de Constance, saisit Daïa par le bras et le présente aux légions. L'empereur se dépouille de son manteau de pourpre et le jette sur les épaules du jeune pâtre. Il donne en même temps à Galérius son poignard, symbole de la puissance absolue sur la vie des citoyens.

Dioclétien, redevenu Dioclès, descend de son tribunal, monte sur son char, traverse Rome sans proférer un mot, sans regarder son palais, sans tourner la tête; et, prenant le chemin de Salone, sa patrie, il laisse l'univers entre l'admiration du règne qui finit et la terreur du règne qui commence.

Tandis que les soldats saluaient le nouvel Auguste et le nouveau César, Eudore se glisse dans la foule et parvient jusqu'à Constantin. Ce prince flottait encore indécis entre l'étonnement, l'indignation et la douleur.

« Fils de Constance, lui dit Eudore à voix basse, que faites-vous? Vous connaissez votre sort; le tribun des prétoriens a déjà l'ordre de vous arrêter : suivez-moi, ou vous êtes perdu. »

Il entraîne l'héritier de l'empire ; ils arrivent hors des portes de Rome, en un lieu désert, où Constantin bâtit depuis la basilique de Sainte-Croix.

Là, quelques serviteurs attendaient le prince fugitif ; il veut encore, en fondant en larmes, engager Eudore à se sauver avec lui ; mais le martyr en espérance demeure inflexible et supplie le fils d'Hélène de s'éloigner. Déjà l'on entendait le bruit des soldats qui cherchaient Constantin. Eudore adresse cette prière à l'Éternel :

« Grand Dieu, si tu réserves ce prince pour régner sur ton peuple, force ce nouveau David à se cacher devant Saül, et daigne lui montrer le chemin du désert de Zéila ! »

Aussitôt le tonnerre gronde sous un ciel serein, la foudre frappe les remparts de Rome ; un ange trace une voie lumineuse dans l'occident.

Constantin obéit aux ordres du ciel : il embrasse son ami et s'élance sur son coursier. Il fuit. Eudore lui crie :

« Souvenez-vous de moi quand je ne serai plus ! Prince, servez de protecteur et de père à Cymodocée ! »

Vœux inutiles ! Constantin disparaît. Eudore, abandonné, sans protecteur, reste seul chargé de la colère de l'empereur, de la haine d'un rival devenu premier ministre, de la destinée des fidèles, et, pour ainsi dire, de tout le poids de la persécution. Dès le soir même, dénoncé comme chrétien par un esclave d'Hiéroclès, il est plongé dans les cachots.

La persécution s'étend dans un moment des bords du Tibre aux extrémités de l'empire. De toutes parts on entend les églises s'écrouler sous les mains des soldats; les magistrats, dispersés dans les temples et dans les tribunaux, forcent la multitude à sacrifier ; quiconque refuse d'adorer les dieux est jugé et livré aux bourreaux; les prisons regorgent de victimes ; les chemins sont couverts de troupeaux d'hommes mutilés, qu'on envoie mourir au fond des mines ou dans les travaux publics. Les fouets, les chevalets, les ongles de fer, la croix, les bêtes féroces, déchirent les tendres enfants avec leurs mères; ici l'on suspend par le pied des femmes nues à des poteaux, et on les laisse expirer dans ce supplice honteux et cruel ; là on attache les membres du martyr à deux arbres rapprochés de force; les arbres, en se redressant, emportent les lambeaux de la victime. Chaque province a son supplice particulier : le feu lent en Mésopotamie, la roue dans le Pont, la hache en Arabie, le plomb fondu en Cappadoce. Souvent, au milieu des tourments, on apaise la soif du confesseur, et on lui jette de l'eau au visage, dans la crainte que l'ardeur de la fièvre ne hâte sa mort. Quelquefois, fatigué de brûler séparément les fidèles, on les précipite en foule dans le bûcher ; leurs os sont réduits en poudre et jetés au vent avec leurs cendres.

Galérius trouvait ses délices dans ces tourments : il fait venir à grands frais des ours d'une taille prodigieuse et aussi féroces que lui. Ces bêtes ont chacune un nom terrible. Pendant ses repas, le successeur du sage Dioclétien leur fait jeter des hommes à dévorer. Le gouvernement de ce monstre avare et débauché, en répandant le trouble dans les provinces, augmente encore l'activité de la persécution. Les villes sont soumises à des juges militaires, sans connaissances et sans lettres, qui ne savent que donner la mort. Des commissaires font les recherches les plus rigoureuses sur les biens et les propriétés des sujets ; on mesure les terres, on compte les vignes et les arbres, on tient registre des troupeaux. Tous les citoyens de l'empire sont obligés de s'inscrire dans le livre du cens, devenu un livre de proscription. De crainte qu'on ne dérobe quelque partie de sa fortune à l'avidité de l'empereur, on force, par la violence des supplices, les enfants à déposer contre leurs pères, les esclaves contre leurs maîtres, les femmes contre leurs maris. Souvent les bourreaux contraignent des malheureux à s'accuser eux-mêmes et à s'attribuer des richesses qu'ils n'ont pas. Ni la caducité ni la maladie ne sont une excuse pour se dispenser de se rendre aux ordres de l'exacteur ; on fait comparaître la douleur même et l'infirmité; afin d'envelopper tout le monde dans les lois tyranniques, on ajoute des années à l'enfance, on en retranche à la vieillesse: la mort d'un homme n'ôte rien au trésor de Galérius, et l'empereur partage la proie avec le tombeau : cet homme, rayé du nombre des humains, n'est point effacé du rôle du cens, et il continue de payer pour avoir eu le malheur de vivre. Les pauvres, de qui l'on ne pouvait rien exiger, semblaient seuls à l'abri des violences par leur propre misère ; mais ils ne sont point à l'abri de la pitié dérisoire du tyran : Galérius les fait entasser dans des barques, et jeter ensuite au fond de la mer, afin de les guérir de leurs maux.

Il ne manquait aux chrétiens qu'un genre d'outrages, et Hiéroclès ne voulut pas le leur épargner. Au milieu des prêtres égorgés sur le corps de Jésus-Christ percé de coups, le disciple des sages publia généreusement deux livres de blasphèmes contre le Dieu qu'il avait lui-même adoré, et qui fut le Dieu de sa mère : tant l'orgueil de l'impie est à la fois lâche et féroce ! Infatigable dans sa haine et dans son amour, l'apostat attendait avec impatience le moment où la fille d'Homère viendrait orner son triomphe. Il suspendait exprès le supplice de son rival, afin que l'espoir de sauver la vie de ce rival aimé fût une tentation pour la vierge de Messénie.

Il y avait à Rome un Hébreu, déserteur de la foi de ses pères ; il vivait parmi les sépulcres, et la voix du peuple l'accusait d'entretenir un commerce secret avec l'enfer.

Hiéroclès charge un de ses confidents d'aller trouver l'infâme Israélite. L'esclave part et descend au fond du souterrain. Il aperçoit un vieillard couvert de lambeaux.

« Vieillard, dit l'esclave, peux-tu transporter, en ce moment, de Jérusalem à Rome, une chrétienne échappée au pouvoir d'Hiéroclès?

— Mon fils, je connais ton maître, il n'y a rien que je ne tente pour le satisfaire : je puis interroger l'abîme. »

Le magicien prononce des mots mystérieux, et, du sein des ombres, il évoque le démon des tyrans.

Un esprit se présente.

« Peux-tu, dit l'Hébreu, transporter, de Jérusalem à Rome, une chrétienne échappée à son maître?

— Je ne le puis, répondit l'esprit des ténèbres. Mais, si tu le veux, je porterai dans un instant en Syrie l'édit de persécution et les ordres d'Hiéroclès. »

L'esclave accepte la proposition de l'enfer. Transformé en messager rapide, l'esprit des ténèbres descend à Jérusalem, chez le centurion qui devait arrêter Cymodocée. Il le presse, au nom du ministre de Galérius, de remplir promptement sa mission, et il remet l'édit fatal au gouverneur de la cité de David.

Depuis que la nouvelle de la persécution s'était répandue en Syrie, Cymodocée n'avait plus quitté la princesse Hélène; renfermée dans un oratoire avec les autres femmes chrétiennes, elle soupirait les malheurs de la nouvelle Sion. Le ministre d'Hiéroclès, désespérant de rencontrer la jeune catéchumène, et n'osant, par un reste de respect, violer l'asile de l'épouse d'un César, avait mis le feu au Saint-Sépulcre. Le palais d'Hélène touchait à l'édifice sacré; le centurion espérait forcer ainsi Cymodocée à sortir de son inviolable asile, et il l'attendait avec des soldats, pour la saisir au milieu du tumulte.

Dorothée avait démêlé ces complots : il s'ouvre un passage à travers les murs croulants et les poutres embrasées qui tombent de toutes parts ; il pénètre dans le palais d'Hélène. Déjà les galeries étaient désertes, seulement quelques femmes éperdues étaient rassemblées dans une cour intérieure, autour d'un autel des rois de Juda. Il rencontre Cymodocée, qui cherchait vainement sa nourrice : elle ne devait plus la revoir. Euryméduse, votre sort est resté inconnu !

« Fuyons, dit Dorothée à la fille de Démodocus ; Hélène même ne vous pourrait sauver ; vos ennemis vous arracheraient de ses bras. Je connais une porte secrète et un souterrain qui nous conduira hors des murs de Jérusalem : la Providence fera le reste. »

A l'extrémité du palais, du côté de la montagne de Sion, s'ouvrait une porte cachée qui conduisait au Calvaire ; c'était par là qu'Hélène se dérobait aux hommages des peuples lorsqu'elle allait prier au pied de la croix. Dorothée, suivi de Cymodocée, entr'ouvre doucement cette porte ; il avance la tête, et n'aperçoit rien au dehors. Il prend la main de Cymodocée : ils sortent du palais. Tantôt ils se glissent lentement au travers des ruines ; tantôt ils précipitent leurs pas dans des lieux moins embarrassés : quelquefois ils entendent marcher sur leurs traces ; et ils se cachent parmi des débris ; quelquefois ils sont arrêtés par l'éclat des armes d'un soldat qui rôde au milieu des ténèbres. Le bruit de l'incendie et les clameurs confuses de la foule s'élèvent au loin derrière eux ; ils franchissent la vallée déserte qui sépare la colline du Calvaire de la montagne de Sion.

Dans les flancs de cette montagne s'ouvrait une route inconnue : l'entrée en était fermée par des buissons d'aloès et des racines d'oliviers sauvages. Dorothée écarte ces obstacles et pénètre dans le souterrain ; il frappe les veines d'un caillou, allume une branche de cyprès, et, à la clarté de cette torche, il s'enfonce sous des voûtes ténébreuses avec Cymodocée. David avait jadis pleuré son péché dan ces lieux ; de toutes parts on voyait sur les murs des vers écrits de la main du monarque pénitent, lorsqu'il versa ses larmes immortelles. Sa tombe occupait le milieu du souterrain, et portait encore gravées sur sa base une houlette, une harpe et une couronne. La terreur du présent, le souvenir du passé, cette montagne dont le sommet vit le sacrifice d'Abraham et dont les flancs gardent le cercueil du roi-prophète, tout agitait le cœur des deux chrétiens : ils sortent bientôt de ces détours, et se trouvent au milieu des montagnes, dans le chemin de Bethléem ; ils traversent les champs silencieux de Rama, où Rachel ne voulut point être consolée, et viennent se reposer au berceau du Messie.

Bethléem était entièrement désert : les chrétiens avaient été dispersés. Cymodocée et son guide entrent dans la Crèche : ils admirent cette grotte où le Roi des cieux voulut naître, où les anges, les bergers et les mages le vinrent adorer, où toute la terre doit un jour apporter ses hommages. Des offrandes, laissées dans ce lieu par les pasteurs de la Judée, nourrirent abondamment les deux infortunés. Cymodocée versait des larmes de tendresse : les miracles du berceau de Jésus parlaient à son cœur.

« C'est donc là, disait-elle, que l'Enfant divin a souri à sa divine Mère! O Marie! protégez Cymodocée. Comme vous, elle est fugitive à Bethléem! »

La fille de Démodocus remerciait ensuite le généreux Dorothée, qui s'exposait pour elle à tant de fatigues et de périls.

« Je suis un vieux chrétien, répondit l'homme éprouvé : les tribulations font ma joie. »

Dorothée se prosternait devant la Crèche.

« Père des miséricordes, disait-il, prenez pitié de nous, et souvenez-vous que votre Fils offrit en ces lieux ses premiers pleurs pour le salut des hommes! »

Le soleil approche de la fin de son cours. Dorothée sort avec la fille de Démodocus, dans l'espoir de rencontre quelque berger ; il aperçoit un homme qui descendait de la montagne d'Engaddi : une ceinture de joncs était nouée autour de ses reins ; sa barbe et ses cheveux croissaient en désordre; ses épaules étaient chargées d'une corbeille pleine de sable, qu'il portait péniblement à l'entrée d'une grotte. Aussitôt qu'il découvre les voyageurs, il jette son fardeau ; et, fixant sur eux des regards indignés :

« Délices de Rome, s'écrie-t-il, venez-vous me troubler jusque dans le désert? Évanouissez-vous ! Armé de la pénitence, je découvre vos piéges, et je me ris de vos efforts. »

Il dit, et, comme l'aigle marin qui plonge au fond des eaux, il s'élance dans la grotte. Dorothée reconnaît un chrétien; il s'avance, et parle à travers l'ouverture du rocher :

« Nous sommes des chrétiens fugitifs : daignez nous donner l'hospitalité.

— Non, non, s'écrie le solitaire, cette femme est trop belle pour être une simple fille des hommes.

— Cette femme, reprit Dorothée, est une catéchumène qui fait l'apprentissage des pleurs que Jésus-Christ demande à ses servantes. Elle est Grecque, elle se nomme Cymodocée ; elle est fiancée à Eudore, défenseur des chrétiens, dont le nom sera peut-être parvenu jusqu'à vous : je suis Dorothée, premier officier de Dioclétien. »

Le solitaire s'élance hors de la grotte comme un athlète qui, le front ceint d'une couronne d'olivier, paraît tout à coup aux jeux d'Olympie.

« Entrez dans ma grotte, s'écrie-t-il, épouse de mon ami ! »

Le solitaire se nomme. Cymodocée reconnaît cet ami d'Eudore qui s'entretenait avec lui au tombeau de Scipion. Dorothée, qui avait connu Jérôme à la cour, contemple avec étonnement cet anachorète, exténué de veilles et d'austérités, jadis brillant disciple d'Épicure. Il le suit au fond de son antre : on n'y voyait que la Bible, une tête de mort, et quelques feuilles éparses de la tradition des livres saints. Bientôt tout est éclairci entre les deux chrétiens et la jeune pèlerine. Mille souvenirs les attendrissent, mille histoires touchantes font couler leurs pleurs : ainsi des ruisseaux, descendus de diverses montagnes, mêlent leurs eaux dans une même vallée.

« Mes erreurs, dit Jérôme, ont amené ma pénitence, et désormais je ne sortirai plus de Bethléem. Le berceau du Sauveur sera ma tombe. »

L'anachorète demande ensuite à Dorothée ce qu'il veut faire.

« J'irai, répond Dorothée, chercher quelques amis à Joppé...

— Quoi! dit Jérôme en l'interrompant, vous êtes malheureux, et vous comptez sur des amis! Un Moabite descend de ses rochers pour aller à Jéricho. C'était au printemps; l'air était frais et serein. Le Moabite n'était point altéré, il trouve des torrents pleins d'eau à chaque pas. Il revient chez lui dans la saison des orages, sous les feux dévorants de l'été : la soif consume le Moabite; il cherche quelques gouttes de cette eau qu'il avait vue dans les montagnes : tous les torrents sont desséchés ! »

Jérôme demeure quelque temps en silence, ensuite il s'écrie :

« O grande destinée! Eudore, tu es donc le défenseur des chrétiens? O mon ami! que pourrais-je faire pour toi? »

Tout à coup le solitaire se lève, frappé d'une lumière surnaturelle :

« Qu'est-ce que ces craintes? s'écrie-t-il. Femme, tu aimes, et tu fuis ! Ton époux peut-être dans ce moment confesse la foi, et tu n'es pas là pour lui disputer la gloire du bûcher! Crois-tu que, quand il sera monté au rang des martyrs, il te veuille recevoir sans couronne? Roi, il ne pourra prendre qu'une reine à ses côtés! Fais ton devoir, marche à Rome, va réclamer ton époux, va cueillir la palme qui doit orner ta pompe nuptiale... Mais que dis-je? tu n'es pas encore au nombre des brebis choisies. »

Le solitaire s'interrompt de nouveau ; il hésite, et bientôt il s'écrie :

« Tu seras chrétienne ; ma main versera sur ton front l'eau salutaire. Le Jourdain est près d'ici ; viens recevoir dans ses eaux la force qui te manque : tes jours sont exposés, il te faut mettre à l'abri de la mort. Oui, tu es assez instruite. La persécution est la doctrine : quiconque pleure pour Jésus-Christ n'a plus rien à savoir. »

Ainsi parle Jérôme, avec l'autorité d'un docteur et d'un prêtre. La douce et timide Cymodocée répond :

« Seigneur, qu'il soit fait selon votre parole. Donnez-moi le baptême : je ne serai point une reine auprès de mon époux, je ne serai que sa servante. Si je regrette quelque chose dans la vie, ce sera de ne plus aller sur le mont Ithome voir les troupeaux avec mon père ; de ne pouvoir nourrir l'auteur de mes jours dans sa vieillesse, comme il me nourrit dans mon enfance.

LIVRE DIX-NEUVIÈME

SOMMAIRE

Retour de Démodocus au temple d'Homère. Sa douleur. Il apprend la nouvelle de la persécution. Il part pour Rome, où il croit qu'Hiéroclès a fait conduire Cymodocée. Cymodocée est baptisée dans le Jourdain par Jérôme. Elle arrive à Ptolémaïs et s'embarque pour la Grèce. Une tempête, suscitée par les ordres de Dieu, fait aborder Cymodocée en Italie.

Qui pourra jamais dire l'amertume des chagrins paternels ?

Après la séparation fatale, les esclaves avaient reconduit

Démodocus à la citadelle d'Athènes. Il passa la nuit sous un portique du temple de Minerve, afin de découvrir aux premiers rayons du jour la galère de Cymodocée. Lorsque l'étoile du matin parut sur le mont Hymette, les larmes du vieillard coulèrent avec une nouvelle abondance.

« O ma fille! s'écria-t-il, quand reviendras-tu de l'Orient, ainsi que cet astre, pour réjouir ton père? »

L'aurore éclaira bientôt les flots solitaires, où l'on cherchait en vain quelque voile : mais on apercevait encore sur les vagues aplanies la trace blanchissante des vaisseaux que l'on ne voyait plus. Déjà le soleil, sortant de l'onde, dorait et brunissait à la fois la face de la mer. Des nues sereines étaient arrêtées çà et là dans l'azur du ciel de l'Attique; quelques-unes, teintes de rose, flottaient autour de l'astre du jour, comme l'écharpe des Heures. Ce spectacle ne fit qu'irriter la douleur du prêtre d'Homère. Il pousse des sanglots : depuis que sa fille était au monde, c'est la première fois qu'il voit loin d'elle se lever le soleil. Démodocus refuse tous les soins de son hôte, qui, témoin d'une pareille douleur, s'applaudissait d'avoir vécu jusqu'alors sans enfants et sans épouse : ainsi le berger, au fond d'une vallée, écoute en frémissant le bruit du canon lointain : il plaint les victimes tombées sur le champ de bataille et bénit ses rochers et sa cabane.

Dès le jour suivant, Démodocus voulut quitter Athènes et retourner en Messénie. Sa douleur ne lui permit pas de suivre longtemps les chemins qu'il avait parcourus avec Cymodocée. A Corinthe, il prit la route d'Olympie : mais il ne put supporter la joie et l'éclat des fêtes qu'on célébrait alors au bord de l'Alphée. Lorsque, après avoir franchi les montagnes de l'Élide, il aperçut les sommets de l'Ithome, il tomba sans mouvement entre les bras de ses esclaves. Bientôt on le rappelle à la vie : bientôt, pâle et tremblant, il arrive au temple d'Homère. Déjà le seuil des portes était jonché de feuilles flétries; l'herbe croissait dans tous les sentiers : tant les pas de l'homme s'effacent promptement sur la terre ! Démodocus entre au sanctuaire de son aïeul; la lampe était éteinte. On voyait sur l'autel les cendres du dernier sacrifice que le père de Cymodocée avait offert aux dieux pour sa fille. Démodocus se prosterne devant l'image du poëte.

« O toi, dit-il, qui es maintenant toute ma famille ! chantre des douleurs de Priam, pleure aujourd'hui les maux du dernier rejeton de ta race. »

En ce moment une des cordes de la lyre de Cymodocée se rompit et rendit un son qui fit tressaillir le vieillard. Il relève la tête : il aperçoit la lyre suspendue à l'autel.

« C'en est fait, s'écrie-t-il, ma fille va mourir ! les Parques m'annoncent son destin en brisant la corde de sa lyre. »

A ce cri, les esclaves accourent au temple, et entraînent malgré lui Démodocus.

Chaque jour augmentait ses ennuis ; mille souvenirs déchiraient son cœur. C'était ici qu'il instruisait sa fille dans l'art des chants; c'était là qu'il se promenait avec elle. Rien n'est cruel comme la vue des lieux que nous avons habités au temps du bonheur, lorsque nous avons perdu ce qui faisait le charme de notre vie. Les citoyens de Messène furent touchés des chagrins de Démodocus. Ils lui permirent d'interrompre des fonctions sacrées qu'il n'exerçait qu'au milieu des larmes. Ses jours dépérissaient, il marchait à grands pas vers le tombeau; les lettres de sa fille, égarées dans l'Orient, ne parvenaient point jusqu'à lui. La famille de Lasthénès ne pouvait donner ses soins au vieillard : elle était persécutée, et la mère d'Eudore venait de mourir.

Le commandant de Messène parcourait les campagnes avec une suite nombreuse, proclamant Galérius empereur et publiant l'édit de persécution. Démodocus ne sait s'il a bien entendu ; il court à Messène : tout lui confirme son malheur. Un vaisseau, venu d'Orient au port de Coronée, raconte en même temps que la fille d'Homère, enlevée de Jérusalem, a été conduite à Hiéroclès. Que fera Démodocus? L'excès de l'adversité lui donne des forces : il se décide à voler à Rome, à se jeter aux pieds de Galérius, à réclamer Cymodocée. Avant de quitter le temple du demi-dieu, il consacre au pied de la statue d'Homère une petite galère d'ivoire et un vase à recueillir des larmes : offrande et symbole de son inquiétude et de sa douleur! Ensuite il vend ses pénates, la pourpre de son lit, le voile nuptial d'Épicharis, destiné à Cymodocée ; il emporte avec lui sa fortune entière pour racheter l'enfant de son amour. Soins inutiles! Le ciel ne voulait point céder sa conquête, et tous les trésors de la terre n'auraient pu payer la couronne de la nouvelle chrétienne.

Cymodocée n'appartenait plus au monde. En recevant les eaux du baptême, elle allait prendre son rang parmi les esprits célestes. Déjà elle avait quitté la grotte de Bethléem avec Dorothée. Elle marchait, au lever du jour, par des lieux âpres et stériles. Jérôme, vêtu comme saint Jean dans le désert, montrait le chemin à la catéchumène. Bientôt ils arrivent au dernier rang des montagnes de Judée, qui bordent les eaux de la mer Morte et la vallée du Jourdain.

Deux hautes chaînes de montagnes, s'étendant du nord au midi, sans détours, sans sinuosités, s'offrent aux yeux des trois voyageurs. Du côté de la Judée, ces montagnes sont des monceaux de craie et de sable qui imitent la forme de faisceaux d'armes, de drapeaux ployés, ou de tentes d'un camp assis au bord d'une plaine. Du côté de l'Arabie, ce sont de noirs rochers perpendiculaires, qui versent à la mer Morte des torrents de soufre et de bitume. Le plus petit oiseau du ciel n'y trouverait pas un brin d'herbe pour se nourrir ; tout y annonce la patrie d'un peuple réprouvé.

La vallée comprise entre ces deux chaînes de montagnes présente un sol semblable au fond d'une mer depuis longtemps retirée : des plages de sel, une vase desséchée, des sables mouvants et comme sillonnés par les flots. Çà et là des arbustes chétifs croissent péniblement sur cette terre privée de vie : leurs feuilles sont couvertes du sel qui les a nourries, et leur écorce a le goût et l'odeur de la fumée ; au lieu de villages, on aperçoit les ruines de quelques tours. Au milieu de la vallée passe un fleuve décoloré : il se traîne à regret vers le lac empesté qui l'engloutit. On ne distingue point son cours au milieu de l'arène, mais il est bordé de saules et de roseaux, où se cache l'Arabe qui attend la dépouille du voyageur et du pèlerin.

Les pèlerins s'avançaient vers un bois de tamarin et d'arbres de baume, qui croissaient au milieu d'une arène blanche et fine : tout à coup Jérôme s'arrête, et montre à Dorothée, presque sous ses pas, quelque chose en mouvement dans l'immobilité du désert : c'était un fleuve jaune, profondément encaissé, qui roulait avec lenteur une onde épaissie. L'anachorète salue le Jourdain, et s'écrie :

« Ne perdons pas un moment, fille trop heureuse ! Venez puiser la vie à l'endroit même où les Israélites passèrent le fleuve en sortant du désert, et où Jésus-Christ voulut recevoir le baptême de la main du précurseur. Ce fut de la cime de ce mont Abarim que Moïse découvrit pour vous la terre promise ; ce fut au sommet de cette montagne opposée que Jésus-Christ pria pour vous pendant quarante jours. A la vue des murs en ruine de Jéricho, faisons tomber la barrière de ténèbres qui environne votre âme, afin que le Dieu vivant y puisse pénétrer. »

Aussitôt Jérôme descend dans le fleuve, Cymodocée y descend après lui. Dorothée, unique témoin de cette scène, se mit à genoux sur la rive. Il sert de père spirituel à Cymodocée, et lui confirme le nom d'Esther. L'anachorète puisant l'eau régénératrice avec une coquille du fleuve, la verse, au nom du Père, du Fils et du Saint-Esprit, sur le front de la fille d'Homère.

Cymodocée sort des ondes pleine de foi et de courage contre les maux de la vie : la nouvelle chrétienne, portant Jésus-Christ dans son cœur, ressemblait à une femme qui, devenue mère, trouve tout à coup pour son fils des forces qu'elle n'avait pas pour elle-même.

En ce moment, une troupe d'Arabes se montra non loin du fleuve. Jérôme, d'abord effrayé, reconnut bientôt une tribu chrétienne dont il avait été l'apôtre. Cette petite Église, où Dieu était adoré sous une tente, comme aux jours de Jacob, n'avait point échappé à la persécution. Les soldats romains lui avaient enlevé ses cavales et ses troupeaux : les chameaux seuls lui étaient restés. Le chef les avait appelés de loin en s'enfuyant dans la montagne, et ils s'étaient empressés de le suivre : ces fidèles serviteurs avaient porté à leurs maîtres le tribut d'un lait abondant, comme s'ils avaient deviné que ces maîtres n'avaient plus d'autre nourriture.

Jérôme vit dans cette rencontre la main de la Providence.

« Ces Arabes, dit-il à Dorothée, vous conduiront chez nos frères de Ptolémaïs, où vous trouverez facilement un vaisseau pour l'Italie.

— Gazelle aux pieds légers, vierge plus agréable qu'une source limpide, dit le chef des Arabes à Cymodocée, ne crains rien : je te conduirai partout où tu le désireras, si Jérôme, notre père, l'ordonne. »

La tribu arabe conduit les deux fugitifs, par des montagnes inaccessibles, jusqu'aux portes de Ptolémaïs. La souveraine des anges, qui ne cessait de veiller sur Cymodocée, l'avait soutenue miraculeusement au milieu de ses fatigues. Afin de la dérober aux yeux des païens, elle l'enveloppa d'un nuage, ainsi que Dorothée. Tous deux entrèrent dans Ptolémaïs sous ce voile.

Dorothée, dont la foi n'a pas la même ardeur que celle de Jérôme, et qui ne pénètre pas comme lui les desseins du ciel; Dorothée, qui mêle encore à sa religion des tendresses humaines, ne croit pas que Cymodocée puisse se rendre auprès de son époux.

« C'est vous livrer à Hiéroclès, dit-il, sans espoir de sauver ni même de voir Eudore, s'il est tombé entre les mains de nos ennemis. Souffrez que je vous accompagne chez votre père. Votre présence lui rendra la vie. Nous vous cacherons dans quelque grotte inconnue, et j'irai chercher à Rome le fils de Lasthénès.

— Je suis jeune, répondit Cymodocée, et sans expérience; conduis-moi, ô le plus doux des hommes ! ta fille chrétienne doit obéir à tes conseils. »

Il ne se trouva dans le port de Ptolémaïs qu'un seul vaisseau faisant voile pour Thessalonique : la nouvelle chrétienne et son généreux conducteur furent obligés d'en profiter. Ils se cachèrent sous des noms inconnus, et quittèrent ce port que saint Louis, sauvé des mains des infidèles, devait, tant de siècles après, illustrer de ses vertus. Hélas ! Cymodocée allait chercher son père aux bords du Pamysus, et le vieillard lui-même la demandait inutilement aux flots du Tibre. Étranger dans Rome, sans protecteur, sans appui, il avait compté sur Eudore; et le confesseur, séparé des hommes, ne pouvait plus l'entendre ni le secourir.

Au pied du mont Aventin, sous les murs du Capitole, s'élevait une antique prison d'État, dont l'origine remontait au siècle de Romulus. Les complices de Catilina avaient entendu, du fond de ce cachot, la voix de Cicéron qui les accusait dans le temple de la Concorde. La captivité de saint Pierre et de saint Paul purifia dans la suite cet asile des criminels. C'est là qu'Eudore attendait chaque jour l'ordre qui devait le livrer aux juges ; c'est là qu'il avait reçu la nouvelle de la mort de sa mère, comme le commencement de son sacrifice. Il avait souvent adressé à la fille d'Homère des lettres pleines de religion et de tendresse : les unes avaient été arrêtées par les persécuteurs, les autres s'étaient perdues sur les flots ; mais dans la prison même il goûtait quelques-unes de ces consolations et de ces joies douloureuses qui ne sont connues que des chrétiens. Chaque jour lui amenait des compagnons d'infortune et de gloire.

Lorsqu'un opulent laboureur recueille ses moissons nouvelles, il entasse dans une grange spacieuse, et les grains qui seront foulés par le pied des mules, et ceux qui rendront leurs trésors sous les coups du fléau, et ceux qu'un cylindre pesant détachera de la paille légère ; le village retentit des cris du maître et des serviteurs, de la voix des femmes qui préparent le festin, des clameurs des enfants qui se jouent autour des gerbes, du mugissement des bœufs qui traînent ou qui vont chercher les épis jaunissants : ainsi Galérius rassemble de toutes les parties du monde, dans les prisons de Saint-Pierre, les chrétiens les plus illustres : froment des élus, récolte divine qui doit enrichir le bon Pasteur ! Eudore voit arriver tour à tour des amis qu'il avait jadis rencontrés au fond des Gaules, en Égypte, en Grèce, en Italie : il embrasse Victor, Sébastien, Rogatien, Gervais, Protais, Lactance, l'ermite du Vésuve, et le descendant de Persée, qui se préparait à mourir pour le trône de Jésus-Christ plus royalement que son aïeul pour la couronne d'Alexandre. L'évêque de Lacédémone, Cyrille, vint aussi augmenter les joies du cachot. A chaque reconnaissance, c'étaient des transports, des cantiques à la divine Providence, des baisers de paix. Ces confesseurs avaient transformé la prison en une église, où l'on entendait nuit et jour les louanges du Seigneur. Les chrétiens qui n'étaient point encore enfermés enviaient le sort de ces victimes. Les soldats qui gardaient les martyrs étaient souvent convertis par leurs discours, et les geôliers, remettant les clefs en d'autres mains, se rangeaient au nombre des prisonniers. Un ordre parfait était établi parmi ces compagnons de souffrances. On eût cru voir une famille tranquille et bien réglée, au lieu d'une foule d'hommes qui marchaient à la mort. De pieuses fraudes servaient à procurer aux confesseurs tous les soulagements de l'humanité et de la religion. Dix persécutions avaient rendu l'Église habile. Des prêtres, des diacres, déguisés en soldats, en marchands, en esclaves; des femmes, des enfants même, par d'ingénieuses et saintes impostures, pénétraient dans les prisons, au fond des mines, et jusqu'au pied des bûchers. Du fond d'une retraite ignorée, le pontife de Rome dirigeait au dehors les mouvements du zèle. Une fidélité inviolable, celle de la religion et du malheur, était le lien de tous les frères. Non-seulement l'Église secourait ses enfants, elle veillait encore sur les infortunés d'une religion ennemie ; elle les recueillait dans son sein : la charité lui faisait oublier ses propres douleurs, pour ne s'occuper que des besoins du misérable.

Le fils de Lasthénès, au milieu des confesseurs, attirait tous les regards. L'ermite du Vésuve lui rappelait leur rencontre au tombeau de Scipion, et les espérances qu'il avait dès lors conçues de sa vertu. Les confesseurs des Gaules lui disaient :

« Vous souvenez-vous que nous avons souhaité de nous trouver réunis à Rome, comme nous le sommes maintenant? Vous étiez encore bien loin de la gloire qui vous couronne aujourd'hui. »

Tandis que les prisonniers s'entretenaient de la sorte, ils virent entrer, sous la casaque d'un soldat vétéran, un homme chargé d'années ; ils ne l'avaient point encore remarqué parmi les chrétiens qui servaient les cachots ; il apportait aux martyrs le saint viatique que Marcellin envoyait à l'évêque de Lacédémone. La sombre lumière de la prison ne permettait pas de découvrir les traits du vieillard; il demande Eudore ; on le lui montre en prières ; il s'approche de lui, le prend dans ses bras affaiblis, et le presse sur son cœur en versant des larmes. Enfin il s'écrie avec des sanglots d'attendrissement :

« Je suis Zacharie !

— Zacharie! répète Eudore saisi de joie et de trouble, Zacharie! Vous, mon père! vous, Zacharie! »

Et il tombe aux genoux du vieillard.

« Ah! mon fils, dit l'apôtre des Francs, relevez-vous! C'est à moi à me prosterner. Que suis-je auprès de vous, qu'un vieillard inutile et ignoré? »

On s'assemble autour des deux amis; on veut savoir leur histoire; Eudore la raconte : des larmes coulent de tous les yeux. Le fils de Lasthénès demande à Zacharie quel conseil de la Providence l'a ramené des bords de l'Elbe aux rivages du Tibre.

« Mon fils, répond le descendant de Cassius, les Francs ont été vaincus par Constance. Pharamond m'avait donné à une petite petite tribu qui, totalement subjuguée, fut transportée auprès de la colonie d'Agrippine. La persécution est survenue: comme elle ne règne point encore dans les Gaules, où César protége les chrétiens, les évêques de Lutèce et de Lugdunum ont choisi un certain nombre de prêtres pour servir les confesseurs dans les autres parties de l'empire. J'ai cru devoir me présenter de préférence à des jeunes gens, dont l'âge, plus que le mien, est digne de la vie. On a bien voulu accepter ma prière, et j'ai été envoyé à Rome. »

Zacharie apprit ensuite à Eudore l'heureuse arrivée de Constantin auprès de son père, la maladie de Constance, et la disposition des soldats, qui réservaient la pourpre à son fils. Cette nouvelle ranima le courage des chrétiens et les soutint dans ces moments d'épreuves. Eudore n'avait jamais été sans espérance, quoique les chrétiens eussent perdu leurs puissantes protectrices : Prisca avait accompagné son époux à Salone, et Valérie avait été exilée en Asie par Galérius. Du fond même des prisons, Eudore suivait un plan pour le salut de l'Église et du monde; il voulait engager Dioclétien à reprendre l'empire, et il lui avait envoyé un messager au nom des fidèles.

L'Église entière s'appuyait sur le courage, la prévoyance et les conseils d'Eudore; et Cymodocée réclamait en vain la protection de son époux. Elle voguait vers les rivages de la Macédoine. Des hommes affreux l'environnaient. Des soldats et des matelots, plongés du matin au soir dans l'ivresse, insultaient à chaque instant l'innocence. Ils s'aperçurent bientôt que Dorothée et la fille de Démodocus étaient chrétiens. Il y a dans la croix une vertu qui se trahit aux regards du vice. Cette découverte augmenta l'insolence de ces barbares. Tantôt ils promettaient au couple infortuné de le livrer au bourreau en arrivant au rivage; tantôt ils le menaçaient de le jeter dans la mer pour apaiser le courroux de Neptune : ils faisaient retentir aux oreilles de Cymodocée des chants abominables.

Dorothée défendait l'innocence avec la prudence d'un père et le courage d'un héros. Mais que pouvait un seul homme contre une troupe de tigres furieux?

Le Fils de l'Éternel, accompagné des chœurs célestes, revenait dans ce moment des bornes les plus reculées de la création. Il était sorti des demeures incorruptibles pour rendre la vie et la jeunesse à des mondes vieillis. De globe en globe, de soleil en soleil, ses pas majestueux avaient parcouru toutes ces sphères qu'habitent des intelligences divines, et peut-être des hommes inconnus aux hommes. Rentré dans le sanctuaire impénétrable, il s'assied à la droite de Dieu; ses regards pacifiques tombent bientôt sur la terre. De tous les ouvrages du Tout-Puissant, il n'en est point à ses yeux de plus agréable que l'homme. Le Sauveur aperçoit le vaisseau de Cymodocée; il voit les périls de cette victime innocente qui doit attirer sur les gentils la bénédiction du Dieu d'Israël. Si le ciel a permis que cette nouvelle chrétienne fût éprouvée, c'est pour lui donner la force de surmonter les dernières afflictions qui la couvriront d'une gloire immortelle. Mais l'épreuve est assez longue. Cymodocée n'ira point s'égarer loin du théâtre de sa victoire. Le jour de son triomphe est venu, et les décrets éternels appellent au lieu du combat la vierge prédestinée.

Par un signe au milieu de la nue, Emmanuel fait connaître à l'ange des mers la volonté du Très-Haut. Aussitôt le vent, qui jusqu'alors avait été favorable au vaisseau de Cymodocée, expire : un calme profond règne dans les airs ; à peine des brises incertaines se lèvent tour à tour de divers côtés, rident la surface unie des flots, et viennent agiter les voiles sans avoir la force de les soulever. Le soleil pâlit au milieu de son cours, et l'azur du ciel, traversé de bandes verdâtres, semble se décomposer dans une lumière louche et troublée. Des sillons plombés s'étendent sans fin dans une mer pesante et morte ; le pilote, levant les mains, s'écrie :

« O Neptune ! que nous présagez-vous ! Si mon art n'est pas trompeur, jamais plus horrible tempête n'aura bouleversé les flots. »

A l'instant il ordonne d'abattre les voiles, et chacun se prépare au danger.

Les nuages s'amoncellent entre le midi et l'orient ; leurs bataillons funèbres paraissent à l'horizon comme une noire armée, ou comme de lointains écueils. Le soleil, descendant derrière ces nuages, les perce d'un rayon livide, et découvre dans ces vapeurs entassées des profondeurs menaçantes. La nuit vient : d'épaisses ténèbres enveloppent le vaisseau ; le matelot ne peut distinguer le matelot tremblant auprès de lui.

Tout à coup un mouvement parti des régions de l'aurore annonce que Dieu vient d'ouvrir le trésor des orages. La barrière qui retenait le tourbillon est brisée, et les quatre vents du ciel paraissent devant le dominateur des mers. Le vaisseau fuit, et présente sa poupe bruyante au souffle impétueux de l'orient ; toute la nuit il sillonne les vagues étincelantes. Le jour renaît, et ne verse de clarté que pour laisser voir la tempête : les flots se déroulaient avec uniformité. Sans les mâts et le corps de la galère, que le vent rencontrait dans sa course, on n'aurait entendu aucun bruit sur les eaux. Rien n'était plus menaçant que ce silence dans le tumulte, cet ordre dans le désordre. Comment se sauver d'une tempête qui semble avoir un but et des fureurs préméditées ?

Neuf jours entiers le navire est emporté vers l'occident avec une force irrésistible. La dixième nuit achevait son tour lorsqu'on entrevit, à la lueur des éclairs, des côtes sombres qui semblaient d'une hauteur démesurée. Le naufrage parut inévitable. Le patron du vaisseau place chaque marin à son poste et ordonne aux passagers de se retirer au fond de la galère ; ils obéissent, et ils entendent la fatale planche se refermer sur eux.

Une violente secousse entr'ouvre la galère, un torrent d'eau se précipite dans la retraite des passagers ; ils roulent pêle-mêle. Un cri étouffé sort de cet horrible chaos.

Une vague avait enfoncé la poupe du navire : la fille d'Homère et Dorothée sont jetés au pied des degrés qui conduisaient sur le pont. Ils y montent à demi suffoqués. Quel spectacle ! Le vaisseau s'était échoué sur un banc de sable ; à deux traits d'arc de la proue, un rocher lisse et vert s'élevait à pic au-dessus des flots. Quelques matelots emportés par la lame nageaient dispersés sur le gouffre immense ; les autres se tenaient accrochés aux cordages et aux ancres. Le pilote, une hache à la main, frappait le mât du vaisseau ; et le gouvernail, abandonné, allait tournant et battant sur lui-même avec un bruit rauque.

Restait une faible espérance : le flot, en s'engouffrant dans le détroit, pouvait soulever la galère et la jeter de l'autre côté du banc de sable. Mais qui oserait tenir le gouvernail dans un tel moment ? Un faux mouvement du pilote pouvait donner la mort à deux cents personnes. Les mariniers, domptés par la crainte, n'insultaient plus les deux chrétiens ; ils reconnaissaient au contraire la puissance de leur Dieu, et les suppliaient d'en obtenir leur délivrance. Cymodocée, oubliant leurs outrages et ses périls, se jette à genoux, et fait un vœu à la mère du Sauveur. Dorothée saisit le timon abandonné ; les yeux tournés vers la poupe, la bouche entr'ouverte, il attend la lame qui va rouler sur le vaisseau ou la vie ou la mort. La lame se lève, elle approche, elle se brise : on entend le gouvernail tourner avec effort sur ses gonds rouillés ; l'écueil voisin semble changer de place, et l'on sent, avec une joie mêlée d'un doute affreux, le vaisseau soulevé et emporté rapidement. Un moment du plus terrible silence règne parmi les matelots. Tout à coup une voix demande la sonde : la sonde se précipite ; on était dans une eau profonde ! Un cri de joie s'élève jusqu'au ciel.

Étoile des mers, patronne des navigateurs, le salut de ces infortunés fut un miracle de votre bonté divine. Les mariniers se jettent aux genoux de Cymodocée et confessent Jésus-Christ : première récompense que l'Éternel accorde aux vertus d'une vierge persécutée.

Le vaisseau s'approche doucement de la rive, où s'élevait une chapelle chrétienne abandonnée. On précipite au fond de la mer des sacs remplis de pierres attachés à un câble de Tyr, et l'ancre sacrée, dernière ressource dans les naufrages. Parvenus à fixer la galère, on se hâte de l'abandonner. Comme une reine environnée d'une troupe de captifs qu'elle vient de délivrer de l'esclavage, Cymodocée descend à terre, portée sur les épaules des matelots. A l'instant même elle accomplit son vœu. Elle marche à la chapelle en ruine. Les matelots la suivent deux à deux, demis-nus et couverts de l'écume des flots. Soit hasard, soit dessein du ciel, il restait dans cet asile désert une image de Marie à moitié brisée. L'épouse d'Eudore y suspendit son voile, tout trempé des eaux de la mer. Cymodocée prenait possession d'une terre réservée à sa gloire : elle entrait triomphante en Italie.

LIVRE VINGTIÈME

SOMMAIRE

Cymodocée, arrêtée par les satellites d'Hiéroclès, est conduite à Rome. Émeute populaire. Cymodocée, délivrée des mains d'Hiéroclès, est renfermée dans les prisons comme chrétienne. Disgrâce d'Hiéroclès. Il reçoit l'ordre de partir pour Alexandrie. Lettre d'Eudore à Cymodocée.

Les décrets du ciel avaient conduit la fille d'Homère non loin de Tarente, sous un promontoire avancé qui dérobait aux yeux des naufragés la patrie d'Architas. Le pilote monta sur de hauts rochers, et, jetant ses regards autour de lui, il s'écria tout à coup :

« L'Italie ! l'Italie ! »

A ce nom, Cymodocée sentit ses genoux se dérober sous elle. Dorothée fut obligé de la soutenir dans ses bras, tant elle éprouva de joie à fouler la même terre que son époux. Puisque Dieu la séparait de son père, qu'elle croyait encore en Messénie, du moins elle pouvait voler à Rome.

« Je suis chrétienne à présent, disait-elle : Eudore ne peut plus m'empêcher de partager ses douleurs. »

Comme Cymodocée prononçait ces mots, on vit un vaisseau tourner le promontoire voisin. Il était tiré par une barque chargée de soldats. Bientôt les matelots cessent de ramer. Les soldats coupent la corde qui servait à traîner le vaisseau ; le vaisseau s'arrête, s'enfonce peu à peu, et disparaît sous les flots.

C'était une de ces galères remplies de pauvres et de malheureux que Galérius faisait noyer sur des côtes solitaires. Quelques-unes des victimes, dégagées de leur prison par les vagues, nagent vers la barque des soldats ; ceux-ci les repoussent avec leurs piques, et, joignant la raillerie à l'atrocité, ils les envoient souper chez Neptune. A ce spectacle, les matelots de la galère de Cymodocée s'enfuirent épouvantés le long des sirtes; mais Dorothée et sa compagne ne peuvent vaincre dans leur cœur la charité, signe ineffaçable du chrétien. Ils appellent les infortunés qui luttent encore contre le trépas; ils leur tendent les mains, ils parviennent à les sauver. Aussitôt les ministres de Galérius abordent au rivage; ils entourent Dorothée et la fille de Démodocus.

« Qui êtes-vous, dit le centurion d'une voix menaçante, vous qui ne craignez point d'arracher à la mort les ennemis de l'empereur?

— Je suis Dorothée, répondit le chrétien, dont l'indignation trahit la prudence; je remplis les devoirs imposés à l'homme. Ah! il faut que Tarente ait conservé ses dieux irrités pour avoir ainsi perdu tout sentiment de pitié et de justice ! »

Au nom de Dorothée, connu dans tout l'empire, le centurion n'ose porter la main sur un homme d'un rang aussi élevé; mais il demande quelle est cette femme dont la pitié imprudente s'est rendue coupable en violant les édits.

« Elle est sans doute chrétienne? s'écrie-t-il, frappé de son humanité et de sa modestie. Où allez-vous? d'où venez-vous? comment êtes-vous ici? Savez-vous qu'on ne peut entrer en Italie sans un ordre particulier d'Hiéroclès? »

Dorothée raconte son naufrage, et cherche à cacher le nom de sa compagne. Le centurion se transporte à la galère échouée.

Lorsque, menacée par les matelots, Cymodocée s'était vue au moment de perdre la vie, elle avait écrit à son père et à son époux deux lettres d'adieux, remplies de douleur. Ces lettres, restées à bord, apprirent son nom aux soldats, et une croix trouvée sur son lit décela sa religion.

Le centurion dit à Dorothée :

« Je suis obligé de vous retenir sous ma garde avec cette Messénienne. Les ordres contre les chrétiens sont exécutés dans toute leur rigueur ; et, si je vous laissais libres, je courrais risque de la vie. Je vais faire partir un messager, et le ministre de l'empereur disposera de votre sort. »

Hiéroclès exerçait alors sur le monde romain un pouvoir absolu, mais il était plongé dans de vives inquiétudes. Publius, préfet de Rome, commençait à l'emporter sur lui dans la faveur de Galérius. Le rival d'Hiéroclès le traversait dans tous ses projets. Las d'attendre le retour de Cymodocée, le persécuteur voulait-il livrer Eudore aux tourments, Publius trouvait quelque moyen de retarder le sacrifice. Hiéroclès, fidèle à ses premiers desseins, reculait-il le jugement du fils de Lasthénès, Publius disait à l'empereur :

« Pourquoi le ministre de Votre Éternité n'abandonne-t-il pas au glaive le dangereux chef des rebelles? »

Le silence de l'Orient sur la fille d'Homère alarmait aussi le coupable amour du persécuteur. Dans son impatience, il avait placé des sentinelles à tous les ports de l'Italie et de la Sicile ; de nombreux courriers lui apportaient nuit et jour des nouvelles du rivage. Ce fut au milieu de ces perplexités qu'il reçut le messager de Tarente. Au nom de Cymodocée, il pousse un cri de joie et se précipite de son lit : tel le chantre d'Ilion peint le monarque du Tartare s'élançant de son trône.

« Qu'on amène en ma présence, s'écrie-t-il, mon esclave messénienne ! »

En même temps il ordonne de rendre la liberté à l'officier du palais de Dioclétien.

Dorothée avait à Rome de nombreux partisans et de zélés protecteurs, même parmi les païens. Cet homme juste ne s'était jamais servi de sa fortune et de son pouvoir que pour prévenir les violences et protéger l'innocent. Il recueillait en ce moment le fruit de ses vertus, et l'opinion publique lui servait de défense contre un ministre pervers. La rencontre de ce chrétien puissant et de Cymodocée parut à Hiéroclès un effet du hasard ; il ne voulut point s'attirer de nouveaux ennemis, lorsqu'il avait déjà Publius à combattre.

Sur une colline qui dominait l'amphithéâtre de Vespasien, Titus avait bâti un palais des débris de la Maison dorée de Néron. Là se trouvaient réunis tous les chefs-d'œuvre de la Grèce. De vastes péristyles, des salles incrustées de marbre d'Orient et pavées de mosaïques précieuses, étalaient aux regards les miracles de la sculpture antique. Le nouvel empereur habitait ce beau palais. Hiéroclès, son digne ministre, occupait un des portiques de la demeure du maître du monde. Les appartements du philosophe stoïque surpassaient en magnificence ceux même de Galérius. Sur les murs polis avec art étaient représentés des paysages charmants, de vastes forêts, de fraîches cascades.

Hiéroclès attendait la fille de Démodocus dans la plus belle salle de son palais.

Les satellites d'Hiéroclès lui amènent enfin la proie qu'il poursuit depuis si longtemps. Par des détours obscurs et des portes secrètes que l'on referme soigneusement sur ses pas, Cymodocée est conduite aux pieds du persécuteur. Les esclaves se retirent, et la fille de Démodocus reste seule avec un monstre qui ne craint ni les hommes ni les dieux.

Elle cachait sa douleur sous les replis d'un voile. On n'entendait que le bruit de ses pleurs, comme on est frappé dans les bois du murmure d'une source qu'on ne voit point encore.

Hiéroclès demeure un moment interdit devant l'autorité de l'innocence, de la faiblesse et du malheur.

Il affecte d'abord une modération que la jalousie, la vengeance, l'orgueil, ne pouvaient permettre à son cœur. Il adresse ces mots à Cymodocée :

« Je te rendrai à ton père ; je comblerai ce vieillard de gloire et de richesses.

— Me rendras-tu aussi à mon époux? » s'écria Cymodocée en joignant ses mains suppliantes.

A ce nom Hiéroclès pâlit, et, contenant à peine sa rage :

« Quoi! dit-il, à ce perfide qui s'est emparé de ton cœur par des philtres et des enchantements! »

Alors Hiéroclès jette ses bras autour de Cymodocée, comme un serpent s'enlace autour d'un jeune palmier ou d'un autel consacré à la pudeur. La fille de Démodocus se dégage avec indignation des embrassements du monstre, et fuit dans la vaste salle. Elle se précipite aux pieds du *Laocoon*; elle embrasse la statue, et semble un troisième enfant expirant de douleur aux pieds d'un père infortuné.

« Mon père, s'écrie-t-elle, mon père, ne viendras-tu pas me secourir? Vierge sainte, ayez pitié de moi! »

A peine a-t-elle prononcé cette prière, le palais retentit de mille voix tumultueuses. On frappe à coups redoublés aux portes d'airain.

Hiéroclès, étonné, suspend sa poursuite. Dieu, par un effroi soudain, fixe les pas et glace le cœur du pervers.

« C'est la Vierge sainte! s'écrie Cymodocée; elle vient : méchant, tu vas être puni! »

Le bruit augmente. Hiéroclès ouvre la porte d'une galerie qui dominait les cours du palais ; il aperçoit une foule immense : au milieu est un vieillard qui tient un rameau de suppliant, et porte la robe et les bandelettes d'un prêtre des dieux. On entend de toutes parts ces cris :

« Qu'on lui rende sa fille! Qu'on livre le traître au suppliant du peuple romain! »

Ces mots parviennent à Cymodocée : elle s'élance aussitôt dans la galerie; elle reconnaît son père... Démodocus à Rome!... Du haut du palais, Cymodocée avance la tête, ouvre les bras et se penche vers Démodocus. Un cri s'élève :

« La voilà ! C'est une prêtresse des Muses ! c'est la fille de ce vieux prêtre des dieux. »

Démodocus reconnaît sa fille ; il la nomme par son nom ; il verse des torrents de larmes, il déchire ses vêtements, il tend au peuple des mains suppliantes. Hiéroclès appelle ses esclaves ; il veut enlever Cymodocée ; mais la foule :

« Il y va de ta vie, Hiéroclès ! nous te déchirerons de notre propre main si tu fais la moindre violence à cette vierge des Muses. »

Des soldats mêlés parmi le peuple tirent leurs épées et menacent le persécuteur. Cymodocée s'attache aux colonnes de la galerie ; la Reine des anges l'y retient par des nœuds invisibles : rien ne l'en peut arracher.

Dans ce moment, Galérius, effrayé du tumulte qu'il entendait dans son palais, paraît sur un balcon opposé, entouré de sa cour et de ses gardes. Le peuple s'écrie :

« César, justice, justice ! »

L'empereur, par un signe de la main, commande le silence ; et le peuple romain, avec ce bon sens qui le caractérise, se tait et écoute.

Le préfet de Rome, qui favorisait secrètement cette scène afin de perdre Hiéroclès, était auprès de Galérius ; il interroge le peuple :

« Que voulez-vous de la justice d'Auguste ?

— Vieillard, réponds ! » s'écrie la foule.

Démodocus prend la parole :

« Fils de Jupiter et d'Hercule, divin empereur, aie pitié d'un père qui réclame sa fille ; Hiéroclès l'a renfermée dans ton palais : tu la vois échevelée à ce portique auprès de son ravisseur ; il veut faire violence à une prêtresse des Muses ; je suis moi-même un prêtre des dieux : protége l'innocence, la vieillesse et les autels. »

Hiéroclès répond du haut du portique :

« Divin Auguste, et vous, peuple romain, on vous trompe :

cette Grecque est une esclave chrétienne qu'injustement on me veut ravir. »

Démodocus :

« Elle n'est pas chrétienne ; ma fille n'est pas esclave : je suis citoyen romain. Peuple, n'écoutez pas notre ennemi.

— Ta fille est chrétienne? s'écrie le peuple d'une commune voix.

— Non, repartit Démodocus, elle est prêtresse des Muses : il est vrai que, pour épouser un chrétien, elle voulait…

— Est-elle chrétienne? interrompit le peuple. Qu'elle parle elle-même. »

Alors Cymodocée, levant les yeux au ciel, répond :

« Je suis chrétienne.

— Non, tu ne l'es pas! s'écrie Démodocus avec des sanglots. Aurais-tu la barbarie de vouloir être à jamais séparée de ton père? Auguste, peuple romain, ma fille n'a pas été marquée du sceau de la religion nouvelle. »

Dans ce moment, la fille d'Homère découvre Dorothée au milieu de la foule.

« Mon père, dit la vierge en larmes, je vois auprès de vous Dorothée ; c'est lui sans doute qui vous a conduit ici pour me sauver : il sait que je suis chrétienne, que j'ai été marquée du sceau de ma religion ; il a été témoin de mon bonheur. Je ne puis nier ma foi : je veux être l'épouse d'Eudore. »

Le peuple, s'adressant à Dorothée :

« Est-elle chrétienne? »

Dorothée baissa la tête et ne répondit point.

« Vous le voyez, s'écrie Hiéroclès, elle est chrétienne. Je réclame mon esclave. »

Le peuple interdit demeure suspendu entre sa fureur contre les chrétiens, sa haine pour Hiéroclès, et sa pitié pour Cymodocée ; puis, satisfaisant à la fois sa justice et ses passions :

« Cymodocée est chrétienne, dit-il : qu'on la livre au préfet de Rome, et qu'elle subisse le sort des chrétiens; mais qu'on l'arrache à Hiéroclès, dont elle ne peut être l'esclave : Démodocus est citoyen romain. »

Auguste confirme cette espèce de sentence par un signe de tête, et Publius se hâte de l'exécuter.

Retiré dans son palais, Galérius est agité par des mouvements de honte et de colère : il ne peut pardonner à Hiéroclès d'être la cause d'un rassemblement séditieux qui avait osé violer l'asile même du prince.

Le préfet de Rome revient trouver Galérius.

« Auguste, lui dit-il, la sédition est apaisée : cette chrétienne de Messénie est jetée dans les prisons. Prince, je ne saurais vous le cacher, votre ministre a compromis le salut de l'empire. Il prétend être l'ennemi des chrétiens ; toutefois il épargne depuis longtemps la vie du plus dangereux des rebelles. Cymodocée était destinée pour épouse à Eudore : il est bien malheureux que votre premier ministre ait de ridicules démêlés de jalousie avec le chef de vos ennemis. »

Publius s'aperçoit de l'effet de ce discours, il se hâte d'ajouter :

« Mais, prince, ce ne sont pas là les seuls torts d'Hiéroclès : si on voulait l'en croire, ce serait lui qui vous aurait fait nommer Auguste ; ce Grec, qui doit tout à vos bontés, vous aurait revêtu de la pourpre... »

Publius s'interrompit à ces mots, comme s'il eût renfermé dans son cœur des choses encore plus injurieuses à la majesté du prince. Galérius rougit, et l'habile courtisan vit qu'il avait touché la plaie secrète.

Publius n'avait point ignoré l'arrivée de Dorothée à Rome, son entrevue avec Démodocus, et les démarches de celui-ci pour conduire la foule au palais : il eût été facile à Publius de prévenir le mouvement populaire ; mais il se garda bien de faire manquer un projet qui pouvait renverser Hiéroclès; il favorisa même par des agents secrets les desseins de Démodocus : maître de tous les ressorts qui faisaient jouer cette grande machine, ses discours insidieux achevèrent d'alarmer l'esprit de Galérius.

« Qu'on me délivre de ce chrétien et de ses complices, dit l'empereur. Je vois avec regret qu'Hiéroclès ne peut plus rester auprès de moi ; mais, en récompense de ses services passés, je le nomme gouverneur de l'Égypte. »

Alors Publius, au comble de la joie :

« Que Votre Majesté divine se repose sur moi de tous ces soins. Eudore mérite mille fois la mort ; mais, comme ses trahisons ne sont pas assez prouvées, il suffira de le faire juger comme chrétien. Quant à Cymodocée, elle sera condamnée à son tour avec la foule des impies. Hiéroclès va recevoir les ordres de Votre Éternité. »

Ainsi parla Publius, et sur-le-champ il fait connaître à Hiéroclès sa destinée.

Le ministre pervers relit plusieurs fois la lettre impériale qui l'éloigne de la cour. Ses joues pâles, ses yeux égarés, sa bouche entr'ouverte, exprimaient les douleurs du courtisan criminel qui voit s'évanouir dans un instant les songes de sa vie.

« Dieu des chrétiens, s'écrie-t-il, est-ce toi qui me poursuis ? Pour obtenir Cymodocée, j'ai laissé vivre Eudore, et Cymodocée m'échappe, et mon rival mourra d'une autre main que la mienne ! J'ai méprisé dans Rome un obscur vieillard, j'ai cru devoir laisser la liberté à un chrétien puissant, et Démodocus et Dorothée m'ont perdu ! O aveugle prévoyance humaine ! ô vaine et fastueuse sagesse, qui n'as pu me conserver ma puissance et qui ne peux me consoler ! »

Tels étaient les aveux que la douleur arrachait à Hiéroclès. Des larmes indignes mouillaient ses paupières. Il déplorait son sort avec la faiblesse d'une femme de peu de sens et d'un moindre cœur ; il eût pourtant voulu sauver

Cymodocée, mais le lâche ne se sentait pas assez de courage pour exposer sa vie.

Tandis qu'il hésite entre mille projets, qu'il ne peut ni se résoudre à braver l'orage, ni consentir à s'éloigner, Dorothée avait instruit Eudore de l'arrivée de Cymodocée et des événements du palais. Les confesseurs, assemblés autour du fils de Lasthénès, le félicitaient d'avoir choisi une épouse si courageuse et si fidèle. La joie d'Eudore était grande, quoique troublée par les nouveaux périls qu'allait courir la jeune chrétienne.

« Elle a donc confessé Jésus-Christ la première ! s'écriait il dans un saint transport. Cet honneur était réservé à son innocence. Elle est chrétienne ! Je puis donc mourir en paix : elle viendra me retrouver. »

Les martyrs chantaient encore au Très-Haut un cantique de louanges, lorsqu'ils virent entrer Zacharie. Déjà l'apôtre des Francs connaissait le destin de son ami :

« Chantez, dit-il, mes frères, chantez ! Vous avez un juste sujet de joie : demain un grand saint augmentera peut-être le nombre de vos intercesseurs auprès de Dieu ! »

Tous les confesseurs se turent. Le silence règne un moment dans la prison. Chacun cherche à deviner quelle est l'heureuse victime, chacun désire que le sort soit tombé sur lui, chacun repasse dans son esprit les titres qu'il peut avoir à cet honneur. Eudore avait à l'instant compris Zacharie ; mais il rejetait les espérances du martyre comme une pensée superbe et une tentation de l'enfer. Il craignait de pécher par orgueil en se désignant lui-même ; il se jugeait indigne de mourir de préférence à ces vieux confesseurs qui, depuis si longtemps, combattaient pour Jésus-Christ. Zacharie fit bientôt cesser cette sublime incertitude et cette émulation divine ; il s'approche d'Eudore :

« Mon fils, dit-il, je vous ai sauvé la vie ; vous me devez votre gloire : ne m'oubliez pas quand vous serez dans le ciel. »

A l'instant tous les évêques, tous les prêtres, tous les prisonniers, tombent aux genoux du martyr, baisent le bas de ses vêtements et se recommandent à ses prières. Eudore, resté debout au milieu de ces vieillards prosternés, ressemblait à un jeune cèdre du Liban, seul rejeton d'une forêt antique abattue à ses pieds.

Un licteur, précédé de deux esclaves portant des torches de cyprès, pénètre dans le cachot. Surpris de l'adoration des prisonniers, qui demeurèrent dans la même attitude, il en croyait à peine ses regards :

« Roi des chrétiens, dit-il à l'époux de Cymodocée, quel est parmi ton peuple le tribun que l'on nomme Eudore?

— C'est moi, répondit le fils de Lasthénès.

— Eh bien, dit le licteur encore plus étonné, c'est donc toi qui dois mourir?

— Vous le voyez à mes honneurs, » repartit Eudore.

Un esclave déroule l'écrit fatal, et lit à haute voix l'ordonnance de Publius :

« Eudore, fils de Lasthénès, natif de Mégalopolis en Arcadie, jadis tribun de la légion britannique, maître de la cavalerie, préfet des Gaules, paraîtra demain au tribunal de Festus, juge des chrétiens, pour sacrifier aux dieux ou mourir. »

Eudore s'inclina, et le licteur sortit.

Comme dans les fêtes de la ville de Thésée on voit une jeune canéphore se dérober aux yeux de la foule qui vante sa pudeur et ses grâces, ainsi Eudore, qui porte déjà les palmes du sacrifice, se retire au fond de la prison pour éviter les louanges de ses compagnons de gloire. Il demande la liqueur mystérieuse dont les chrétiens se servaient entre eux aux temps des persécutions, et il trace ses adieux à Cymodocée.

« Eudore, serviteur de Dieu, enchaîné pour l'amour de Jésus-Christ, à notre sœur Cymodocée, désignée pour notre épouse. Nous avons appris que vous aviez été baptisée dans les eaux du Jourdain par notre ami le solitaire Jérôme. Vous venez de confesser Jésus-Christ devant les juges et les princes de la terre. O servante du Dieu véritable! quel éclat doit avoir maintenant votre beauté! Pourrions-nous nous plaindre, nous trop justement puni, tandis que vous, Ève encore non tombée, vous souffrez les persécutions des hommes? Ce nous est une tentation dangereuse de penser que ces bras si faibles et si délicats sont abattus sous le poids des chaînes ; que cette tête, ornée de toutes les grâces des vierges, et qui mériterait d'être soutenue par la main des anges, repose sur une pierre dans les ténèbres d'une prison! Eudore va vous devancer au séjour des concerts ineffables : il faut qu'il coupe le fil de ses jours, comme un tisserand coupe le fil de sa toile à moitié tissue. Nous vous écrivons de la prison de Saint-Pierre, la première année de la persécution. Demain nous comparaîtrons devant les juges, à l'heure où Jésus-Christ mourut sur la croix.

« Il faut vous quitter! Nous demandons au ciel avec larmes qu'il nous permette de vous revoir ici-bas, ne fût-ce que pour un moment. Cette grâce nous sera-t-elle accordée? Attendons avec résignation les décrets de la Providence! Ainsi que la reine des Anges, vous gardez le doux nom d'épouse sans avoir perdu le doux nom de vierge. Cette pensée fait la consolation d'une tendresse divine.

« Quel bonheur est le nôtre! O Cymodocée! nous étions destiné à vous appeler ou la mère de nos enfants, ou la chaste compagne de notre félicité éternelle!

« Adieu donc, ô ma sœur! priez votre père de nous pardonner ses larmes. Hélas! il vous perdra peut-être, et il n'est pas chrétien : il doit être bien malheureux !

« Voici la salutation que moi, Eudore, j'ajoute à la fin de cette lettre :

« Souvenez-vous de mes liens, ô Cymodocée!

Que la douceur de Jésus-Christ soit avec vous ! »

LIVRE VINGT ET UNIÈME

SOMMAIRE

Eudore est relevé de sa pénitence. Plaintes de Démodocus. Prison de Cymodocée. Cymodocée reçoit la lettre d'Eudore. Actes du martyre d'Eudore.

Eudore devait comparaître le lendemain au tribunal du juge; il pouvait expirer au milieu des tourments : il était donc temps de le relever de sa pénitence.

On allume une lampe dans la prison. Cyrille, à qui l'évêque de Rome a remis ses pouvoirs, doit célébrer la messe de réconciliation. Gervais et Protais[1] sont choisis pour servir le sacrifice : ils se revêtent d'une tunique blanche apportée par les frères, leurs cheveux blonds tombent en boucles sur leur cou découvert; une pudeur virginale respire dans tous leurs traits. On eût dit qu'ils marchaient au martyre, tant il y avait de joie et de modestie peintes sur le front de ces jeunes hommes!

Les prisonniers se mettent à genoux autour de Cyrille, qui commence à voix basse une messe sans calice et sans autel. Les confesseurs alarmés ne savent où il va consacrer la victime sans tache. O sublime invention de la charité! ô touchante cérémonie! le vieil évêque dépose l'hostie sur son cœur, qui devient ainsi l'autel du sacrifice. Jésus-Christ martyr est offert en holocauste sur le cœur d'un martyr! un Dieu s'élève de ce cœur, un Dieu descend dans ce cœur.

Cependant Eudore, dépouillé de l'habit de sa pénitence, reçoit en échange une robe éclatante de blancheur. Perséus et Zacharie se lèvent pour remplir les fonctions de diacre et

---

[1] Deux Romains convertis.

d'archidiacre : ils adressent au nom des chrétiens ces paroles à Cyrille :

« Très-cher à Dieu, c'est ici le moment de la miséricorde ; ce pénitent veut être réconcilié, et l'Église vous le demande : il a été postulant, auditeur, prosterné ; faites-le remonter au rang des élus. »

Cyrille dit alors :

« Pénitent, promettez-vous de changer de vie ? Levez les mains au ciel en signe de cette promesse. »

Eudore leva vers le ciel ses bras chargés de chaînes. Cyrille prononça sur lui ces paroles :

« Fidèle, je t'absous par la miséricorde de Jésus-Christ, qui délie dans le ciel tout ce que ses apôtres délient sur la terre. »

A ces mots, Eudore tombe aux pieds de l'évêque : il reçoit des mains du diacre le saint viatique, ce pain du voyageur chrétien, préparé pour le pèlerinage de l'éternité. Les confesseurs admirent au milieu d'eux le martyr désigné, qui, semblable à un consul romain choisi par le peuple, va bientôt déployer les marques de sa puissance. Le monde n'aurait aperçu dans cette assemblée de proscrits que des hommes obscurs, destinés à périr du dernier supplice ; et pourtant là se voyaient les chefs d'une race nombreuse qui devait couvrir la terre ; là se trouvaient des victimes dont le sang allait éteindre le feu de la persécution et faire régner la croix sur l'univers. Mais combien de larmes couleront encore avant que cette persécution ait amené le jour du triomphe !

Démodocus n'était arrivé à Rome que pour avoir le cœur déchiré. Averti du premier malheur qui menaçait la prêtresse des Muses, il était parvenu à rassembler le peuple et à le conduire au palais de Galérius ; mais à peine a-t-il arraché Cymodocée des mains d'Hiéroclès, qu'elle lui est enlevée comme chrétienne. On interdit au vieillard la vue de sa fille : toute pitié a disparu depuis que la jeune Messénienne s'est déclarée de la secte proscrite. Le gardien de la prison de Saint-Pierre était humain, pitoyable, accessible à l'or : on pénétrait aisément jusqu'aux martyrs ; mais Sævus, gardien du cachot de Cymodocée, était ennemi furieux des chrétiens, parce que Blanche, sa femme, qui était chrétienne, avait en horreur ses débauches. Il n'avait jamais voulu consentir que l'on parlât, même devant lui, à la fille d'Homère, et il repoussait Démodocus par des outrages et des menaces.

Non loin de l'asile de douleur où gémissait l'épouse d'Eudore s'élevait un temple consacré par les Romains à la Miséricorde : la frise en était ornée de bas-reliefs de marbre de Carrare, représentant des sujets consacrés par l'histoire ou chantés par la muse ; on reconnaissait cette pieuse fille qui nourrit son père dans la prison, et devint la mère de celui dont elle avait reçu la vie ; plus loin, Manlius, après avoir immolé son fils, revenait victorieux au Capitole ; les vieillards s'avançaient au-devant de lui, mais les jeunes Romains évitaient la rencontre du triomphateur. Ici, une brillante vestale, faisant remonter sur le Tibre le vaisseau qui portait l'image de Cybèle, entraînait avec sa ceinture les destins de Rome et de Carthage ; là Virgile, encore pasteur, était obligé d'abandonner les champs paternels ; là, dans la nuit fatale de son exil, Ovide recevait les adieux de son épouse.

Les astres finissaient et recommençaient leur cours, et retrouvaient Démodocus assis dans la poussière sous le portique de ce temple. Un manteau sale et déchiré, une barbe négligée, des cheveux en désordre et souillés de cendres, annonçaient le chagrin du vénérable suppliant. Tantôt il embrassait les pieds de la statue de la Miséricorde en les arrosant de ses pleurs ; tantôt il implorait la pitié du peuple : quelquefois il chantait sur la lyre pour tendre un piège aux passants, pour attirer par les accents du plaisir l'attention que les hommes craignent de donner aux larmes.

Le juge dit :

« Seras-tu donc insensible aux douceurs et aux promesses d'un chaste hyménée ? »

Eudore ne répond point.

Le juge dit :

« Tu t'attendris, achève ; laisse-toi toucher : sacrifie, ou tremble des maux qui t'attendent ! »

Eudore répond :

« Que me servirait d'avoir tremblé devant un juge qui doit mourir comme moi ? »

Festus fait déchirer Eudore avec des ongles de fer. Le sang couvre le corps du confesseur, comme la pourpre de Tyr teint l'ivoire de l'Inde, ou la laine la plus blanche de Milet.

On écarte les pieds du confesseur dans les entraves ; on fait rougir la chaise de fer ; on prépare la poix bouillante et les tenailles. Eudore ne paraît pas souffrir. On voyait sur son visage briller l'allégresse jointe à une douce gravité, et la majesté au milieu des grâces. La chaise de fer est préparée. Le docteur des chrétiens, assis dans le fauteuil embrasé, prêche plus éloquemment l'Évangile. Des séraphins répandent sur Eudore une rosée céleste, et son ange gardien lui fait une ombre de ses ailes. Il paraissait dans la flamme comme un pain délicieux préparé pour les tables éternelles. Les païens les plus intrépides détournaient la tête : ils ne pouvaient soutenir l'éclat du martyr. Les bourreaux fatigués se relayaient les uns les autres ; le juge regardait le chrétien avec un secret effroi : il croyait voir un dieu sur cette chaise ardente. Le confesseur lui crie :

« Remarquez bien mon visage, afin de le reconnaître à ce jour terrible où tous les hommes seront jugés ! »

A ces mots, Festus, troublé, fait suspendre le supplice. Il se précipite de son tribunal, passe derrière le rideau, et laisse l'écrivain lire en tremblant cette sentence :

« La clémence de l'invincible Auguste ordonne que celui

Nourrie dans les riantes idées de la mythologie, environnée jusqu'alors des images les plus douces et les plus gracieuses, Cymodocée avait à peine connu le nom de la tristesse et de l'adversité. Elle n'avait point été formée à cette école chrétienne où, dès le berceau, l'homme apprend qu'il est né pour souffrir. Depuis quelque temps, soumise aux épreuves de la Providence, la fille d'Homère avait changé de religion en changeant de fortune, et le christianisme était venu lui donner contre les afflictions de la vie des secours que ne lui offrait point le culte des faux dieux. Elle étudiait avec ardeur les livres saints qu'elle avait trouvés dans sa prison et qui avaient appartenu à quelque martyr; mais, sans cesse obsédée par les souvenirs de son enfance et de sa jeunesse, elle ne pouvait goûter encore parfaitement ces hautes consolations de la religion qui nous élèvent au-dessus des regrets et des misères humaines. Souvent, au milieu de sa lecture, sa tête tombait sur la page sacrée, et la nouvelle chrétienne, saisie de douleur, redevenait un moment la prêtresse des Muses. Elle se représentait cette brillante lumière de la Messénie; elle croyait errer dans les bois d'Amphise ; elle revoyait ces belles fêtes de la Grèce, ces chars roulant sous les ombrages de Némée, ces religieuses théories parcourant, au son des flûtes, les sommets de l'Ira ou la plaine de Sténiclare. Elle songeait au bonheur dont elle jouissait autrefois avec son père et au chagrin qui accablait maintenant ce vieillard. Où est-il ? que fait-il ? qui prend soin de son âge et de ses larmes ? Oh ! que les peines de Cymodocée sont légères auprès de celles qui doivent accabler son père et son époux !

Tandis que la fille de Démodocus se livre à ces pensers amers, elle entend tout à coup retentir des pas au fond de sa prison. Blanche, la femme du gardien, s'avance et remet à Cymodocée la lettre d'Eudore, avec le secret nécessaire pour lire ces tristes adieux.

Cette chrétienne timide, qui n'ose braver ouvertement

son époux et les supplices, se hâte de sortir et referme les portes du cachot.

Cymodocée, restée seule, prépare aussitôt la liqueur qui, versée sur la page blanche, doit faire paraître les traits mystérieux. Au premier essai, elle reconnaît l'écriture d'Eudore ; bientôt elle parvient à lire les premiers témoignages de l'amour de son époux ; les expressions du martyr deviennent plus tendres ; on entrevoit quelque annonce funeste ; Cymodocée n'ose plus déchiffrer l'écrit fatal. Elle s'arrête, elle recommence, s'arrête de nouveau, recommence encore ; enfin, elle arrive à ces mots :

« Fille d'Homère, Eudore va vous devancer au séjour des concerts ineffables. Il faut qu'il coupe le fil de ses jours, comme un tisserand coupe le fil de sa toile à moitié tissue. »

Soudain les yeux de la jeune chrétienne s'obscurcissent, et elle tombe évanouie sur la pierre de la prison.

Mais, ô muse céleste ! d'où viennent ces transports de joie qui éclatent dans les parvis éternels ? Pourquoi les harpes d'or font-elles entendre ces sons mélodieux ? Pourquoi le roi-prophète soupire-t-il ses plus beaux cantiques ? Quelle allégresse parmi les anges ! Le premier des martyrs, le glorieux Étienne, a pris dans le Saint des saints une palme éclatante ; il la porte vers la terre avec un front incliné et respectueux. Cieux, racontez le triomphe du juste ! Le moment si court des afflictions de la vie va produire un bonheur qui ne finira plus. Eudore a paru devant le juge !

Il a dit adieu à ses amis ; il a recommandé à leur charité son épouse et Démodocus. Les soldats ont conduit le martyr au temple de Justice, bâti par Auguste, près du théâtre de Marcellus. Au fond d'une salle immense et découverte s'élève une chaire d'ivoire, surmontée de la statue de Thémis, mère de l'Équité, de la Loi et de la Paix. Le juge est placé sur cette chaire : à sa gauche sont des sacrificateurs, un autel, une victime; à sa droite, des centurions et des soldats ; devant lui, des entraves, un chevalet, un bûcher, une chaise de fer, mille instruments de supplice et de nombreux bourreaux : dans la salle est la foule du peuple. Eudore, enchaîné, se tient debout au pied du tribunal. Les hérauts, ministres de Jupiter et des hommes, commandent le silence. Le juge interroge, et l'écrivain grave sur des tablettes les actes du martyr.

Festus, suivant les formes usitées, dit :

« Quel est ton nom ? »

Eudore répond :

« Je m'appelle Eudore, fils de Lasthénès. »

Le juge dit :

« N'as-tu pas connaissance des édits qui ont été publiés contre les chrétiens ? »

Eudore répond :

« Je les connais. »

Le juge dit :

« Sacrifie aux dieux. »

Eudore répond :

« Je ne sacrifie qu'à un seul Dieu, créateur du ciel et de la terre. »

Festus ordonne de dépouiller Eudore, de l'étendre sur le chevalet et de lui attacher des poids aux pieds.

Le juge dit :

« Eudore, je te vois pâlir, tu souffres. Aie pitié de toi-même : souviens-toi de ta gloire et des honneurs dont tu as été comblé! Jette les yeux sur ta maison, près de tomber par ta chute : vois les larmes de ton père, écoute les plaintes de tes aïeux. Ne crains-tu point de combler d'un ennui éternel la déplorable vieillesse de ceux qui t'ont donné la vie? »

Eudore répond :

« Ma gloire, mes honneurs et mes parents sont dans le ciel. »

« O siècle d'airain! s'écriait-il, hommes haïs de Jupiter pour votre dureté! quoi! vous restez insensibles à la douleur d'un père! Romains, vos ancêtres ont élevé des temples à la piété filiale, et mes cheveux blancs ne peuvent vous toucher! Suis-je donc un parricide en horreur aux peuples et aux cités? Ai-je mérité d'être dévoué aux Euménides? Hélas! je suis un prêtre des dieux; j'ai été nourri sur les genoux d'Homère, au milieu du chœur sacré des Muses! j'ai passé ma vie à implorer le ciel pour les hommes, et ils se montrent inexorables à mes prières! Que demandé-je pourtant? Qu'on me permette de voir ma fille, de partager ses fers, de mourir dans ses bras avant qu'elle me soit ravie. Romains, songez à l'âge si tendre de ma Cymodocée! Ah! j'étais le plus heureux des mortels que le soleil éclaire dans sa course! Aujourd'hui quel esclave voudrait changer son sort contre le mien? Jupiter m'avait donné un cœur hospitalier : de tous les hôtes que j'ai reçus à mes foyers, et qui ont bu avec moi la coupe de la joie, en est-il un seul qui vienne partager ma douleur? Insensé est le mortel qui croit sa prospérité constante! Le Fortune ne se repose nulle part. »

A ces mots, Démodocus, frappant ses mains avec désespoir, se roule sur la terre. Ses cris ne percent point les murs du cachot de sa fille. Les fidèles qui avaient précédé la nouvelle chrétienne dans ce lieu sanglant avaient tous donné leur vie pour Jésus-Christ. Cymodocée habitait seule la prison. Fatigué des soins qu'il était obligé de rendre à l'orpheline, Sævus insultait souvent à son malheur : ainsi, lorsque de grossiers villageois ont enlevé un aiglon sur la montagne, ils enferment dans une indigne cage l'héritier de l'empire des airs; ils insultent par d'ignobles jeux et des traitements inhumains à la majesté tombée : ils frappent cette tête couronnée; ils éteignent ces yeux qui auraient contemplé le soleil; ils tourmentent en mille façons ce jeune roi qui n'a point d'ailes pour fuir ou de serres pour repousser les outrages.

qui, refusant d'obéir aux sacrés édits, n'a pas voulu sacrifier, soit exposé aux bêtes, dans l'amphithéâtre, le jour de la divine naissance de notre empereur éternel. »

Aussitôt Eudore est reporté par les soldats à la prison. Déjà les confesseurs étaient instruits de son triomphe. Au moment où la porte du cachot s'entr'ouvre et laisse voir aux évêques le martyr pâle et mutilé, ils s'avancent au-devant de lui, Cyrille à leur tête, et entonnent tous à la fois ce cantique :

« Il a vaincu l'enfer, il a cueilli la palme ! Entrez dans le tabernacle du Seigneur, ô prêtre illustre de Jésus-Christ !

« Quel éclat sort de ses plaies ! il a été éprouvé par le feu, comme l'argent raffiné jusqu'à sept fois.

« Il a vaincu l'enfer, il a cueilli la palme ! Entrez dans le tabernacle du Seigneur, ô prêtre illustre de Jésus-Christ ! »

LIVRE VINGT-DEUXIÈME

SOMMAIRE

L'ange exterminateur frappe Galérius et Hiéroclès. Tristesse d'Eudore, de Démodocus et de Cymodocée. Le repas libre.

Que sont les peines du corps auprès des tourments de l'âme ? Quel feu peut être comparé au feu des remords ? Le juste est tourmenté dans son corps ; mais son âme, comme une forteresse inexpugnable, reste paisible quand tout est ravagé au dehors : le méchant, au contraire, repose parmi les fleurs ou sur un lit de pourpre ; il semble jouir de la paix, mais l'ennemi s'est glissé au dedans ; des signes funestes trahissent le secret de cet homme qui semble heureux : ainsi au milieu d'une campagne florissante on découvre le drapeau funèbre qui flotte sur les tours d'une cité dont la peste et la mort se disputent les débris.

Hiéroclès a renié le ciel : le ciel l'a abandonné à l'enfer. Publius, qui veut achever de perdre un rival, a découvert les infidélités du ministre de l'empereur : le sophiste avait fait entrer dans ses trésors une partie des trésors du prince. Chacun cherche à Hiéroclès un crime nouveau : car on devient aussi lâche à accuser le méchant abattu qu'on était lâche à l'excuser triomphant. Que fera l'ennemi de Dieu ? Partira-t-il pour Alexandrie, sans essayer de sauver celle qu'il a perdue ? Restera-t-il à Rome pour assister aux funérailles sanglantes de Cymodocée ? La haine publique le poursuit ; un prince terrible le menace.

Mais c'était peu que les douleurs et les remords avant-coureurs des châtiments réservés au persécuteur des fidèles : Dieu fait un signe à l'ange exterminateur, et du doigt lui marque deux victimes. Le ministre des vengeances attache aussitôt à ses épaules des ailes de feu, dont le frémissement imite le bruit lointain du tonnerre. D'une main il prend une des sept coupes d'or pleines de la colère de Dieu ; de l'autre il saisit le glaive qui frappa les nouveaux-nés de l'Égypte et fit reculer le soleil à l'aspect du camp de Sennachérib. Les nations entières, condamnées pour leurs crimes, s'évanouissent devant cet esprit inexorable, et l'on cherche en vain leurs tombeaux. Ce fut lui qui traça sur la muraille, pendant le festin de Balthazar, les mots inconnus ; ce fut lui qui jeta sur la terre la faux qui vendange et la faux qui moissonne, lorsque Jean entrevit dans l'île de Patmos les formidables figures de l'avenir.

L'ange exterminateur descend dans un éclair, comme ces étoiles qui se détachent du ciel et portent l'épouvante au cœur du matelot. Il entre enveloppé d'un nuage dans le palais des Césars, au moment même où Galérius, assis à la table du festin, célébrait ses prospérités. Aussitôt les lampes du banquet pâlissent ; on entend au dehors comme le roulement d'une multitude de chariots de guerre; les cheveux des convives se hérissent sur leur front; des larmes involontaires coulent de leurs yeux; les ombres des vieux Romains se levèrent dans les salles, et Galérius eut un pressentiment confus de la destruction de l'empire. L'ange s'approche invisible de ce maître du monde et verse dans sa coupe quelques gouttes du vin de la colère céleste. Poussé par son mauvais destin, l'empereur porte à ses lèvres la liqueur dévorante; mais à peine a-t-il bu à la fortune des Césars, qu'il se sent soudain enivré; un mal aussi prompt qu'inattendu le renverse aux pieds de ses esclaves : Dieu dans un moment a couché ce géant sur la terre.

Une poutre coupée sur le sommet du Gargare a vieilli dans un palais, séjour d'une race antique; tout à coup le feu rayonnant au foyer du roi monte jusqu'au chêne desséché, la poutre s'embrase et tombe avec fracas dans les salles qui mugissent : ainsi tombe Galérius. L'ange l'abandonne à ce premier effet du poison éternel et vole à la demeure où gémissait Hiéroclès. D'un coup du glaive du Seigneur, il flétrit les flancs du ministre impie. A l'instant une hideuse maladie, dont Hiéroclès avait puisé les germes dans l'Orient, se déclare. L'infortuné voit une lèpre épaisse couvrir tout son corps; ses vêtements s'attachent à sa chair comme la robe de Déjanire ou la tunique de Médée. Sa tête s'égare; il blasphème contre le ciel et les hommes, et tout à coup il implore les chrétiens, pour le délivrer des esprits de ténèbres dont il se sent obsédé.

Cependant, au moment de quitter la terre, Eudore était tourmenté d'une tendre inquiétude. Malgré la ferveur de sa foi et l'exaltation de son âme, le martyr ne pouvait songer sans frémir au destin de la fille d'Homère. Que deviendra cette victime? Retombera-t-elle entre les mains d'Hiéroclès? Sera-t-elle interrogée par le juge? Pourra-t-elle soutenir d'aussi terribles épreuves? A-t-elle été condamnée à la mort sur son premier aveu, avec les confesseurs de la prison de

Saint-Pierre? Eudore se représentait Cymodocée déchirée par des lions, et implorant en vain le secours de l'époux pour qui elle donnait sa vie.

Les évêques, habiles dans la connaissance du cœur, s'apercevaient des combats intérieurs de l'athlète. Ils devinaient ses pensées, et cherchaient à relever son courage.

« Compagnon, lui disait Cyrille, soyons pleins de joie : bientôt nous irons à la gloire. Voyez dans cette prison, comme dans une riante campagne, ce champ d'épis mûrs qui seront tous moissonnés et rempliront les granges du bon pasteur! Cymodocée sera peut-être avec nous : c'est une fleur qui s'est trouvée au milieu du froment, et qui parfumera les corbeilles. Si Dieu l'ordonne ainsi, que sa volonté soit faite! Mais demandons plutôt au ciel qu'il laisse votre épouse ici-bas, afin qu'elle offre pour nous à l'Éternel le sacrifice agréable de ses innocentes prières. »

Lorsque après une nuit brûlante d'été un vent frais s'élève de l'orient avec le jour, le nautonier dont le vaisseau languissait sur une mer immobile salue le Zéphire, enfant de l'Aurore, qui lui ramène la fraîcheur et lui abrége le chemin : ainsi les paroles de Cyrille, comme un souffle bienfaisant, raniment le martyr et le poussent dans la voie du ciel. Toutefois il ne peut se dépouiller entièrement de l'homme : depuis longtemps il a chargé des chrétiens intrépides de sauver Cymodocée, et de n'épargner ni soins, ni peines, ni trésors : il se confie surtout au courage de Dorothée, qui déjà deux fois a vainement essayé, pendant la nuit, d'escalader la prison de la fille d'Homère.

Plus heureux à l'égard de Démodocus, Dorothée était parvenu à l'arracher des portes du cachot et à le conduire dans une retraite assurée.

« Infortuné vieillard, lui disait-il, pourquoi précipiter ainsi la fin de vos jours? Craignez-vous qu'ils ne s'enfuient pas assez vite? Réservez vos cheveux blancs pour votre fille. Si Dieu la veut rendre à vos embrassements, elle aura plus

19

besoin de vos consolations que vous n'aurez besoin des siennes : elle aura perdu son époux !

— Eh ! comment, répondait le vieillard, veux-tu que je cesse de redemander ma fille? C'était sur elle que je tournais mes regards des bords du tombeau. Dernière héritière de la lyre d'Homère, les Muses l'avaient comblée de dons précieux. Elle gouvernait ma maison; personne, en sa présence, n'eût osé insulter à ma vieillesse. J'aurais vu croître, sur mes genoux, des fils semblables à leur mère! Cymodocée, dont les paroles avaient tant de charme, que sont devenues tes promesses? Tu me disais : « Quelle sera ma dou-
« leur, ô mon père! si les Parques inflexibles te ravissent
« jamais à mon amour! Je couperai mes cheveux sur ton
« bûcher, et je passerai mes jours à te pleurer avec mes
« compagnes. » Hélas! ô ma fille! c'est moi qui reste à te pleurer! C'est moi qui, dans une terre étrangère, sans enfants, sans patrie, courbé sous le faix des ans, c'est moi qui t'appellerai trois fois autour de ton lit funèbre ! »

La nouvelle chrétienne avait rouvert les yeux à la lumière, ou plutôt aux ténèbres des cachots. Elle lit et relit vingt fois la lettre d'Eudore, et vingt fois elle l'arrose de ses pleurs.

« Époux chéri, dit-elle dans le langage confus de ses deux religions, seigneur, mon maître, héros semblable à une divinité, vous allez donc paraître devant les juges !... Un fer cruel !... Et je ne suis pas là pour panser tes plaies !... O mon père! pourquoi m'avez-vous abandonnée? Tombez, murs impitoyables! je veux porter ma vie au souverain maître de mon cœur. »

Ainsi se plaignait Cymodocée dans le silence de son cachot, tandis que le bruit et le tumulte environnaient la prison des martyrs. Ils entendaient au dehors une rumeur confuse, semblable au bouillonnement des grandes eaux, au fracas des vents sur de hautes montagnes, au mugissement d'un incendie allumé dans une forêt de pins par l'imprudence d'un berger : c'était le peuple.

Il y avait à Rome un antique usage : la veille de l'exécution des criminels condamnés aux bêtes, on leur donnait à la porte de la prison un repas public, appelé le repas libre. Dans ce repas on leur prodiguait toutes les délicatesses d'un somptueux festin : raffinement barbare de la loi, ou brutale clémence de la religion : l'une, qui voulait faire regretter la vie à ceux qui l'allaient perdre ; l'autre, qui, ne considérant l'homme que dans les plaisirs, voulait du moins en combler l'homme expirant.

Ce dernier repas était servi sur une table immense, dans le vestibule de la prison. Le peuple, curieux et cruel, était répandu alentour, et des soldats maintenaient l'ordre. Bientôt les martyrs sortent de leurs cachots et viennent prendre leurs places autour du banquet funèbre : ils étaient tous enchaînés, mais de manière à pouvoir se servir de leurs mains. Ceux qui ne pouvaient marcher à cause de leurs blessures étaient portés par leurs frères. Eudore se traînait appuyé sur les épaules des deux évêques, et les autres confesseurs, par pitié et par respect, étendaient leurs manteaux sous ses pas. Quand il parut hors de la porte, la foule ne put s'empêcher de pousser un cri d'attendrissement, et les soldats donnèrent à leur ancien capitaine le salut des armes. Les prisonniers se rangèrent sur les lits en face de la foule : Eudore et Cyrille occupaient le centre de la table ; les deux chefs des martyrs unissaient sur leurs fronts ce que la jeunesse et la vieillesse ont de plus beau : on eût cru voir Joseph et Jacob assis au banquet de Pharaon. Cyrille invita ses frères à distribuer au peuple ce repas fastueux, afin de le remplacer par une simple agape, composée d'un peu de pain et de vin pur : la multitude étonnée faisait silence ; elle écoutait avidement les paroles des confesseurs.

« Ce repas, disait Cyrille, est justement appelé le repas libre, puisqu'il nous délivre des chaînes du monde et des maux de l'humanité. Dieu n'a pas fait la mort, c'est l'homme qui l'a faite. L'homme nous donnera demain son ouvrage, et Dieu, qui est auteur de la vie, nous donnera la vie. Prions, mes frères, pour ce peuple ; il semble aujourd'hui touché de notre destinée ; demain il battra des mains à notre mort : il est bien à plaindre ! Prions pour lui et pour Galérius notre empereur. »

Et les martyrs priaient pour le peuple et pour Galérius leur empereur.

Les païens, accoutumés à voir les criminels se réjouir follement dans l'orgie funèbre, ou se lamenter sur la perte de la vie, ne revenaient pas de leur étonnement. Les plus instruits disaient :

« Quelle est donc cette assemblée de Catons qui s'entretiennent paisiblement de la mort la veille de leur sacrifice ? Ne sont-ce point des philosophes, ces hommes qu'on nous représente comme les ennemis des dieux ? Quelle majesté sur leur front ! quelle simplicité dans leurs actions et dans leur langage ! »

La foule disait :

« Quel est ce vieillard qui parle avec tant d'autorité et qui enseigne des choses si innocentes et si douces ? Les chrétiens prient pour nous et pour l'empereur : ils nous plaignent, ils nous donnent leur repas ; ils sont couverts de plaies, et ils ne disent rien contre nous ni contre les juges. Leur Dieu serait-il le véritable Dieu. »

Tels étaient les discours de la multitude. Parmi tant de malheureux idolâtres, quelques-uns se retirèrent saisis de frayeur, quelques autres se mirent à pleurer et criaient :

« Il est grand, le Dieu des chrétiens ! Il est grand, le Dieu des martyrs ! »

Ils restèrent pour se faire instruire, et ils crurent en Jésus-Christ.

LIVRE VINGT-TROISIÈME

SOMMAIRE.

Satan ranime le fanatisme du peuple. Mort d'Hiéroclès. L'ange de l'espérance descend vers Cymodocée. Cymodocée reçoit la robe des martyrs. Dorothée enlève Cymodocée de la prison. Cymodocée retrouve son père. L'ange du sommeil.

Le prince des ténèbres regardait en frémissant de rage la pitié du peuple et la victoire des confesseurs.

« Quoi! s'écria-t-il, j'aurai fait trembler sur son trône celui que des anges esclaves ont nommé le Tout-Puissant; quelques instants m'auront suffi pour flétrir l'ouvrage de six jours : l'homme sera devenu ma facile proie ; et, près de triompher du Christ, mon dernier ennemi, un martyr insulterait à ma puissance ! Ah ! ranimons contre les chrétiens la fureur d'un peuple insensé, et que Rome s'enivre aujourd'hui de l'encens des idoles et du sang des martyrs ! »

Il dit, et prend aussitôt la figure, la démarche et la voix de Tagès, chef des aruspices. Il dépouille sa tête immortelle des restes de sa brillante chevelure outragée par les feux de l'abîme ; les cicatrices que le désespoir et la foudre ont tracées sur son front se changent en rides vénérables ; il cache ses ailes repliées dans les amples contours d'une robe de lin, et, courbant son corps sur un bâton augural, il s'avance au-devant de la foule qui revenait du banquet des martyrs.

« Peuple romain, s'écrie-t-il, d'où naît aujourd'hui cet attendrissement sacrilége? Quoi ! votre empereur vous prépare des spectacles, et vous pleurez sur des scélérats, vil rebut des nations! Soldats, on renverse vos aigles, et vous vous laissez toucher ! Que diraient les Scipion et les Camille s'ils revoyaient la lumière? Bannissez une compassion criminelle, et, au lieu de plaindre ici les ennemis du ciel et des hommes, allez prier dans vos temples pour le salut du prince et célébrer la fête des dieux. »

En prononçant ces paroles, l'ange rebelle souffle sur la foule inconstante un esprit de vertige et de fureur. La soif du sang et des plaisirs s'allume dans les âmes, où la pitié s'éteint tout à coup. Un victimaire s'écrie :

« O ciel ! quel prodige frappe mes regards ! J'ai laissé Tagès au Capitole, et je le retrouve ici. Romains, n'en doutez pas, c'est quelque divinité cachée sous la figure du chef des aruspices qui vient vous reprocher votre pitié coupable et vous annoncer les volontés de Jupiter. »

A ces mots, le prince des ténèbres disparaît du milieu de la foule, et le peuple, saisi de terreur, court aux autels des idoles expier un moment d'humanité.

Galérius célébrait à la fois le jour de sa naissance et son triomphe sur les Perses. Ce jour tombait aux fêtes de Flore. Afin de se rendre le peuple et les soldats plus favorables, l'empereur rétablit les fêtes de Bacchus, depuis longtemps supprimées par le sénat. Tant d'horreurs devaient être couronnées par les jeux de l'amphithéâtre, où les prisonniers chrétiens étaient condamnés à mourir.

Galérius désigna particulièrement l'épouse d'Eudore pour le massacre du lendemain ; il ordonna que le fils de Lasthénès parût seul, et le premier, dans l'amphithéâtre, le privant ainsi du bonheur de mourir avec ses frères ; enfin, il commanda de jeter Hiéroclès au fond d'un vaisseau et de le conduire au lieu de son exil.

Cette sentence, subitement portée à Hiéroclès, lui donna le coup de la mort. La patience et la miséricorde de Dieu touchaient à leur terme, et la justice allait commencer. A peine Hiéroclès était sorti de la maison du juge, qu'il se sentit de nouveau frappé par le glaive de l'ange exterminateur. Dans un instant la maladie dont il est dévoré ne laisse plus aux médecins aucune espérance. Les païens, qui regardent la lèpre comme une malédiction du ciel, s'éloignent de l'apostat; ses esclaves mêmes l'abandonnent. Délaissé du monde entier, il ne trouve de secours que dans les hommes qu'il a si cruellement poursuivis. Les chrétiens, dont la charité ose seule braver toutes les misères humaines, ouvrent leurs hospices à leur persécuteur. Là, couché près d'un confesseur mutilé, Hiéroclès voit ses douleurs soulagées par la même main qui vient de panser les plaies d'un martyr. Mais tant de vertus ne font qu'irriter cet homme repoussé de Dieu; tantôt il appelle à grands cris Cymodocée; tantôt il croit apercevoir Eudore, une épée flamboyante à la main, et le menaçant du haut du ciel. Ce fut au milieu d'un de ces transports qu'on vint lui annoncer le dernier ordre de Galérius. Alors, se soulevant comme un spectre sur son lit pestiféré, le faux sage murmure ces mots d'une voix effrayée et incertaine :

« Je vais me reposer pour jamais. »

Il expire. Effroyable et trompeuse espérance ! Cette âme, qui croyait mourir avec le corps, au lieu d'une nuit profonde et tranquille, aperçoit tout à coup au fond du tombeau une lumière prodigieuse. Une voix qui sort du milieu de cette lumière prononce distinctement ces paroles :

« Je suis Celui qui suis. »

A l'instant l'éternité vivante est révélée à l'âme de l'athée. Trois vérités frappent à la fois cette âme confondue : sa propre existence, celle de Dieu, et la certitude des récompenses sans terme et des châtiments sans fin. Oh ! que n'est-elle ensevelie sous les débris de l'univers, pour se cacher à la face du souverain Juge ! Une force invincible la porte, dans un clin d'œil, nue et tremblante, au pied du tribunal de Dieu.

« Ouvrez le livre de vie, » dit l'Ancien des jours.

Un prophète ouvrit le livre de vie : le nom d'Hiéroclès était effacé.

« Va, maudit, aux feux éternels ! » dit le Juge incorruptible.

A l'instant l'âme de l'athée commence à haïr Dieu de la

haine des réprouvés, et tombe en des profondeurs brûlantes. L'enfer s'ouvre pour la recevoir et se referme sur elle en prononçant :

« L'éternité ! »

L'écho de l'abîme répète :

« L'éternité ! »

Le Père des humains, qui vient de punir le crime, songe à couronner l'innocence.

Il est dans le ciel une puissance divine, compagne assidue de la religion et de la vertu ; elle nous aide à supporter la vie, s'embarque avec nous pour nous montrer le port dans les tempêtes, également douce et secourable aux voyageurs célèbres, aux passagers inconnus. Quoique ses yeux soient couverts d'un bandeau, ses regards pénètrent l'avenir ; quelquefois elle tient des fleurs naissantes dans sa main, quelquefois une coupe pleine d'une liqueur enchanteresse ; rien n'approche du charme de sa voix, de la grâce de son sourire ; plus on avance vers le tombeau, plus elle se montre pure et brillante aux mortels consolés : la Foi et la Charité lui disent : « Ma sœur ! » et elle se nomme l'Espérance.

L'Éternel ordonne à ce beau séraphin de descendre vers Cymodocée et de lui montrer de loin les joies célestes, afin de la soutenir au milieu des tribulations de la terre. Un faux rapport avait interrompu pour quelques instants les chagrins de la jeune chrétienne. Le bruit s'était répandu dans Rome qu'Eudore venait de recevoir sa grâce : la scène du repas libre, mal expliquée, avait donné naissance à cette rumeur populaire. Blanche s'était empressée de communiquer ce faux rapport comme une nouvelle certaine à la fille de Démodocus ; mais combien Blanche se repentit de son indiscrète bonté lorsqu'elle connut le véritable destin d'Eudore et l'arrêt qui condamnait à mort tous les chrétiens des prisons ! Sævus, plein d'une brutale joie, lui commande de porter à Cymodocée le vêtement des femmes martyres. C'était une tunique bleue, une ceinture noire, des brodequins noirs, un manteau noir et un voile blanc. La faible et désolée gardienne accomplit en pleurant son message de douleur. Elle n'eut pas la force de détromper l'orpheline et de lui apprendre son sort.

« Voilà, lui dit-elle, ma sœur, un vêtement nouveau. Que la paix du Seigneur soit avec vous !

— Qu'est-ce que ce vêtement? dit Cymodocée. Est-ce ma robe nuptiale? Est-ce mon époux qui me l'envoie?

— C'est pour lui qu'il faut la prendre, répliqua la femme du gardien.

— Oh ! dit Cymodocée pleine de joie, mon époux a reçu sa grâce, nous achèverons notre hymen ! »

Blanche avait le cœur brisé ; elle se contenta de dire :

« Priez, ma sœur, pour vous et pour moi ! »

Elle sortit.

Demeurée seule avec le vêtement de gloire, Cymodocée le considère et le prend dans ses mains.

« On m'ordonne, dit-elle, de me parer pour mon époux ; il faut obéir. »

Aussitôt elle revêt la tunique, qu'elle rattache avec la ceinture. Elle ne sait pas qu'elle porte la robe de la mort ! Elle se regarde dans ce triste appareil, qui la rend cent fois plus touchante ; elle se rappelle le jour où elle se couvrit des ornements des Muses pour aller avec son père remercier la famille de Lasthénès.

« Ma robe nuptiale, disait-elle, n'est pas aussi éclatante ; mais elle plaira peut-être davantage à mon époux, parce que c'est une robe chrétienne. »

Le souvenir de son premier bonheur et du doux pays de la Grèce inspira la fille d'Homère. Elle s'assit devant la fenêtre de la prison, et, reposant sur sa main sa tête embellie du voile des martyrs, elle soupira ces paroles harmonieuses :

« Légers vaisseaux de l'Ausonie, fendez la mer calme et brillante ! Esclaves de Neptune, abandonnez la voile au souffle des vents ! Courbez-vous sur la rame agile. Reportez-moi, sous la garde de mon époux et de mon père, aux rives fortunées du Pamysus.

« Volez, oiseaux de Libye, dont le cou flexible se courbe avec grâce, volez au sommet de l'Ithome, et dites que la fille d'Homère va revoir les lauriers de la Messénie !

« Quand retrouverai-je mon lit d'ivoire, la lumière du jour si chère aux mortels, les prairies émaillées de fleurs qu'une eau pure arrose, que la pudeur embellit de son souffle ?

« J'étais semblable à la tendre génisse sortie du fond d'une grotte, errante sur les montagnes et nourrie au son des instruments champêtres. Aujourd'hui, dans une prison solitaire, sur la couche indigente de Cérès !...

« Mais d'où vient qu'en voulant chanter comme la fauvette, je soupire comme la flûte consacrée aux morts ? Je suis pourtant revêtue de la robe nuptiale ; mon cœur sentira les joies et les inquiétudes maternelles ; je verrai mon fils s'attacher à ma robe, comme l'oiseau timide qui se réfugie sous l'aile de sa mère. Eh ! ne suis-je pas moi-même un jeune oiseau ravi au sein paternel !

« Que mon père et mon époux tardent à paraître ! Ah ! s'il m'était permis d'implorer encore les Grâces et les Muses ! si je pouvais interroger le ciel dans les entrailles de la victime ! Mais j'offense un Dieu que je connais à peine : reposons-nous sur la croix. »

Déjà la nuit enveloppait Rome enivrée. Tout à coup les portes de la prison s'ouvrent, et le centurion chargé de lire aux chrétiens la sentence de l'empereur paraît devant Cymodocée. Il était accompagné de plusieurs soldats ; quelques autres, arrêtés dans les cours extérieures, retenaient le gardien et lui prodiguaient le vin des idoles.

Comme une colombe que le chasseur a surprise dans le creux d'un rocher reste immobile de frayeur, et n'ose s'envoler dans les plaines du ciel, ainsi la fille de Démodocus demeure frappée d'étonnement et de crainte sur le siége à demi brisé où elle était assise. Les soldats allument un flambeau. O prodige! l'épouse d'Eudore reconnaît Dorothée sous l'habit du centurion! Dorothée contemple à son tour, sans pouvoir parler, cette femme dans l'appareil du martyre.

« C'est toi, compagnon de mes courses loin de ma patrie! s'écria la jeune Messénienne en se mettant à genoux et tendant les mains à Dorothée. Tu visites enfin ton Esther! Mortel généreux, viens-tu guider mes pas vers mon père et vers mon époux? Que la nuit eût été longue sans toi! »

Dorothée, la voix entrecoupée par les pleurs, répondit:
« Cymodocée, vous connaissez donc votre sort? Cette robe...

— C'est ma robe nuptiale, dit la vierge ingénue. Mais, si tout est fini, si mon époux est sauvé, si je suis libre, pourquoi ces pleurs et ce mystère?

— Fuyons, repartit Dorothée; enveloppez-vous dans cette toge : nous n'avons pas un moment à perdre. Accompagné de ces braves amis, je me suis glissé dans votre prison à la faveur de ce déguisement, j'ai montré la sentence de l'empereur : Sævus m'a pris pour le centurion qui vient vous annoncer l'arrêt fatal.

— Quel arrêt? dit la fille d'Homère.

— Vous ne savez donc pas, repartit Dorothée, que les chrétiens des prisons sont condamnés à mourir demain dans l'amphithéâtre?

— Mon époux est-il compris dans cet arrêt? dit la nouvelle chrétienne en se levant avec une gravité qu'elle n'avait pas encore montrée; parlez, ne me trompez pas. Je ne connais point le serment inviolable des chrétiens; autrefois j'aurais juré par l'Érèbe et par le génie de mon père. Voilà votre livre sacré; il est écrit dans ce livre : « Vous ne mentirez pas; » jurez donc sur l'Évangile qu'Eudore est sauvé. »

Dorothée pâlit; les yeux noyés de larmes, il s'écria :

« Femme, voulez-vous donc que je vous parle de la gloire dont votre époux s'est couvert et de celle qui l'attend encore ? »

Cymodocée trembla comme le palmier frappé de la foudre.

« Vos paroles, dit-elle, ont descendu dans mon cœur comme un glaive. Je vous entends. Et vous voulez que je fuie ! Je ne reconnais pas là les maximes d'un chrétien. Eudore est couvert de plaies pour son Dieu; il combattra demain les bêtes féroces : et l'on me conseille de me soustraire à mon sort, de l'abandonner au sien ! Je sens à mes côtés je ne sais quelle espérance qui me fait entrevoir un bonheur et des beautés divines. Si quelquefois, faible et découragée, j'ai jeté un regard complaisant sur la vie, toutes ces craintes sont dissipées. Non, l'eau du Jourdain n'aura pas coulé en vain sur ma tête ! Je vous salue, robe sacrée, dont je ne connaissais pas le prix ! Je le vois, vous êtes la robe du martyre ! La pourpre qui vous teindra demain sera immortelle, et me rendra plus digne de paraître devant mon époux. »

En prononçant ces mots, Cymodocée, saisie d'un enthousiasme divin, portait sa robe à ses lèvres et la baisait avec respect.

« Eh bien, s'écria Dorothée, si vous ne voulez pas nous suivre, nous périrons tous avec vous; nous demeurerons ici, nous nous déclarerons chrétiens, et demain vous nous conduirez à l'amphithéâtre. Mais quoi ! la religion vous commande-t-elle cette barbarie? Vous voulez mourir sans recevoir la bénédiction de votre père, sans embrasser ce vieillard qui vous attend et que votre résolution va conduire au tombeau ! Ah ! si vous l'aviez vu souiller ses cheveux avec des cendres brûlantes, déchirer ses habits, se rouler au pied des murs de votre prison, Cymodocée, vous vous laisseriez attendrir. »

Comme la glace qu'une seule nuit a formée dans les premiers jours du printemps se fond aux rayons du soleil, comme la fleur près d'éclore brise la légère enveloppe du bouton qui la retient, ainsi la résolution de Cymodocée s'évanouit à ces paroles, ainsi la piété filiale éclate et refleurit au fond de son cœur. Elle ne peut se résoudre à compromettre les hommes généreux qui s'exposent pour la sauver; elle ne peut mourir sans chercher à consoler Démodocus; elle garde un moment le silence; elle écoute les conseils de l'ange des espérances célestes qui parle à son âme; puis soudain, renfermant en elle-même un projet sublime :

« Allons revoir mon père ! »

Les chrétiens, au comble de la joie, couvrent d'un casque les cheveux de la jeune fille; ils enveloppent Cymodocée dans une de ces toges blanches bordées de pourpre que les adolescents prenaient à Rome, au sortir de l'enfance. Les chrétiens placent la fille d'Homère au milieu d'eux; ils éteignent les flambeaux, sortent tous ensemble, et laissent le gardien, plongé dans l'ivresse, fermer soigneusement des cachots vides.

La troupe sainte se disperse dans la nuit, et Zacharie va porter à Eudore la nouvelle de la délivrance de Cymodocée.

Mais Dorothée, comme un courageux pasteur, s'est ouvert un chemin à travers la foule idolâtre. Sur le flanc du mont Esquilin s'élevait une retraite qu'avait habitée Virgile; un laurier planté à la porte s'offrait à la vénération du peuple. Dorothée, aux jours de sa puissance, avait acheté cette demeure pour l'embellir. C'est là qu'il vient cacher la fille d'Homère. Démodocus remplissait déjà cet asile sacré du bruit de ses pleurs. Le vieillard était assis dans la poussière, sous un portique : il croit voir deux guerriers s'avancer à travers les ombres :

« Qui êtes-vous ? s'écrie-t-il d'une voix éclatante. Fantômes envoyés par les sanglantes Euménides, venez-vous m'entraîner dans la nuit du Tartare? Êtes-vous des génies chrétiens qui m'annoncez la mort de ma fille? Tombent le Christ et ses temples! tombe le Dieu qui attache à la croix ses adorateurs!

— Ce sont eux cependant qui te ramènent ta fille! » dit Cymodocée en se jetant au cou de son père.

Le casque de la jeune martyre roule à terre, ses cheveux descendent sur ses épaules : le guerrier devient une vierge. Démodocus perd l'usage de ses sens; on s'empresse de le faire revenir à la vie; on lui explique des mystères que dans sa joie il peut à peine comprendre. Cymodocée le soulage par des paroles et par des caresses :

« O mon père! je te retrouve enfin après une séparation cruelle! Me voilà donc encore à tes pieds! C'est moi, c'est ta Cymodocée, pour qui ta bouche a appris à prononcer le tendre nom de fille. Tu me reçus dans tes bras à ma naissance, tu me comblas de tes caresses et de tes bénédictions. Que de fois, suspendue à tes bras, que de fois j'ai promis de te rendre le plus heureux des mortels! Et j'ai pu faire couler des larmes de tes yeux! O mon père! est-ce toi que je presse sur mon sein? Ah! jouissons bien de ces moments d'un bonheur inespéré! Tu le sais : le ciel est prompt à reprendre les dons qu'il nous fait. »

Alors Démodocus :

« Gloire de mes ancêtres, fille plus précieuse à mon cœur que la lumière qui éclaire les ombres heureuses dans l'Élysée, pourrais-je te raconter mes douleurs? Comme je te cherchais aux lieux où je t'avais vue et autour de ces prisons qui te dérobaient à mon amour! Ah! me disais-je, je ne préparerai point sa couche nuptiale; je n'allumerai point la torche de son hyménée; je resterai seul sur la terre, où les dieux m'auront enlevé ma couronne et ma joie! Lorsque je serrais ma fille dans mes bras aux rivages de l'Attique, je l'embrassais donc pour la dernière fois! Quel doux regard elle attachait sur moi! Comme elle me souriait avec tendresse ! Était-ce là son dernier sourire ! O traits chéris que j'ai retrouvés ! ô front où se peignent la candeur et l'innocence ! vous semblez faits pour le bonheur. Quel plaisir de sentir palpiter ce cœur jeune et plein de vie sur ce cœur vieilli et épuisé par la douleur ! »

Tels sont les gémissements de Démodocus et de Cymodocée : Alcyon, qui bâtit son nid sur les vagues, fait entendre avec ses petits de douces plaintes dans le berceau flottant que la vaste mer doit bientôt engloutir. Dorothée fait apporter des flambeaux et conduit le père et la fille dans une salle où l'on avait préparé deux lits; il se retire et les laisse à leur tendresse. La nuit entière se fût écoulée dans des récits mutuels et de touchantes caresses, si le prêtre des dieux, se jetant tout à coup aux pieds de Cymodocée, ne se fût écrié :

« O ma fille ! mets un terme à mes craintes et à mes malheurs ! Abjure des autels qui t'exposent sans cesse à de nouvelles persécutions ; reviens au culte de ton père ! Hiéroclès n'est plus à craindre. Celui qui devait être ton époux... »

Cymodocée se précipite à son tour aux genoux du vieillard :

« Mon père à mes pieds ! s'écrie-t-elle en relevant Démodocus. Ah ! je n'ai pas la force de supporter cette épreuve. O mon père ! épargnez une fille pleine de faiblesse, ne la séduisez pas ; laissez-lui le Dieu de son époux ! Si vous saviez combien ce Dieu a augmenté pour vous mon respect et mon amour !

— Ce Dieu, dit Démodocus, a voulu me ravir ma fille ; il t'enlève ton époux !

— Non, dit Cymodocée, je ne perdrai point Eudore ; il vivra toujours, sa gloire rejaillira sur moi.

— Quoi ! reprit le prêtre d'Homère, tu ne perdras point Eudore descendu au tombeau ?

— Il n'est point de tombeau pour lui, dit la vierge inspirée : on ne pleure point les chrétiens morts pour leur Dieu comme on pleure les autres hommes. »

Cependant Cymodocée, qui cache un profond dessein dans son cœur, invite son père à se reposer. Elle le contraint par ses prières à se jeter sur un lit. Le vieillard ne pouvait se résoudre à perdre un moment des yeux sa fille retrouvée ; il croyait toujours qu'elle allait lui échapper : ainsi, lorsqu'un homme a été longtemps poursuivi par un songe funeste, au moment de son réveil il voit encore l'image effrayante, et la naissante aurore ne rassure point ses esprits. Cymodocée se plaint de la fatigue qu'elle éprouve ; elle s'incline sur le second lit à l'autre extrémité de la salle et adresse tout bas cette prière à l'Éternel :

« Dieu inconnu, qui pénètres le fond de mon cœur ; Dieu qui as vu mourir ton Fils unique, si mes desseins te sont agréables, fais descendre sur mon père un de ces esprits qu'on appelle tes anges : ferme ses yeux appesantis par les larmes, et souviens-toi de lui quand je l'aurai quitté pour toi. »

Elle dit, et sa prière, sur des ailes de flamme, s'envole au sein de l'Éternel. L'Éternel la reçoit dans sa miséricorde, et l'ange du sommeil abandonne aussitôt les voûtes éthérées, il vole à la retraite solitaire de Démodocus. Ce père infortuné s'agitait, brûlant sur sa couche ; le messager divin étend son sceptre pacifique et touche les paupières du vieillard : Démodocus tombe à l'instant dans un repos profond et délicieux. Il n'avait connu jusqu'alors que ce sommeil frère de la mort, habitant des enfers, enfant de ces démons appelés dieux parmi les hommes ; il ignorait ce sommeil de vie qui vient du ciel ; charme puissant composé de paix et d'innocence, qui n'amène point de songes, qui n'appesantit point l'âme et qui semble être une douce vapeur de la vertu. L'ange du repos n'ose approcher de Cymodocée : il s'incline avec respect devant cette vierge qui prie, et, la laissant sur la terre, il va l'attendre dans le ciel.

LIVRE VINGT-QUATRIÈME

SOMMAIRE.

Maladie de Galérius. L'amphithéâtre de Vespasien. Eudore est conduit au martyre. Michel plonge Satan dans l'abîme. Cymodocée s'échappe d'auprès de son père, et vient trouver Eudore à l'amphithéâtre. Galérius apprend que Constantin a été proclamé César. Martyre des deux époux. Triomphe de la religion chrétienne.

O Muse, qui daignas me soutenir dans une carrière aussi longue que périlleuse ! retourne maintenant aux célestes demeures. J'aperçois les bornes de la course ; je vais descendre du char, et pour chanter l'hymne des morts je n'ai plus besoin de ton secours. Quel Français ignore aujourd'hui les cantiques funèbres? Qui de nous n'a mené le deuil autour d'un tombeau, n'a fait retentir le cri des funérailles ? C'en est fait, ô Muse, encore un moment, et pour toujours j'abandonne tes autels !

Il est temps que le ciel venge sur l'oppresseur la cause de l'innocence opprimée. Le vin de la colère de Dieu, en pénétrant dans les entrailles du persécuteur des fidèles, a fait éclater un mal caché, fruit de l'intempérance. Depuis la ceinture jusqu'à la tête, Galérius n'est plus qu'un squelette recouvert d'une peau livide, enfoncée entre des ossements ; le bas de son corps est enflé comme une outre, et ses pieds n'ont plus de forme. Lorsqu'au bord d'un vivier couvert de roseaux et de glaïeuls un serpent s'est attaché aux flancs d'un taureau, l'animal se débat dans les nœuds du reptile : il frappe l'air de sa corne ; mais bientôt, dompté par le venin, il tombe et se roule en mugissant : ainsi s'agite et rugit Galérius. La gangrène dévore ses intestins. Pour attirer au dehors les vers qui rongent ce maître du monde, on livre à ses plaies affamées des animaux nouvellement égorgés. On invoque Apollon, Esculape, Hygie : vaines idoles qui ne peu-

20

vent se défendre elles-mêmes des vers qui leur percent le cœur! Galérius fait trancher la tête aux médecins qui ne trouvent point de remèdes à ses souffrances.

« Prince, lui dit l'un d'entre eux, élevé secrètement dans la foi des chrétiens, cette maladie est au-dessus de notre art; il faut remonter plus haut. Souvenez-vous de ce que vous avez fait contre les serviteurs de Dieu, et vous saurez à qui vous devez avoir recours. Je suis prêt à mourir comme mes frères; mais les médecins ne vous guériront pas. »

Cette franchise plonge Galérius dans des transports de rage. Il ne peut se résoudre à reconnaître l'impiété de ce titre d'Éternel dont il a surchargé une vie d'un moment. Sa fureur contre les chrétiens redouble: loin de vouloir suspendre leurs supplices, il confirme sa première sentence, et n'attend lui-même que le jour pour montrer à l'amphithéâtre le spectacle d'un prince mourant qui vient voir mourir ses sujets.

Son impatience ne fut pas longtemps éprouvée: déjà les flots jaunissants du Tibre, les coteaux d'Albe, les bois de Lucrétile et de Tibur, souriaient aux feux naissants de l'aurore. La rosée brillait suspendue aux plantes comme une manne: la campagne romaine se montrait tout éclatante de la fraîcheur et pour ainsi dire de la jeunesse de la lumière. Les monts lointains de la Sabine, qu'enveloppait une vapeur diaphane, se peignaient de la couleur du fruit du prunier, quand sa pourpre violette est légèrement blanchie par sa fleur. On voyait la fumée s'élever des hameaux, les brouillards fuir le long des collines, et la cime des arbres se découvrir: jamais plus beau jour n'était sorti de l'Orient pour contempler les crimes des hommes. O soleil! sur le trône élevé d'où tu jettes un regard ici-bas, que te font nos larmes et nos malheurs? Ton lever et ton coucher ne peuvent être troublés par le souffle de nos misères; tu éclaires des mêmes rayons le crime et la vertu; les générations passent, et tu poursuis ta course!

Cependant le peuple s'assemblait à l'amphithéâtre de Vespasien : Rome entière était accourue pour boire le sang des martyrs. Cent mille spectateurs, les uns voilés d'un pan de leur robe, les autres portant sur la tête une ombelle, étaient répandus sur les gradins. La foule, vomie par les portiques, descendait et montait le long des escaliers extérieurs et prenait son rang sur les marches revêtues de marbre. Des grilles d'or défendaient le banc des sénateurs de l'attaque des bêtes féroces. Pour rafraîchir l'air, des machines ingénieuses faisaient monter des sources de vin et d'eau safranée, qui retombaient en rosée odoriférante. Trois mille statues de bronze, une multitude infinie de tableaux, des colonnes de jaspe et de porphyre, des balustres de cristal, des vases d'un travail précieux, décoraient la scène. Dans un canal creusé autour de l'arène nageaient un hippopotame et des crocodiles; cinq cents lions, quarante éléphants, des tigres, des panthères, des taureaux, des ours, accoutumés à déchirer des hommes, rugissaient dans les cavernes de l'amphithéâtre.

Les prétoriens, chargés de conduire les confesseurs au martyre, assiégeaient déjà les portes de la prison de Saint-Pierre. Eudore, selon les ordres de Galérius, devait être séparé de ses frères, et choisi pour combattre le premier : ainsi, dans une troupe valeureuse, on cherche à terrasser d'abord le héros qui la guide. Le gardien de la prison s'avance à la porte du cachot et appelle le fils de Lasthénès.

« Me voici, dit Eudore; que voulez-vous?

— Sors pour mourir ! s'écria le gardien.

— Pour vivre! » répondit Eudore.

Et il se lève de la pierre où il était couché. Cyrille, Gervais, Protais, Rogatien et son frère, Victor, Genès, Perséus, l'ermite du Vésuve, ne peuvent retenir leurs larmes.

« Confesseurs, leur dit Eudore, nous allons bientôt nous retrouver. Un instant séparés sur la terre, nous nous rejoindrons dans le ciel. »

Eudore avait réservé pour ce dernier moment une tunique blanche, destinée jadis à sa pompe nuptiale ; il ajoute à cette tunique un manteau brodé par sa mère.

Le peuple et les prétoriens impatients appellent le fils de Lasthénès à grands cris.

« Allons ! » dit le martyr.

Et, surmontant les douleurs du corps par la force de l'âme, il franchit le seuil du cachot. Cyrille s'écrie :

« Fils de la femme, on vous a donné un front de diamant : ne les craignez point, et n'ayez pas peur devant eux. »

Les évêques entonnent le cantique des louanges, nouvellement composé à Carthage par Augustin, ami d'Eudore.

« O Dieu ! nous te louons. O Dieu ! nous te bénissons. Les cieux, les anges, les trônes, les chérubins, te proclament trois fois saint, Seigneur, Dieu des armées ! »

Les évêques chantaient encore l'hymne de la victoire, et Eudore, sorti de la prison, jouissait déjà de son triomphe : il était livré aux outrages. Le centurion de la garde le poussa rudement et lui dit :

« Tu te fais bien attendre !

— Compagnon, répondit Eudore en souriant, je marchais aussi vite que vous à l'ennemi ; mais aujourd'hui, vous le voyez, je suis blessé. »

On lui attacha sur la poitrine une feuille de papyrus portant ces deux mots :

« Eudore chrétien. »

Le peuple le chargeait d'opprobres.

« Où est maintenant son Dieu ? disait-il. Que lui a servi de préférer son culte à la vie ? Nous verrons s'il ressuscitera avec son Christ, ou si le Christ sera assez puissant pour l'arracher de nos mains ! »

Et cette foule cruelle rendait mille louanges à ses dieux, et elle se réjouissait de la vengeance qu'elle tirait des ennemis de leurs autels.

Eudore parvient ainsi jusqu'à l'amphitéâtre, comme un noble coursier, percé d'un javelot sur le champ de bataille, s'avance encore au combat sans paraître sentir sa blessure mortelle.

Mais tous ceux qui pressaient le confesseur n'étaient pas des ennemis : un grand nombre étaient des fidèles qui cherchaient à toucher le vêtement du martyr, des vieillards qui recueillaient ses paroles, des prêtres qui lui donnaient l'absolution du milieu de la foule, des jeunes gens, des femmes qui criaient :

« Nous demandons à mourir avec lui ! »

Les gladiateurs ouvrirent les portes de l'amphithéâtre, et le martyr entra seul et triomphant dans l'arène.

L'empereur n'était point encore arrivé, et l'intendant des jeux n'avait pas donné le signal. Le martyr blessé demande au peuple la permission de s'asseoir sur l'arène, afin de mieux conserver ses forces : le peuple y consent, dans l'espoir de voir un plus long combat. Le jeune homme, enveloppé de son manteau, s'incline sur le sable qui va boire son sang, comme un pasteur se couche sur la mousse au fond d'un bois solitaire.

Cependant, dans les profondeurs de l'éternité, une plus vive lumière sortait du Saint des saints. Les anges, les trônes, dominations, prosternés, entendaient, saisis de joie, une voix qui disait :

« Paix à l'église ! paix aux hommes ! »

L'hostie était acceptée : la dernière goutte du sang du juste allait faire triompher cette religion qui devait changer la face de la terre. La cohorte des martyrs s'ébranle : les divins guerriers s'assemblent au bruit d'une trompette sonnée par l'ange des armées du Seigneur. Là brille Étienne, le premier des confesseurs ; là se montrent l'intrépide Laurent, l'éloquent Cyprien, et vous, honneur de cette pieuse et fidèle cité que le Rhône ravage et que la Saône caresse. Tous, portés sur une nuée lumineuse, ils descendent pour recevoir l'heureux soldat à qui la grande victoire est réservée. Les cieux s'abaissent et s'entr'ouvrent. Les chœurs de patriarches, des prophètes, des apôtres, des anges, viennent admirer le combat du juste. Les saintes femmes, les veuves, les vierges, environnent et félicitent la mère d'Eudore, qui seule détourne ses yeux de la terre et les tient attachés sur le trône de Dieu.

Alors Michel arme sa droite de ce glaive qui marche devant le Seigneur et qui frappe des coups inattendus; il prend dans sa main gauche une chaîne forgée au feu des éclairs, dans les arsenaux de la colère céleste. Cent archanges en formèrent des anneaux indestructibles, sous la direction d'un ardent chérubin; par un travail admirable, l'airain fondu avec l'argent et l'or se façonna sous leurs marteaux pesants; ils y mêlèrent trois rayons de la vengeance éternelle : le désespoir, la terreur, la malédiction, un carreau de la foudre, et cette matière vivante qui composait les roues du char d'Ézéchiel. Au signal du Dieu fort, Michel s'élance des cieux comme une comète. Les astres effrayés croient toucher à la borne de leur cours. L'archange met un pied sur la mer et l'autre sur la terre. Il crie d'une voix terrible, et sept tonnerres parlent avec lui :

« Le règne du Christ est établi; l'idolâtrie est passée; la mort ne sera plus. Race perverse, délivrez le monde de votre présence; et toi, Satan, rentre dans le puits de l'abîme, où tu seras enchaîné pour mille ans. »

A ces accents formidables, les anges rebelles sont saisis d'épouvante. Le prince des enfers veut résister encore et combattre l'envoyé du Très-Haut; la force lui est subitement ôtée; il sent que son sceptre est brisé et sa puissance détruite. Précédé de ses légions éperdues, il se plonge avec un affreux rugissement dans le puits de l'abîme. Les chaînes vivantes tombent avec lui, l'embrassent et le lient sur un rocher enflammé, au centre de l'enfer.

Le fils de Lasthénès entend dans les airs des concerts

ineffables, et les sons lointains de mille harpes d'or, mêlés à des voix mélodieuses. Il lève la tête et voit l'armée des martyrs renversant dans Rome les autels des faux dieux, et sapant les fondements de leurs temples parmi des tourbillons de poussière. Une échelle merveilleuse descend d'une nue jusqu'aux pieds d'Eudore. Cette échelle était de jaspe, d'hyacinthe, de saphirs et d'émeraudes, comme les fondements de la Jérusalem céleste. Le martyr contemple la vision de splendeur, et appelle par ses soupirs l'instant où il pourra suivre ce chemin du ciel.

Et pourtant ce n'est pas là toute la gloire que le Dieu de Jacob réserve à son peuple. Il entretient encore dans le cœur d'une faible femme les plus nobles et les plus généreux desseins. Quand l'alouette matinale attend sur des guérets nouveaux le retour de la lumière, aussitôt que le jour naissant a blanchi les bords des nuages, elle quitte la terre et fait entendre, en montant dans les airs, un hymne qui charme le voyageur : ainsi la vigilante Cymodocée veille attentivement à la première clarté de l'aube, pour aller chanter dans le ciel des cantiques qui raviront Israël. Un rayon de l'aurore parvient jusqu'à la jeune chrétienne, à travers le laurier de Virgile. Aussitôt elle se lève en silence et reprend le vêtement du martyre, qu'elle avait eu soin de garder. Le prêtre d'Homère goûtait encore le sommeil que l'ange avait répandu sur ses yeux. Cymodocée s'approche doucement, et se met à genoux aux bords du lit de Démodocus. Elle contemple son père en versant des larmes muettes; elle écoute la respiration paisible du vieillard, elle songe à son affreux réveil, elle peut à peine étouffer les sanglots de la piété filiale. Soudain elle rappelle son courage, ou plutôt sa foi, elle s'échappe furtivement.

Dorothée n'avait point passé la nuit dans la maison de Virgile ; les chrétiens ne s'endormaient point ainsi la veille de la mort de leurs frères : accompagné de tous ses serviteurs, il s'était rendu à l'amphithéâtre avec Zacharie. Déguisés, au milieu de la foule, ils attendaient le combat du martyr, afin de dérober ensuite le corps glorieux et de lui donner la sépulture.

Cymodocée ne rencontre donc point d'obstacles à sa fuite. Qui aurait pu deviner ses desseins? Elle descend sous le péristyle, et, ouvrant la porte extérieure, elle s'élance dans cette Rome qui lui était inconnue.

Elle erre d'abord par des rues désertes : tout le peuple s'était porté vers l'amphithéâtre. Elle ne sait où tourner ses pas; elle s'arrête et prête une oreille attentive, comme une sentinelle qui cherche à surprendre le bruit de l'ennemi. Il lui semble entendre un murmure lointain ; elle court aussitôt de ce côté ; plus elle approche, plus s'accroît le murmure Bientôt elle aperçoit une longue file de soldats, d'esclaves, de femmes, d'enfants, de vieillards, qui suivaient tous le même chemin ; elle voit passer des litières, voler des chars et des cavaliers. Mille accents, mille voix, s'élèvent, et dans cette rumeur confuse Cymodocée distingue ce cri répété :

« Les chrétiens aux bêtes !

— Me voici! dit-elle.

— C'est une chrétienne échappée! s'écria la foule ; arrêtons-la !

— Oui, répondit Cymodocée en rougissant devant cette multitude, je suis chrétienne ; mais je ne suis point échappée: je ne suis qu'égarée. J'ai pu me tromper de chemin, moi qui suis jeune et née loin d'ici, sur le rivage de la Grèce, ma douce patrie! Puissants enfants de Romulus, voulez-vous me conduire à l'amphithéâtre? »

Ce langage, qui aurait désarmé des tigres, n'attira sur Cymodocée que des railleries et des outrages. Elle était tombée dans un groupe d'hommes et de femmes chancelants sous les fumées du vin. Une voix voulut dire que cette Grecque n'était peut-être pas condamnée aux bêtes.

« Je le suis, répondit la jeune chrétienne avec timidité; on m'attend à l'amphithéâtre ! »

La troupe aussitôt l'y conduit en poussant des hurlements. Le gladiateur commis à l'introduction des martyrs n'avait point d'ordre pour cette victime, et refusait de l'admettre au lieu du sacrifice; mais une des portes de l'arène, venant à s'ouvrir, laisse voir Eudore dans l'enceinte : Cymodocée s'élance comme une flèche légère et va tomber dans les bras de son époux.

L'horreur, le ravissement, une affreuse douleur, une joie inouïe, ôtaient la parole au martyr : il pressait Cymodocée sur son cœur : il aurait voulu la repousser ; il sentait que chaque minute écoulée amenait la fin d'une vie pour laquelle il eût donné un million de fois la sienne. A la fin il s'écrie en versant des torrents de pleurs :

« O Cymodocée! que venez-vous faire ici? Dieu! est-ce dans ce moment que je devais jamais vous voir? Quel charme ou quel malheur vous a conduite sur ce champ de carnage? Pourquoi venez-vous ébranler ma foi? Comment pourrai-je vous voir mourir?

— Seigneur, dit Cymodocée avec des sanglots, pardonnez à votre servante. J'ai lu dans vos livres saints : « La femme « quittera son père et sa mère pour s'attacher à son époux. » J'ai quitté mon père, je me suis dérobée à son amour pendant son sommeil ; je viens demander votre grâce à Galérius, ou partager votre sort. »

Cymodocée aperçoit le visage pâle d'Eudore, ses blessures couvertes d'un vain appareil : elle jette un cri, et, dans un saint transport, elle baise les pieds du martyr et les plaies sacrées de ses bras et de sa poitrine. Qui pourrait exprimer les sentiments d'Eudore lorsqu'il sent ces lèvres pures presser son corps défiguré? Tout à coup le ciel inspire le confesseur ; sa tête parait rayonnante et son visage resplendissant de la gloire de Dieu ; il tire de son doigt un anneau, et, le trempant dans le sang de ses blessures :

« Je ne m'oppose plus à vos desseins, dit-il à Cymodocée : je ne puis vouloir vous ravir plus longtemps une couronne que vous recherchez avec tant de courage. Si j'en crois la voix secrète qui parle à mon cœur, votre mission sur cette terre est finie : votre père n'a plus besoin de vos secours ; Dieu s'est chargé du soin de ce vieillard : il va connaître la vraie lumière et bientôt il rejoindra ses enfants dans ces demeures où rien ne pourra plus les lui ravir. O Cymodocée ! je vous l'avais prédit, nous serons unis ; il faut que nous mourions époux. C'est ici l'autel, l'église, le lit nuptial. Voyez cette pompe qui nous environne, ces parfums qui tombent sur nos têtes. Levez les yeux, et contemplez au ciel, avec les regards de la foi, cette pompe bien autrement belle. Prenez cet anneau et devenez mon épouse. »

Le couple angélique tombe à genoux au milieu de l'arène ; Eudore met l'anneau trempé de son sang au doigt de Cymodocée.

« Servante de Jésus-Christ, s'écrie-t-il, recevez ma foi. »

A l'instant le ciel, ouvert, célèbre ces noces sublimes : les anges entonnent le cantique de l'Épouse ; la mère d'Eudore présente à Dieu ses enfants unis, qui vont bientôt paraître au pied du trône éternel ; les vierges martyres tressent la couronne nuptiale de Cymodocée ; Jésus-Christ bénit le couple bienheureux, et l'Esprit-Saint lui fait le don d'un intarissable amour.

Cependant la foule, qui voyait les deux chrétiens à genoux, croyait qu'ils lui demandaient la vie. Tournant aussitôt le pouce vers eux, comme dans les combats de gladiateurs, elle repoussait leur prière par ce signe et les condamnait à mort. Le peuple romain, que ses nobles priviléges avaient fait surnommer le peuple-roi, avait depuis longtemps perdu son indépendance : il n'était resté le maître absolu que dans la direction de ses plaisirs ; et, comme on se servait de ces mêmes plaisirs pour l'enchaîner et le corrompre, il ne possédait en effet que la souveraineté de son esclavage. Le gladiateur des portiques vint dans ce moment recevoir les ordres du peuple sur le sort de Cymodocée.

« Peuple libre et puissant, dit-il, cette chrétienne est entrée hors de son rang dans l'arène ; elle était condamnée à mourir avec le reste des impies, après le combat de leur chef ; elle s'est échappée de la prison. Égarée dans Rome, son mauvais génie, ou plutôt le génie de l'empire, l'a ramenée à l'amphithéâtre. »

Le peuple cria d'une commune voix :

« Les dieux l'ont voulu : qu'elle reste et qu'elle meure ! »

Un petit nombre, intérieurement travaillé par le Dieu des miséricordes, paraissait touché de la jeunesse de Cymodocée : il voulait que l'on fît grâce à cette chrétienne ; mais la foule répétait :

« Qu'elle reste et qu'elle meure ! Plus la victime est belle, plus elle est agréable aux dieux. »

Ce n'étaient plus ces enfants de Brutus, qui maudissaient le grand Pompée pour avoir fait combattre de paisibles éléphants ; c'étaient des hommes abrutis par la servitude, aveuglés par l'idolâtrie, et chez qui toute humanité s'était éteinte avec le sentiment de la liberté.

Une voix s'échappe des combles de l'amphithéâtre. C'en est fait : Dorothée renonce à la vie.

« Romains, s'écrie-t-il, c'est moi qui ai tout fait, c'est moi qui, cette nuit même, avais enlevé cet ange du ciel, qui vient se remettre entre vos mains. Je suis chrétien, je demande le combat. Puisse l'infâme Jupiter tomber bientôt avec son temple ! Puisse-t-il écraser dans sa chute ses horribles adorateurs ! Puisse l'éternité allumer ses flammes vengeresses pour engloutir des barbares qui restent insensibles à tous les charmes du malheur, de la jeunesse et de la vertu ! »

En prononçant ces paroles, Dorothée renverse une statue de Mercure. Aussitôt l'attention et l'indignation du peuple se tournent de ce côté.

« Un chrétien, dans l'amphithéâtre ! Qu'on le saisisse ! qu'on le livre aux gladiateurs ! »

Dorothée est entraîné hors de l'édifice, et condamné à périr avec la foule des confesseurs.

Tout à coup retentit le bruit des armes : le pont qui conduisait du palais de l'empereur à l'amphithéâtre s'abaisse, et Galérius ne fait qu'un pas de son lit de douleur au carnage: il avait surmonté son mal, pour se présenter une dernière fois au peuple. Il sentait à la fois l'empire et la vie lui échapper: un messager arrivé des Gaules venait de lui apprendre la mort de Constance. Constantin, proclamé César par les légions, s'était en même temps déclaré chrétien et se disposait à marcher vers Rome. Ces nouvelles, en portant le trouble dans l'âme de Galérius, avaient rendu plus cuisante la plaie hideuse de son corps; mais, renfermant ses douleurs dans son sein, soit qu'il cherchât à se tromper lui-même, soit qu'il voulût tromper les hommes, ce spectre vint s'asseoir au balcon impérial, comme la mort couronnée.

Lorsque l'empereur parut, les spectateurs se levèrent et lui donnèrent le salut accoutumé. Eudore s'incline respectueusement devant César; Cymodocée s'avance sous le balcon pour demander à l'empereur la grâce d'Eudore, et s'offrir elle-même en sacrifice. La foule tira Galérius de l'embarras de se montrer miséricordieux ou cruel ; depuis longtemps elle attendait le combat; la soif du sang avait redoublé à la vue des victimes. On crie de toutes parts:

« Les bêtes ! Qu'on lâche les bêtes ! Les impies aux bêtes ! »

Eudore veut parler au peuple en faveur de Cymodocée.

— Qu'on donne le signal! Les bêtes! Les chrétiens aux bêtes!

Le son de la trompette se fait entendre : c'est l'annonce de l'apparition des bêtes féroces. Le chef des rétiaires[1] tra-

---

[1] Gladiateurs qui combattaient avec un filet.

verse l'arène, et vient ouvrir la loge d'un tigre connu par sa férocité.

Alors s'élève entre Eudore et Cymodocée une contestation à jamais mémorable : chacun des deux époux voulait mourir le dernier.

« Eudore, disait Cymodocée, si vous n'étiez pas blessé, je vous demanderais à combattre la première; mais à présent j'ai plus de force que vous, et je puis vous voir mourir.

— Cymodocée, répondit Eudore, il y a plus longtemps que vous que je suis chrétien: je pourrai mieux supporter la douleur; laissez-moi quitter la terre le dernier. »

En prononçant ces paroles, le martyr se dépouille de son manteau; il en couvre Cymodocée. La trompette sonne pour la seconde fois.

On entend gémir la porte de fer de la caverne du tigre: le gladiateur qui l'avait ouverte s'enfuit effrayé. Eudore place Cymodocée derrière lui. On le voyait debout, uniquement attentif à la prière, les bras étendus en forme de croix et les yeux levés vers le ciel.

La trompette sonne pour la troisième fois.

Les chaînes du tigre tombent, et l'animal furieux s'élance en rugissant dans l'arène : un mouvement involontaire fait tressaillir les spectateurs. Cymodocée, saisie d'effroi, s'écrie :

« Ah! sauvez-moi! »

Et elle se jette dans les bras d'Eudore, qui se retourne vers elle. Il la serre contre sa poitrine, il aurait voulu la cacher dans son cœur. Le tigre arrive aux deux martyrs. Il se lève debout, et, enfonçant ses ongles dans les flancs du fils de Lasthénès, il déchire avec ses dents les épaules du confesseur intrépide. Comme Cymodocée, toujours pressée dans le sein de son époux, ouvrait sur lui des yeux pleins de frayeur, elle aperçoit la tête sanglante du tigre auprès de la tête d'Eudore. A l'instant la chaleur abandonne les membres de la vierge victorieuse; ses paupières se ferment; elle demeure suspendue aux bras de son époux, ainsi qu'un flocon de neige aux rameaux d'un pin du Ménale ou du Lycée. Les saintes martyres Eulalie, Félicité, Perpétue, descendent pour chercher leur compagne : le tigre avait brisé le cou d'ivoire de la fille d'Homère. L'ange de la mort coupe en souriant le fil des jours de Cymodocée. Elle exhale son dernier soupir sans effort et sans douleur; elle tombe comme une fleur que la faux du villageois vient d'abattre sur le gazon. Eudore la suit un moment après dans les éternelles demeures.

Les époux martyrs avaient à peine reçu la palme, que l'on aperçut au milieu des airs une croix de lumière semblable à ce Labarum qui fit triompher Constantin; la foudre gronda sur le Vatican, colline alors déserte, mais souvent visitée par un esprit inconnu; l'amphithéâtre fut ébranlé jusque dans ses fondements; toutes les statues des idoles tombèrent, et l'on entendit, comme autrefois à Jérusalem, une voix qui disait :

« Les dieux s'en vont. »

La foule éperdue quitte les jeux. Galérius, rentré dans son palais, s'abandonne aux plus noires fureurs; il ordonne qu'on livre au glaive les illustres compagnons d'Eudore. Constantin paraît aux portes de Rome. Galérius succombe aux horreurs de son mal : il expire en blasphémant l'Éternel. En vain un nouveau tyran s'empare du pouvoir suprême : Dieu tonne du haut du ciel; le signe du salut brille; Constantin frappe; Maxence est précipité dans le Tibre. Le vainqueur entre dans la cité reine du monde : les ennemis des chrétiens se dispersent. Le prince ami d'Eudore s'empresse alors de recueillir les derniers soupirs de Démodocus, que la douleur enlève à la terre et qui demande le baptême pour aller rejoindre sa fille bien-aimée. Constantin vole aux lieux où l'on avait entassé les corps des victimes : les deux époux conservaient toute leur beauté dans la mort. Par un miracle du ciel, toutes leurs plaies se trouvaient fermées ; et l'expression de la paix et du bonheur était empreinte sur leur front. Une fosse est creusée pour eux dans ce cimetière où le fils de Lasthénès fut autrefois retranché du nombre des fidèles. Les légions des Gaules, jadis conduites à la victoire par Eudore, entourent le monument funèbre de leur ancien général. L'aigle guerrière de Romulus est décorée de la croix pacifique. Sur la tombe des jeunes martyrs, Constantin reçoit la couronne d'Auguste, et sur cette même tombe il proclame la religion chrétienne religion de l'empire.

ESSAI
SUR
LA LITTÉRATURE ANGLAISE
— FRAGMENTS —

ESSAI
SUR
LA LITTÉRATURE ANGLAISE

ÉLISABETH

SPENSER

C'est de l'époque de Spenser que date la poésie anglaise moderne. La *Fairie Queen* est, comme chacun sait, un ouvrage allégorique; il s'agit de douze vertus morales privées, classées comme dans l'Arioste; ces vertus sont transformées en chevaliers, et le roi Arthur est à la tête de l'escadron. La reine des fées, Gloriana, est Élisabeth, et Philippe Sidney, le roi Arthur. Lord Buckhurst, dans le *Miroir des magistrats*, a pu fournir la première idée de la *Reine des fées*. La forme du poëme de Spenser est calquée sur l'*Orlando* et la *Jerusalemme*. Chaque chant se compose de stances de neuf vers. Les six derniers chants manquent, sauf deux fragments.

L'allégorie fut en vogue dans les lais, réputés élégants et polis, du moyen âge. Vous trouvez partout dames Loyauté, Raison, Prouesse; écuyer Désir, empereur Orgueil, etc. Qui pouvait mettre ces choses-là dans l'esprit des treizième, quatorzième, quinzième et seizième siècles? L'éducation classique. Élevés parmi les dieux de l'antiquité et au fond d'un monde passé, il sortait de l'enceinte des colléges des hommes subtils, sans rapport avec la foule vivante. Ne pouvant employer les divinités païennes, parce qu'ils étaient chrétiens, ils inventaient des divinités morales ; ils faisaient prendre à ces graves songes les mœurs de la chevalerie et les mêlaient aux fées populaires : ils leur ouvraient les tournois, les châteaux des barons et des comtes, la cour des ducs et des rois, ayant soin de les conduire à Lisieux et à Pontoise, où l'on parlait le *beau français*.

Spenser a l'imagination brillante, l'invention féconde, l'abondance rhythmique : avec tout cela il est glacé et ennuyeux. Nos voisins trouvent sans doute dans la *Reine des fées* ce charme d'un vieux style qui nous plaît tant dans notre propre langue, mais que nous ne pouvons sentir dans une langue étrangère.

Spenser commença son poëme en Irlande, dans le château de Kilcoman, et dans une concession de trois mille vingt-huit acres de terre, confisqués à la propriété du comte de Desmond. C'est là que, assis à des foyers qui n'étaient pas les siens, et dont les héritiers erraient sans asile, il célébra la montagne de Mole et les rives de la Mulal, sans songer que des orphelins fugitifs ne voyaient plus ces champs paternels. Virgile aurait dû le rappeler au poëte :

> Nos patriæ fines et dulcia linquimus arva ;
> Nos patriam fugimus.....

On a de Spenser une espèce de Mémoire sur les mœurs et les antiquités de l'Irlande, que je préfère à la *Fairie Queen*. (Vue sur la situation de l'Irlande, 1633.)

Les Anglais faisaient autrefois le commerce de leurs enfants et les vendaient surtout en Irlande. Un concile tenu à Armach, en 1117, par les ecclésiastiques irlandais, déclara « qu'afin d'éviter la colère de Jésus-Christ, ennemi de la servitude, on affranchirait dans toute l'île les esclaves anglais, et on leur rendrait leur ancienne liberté. (WILKINS, *Concil.*, tom. I.) Comment les Irlandais ont-ils été payés de cette résolution de leurs pères? On le sait : le temps de l'affranchissement du Christ est enfin venu pour eux.

SHAKSPEARE

Nous arrivons à Shakspeare : parlons-en tout à notre aise, comme dit Montesquieu d'Alexandre.

Je cite seulement ici pour mémoire *Everyman*, joué sous Henri VIII, l'*Aiguille de la mère Garton*, par Stell, en 1551. Les auteurs dramatiques contemporains de Shakspeare étaient Robert Green, Heywood, Decker, Rowley, Peal, Chapman, Ben-Johnson, Beaumont, Fletcher : *jacet oratio!* Pourtant la comédie du *Fox* et celle de l'*Alchimiste*, de Ben-Johnson, sont encore estimées.

Spenser fut le poëte célèbre sous Élisabeth. L'auteur éclipsé de *Macbeth* et de *Richard III* se montrait à peine dans les rayons du *Calendrier du berger* et de la *Reine des fées*. Montmorency, Biron, Sully, tour à tour ambassadeurs de France auprès d'Élisabeth et de Jacques Ier, entendirent-ils jamais parler d'un baladin, acteur dans ses propres farces et dans celles des autres? Prononcèrent-ils jamais le nom, si barbare en français, de *Shakspeare?* soupçonnèrent-ils qu'il y avait là une gloire devant laquelle leurs honneurs, leurs pompes, leurs rangs, viendraient s'abîmer? Eh bien, le comédien de tréteaux, chargé du rôle du spectre dans *Hamlet*, était le grand fantôme, l'ombre du moyen âge qui se levait sur le monde, comme l'astre de la nuit, au moment où le moyen âge achevait de descendre parmi les morts : siècles énormes que Dante ouvrit, que ferma Shakspeare.

Dans le *Précis historique* de Witheloke, contemporain du chantre du *Paradis perdu*, on lit : « Un certain aveugle, nommé Milton, secrétaire du parlement pour les dépêches latines... » Molière, l'*histrion*, jouait son Pourceaugnac, de même que Shakspeare, le *bateleur*, grimaçait son Falstaff. Camarade du pauvre Mondorgue, l'auteur du *Tartufe* avait changé son illustre nom de *Poquelin* pour le nom obscur de Molière, afin de ne pas déshonorer son père le tapissier.

> Avant qu'un peu de terre obtenu par prière
> Pour jamais sous la tombe eût enfermé Molière,
> Mille de ses beaux traits, aujourd'hui si vantés,
> Furent des sots esprits à nos yeux rebutés.

Ainsi ces voyageurs voilés, qui viennent de fois à autres s'asseoir à notre table, sont traités par nous en hôtes vulgaires; nous ignorons leur nature immortelle jusqu'au jour de leur disparition. En quittant la terre, ils se transfigurent et nous disent, comme l'envoyé du ciel à Tobie : « Je « suis l'un des sept qui sommes présents devant le Sei-« gneur. »

Ces divinités, méconnues des hommes à leur passage, ne se méconnaissent point entre elles. « Qu'a besoin mon Shakspeare, dit Milton, pour ses os vénérés, de pierres entassées par le travail d'un siècle? ou faut-il que ses saintes reliques soient cachées sous une pyramide à pointe étoilée? Fils chéri de la mémoire, grand héritier de la gloire, que t'importe un si faible témoignage de ton nom? toi qui t'es bâti, à notre merveilleux étonnement, un monument de longue vie... tu demeures enseveli dans une telle pompe, que les rois, pour avoir un pareil tombeau, souhaiteraient mourir. »

> What needs my Shakspear, for his honor'd bones,
> The labour of an age in piled stones?
> Or that his hallov'd reliques should be hid
> Under a stary-pointing pyramid?
> Dear son of memory, great heir of fame,
> What need'st thou such veak witness of thy name?
> Thou in our wonder and astonishment

Hast built thyself a live-long monument.
. . . .
And so sepulchr'd in such pomp dost lie,
That kings, for such a tomb, would wish to die.

Michel-Ange, enviant le sort et le génie de Dante, s'écrie :

Pur fuss'io tal !. . . . .
Per l'aspro esilio suo con sua virtute,
Darei del mondo il più felice stato.

« Que n'ai-je été tel que lui !... Pour son dur exil avec sa vertu, je donnerais toutes les félicités de la terre. »

Le Tasse célèbre Camoëns encore presque ignoré, et lui sert de renommée en attendant la messagère aux cent bouches.

Vasco. . . . .
. . . .
. . . . buon Luigi
Tant' oltre sende il glorioso volo,
Che i tuoi spalmati legni andar men lunge.
(Le Tasse.)

« Vasco. . . . . . Camoëns a tant déployé son vol glorieux, que tes vaisseaux spalmés ont été moins loin. »

Est-il rien de plus admirable que cette société d'illustres égaux se révélant les uns aux autres par des signes, se saluant et s'entretenant ensemble dans une langue d'eux seuls connue ?

Mais que pensait Milton des prédictions heureuses faites aux Stuarts à travers le terrible drame du *Prince de Danemark*? L'apologiste du jugement de Charles Ier était à même de prouver à *son* Shakspeare qu'il s'était trompé ; il pouvait lui dire, en se servant de ces paroles d'Hamlet : *L'Angleterre n'a pas encore usé les souliers avec lesquels elle a suivi le corps!* La prophétie a été retranchée : les Stuarts ont disparu d'Hamlet comme du monde.

Que j'ai mal jugé Shakspeare autrefois. — Faux admirateurs du poëte.

J'ai mesuré autrefois Shakspeare avec la lunette classique; instrument excellent pour apercevoir les ornements de bon ou de mauvais goût, les détails parfaits ou imparfaits : mais microscope inapplicable à l'observation de l'ensemble, le foyer de la lentille ne portant que sur un point et n'embrassant pas la surface entière. Dante, aujourd'hui l'objet d'une de mes plus hautes admirations, s'offrit à mes yeux dans la même perspective raccourcie. Je voulais trouver une épopée selon les *règles* dans une épopée libre qui renferme l'histoire des idées, des connaissances, des croyances, des hommes et des événements de toute une époque ; monument semblable à ces cathédrales empreintes du génie des vieux âges, où l'élégance et la variété des détails égalent la grandeur et la majesté de l'ensemble.

L'école classique, qui ne mêlait pas la vie des auteurs à leurs ouvrages, se privait encore d'un puissant moyen d'appréciation. Le bannissement du Dante donne une clef de son génie : quand on suit le proscrit dans les cloîtres où il *demandait la paix*; quand on assiste à la composition de ses poëmes sur les grands chemins, en divers lieux de son exil; quand on entend son dernier soupir s'exhaler en terre étrangère; ne lit-on pas avec plus de charme les belles strophes mélancoliques des trois destinées de l'homme après sa mort?

Qu'Homère n'ait pas existé; que ce soit la Grèce entière qui chante au lieu d'un de ses fils, je pardonne aux érudits cette poétique hérésie ; mais toutefois je ne veux rien perdre des aventures d'Homère. Oui, le poëte a nécessairement joué dans son berceau avec neuf tourterelles ; son gazouillement enfantin ressemblait au ramage de neuf espèces d'oiseaux. Niez-vous ces faits *incontestables*? Nargue des anachronismes ! Je tiens que la vie du père des fables a été retracée par Hérodote, père de l'histoire. Pourquoi donc serais-je allé à Scio et à Smyrne, si ce n'eût été pour y saluer l'école et le fleuve de Mélésigènes, en dépit de Wolf, de Woold, d'Ilgen, de Dugas-Montbel et de leurs semblables ? Des traditions relatives au chantre de l'Odyssée, je ne repousse que celle qui fait du poëte un Hollandais. Génie de la Grèce, génie d'Homère, d'Hésiode, d'Eschyle, de Sophocle, d'Euripide, de Sapho, de Simonide, d'Alcée, trompez-nous toujours : je crois ferme à vos mensonges ; ce que vous dites est aussi vrai qu'il est vrai que je vous ai vu assis sur le mont Hymette, au milieu des abeilles, sous le portique d'un couvent de caloyers : vous étiez devenus chrétiens, mais vous n'en aviez pas moins gardé votre lyre d'or et vos ailes couleur du ciel où se dessinent les ruines d'Athènes.

Toutefois, si jadis on resta en deçà du romantique, maintenant on a passé le but ; chose ordinaire à l'esprit français qui sautille du blanc au noir comme le cavalier au jeu d'échecs. Le pis est que notre enthousiasme actuel pour Shakspeare est excité par ses taches ; nous applaudissons en lui ce que nous sifflerions ailleurs.

Pensez-vous que les adeptes soient ravis de Roméo et Juliette ? Il s'agit bien de cela ! Vous n'avez donc pas entendu Mercutio comparer Roméo à *un hareng saur sans ses œufs !*

Without his roe, like a drieed herring.

Pierre n'a-t-il pas dit aux musiciens : « Je ne vous apporterai pas des *croches ;* je ferai de vous un *ré,* je ferai de vous un *fa ; notez*-moi bien. »

I will carry no crotchets ; I'ill re *you, I'ill* fa *you ; do you note me.*

Pauvres gens qui ne sentez pas ce qu'il y a de merveilleux dans ce dialogue : la nature elle-même prise sur le fait ! Quelle simplicité ! quel naturel ! quelle franchise ! quel contraste comme dans la vie ! quel rapprochement de tous les langages, de toutes les scènes, de tous les rangs de la société !

Et toi, Shakspeare, je te suppose revenant au monde et je m'amuse de la colère où te mettraient tes faux adorateurs. Tu t'indignerais du culte rendu à des trivialités dont tu serais le premier à rougir, bien qu'elles ne fussent pas de toi, mais de ton siècle ; tu déclarerais incapables de sentir tes beautés des hommes capables de se passionner pour tes défauts, capables surtout de les imiter de sang-froid, au milieu des mœurs nouvelles.

Opinion de Voltaire sur Shakspeare. — Opinion des Anglais.

Voltaire fit connaître Shakspeare à la France. Le jugement qu'il porta d'abord du tragique anglais fut, comme la plupart de ses premiers jugements, plein de mesure, de goût et d'impartialité. Il écrivait à lord Bolingbroke vers 1730 :

« Avec quel plaisir n'ai-je pas vu à Londres votre tragédie de *Jules César* qui, depuis cent cinquante années, fait les délices de votre nation ! »

Il dit ailleurs :

« Shakspeare créa le théâtre anglais. Il avait un génie plein de force et de fécondité, de naturel et de sublime, sans la moindre étincelle de bon goût et sans la moindre connaissance des règles. Je vais vous dire une chose hasardée, mais vraie : c'est que le mérite de cet auteur a perdu le théâtre anglais. Il y a de si belles scènes, des morceaux si grands et si terribles répandus dans ses farces monstrueuses qu'on appelle *tragédies*, que ces pièces ont toujours été jouées avec un grand succès. »

Telles furent les premières opinions de Voltaire sur Shakspeare ; mais, lorsqu'on eut voulu faire passer ce génie pour un modèle de perfection, lorsqu'on ne rougit point d'abaisser devant lui les chefs-d'œuvre de la scène grecque et française, alors l'auteur de *Mérope* sentit le danger. Il vit qu'en révélant des beautés il avait séduit des hommes qui ne sauraient pas, comme lui, séparer l'alliage de l'or. Il voulut revenir sur ses pas ; il attaqua l'idole par lui-même encensée ; il était trop tard, et en vain il se repentit d'avoir *ouvert la porte à la médiocrité, déifié le Sauvage ivre, placé le monstre sur l'autel.*

Irons-nous plus loin dans notre engouement que nos voisins eux-mêmes ? En théorie, admirateurs sans réserve de Shakspeare, leur zèle en pratique est beaucoup plus circonspect : pourquoi ne jouent-ils pas tout entier l'œuvre du dieu ? par quelle audace ont-ils resserré, rogné, altéré, transposé des scènes d'*Hamlet*, de *Macbeth*, d'*Othello*, du *Marchand de Venise*, de *Richard III*, etc.? pourquoi ces sacriléges ont-ils été commis par les hommes les plus éclairés des trois royaumes ? Dryden assure que *la langue de Shakspeare est hors d'usage*, et il a repétri avec Davenant les ouvrages de Shakspeare. Shaftesbury déclare que le style du vieux ménestrel est *grossier et barbare, ses tournures et son esprit tout à fait passés de mode.* Pope remarque qu'il a écrit *pour la populace*, sans songer à plaire à *des esprits d'une meilleure sorte, qu'il présente à la critique le sujet le plus agréable et le plus dégoûtant.* Tate s'était approprié le *Roi Lear*, alors si complétement oublié qu'on ne s'aperçut pas du plagiat. Rowe, dans sa *Vie de Shakspeare*, prononce aussi bien des blasphèmes. Sherlock a osé dire qu'*il n'y a rien de médiocre dans Shakspeare ; que tout ce qu'il a écrit est excellent ou détestable ; que jamais il ne suivit ni même ne conçut un plan, mais qu'il fait souvent fort bien une scène.* Lansdown a poussé l'impiété jusqu'à refaire le *Marchand de Venise*. Prenons bien garde à d'innocentes méprises : quand nous nous pâmons à telle scène du dénoûment de *Roméo et Juliette*, nous croyons brûler d'un pur amour pour Shakspeare, et nos ardents hommages s'adressent à Garrick. Comme le jeune Diafoirus, nous nous trompons de caresses, de personne et de compliments ; « Madame, c'est avec justice que le ciel vous a concédé le nom de belle-mère. — Ce n'est pas ma femme, monsieur, c'est ma fille à qui vous parlez. — Où donc est-elle ? — Elle va venir. — Attendrai-je, mon père, qu'elle soit venue ? »

Écoutons Johnson, le grand admirateur de Shakspeare, le restaurateur de sa gloire : « Shakspeare avec ses qualités a des défauts, et des défauts capables d'obscurcir et d'engourdir tout autre mérite que le sien... Les effusions de la passion, quand la force de la situation les fait sortir de son génie, sont, pour la plupart, frappantes et énergiques ; mais, lorsqu'il sollicite son invention, et qu'il tend ses facultés, le fruit de cet enfantement laborieux est l'enflure, la bassesse, l'ennui et l'obscurité, *tumour, meanness, tediousness and obscurity*. Dans la narration, il affecte une pompe disproportionnée de diction... Il a des scènes d'une excellence continue et non douteuse ; mais il n'a pas peut-être une seule pièce qui, si elle était aujourd'hui représentée comme l'ouvrage d'un contemporain, pût être entendue jusqu'au bout. »

Sommes-nous meilleurs juges d'un auteur anglais que le célèbre critique Johnson ? Et néanmoins, si nous venions dire en France des choses aussi crues, ne serions-nous pas lapidés ? Le malin Aristarque n'aurait-il pas raison, quand il soupçonne certains enthousiastes de caresser leurs propres difformités sur les bosses de Shakspeare ?

Dans les sujets empruntés de l'Italie, Shakspeare transporte le naturel de sentiment des nations scandinaves et calédoniennes ; dans les sujets tirés des chroniques septentrionales, il introduit l'affectation du style des populations transalpines ; passant de la ballade écossaise à la nouvelle italienne, il n'a en propre que son génie ; ce présent du ciel était assez beau pour s'en contenter.

Que les défauts de Shakspeare tiennent à son siècle. — Langue de Shakspeare. — Langue de Dante.

Mais, s'il n'est pas raisonnable d'offrir pour modèle, dans les œuvres de Shakspeare, ce que l'on stigmatise dans les autres monuments de la même époque, il serait injuste d'attribuer au poëte seul des infirmités de goût et de diction auxquelles son temps était sujet.

L'orateur de la chambre des communes compare Henri VIII à Salomon pour la justice et la prudence, à Samson pour la force et le courage, à Absalon pour la grâce et la beauté. Un autre orateur de la même chambre déclare à la reine Élisabeth que, parmi les grands législatateurs, on a compté trois femmes : la reine Palestina avant le déluge, la reine Cérès après, et la reine Marie, mère du roi Stilicus; la reine Élisabeth sera la quatrième. Le roi Jacques Ier parle comme le tragique lorsqu'il dit à son parlement : « Je suis l'époux et la Grande-Bretagne est mon épouse légitime; je suis la tête, elle est le corps. »

Le *beau style*, vers le milieu du seizième siècle, était un canevas scolastique et subtil, brodé de sentences, de jeux de mots et de *concetti* italiens. Élisabeth aurait pu donner à son poëte des leçons de collége; elle parlait latin, composait des épigrammes en grec, traduisait des tragédies de Sophocle et des harangues de Démosthènes. A sa cour galante, guindée, quintessenciée, pesante et réformatrice, il était du bon ton d'entremêler les locutions anglaises d'expressions françaises, et d'articuler de manière à laisser un doute dans les sons, pour produire une équivoque dans les mots.

En France, même afféterie : Ronsard est à sa manière une espèce de Shakspeare, non par son génie, non par son néologisme grec, mais par le tour forcé de sa phrase. Les Mémoires, charmants d'ailleurs, de la savante Marguerite ou *Margot* de Valois, jargonnent une métaphysique sentimentale qui couvre assez mal des sensations très-physiques. Un demi-siècle plutôt, la sœur de François Ier avait donné des *contes*, lesquels ont du moins le naturel de ceux de Boccace. La *Guisiade*, de Pierre-Matthieu, tragédie classique, avec des chœurs, sur un sujet national, reproduit la phraséologie de Shakspeare; d'Épernon s'écrie :

> Venez, mes compagnons, monstres abominables,
> O mes chers compagnons ! eh! que je suis honteux!
> Jetez sur Blois l'horreur de vos traits effroyables ;
> Prenez pour mains des crocs, pour yeux des dards de feux,
> Pour voix un gros canon, des serpents pour cheveux :
> Changez Blois en enfer, apportez-y vos gênes,
> Vos roues, vos gibets, vos feux, vos fouets, vos peines.

Coligny, dans la tragédie qui porte son nom :

> O mânes noircissants, ès enfer impiteux !
> Qu'un enfant ait bridé mon effroyable audace !
> Que me reste, chétif, pour hontoyer ma race,
> Sinon que me cacher, et du vilain licol
> De mes bourrelles moins hault estreindre mon col?

Il est bon de faire ici une observation sur deux hommes que les imaginations à la fois vagues et systématiques de nos jours confondent souvent et fort mal à propos, mêlant les temps, les positions, les supériorités et les souvenirs.

Il n'en fut pas de Shakspeare comme il en fut de Dante : le tragique anglais rencontra une langue non achevée, il est vrai, mais aux trois quarts faite, déjà employée par de grands esprits et des poëtes célèbres, Bacon et Thomas More, Surrey et Spenser. Cette langue était devenue une espèce de barbare maniérée, grotesquement attifée, surchargée de modes étrangères. Se figure-t-on ce que souffrait Shakspeare, lorsque, au milieu d'une vive conception, il était obligé d'introduire dans sa phrase inspirée quelques mots d'outre-mer : *Bon! je proteste!* ou tel autre? Se représente-t-on ce colosse obligé d'enfoncer ses pieds énormes dans de petits sabots chinois, trébuchant avec des entraves qu'il rompait en rugissant comme un lion brise ses chaînes ?

Dante, venu deux siècles et demi avant Shakspeare, ne trouva rien en arrivant au monde. La société latine expirée avait laissé une langue belle, mais d'une beauté morte ; langue inutile à l'usage commun, parce qu'elle n'exprimait plus le caractère, les idées, les mœurs et les besoins de la vie nouvelle. La nécessité de s'entendre avait fait naître un idiome vulgaire employé des deux côtés des Alpes du midi et aux deux versants des Pyrénées orientales. Dante adopta ce bâtard de Rome, que les savants et les hommes du pouvoir dédaignaient de reconnaître ; il le trouva vagabond dans les rues de Florence, nourri au hasard par un peuple républicain, dans toute la rudesse plébéienne et démocratique. Il communiqua au fils de son choix sa virilité, sa simplicité, son indépendance, sa noblesse, sa tristesse, sa sublimité sainte, sa grâce sauvage. Dante tira du néant la parole de son esprit ; il donna l'être au verbe de son génie ; il fabriqua lui-même la lyre dont il devait obtenir des sons si beaux, comme ces astronomes qui inventèrent les instruments avec lesquels ils mesurèrent les cieux. L'*italien* et la *Divina Commedia* jaillirent à la fois de son cerveau ; du même coup l'illustre exilé dota la race humaine d'une langue admirable et d'un poëme immortel.

État matériel du théâtre en Angleterre au seizième siècle.

Du temps de Shakspeare de jeunes garçons remplissaient encore le rôle des femmes, les acteurs ne se distinguaient des spectateurs que par les plumes dont ils ornaient leurs chapeaux et les nœuds de rubans qu'ils portaient sur leurs souliers : point de musique dans les entr'actes. Les pièces se jouaient souvent dans la cour des auberges : les fenêtres de la maison donnant sur cette cour servaient de loges. Lorsqu'on représentait une tragédie à Londres, la salle était tendue de noir, comme la nef d'une église pour un enterrement.

Quant aux moyens d'illusion, Shakspeare les rappelle, en s'en moquant, dans le *Songe d'une nuit d'été* : un homme, enduit de plâtre, figurait la muraille interposée entre Pyrame et Thisbé, et l'écartement des doigts de cet homme, la crevasse formée dans cette muraille. Un comparse avec une lanterne, un buisson et un chien signifiaient le clair de la lune. La scène, sans changer, était supposée tantôt un jardin rempli de fleurs, tantôt un rocher, contre lequel se brisait un vaisseau, tantôt un champ de bataille où quatre matamores désignaient deux armées. Pour attirail dramatique, dans l'inventaire d'une troupe de comédiens, on trouve un dragon, une roue pour le siége de Londres, un grand cheval avec ses jambes, des membres de Maures, quatre têtes de Turcs, une bouche de fer, chargée apparemment de prononcer les accents les plus doux et les plus sublimes du poëte. On avait aussi de *fausses peaux* à l'usage des personnages qu'on écorchait vifs sur la scène, comme le juge prévaricateur dans *Cambyse* : un pareil spectacle ferait aujourd'hui courir tout Paris.

Au reste, la vérité du théâtre et l'exactitude du costume sont beaucoup moins nécessaires à l'art qu'on ne le suppose. Le génie de Racine n'emprunte rien de la coupe de l'habit ; dans les chefs-d'œuvre de Raphaël, les fonds sont négligés et les costumes inexacts. Les *Fureurs d'Oreste* ou la *Prophétie de Joad*, lues dans un salon par Talma, en frac, faisaient autant d'effet que déclamées sur la scène par Talma en manteau grec ou en robe juive. Iphigénie était accoutrée comme madame de Sévigné lorsque Boileau adressait ces beaux vers à son ami :

> Jamais Iphigénie, en Aulide immolée,
> N'a coûté tant de pleurs à la Grèce assemblée,
> Que, dans l'heureux spectacle à nos yeux étalé,
> En a fait sous son nom verser la Champmêlé.

Cette exactitude dans la représentation de l'objet inanimé est l'esprit de la littérature et des arts de notre temps : elle annonce la décadence de la haute poésie et du vrai drame ; on se contente de petites beautés, quand on est impuissant aux grandes ; on imite, à tromper l'œil, des fauteuils et du velours, quand on ne peut plus peindre la physionomie de l'homme assis sur ce velours et dans ces fauteuils. Cependant, une fois descendu à cette vérité de la forme matérielle, on se trouve forcé de la reproduire, car le public, matérialisé lui-même, l'exige.

A l'époque de Shakspeare les *gentlemen* se tenaient sur le théâtre, ayant pour siège les planches mêmes ou un tabouret dont ils payaient le prix. Le parterre, debout et pressé, roulait dans un trou noir et poudreux : c'étaient deux camps hostiles en présence. Le parterre accueillait les *gentlemen* avec des huées, leur jetait de la boue et leur crachait au nez en criant : « *A bas les sots !* » Les gentlemen ripostaient par les épithètes de *stinkards* et d'animaux. Les *stinkards* mangeaient des pommes et buvaient de la bière ; les *gentlemen* jouaient aux cartes, et fumaient le tabac nouvellement introduit. Le bel air était de déchirer les cartes comme si l'on avait fait quelque grande perte, d'en jeter avec colère les débris sur l'avant-scène, de rire, de parler haut, de tourner le dos aux acteurs. Ainsi furent accueillies et respectées, à leur apparition, les tragédies du grand maître : John Bull lançait des trognons de pomme à la divinité dont il encense aujourd'hui les images. L'insulte de la fortune fit de Shakspeare et de Molière deux comédiens, afin de donner, pour quelques oboles, au dernier des misérables le droit d'outrager à la fois des chefs-d'œuvre et deux grands hommes.

Shakspeare a retrouvé l'art dramatique ; Molière l'a porté à sa perfection ; semblables à deux philosophes anciens ils s'étaient partagé l'empire des ris et des larmes, et tous les deux se consolaient peut-être des injustices du sort, l'un en peignant les travers, l'autre, les douleurs des hommes.

Caractère du génie de Shakspeare.

Shakspeare est donc admirable encore en raison des obstacles qu'il lui fallut surmonter. Jamais esprit plus vrai n'eut à se servir d'une langue plus fausse; heureusement il ne savait presque rien, et il échappa par son ignorance à l'une des contagions de son siècle : des chants populaires, des extraits de l'histoire d'Angleterre, puisés dans le *Miroir des Magistrats*, de lord Buckhurst, des lectures des *Nouvelles françaises* de Belleforest, des versions des poëtes et des conteurs de l'Italie, composaient toute son érudition.

Ben-Johnson, son rival, son admirateur et son détracteur, était au contraire très-instruit. Les cinquante-deux commentateurs de Shakspeare ont recherché curieusement les traductions des auteurs anciens qui pouvaient exister de son temps. Je ne remarque comme pièces dramatiques, dans le catalogue, qu'une *Jocaste*, tirée des *Phéniciennes* d'Euripide, l'*Andria* et l'*Eunuque* de Térence, les *Ménechmes* de Plaute et les tragédies de Sénèque. Il est douteux que Shakspeare ait eu connaissance de ces traductions, car il n'a pas emprunté le fond de ces pièces des originaux *translatés en anglais*, mais de quelques imitations anglaises de ces mêmes originaux : c'est ce qu'on voit par *Roméo et Juliette*, dont il n'a pris l'histoire ni dans *Girolamo de la Corte* ni dans la nouvelle de *Bandello*; mais dans un petit poëme anglais, intitulé la *Tragique histoire de Roméo et Juliette*. Il en est ainsi du sujet d'*Hamlet*, qu'il n'a pu tirer immédiatement de *Saxo Grammaticus*.

Au jugement de Samuel Johnson, et c'est en général l'opinion des Anglais, Shakspeare était plutôt doué du génie comique que du génie tragique : la critique remarque que, dans les scènes les plus pathétiques, le rire prend au poëte, tandis que, dans les scènes comiques, une pensée sérieuse ne lui vient jamais. Si nous autres Français nous avons de la peine à sentir le *vis comica* de Falstaff, tandis que nous comprenons la douleur de Desdémone, c'est que les peuples ont différentes manières de rire, et qu'ils n'en ont qu'une de pleurer.

Les poëtes tragiques trouvent quelquefois le comique, les poëtes comiques s'élèvent rarement au tragique : il y a donc quelque chose de plus vaste dans le génie de Melpomène que dans l'esprit de Thalie. Quiconque représente le côté souffrant de l'homme peut aussi représenter le côté gai, parce que celui qui saisit le *plus* peut saisir le *moins*. Au contraire, le peintre qui s'attache aux choses plaisantes laisse échapper les rapports sévères, parce que la faculté de distinguer les petits objets suppose presque toujours l'impossibilité d'embrasser les grands. Un seul poëte comique marche l'égal de Sophocle et de Corneille : Molière; mais, chose remarquable! le comique du *Tartufe* et du *Misanthrope*, par son extrême profondeur, et, si j'ose le dire, par sa *tristesse*, se rapproche de la gravité tragique.

Il y a deux manières de faire rire : l'une est de présenter d'abord les défauts et de mettre ensuite en relief les qualités, ce comique mène quelquefois à l'attendrissement; l'autre manière consiste à donner d'abord des louanges et à couvrir ensuite la personne louée de tant de ridicule, qu'on finit par perdre l'estime qu'on avait conçue pour de nobles talents ou de hautes vertus; ce comique est le *nihil mirari*, qui flétrit tout.

Le caractère dominant du fondateur du théâtre anglais se forme de la nationalité, de l'éloquence, des observations, des pensées, des maximes tirées de la connaissance du cœur humain et applicables aux diverses conditions de l'homme; il se forme surtout de l'abondance de la vie. On comparait un jour le génie de Racine à l'Apollon du Belvédère, et le génie de Shakspeare à la statue équestre de Philippe IV, à Notre-Dame de Paris : « Soit, répondit Diderot ; mais que penseriez-vous si cette statue de bois, enfonçant son casque, secouant ses gantelets, agitant son épée, se mettait à chevaucher dans la cathédrale ? » Le poëte d'Albion, doué de la puissance créatrice, anime jusqu'aux objets inanimés : décorations, planches de la scène, rameau d'arbre, brin de bruyère, ossements, tout parle, rien n'est mort sous son toucher, pas même la Mort.

Shakspeare fait un grand usage des contrastes ; il aime à mêler les divertissements et les acclamations de la joie à des pompes funèbres et à des cris de douleur. Que des musiciens appelés aux noces de Juliette arrivent précisément pour accompagner son cercueil ; qu'indifférents au deuil de la maison, ils se livrent à d'indécentes plaisanteries et s'entretiennent des choses les plus étrangères à la catastrophe : qui ne reconnaît là toute la vie, qui ne sent toute l'amertume de ce tableau, et qui n'a été témoin de pareilles scènes ? Ces effets ne furent point inconnus des Grecs ; on retrouve dans Euripide des traces de ces naïvetés que Shakspeare mêle au plus haut ton tragique. Phèdre vient d'expirer ; le chœur ne sait s'il doit entrer dans l'appartement de la princesse.

PREMIER DEMI-CHŒUR.

Compagnons, que ferons-nous ? Devons-nous entrer dans le palais, pour aider à dégager la reine de ces liens *étroits*?

SECOND DEMI-CHŒUR.

Ce soin appartient à ses esclaves. Pourquoi ne sont-ils pas présents ? Quand on se mêle de beaucoup d'affaires, il n'y a plus de sûreté dans la vie.

Dans *Alceste*, la Mort et Apollon échangent des plaisanteries. La Mort veut saisir Alceste tandis qu'elle est jeune, parce qu'elle ne se soucie pas d'une proie ridée. Ces contrastes touchent de près au terrible, mais aussi une seule nuance ou trop forte ou trop faible dans l'expression les rend bas ou ridicules.

Que la manière de composer de Shakspeare a corrompu le goût. — Écrire est un art.

Shakspeare joue ensemble, et au même moment, la tragédie dans le palais, la comédie à la porte; il ne peint pas une classe particulière d'individus; il mêle, comme dans le monde réel, le roi et l'esclave, le patricien et le plébéien, le guerrier et le laboureur, l'homme illustre et l'homme ignoré; il ne distingue pas les genres; il ne sépare pas le noble de l'ignoble, le sérieux du bouffon, le triste du gai, le rire des larmes, la joie de la douleur, le bien du mal. Il met en mouvement la société entière, ainsi qu'il déroule en entier la vie d'un homme. Le poëte semble persuadé que notre existence n'est pas renfermée dans un seul jour, qu'il y a unité du berceau à la tombe : quand il tient une jeune tête, s'il ne l'abat pas, il ne vous la rendra que blanchie; le temps lui a remis ses pouvoirs.

Mais cette universalité de Shaksperre a, par l'autorité de l'exemple et l'abus de l'imitation, servi à corrompre l'art; elle a fondé l'erreur sur laquelle s'est malheureusement établie la nouvelle école dramatique. Si, pour atteindre la hauteur de l'art tragique, il suffit d'entasser des scènes disparates sans suite et sans liaison, de brasser ensemble le burlesque et le pathétique, de placer le porteur d'eau auprès du monarque, la marchande d'herbes auprès de la reine, qui ne peut raisonnablement se flatter d'être le rival des plus grands maîtres? Quiconque se voudra donner la peine de retracer les accidents d'une de ses journées, ses conversations avec des hommes de rangs divers, les objets variés qui ont passé sous ses yeux, le bal et le convoi, le festin du riche et la détresse du pauvre; quiconque aura écrit d'heure en heure son journal aura fait un drame à la manière du poëte anglais.

Persuadons-nous qu'écrire est un art, que cet art a des genres, que chaque genre a des règles. Le genre et les règles ne sont point arbitraires, ils sont nés de la nature même : l'art a seulement séparé ce que la nature a confondu ; il a choisi les plus beaux traits sans s'écarter de la ressemblance du modèle. La perfection ne détruit point la vérité : Racine, dans toute l'excellence de son *art*, est plus *naturel* que Shakspeare ; comme l'*Apollon*, dans toute sa *divinité*, a plus les formes *humaines* qu'un colosse égyptien.

La liberté qu'on se donne de tout dire et de tout représenter, le fracas de la scène, la multitude des personnages, imposent, mais ont au fond peu de valeur ; ce sont libertés et jeux d'enfants. Rien de plus facile que de captiver l'attention et d'amuser par un conte; pas de petite fille qui, sur ce point, n'en remontre aux plus habiles. Croyez-vous qu'il n'eût pas été aisé à Racine de réduire en actions les choses que son goût lui a fait rejeter en récit? Dans *Phèdre*, au lieu du beau récit de Théramène, on aurait eu les chevaux de Franconi et un terrible monstre de carton; dans *Bajazet*, on eût vu le combat de ce frère du sultan contre les eunuques; ainsi du reste. Racine n'a retranché de ces chefs-d'œuvre que ce que des esprits ordinaires y auraient pu mettre. Le plus méchant drame peut faire pleurer mille fois davantage que la plus sublime tragédie. Les vraies larmes sont celles que fait couler une belle poésie, les larmes qui tombent au son de la lyre d'Orphée ; il faut qu'il s'y mêle autant d'admiration que de douleur : les anciens donnaient aux Furies mêmes un beau visage, parce qu'il y a une beauté morale dans le remords.

Cet amour du laid qui nous a saisis, cette horreur de l'idéal, cette passion pour les bancroches, les culs-de-jatte, les borgnes, les moricauds, les édentés ; cette tendresse pour les verrues, les rides, les escarres, les formes triviales, sales, communes, sont une dépravation de l'esprit ; elle ne nous est pas donnée par cette nature dont on parle tant. Lors même que nous aimons une certaine laideur, c'est que nous y trouvons une certaine beauté. Nous préférons naturellement une rose à un chardon, la baie de Naples à la plaine de Montrouge, le Parthénon à un toit à porcs : il en est de même au figuré et au moral. Arrière donc cette école *animalisée* et *matérialisée* qui nous mènerait, dans l'effigie de l'objet, à préférer notre visage moulé avec tous ses défauts par une machine, à notre ressemblance produite par le pinceau de Raphaël.

Toutefois je ne prétends pas ôter aux temps et aux révolutions les changements forcés qu'ils apportent dans les opinions littéraires comme dans les opinions politiques : mais ces changements ne justifient pas la corruption du goût ; ils en montrent seulement une des causes. Il est tout simple que les mœurs, en changeant, fassent varier la forme de nos peines et de nos plaisirs.

Le silence intérieur régna dans la monarchie absolue sous le pouvoir de Louis XIV et sous la somnolence de Louis XV : manquant d'émotions au dedans, les poëtes en cherchaient au dehors ; ils empruntaient des catastrophes à Rome et à la Grèce, pour faire pleurer une société assez malheureuse pour n'avoir que des sujets de rire. A cette société si peu accoutumée aux événements tragiques, il ne fallait pas même présenter des scènes fictives trop sanglantes ; elle aurait reculé devant des horreurs, eussent-elles-eu trois mille ans de date, eussent-elles été consacrées par le génie de Sophocle.

Mais aujourd'hui que le peuple, n'étant plus à l'écart, a pris sa place dans notre gouvernement, comme le chœur dans la tragédie grecque ; que des spectacles terribles et réels nous ont occupés depuis quarante années, le mouvement communiqué à la société tend à se communiquer au théâtre. La tragédie classique, avec ses unités et ses décorations immobiles, paraît et doit paraître froide : de la froideur à l'ennui, il n'y a qu'un pas. Par là s'explique, sans l'excuser, l'outré de la scène moderne, le *fac-simile* de tous les crimes, l'apparition des gibets et des bourreaux, la présence des assassinats, des viols, des incestes, la fantasmagorie des cimetières, des souterrains et des vieux châteaux.

Il n'existe ni un acteur pour jouer la tragédie classique, ni un public pour la goûter, l'entendre et la juger. L'ordre, le vrai, le beau, ne sont ni connus, ni sentis, ni appréciés. Notre esprit est si gâté par le laisser aller et l'outrecuidance du siècle, que, si l'on pouvait faire renaître la société charmante des la Fayette et des Sévigné, ou la société des Geoffrin et des philosophes, elles nous paraîtraient insipides. Avant et après la civilisation, lorsqu'on n'a pas ou qu'on n'a plus le goût des jouissances intellectuelles, on cherche la représentation des objets sensibles : les peuples commencent et finissent par des gladiateurs et des marionnettes, les enfants et les vieillards sont puérils et cruels.

Citations de Shakspeare.

S'il me fallait choisir parmi les plus beaux ouvrages de Shakspeare, je serais bien embarrassé entre *Macbeth*, *Richard III*, *Roméo et Juliette*, *Othello*, *Jules César*, *Hamlet*; non que j'estime beaucoup dans la dernière pièce le monologue tant vanté, et pour cause, de l'école voltairienne : je me demande toujours comment le prince très-philosophe du Danemark pouvait avoir les doutes qu'il manifeste sur l'autre vie : après avoir causé avec la « pauvre ombre, » *poor ghost* du roi son père, ne devait-il pas savoir à quoi s'en tenir ?

Une des plus fortes scènes qui soient au théâtre est celle des trois reines dans *Richard III*, Marguerite, Élisabeth et la Duchesse. Écoutez Marguerite retraçant ses adversités pour s'endurcir aux misères de sa rivale, et finissant par ces mots : « Tu usurpes ma place, et tu ne prendras pas la part qui te revient de mes maux? Adieu, femme d'York! reine des tristes revers! *Farewel, York's wife! and queen of sad mischance!* » C'est là du tragique, et du tragique au plus haut degré.

Je ne sais si jamais homme a jeté des regards plus profonds sur la nature humaine que Shakspeare.

Troisième scène du quatrième acte de Macbeth :

MACDUFF.

Qui s'avance ici?

MALCOLM.

C'est un Écossais, et cependant je ne le connais pas.

MACDUFF.

Cousin, soyez le bienvenu !

MALCOLM.

Je le reconnais à présent. Grand Dieu ! renverse les obstacles qui nous rendent étrangers les uns aux autres !

ROSSE.

Puisse votre souhait s'accomplir !

MACDUFF.

L'Écosse est-elle toujours aussi malheureuse ?

ROSSE.

Hélas ! déplorable patrie ! elle est presque effrayée de connaître ses propres maux. Ne l'appelons plus notre mère, mais notre tombe. On n'y voit plus sourire personne, hors l'enfant qui ignore ses malheurs. Les soupirs, les gémissements, les cris, frappent les airs et ne sont pas remarqués. Le plus violent chagrin semble un mal ordinaire ; quand la cloche de la mort sonne, on demande à peine pour qui.

MACDUFF.

O récit trop véritable !

MALCOLM.

Quel est le dernier malheur?

ROSSE, à Macduff.

... Votre château est surpris, votre femme et vos enfants sont inhumainement massacrés...

MACDUFF.

Mes enfants aussi?

ROSSE.

Femmes, enfants, serviteurs, tout ce qu'on a trouvé.

MACDUFF.

Et ma femme aussi?

ROSSE.

Je vous l'ai dit.

MALCOLM.

Prenez courage; la vengeance offre un remède à vos maux. Courons, punissons le tyran.

MACDUFF.

Il n'a point d'enfants!

Ce dialogue rappelle celui de Flavian et de Curiace dans Corneille. Flavian vient annoncer à l'amant de Camille qu'il a été choisi pour combattre les Horaces.

CURIACE.

Albe de trois guerriers a-t-elle fait le choix?

FLAVIAN.

Je viens pour vous l'apprendre.

CURIACE.

Eh bien! qui sont les trois?

FLAVIAN.

Vos deux frères et vous.

CURIACE

Qui?

FLAVIAN.

Vous et vos deux frères.

Les interrogations de *Macduff* et de *Curiace* sont des

beautés du même ordre : *Mes enfants aussi? — Femmes, enfants. — Et ma femme aussi? — Je vous l'ai dit. — Eh bien! qui sont les trois? — Vos deux frères et vous. — Qui? —Vous et vos deux frères.* Mais le mot de Shakspeare : *Il n'a point d'enfants!* reste sans parallèle.

Le même homme qui a tracé ce tableau a soupiré la scène charmante de *Roméo et Juliette.*

> Wilt thou be gone? It is not yet near day :
> It was the nightingale, and not the lark
> That pierced the fearful hollow of thine ear, etc.

Rapprochez lady Macbeth et Marguerite de Desdémone, d'Ophélia, de Miranda, de Cordélia, de Jessica, de Perdita, d'Imogène, et vous serez émerveillés de la souplesse du talent du poëte. Ces jeunes femmes ont une idéalité ravissante : le vieux roi Lear, aveugle, dit à sa fille Cordélia : « Quand tu me demanderas ma bénédiction, je me mettrai à genoux et je te demanderai pardon ; nous vivrons ainsi en priant et en chantant. »

Ophélia, bizarrement parée de brins de paille et de fleurs, prenant son frère pour Hamlet qui a tué son père, lui adresse ces paroles : « Voilà du romarin; c'est pour la mémoire ; je vous en prie, souvenez-vous de moi. . . . . . . Je vous donnerais bien des violettes, mais elles se sont toutes fanées quand mon père est mort. »

Dans *Hamlet*, dans cette tragédie des aliénés, dans ce *Bedlam royal* où tout le monde est insensé et criminel, où la démence simulée se joint à la démence vraie, où le fou contrefait le fou, où les morts eux-mêmes fournissent à la scène la tête d'un *fou*; dans cet odéon des ombres, où l'on ne voit que des spectres, où l'on n'entend que des rêveries, que le *qui vive* des sentinelles, que le criaillement des oiseaux de nuit et le bruit de la mer, Gertrude raconte qu'Ophélia s'est noyée : « Au bord du ruisseau croît un saule qui réfléchit son feuillage gris dans le cristal de l'onde. Elle fit avec ce feuillage de capricieuses guirlandes entrelacées de coquelicots, d'orties, de marguerites et de ces longues fleurs pourpres que nos simples bergers appellent d'un nom grossier, mais que nos froides vierges nomment des doigts de mort. Là, grimpant pour attacher aux rameaux pendants sa couronne d'herbes sauvages, une jalouse éclisse se rompt ; Ophélia et son trophée rustique tombent dans le ruisseau en pleurs ; ses robes s'étalent larges, et la soutiennent un moment, semblable à une *mermaid*. Pendant ce temps, elle chantait des morceaux de vieilles ballades, comme une personne incapable de sentir son propre péril, ou comme une créature née et revêtue de l'élément qu'elle habite. Mais cela ne pouvait durer; ses vêtements, appesantis par l'eau qu'ils avaient bue, entraînèrent la pauvre infortunée de ses lais mélodieux à une fangeuse mort : *From melodious lay to muddy death.* »

On apporte le corps d'Ophélia dans le cimetière. La coupable reine s'écrie : « Des parfums au parfum ! adieu ! » *sweets to sweet! Farewell!* Elle répand des fleurs sur le corps de la jeune fille. « J'avais espéré que tu serais la femme de mon Hamlet ; je pensais, aimable fille, que je sèmerais de fleurs ton lit nuptial et non ton cercueil. »

C'est un enchantement que tout cela.

Modèles classiques.

Mais, pleine et entière justice étant rendue à des suavités de pinceau et d'harmonie, je dois dire que les ouvrages de l'ère romantique gagnent beaucoup à être cités par extraits : quelques pages fécondes sont précédées de beaucoup de feuillets arides. Lire Shakspeare jusqu'au bout sans passer une ligne, c'est remplir un pieux mais pénible devoir envers la gloire et la mort : des chants entiers de Dante sont une chronique rimée dont la diction ne rachète pas toujours l'ennui. Le mérite des monuments des siècles classiques est d'une nature contraire : il consiste dans la perfection de l'ensemble et la juste proportion des parties.

Force est encore de reconnaître une autre vérité : Shakspeare n'a qu'un type pour ses jeunes femmes, toutes si jeunes qu'elles sont presque des enfants : sœurs jumelles, elles se ressemblent (à part la différence des caractères de *fille*, d'*épouse*); elles ont le même sourire, le même regard, le même son de voix ; si l'on effaçait leurs noms, ou si l'on fermait les yeux, on ne saurait laquelle d'entre elles a parlé ; leur langage est plus élégiaque que dramatique. Ces têtes charmantes d'éphèbes sont des croquis tels que ces dessins tracés par Raphaël, lorsqu'il voulait fixer la physionomie d'une figure céleste au moment où elle apparaissait à son génie ; il se promettait de convertir ce trait en tableau. Shakspeare, obligé de s'en tenir à ses premiers crayons, n'a pas toujours eu le temps de peindre.

N'allons donc pas comparer les ombres ossianiques du théâtre anglais, ces victimes si tendres et cependant si hardies qui se laissent immoler comme de courageux agneaux, aux femmes de la scène grecque et française, soutenant à elles seules le poids d'une tragédie. Autres sont des situations isolées, des effets heureux d'un instant, des touches vives ; autres des rôles écrits d'un bout à l'autre avec la même supériorité, des caractères fortement accusés, occupant leur vraie place dans le tableau. Les Desdémone, les Juliette, les Ophélia, les Perdita, les Cordélia, les Miranda, ne sont ni des Antigone, ni des Électre, ni des Iphigénie, ni des Phèdre, ni des Andromaque, ni des Chimène, ni des Roxane, ni des Monime, ni des Bérénice, ni des Esther, ni même des Zaïre et des Aménaïde. Quelques phrases d'une passion émue, plus ou moins bien rendues en prose poétique, ne sauraient l'emporter sur les mêmes sentiments exprimés dans le pur langage des dieux. Iphigénie dit à son père :

> Peut-être assez d'honneurs environnaient ma vie
> Pour ne pas souhaiter qu'elle me fût ravie,
> Ni qu'en me l'arrachant un sévère destin
> Si près de ma naissance en eût marqué la fin.
> Fille d'Agamemnon, c'est moi qui la première,
> Seigneur, vous appelai de ce doux nom de père.
> . . . .
> Hélas ! avec plaisir je me faisais conter
> Tous les noms des pays que vous allez dompter,
> Et déjà, d'Ilion présageant la conquête,
> D'un triomphe si beau je préparais la fête.

Monime dit à Phœdime :

> Si tu m'aimais, Phœdimé, il fallait me pleurer
> Quand d'un titre funeste on me vit honorer,
> Et lorsque, m'arrachant du doux sein de la Grèce,
> Dans ce climat barbare on traîna ta maîtresse.
> Retourne maintenant chez ces peuples heureux ;
> Et, si mon nom encor s'est conservé chez eux,
> Dis-leur ce que tu vois, et de toute ma gloire,
> Phœdime, conte-leur la malheureuse histoire.

La romance du *saule* approche-t-elle de cette complainte exhalée du *doux sein de la Grèce* ?

Voulez-vous des combats de l'âme pour les opposer à Juliette ?

Pauline répond à Polyeucte qui lui conseille de retourner à Sévère :

> Que t'ai-je fait, cruel, pour être ainsi traitée
> Et pour me reprocher, au mépris de ma foi,
> Un amour si puissant que j'ai vaincu pour toi ?
> . . . .
> Souffre que de toi-même elle obtienne ta vie,
> Pour vivre sous tes lois à jamais asservie.

Polyeucte est allé à la mort, *à la gloire*, Pauline dit à Félix :

> Mon époux, en mourant, m'a laissé ses lumières ;
> Son sang, dont tes bourreaux viennent de me couvrir,
> M'a dessillé les yeux, et me les vient d'ouvrir.
> Je vois, je sais, je crois, je suis désabusée ;
> De ce bienheureux sang tu me vois baptisée ;
> Je suis chrétienne ! . . . .

Que cela est beau ! quelle lutte de toutes les afflictions de la nature humaine, au milieu desquelles intervient la Divinité pour créer miraculeusement une passion nouvelle dans le cœur de Pauline, l'enthousiasme religieux. On sent qu'on habite des régions plus élevées que la terre où demeurent Desdémone et Juliette.

Et Chimène ? Il faudrait citer le rôle entier. Corneille compose le caractère du Cid et de Chimène d'un mélange d'honneur, de piété filiale et d'amour.

> J'aimais, j'étais aimée, et nos pères d'accord ;
> Et je vous en contais la première nouvelle
> Au malheureux moment que naissait leur querelle.

La passion, l'entraînement, l'intérêt dramatique, vont croissant et s'échauffant de scène en scène jusqu'à ce vers fameux :

> Sors vainqueur d'un combat dont Chimène est le prix !

lequel amène ce cri de bonheur, de courage, d'orgueil et de gloire :

> Paraissez, Navarrais, Maures et Castillans !

Que sont enfin toutes les filles de Shakspeare auprès d'Esther ?

> Est-ce toi, chère Élise ? O jour trois fois heureux !
> Que béni soit le ciel qui te rend à mes vœux !
> Toi qui, de Benjamin comme moi descendue,
> Fus de mes premiers ans la compagne assidue,
> Et qui, d'un même joug souffrant l'oppression,
> M'aidais à soupirer les malheurs de Sion.
> . . . .

On m'élevait alors solitaire et cachée,
Sous les yeux vigilants du sage Mardochée.
. . . .
Du triste état des Juifs jour et nuit agité,
Il me tira du sein de mon obscurité,
Et, sur mes faibles mains fondant leur délivrance,
Il me fit d'un empire accepter l'espérance.
. . . .
Cependant mon amour pour notre nation
A rempli ce palais des filles de Sion,
Jeunes et tendres fleurs par le sort agitées,
Sous un ciel étranger comme moi transplantées.
. . . .
Au pied de l'Éternel je viens m'humilier,
Et goûter le plaisir de me faire oublier.
Mais à tous les Persans je cache leurs familles.
Il faut les appeler. Venez, venez, mes filles,
Compagnes autrefois de ma captivité,
De l'antique Jacob jeune postérité.

S'il était des Huns, Hottentots, Hurons, Wendes, Wilzes et Welches, insensibles à la pudeur, à la noblesse, à la mélodie de cet ineffable langage, qu'ils soient septante fois sept fois heureux du charme de leurs propres ouvrages! « J'ai cru, dit Racine dans sa préface d'*Esther*, que je pourrais remplir toute mon action avec les seules scènes que Dieu lui-même, pour ainsi dire, a préparées. » Racine avait raison de le croire : lui seul avait cette harpe de David consacrée aux scènes *préparées* de Dieu.

En jugeant avec impartialité dans leur ensemble les ouvrages étrangers et les nôtres (si toutefois on peut juger les ouvrages étrangers, ce dont je doute beaucoup), on trouverait qu'égaux en force de pensée, nous l'emportons par l'ordre et la raison de la composition. Le génie enfante, le goût conserve. Le goût est le bon sens du génie; sans le goût le génie n'est qu'une sublime folie. Ce toucher sûr, par qui la lyre ne rend que le son qu'elle doit rendre, est encore plus rare que la faculté qui crée. L'esprit et le génie diversement répartis, enfouis, latents, inconnus, *passent souvent parmi nous sans déballer*, comme dit Montesquieu : ils existent en même proportion dans tous les âges, mais, dans le cours de ces âges, il n'y a que certaines nations, chez ces nations qu'un certain moment où le goût se montre dans sa pureté : avant ce moment, après ce moment, tout pèche par défaut ou par excès. Voilà pourquoi les ouvrages accomplis sont si rares ; car il faut qu'ils soient produits aux heureux jours de l'union du goût et du génie. Or cette grande rencontre, comme celle de quelques astres, semble n'arriver qu'après la révolution de plusieurs siècles, et ne durer qu'un instant.

Siècle de Shakspeare.

Le moment de l'apparition d'un grand génie doit être remarqué, afin d'expliquer plusieurs affinités de ce génie, de montrer ce qu'il a reçu du passé, puisé dans le présent, laissé à l'avenir. L'imagination fantasmagorique de notre époque, qui pétrit des personnages avec des nuées ; cette imagination maladive, dédaignant la réalité, s'est engendré un Shakspeare à sa façon ; l'enfant du boucher de Stratford est un géant tombé de Pélion et d'Ossa au milieu d'une société sauvage, et dépassant cette société de cent coudées ; que sais-je ! Shakspeare est, comme Dante, une comète solitaire, qui traversa les constellations du vieux ciel, retourna aux pieds de Dieu, et lui dit comme le tonnerre : « Me voici. »

L'amphigouri et le roman n'ont point droit de cité dans le domaine des faits. Dante parut en un temps qu'on pourrait appeler de ténèbres ; la boussole conduisait à peine le marin dans les eaux connues de la Méditerranée ; ni l'Amérique, ni le passage aux Indes par le cap de Bonne-Espérance, n'étaient trouvés ; la poudre à canon n'avait point encore changé les armes, et l'imprimerie le monde ; la féodalité pesait de tout le poids de sa nuit sur l'Europe asservie.

Mais, lorsque la mère de Shakspeare accoucha d'un enfant obscur en 1564, déjà s'étaient écoulés les deux tiers du fameux siècle de la renaissance et de la réformation, de ce siècle où les principales découvertes modernes étaient accomplies, le vrai système du monde trouvé, le ciel observé, le globe exploré, les sciences étudiées, les beaux-arts arrivés à une perfection qu'ils n'ont jamais atteinte depuis. Les grandes choses et les grands hommes se pressaient de toutes parts : des familles allaient semer dans les bois de la Nouvelle-Angleterre les germes d'une indépendance fructueuse; des provinces brisaient le joug de leurs oppresseurs, et se plaçaient au rang des nations.

Sur les trônes, après Charles-Quint, François Ier, Léon X, brillaient Sixte-Quint, Élisabeth, Henri IV, don Sébastien, et ce Philippe qui n'était pas un tyran vulgaire.

Parmi les guerriers, on comptait : don Juan d'Autriche, le duc d'Albe, les amiraux Veniero et Jean-André Doria, le prince d'Orange, les deux Guise, Coligny, Biron, Lesdiguières, Montluc, La Noue.

Parmi les magistrats, les légistes, les ministres, les politiques : l'Hospital, Harlay, du Moulins, Cujas, Sully, Olivarez, Cécil, d'Ossat.

Parmi les prélats, les sectaires, les savants, les érudits, les gens de lettres : saint Charles Borromée, saint François de Sales, Calvin, Théodore de Bèze, Buchanan, Tycho-Brahé, Galilée, Bacon, Cardan, Képler, Ramus, Scaliger, Étienne, Manuce, Juste Lipse, Vida, Baronius, Mariana, Amyot, du Haillan, Montaigne, Bignon, de Thou, d'Aubigné, Brantôme, Marot, Ronsard, et mille autres.

Parmi les artistes : Titien, Paul Véronèse, Annibal Carrache, Sansovino, Jules Romain, le Dominiquin, Palladio, Vignole, Jean Goujon, le Guide, Poussin, Rubens, Van Dyck, Velasquez : Michel-Ange avait voulu attendre pour mourir l'année de la naissance de Shakspeare.

Loin d'être un chef de civilisation rayonnant au sein de la

barbarie, Shakspeare, dernier-né du moyen âge, était un barbare se dressant dans les rangs de la civilisation en progrès, et la rentraînant au passé. Il ne fut point une étoile solitaire, il marcha de concert avec des astres dignes de son firmament, Camoëns, Tasse, Ercilla, Lope de Véga, Caldéron, trois poëtes épiques et deux tragiques du premier ordre. Examinons tout cela en détail, et commençons d'abord par le matériel de la société.

Aux jours de Shakspeare, si la culture de l'esprit était poussée plus loin, en différentes branches, qu'elle ne l'est même de notre temps, la société matérielle s'était également raffinée. Sans parler de l'Italie où les palais, chefs-d'œuvre des arts, étaient meublés d'autres chefs-d'œuvre ; de l'Italie, enrichie du commerce de Florence, de Gênes, de Venise, étincelante de ses manufactures d'étoffes de soie, d'or et de velours ; sans aller chercher une civilisation complète au delà des Alpes, restons dans la patrie du poëte; nous y verrons les améliorations considérables dues à l'administration d'Élisabeth.

Érasme nous apprend que sous Henri VII et Henri VIII on pouvait à peine respirer dans les appartements : ils ne recevaient l'air et le jour qu'au travers de treillis extrêmement serrés, les vitraux étaient réservés au fenestrage des châteaux et des églises. Chaque étage des maisons s'avançait en saillie et abritait l'étage au-dessous : portés ainsi sur deux lignes obliques et à redans, les toits se touchaient presque, et les rues se trouvaient quasi fermées par le haut. La plupart des habitations n'avaient point de cheminées ; le plain-pied des chambres consistait en un mastic de terre recouvert de joncs ou d'une couche de sable, destinée à absorber les immondices des chats et des chiens. Érasme attribue les pestes, fréquentes alors en Angleterre, à la malpropreté des Anglais.

Chez les riches, l'ameublement se composait de tapisseries d'Arras, de longues planches portées sur des tréteaux en guise de tables de réfectoire, d'un buffet, d'une chaise, de quelques bancs et de plusieurs escabelles. Les pauvres dormaient sur une claie ou sur une paillasse, ayant pour couverture une serpilière, pour traversin une bûche. Celui qui possédait un matelas de laine et un oreiller rempli de son excitait l'envie de ses voisins. Harrison déclare tenir ces détails de la bouche des vieillards, et il ajoute : « A présent (règne d'Élisabeth) les fermiers ont trois ou quatre lits de plume garnis de couvertures et de tapis, de tentures de soie ; leurs tables sont parées de linge blanc, leurs buffets garnis de vaisselle de terre, d'une salière d'argent, d'une timbale et d'une douzaine de cuillers du même métal. »

Les fermiers de notre France actuelle, si fiers de sa civilisation, ne sont pas encore tous arrivés à une pareille aisance.

Shakspeare s'éleva sous la protection de cette reine, qui envoyait le matelot chercher au bout du monde la richesse du laboureur. Assez de paix et de gloire florissait dans l'intérieur de l'Angleterre, pour qu'un poëte chantât en sûreté, sans toutefois que la société manquât *au dedans* et *au dehors* de spectacles propres à remuer l'âme et à chauffer la pensée.

Au dedans, Élisabeth offrait en sa personne un caractère historique. Shakspeare avait vingt-trois ans lorsque Marie Stuart fut décapitée. Né de parents catholiques, peut-être catholique lui-même, il ouït raconter sans doute à ses coreligionnaires qu'Élisabeth essaya de faire séduire sa captive par Rolstone, afin de la déshonorer, et que, profitant du massacre de la Saint-Barthélemy, elle fut tentée de livrer la reine d'Écosse au talion des Écossais protestants. Qui sait si la curiosité n'avait pas attiré le jeune William de Stratford à Fortheringay au moment de la catastrophe? Qui sait s'il n'avait pas vu le lit, la chambre, les voûtes tendues de noir, le billot, la tête de Marie séparée du tronc et dans laquelle un premier coup de hache mal appliqué avait enfoncé la coiffe et des cheveux blancs? Qui sait si ses regards ne s'étaient pas arrêtés sur l'élégant cadavre, objet de la curiosité et de la souillure du bourreau?

Plus tard Élisabeth jeta une autre tête aux pieds de Shakspeare; Mahomet II décapitait un icoglan pour faire poser la mort devant un peintre.

Ce seizième siècle, printemps de la civilisation nouvelle, germait en Angleterre plus qu'ailleurs; il développait, en les éprouvant, les générations puissantes dont les entrailles portaient déjà la liberté, Cromwell et Milton. Élisabeth dînait au son des tambours et des trompettes, tandis que son parlement faisait des lois atroces contre les papistes, et que le joug d'une sanglante oppression s'appesantissait sur la malheureuse Irlande. Les hautes œuvres de Tiburn se mêlaient aux ballets des nymphes; les austérités des puritains, aux fêtes de Kenilworth; les comédies, aux sermons; les libelles, aux cantiques; les critiques littéraires, aux discussions philosophiques et aux controverses des sectes.

Un esprit d'aventures agitait la nation comme à l'époque des guerres de la Palestine: des volontaires croisés protestants s'embarquaient pour aller combattre les *idolâtres*, c'est-à-dire les *catholiques;* ils suivaient sur l'Océan sir Francis Drake, sir Walter Raleigh, ces Pierre l'Ermite des mers, amis du Christ, ennemis de la croix. Engagés dans la cause des libertés religieuses, les Anglais servaient quiconque cherchait à s'affranchir; ils versaient leur sang sous le panache blanc de Henri IV, sous le drapeau jaune du prince d'Orange. Shakspeare assistait à ce spectacle: il entendit gronder les orages protecteurs qui jetèrent les débris des vaisseaux espagnols sur les grèves de sa patrie délivrée.

Au dehors, le tableau ne favorisait pas moins l'inspiration du poëte: en Écosse l'ambition et les vices de Murray, le meurtre de Rizzio, Darnley étranglé et son corps lancé au loin, Bothwell épousant Marie dans la forteresse de Dunbar, obligé de fuir et devenant pirate en Norvége; Morton livré au supplice.

Dans les Pays-Bas, tous les malheurs inséparables de l'émancipation d'un peuple: un cardinal de Granvelle, un duc d'Albe, la fin tragique du comte d'Egmont et du comte de Horn.

En Espagne, la mort de don Carlos; Philippe II bâtissant le sombre Escurial, multipliant les auto-da-fé, et disant à ses médecins : « Vous craignez de tirer quelques gouttes de sang à un homme qui en a fait répandre des fleuves. »

En Italie, l'histoire de la Cenci renouvelée des anciennes *aventures* de Venise, de Vérone, de Milan, de Bologne, de Florence.

En Allemagne, le commencement de Wallenstein.

En France, la plus prochaine terre de la patrie de Shakspeare, que voyait-il ?

Le tocsin de la Saint-Barthélemy sonna la huitième année de la vie de l'auteur de *Macbeth:* l'Angleterre retentit de ce massacre; elle en publia des détails exagérés, s'ils pouvaient l'être. On imprima à Londres et à Édimbourg, on vendit dans les villes et dans les campagnes des relations capables d'ébranler l'imagination d'un enfant. On ne s'entretenait que de l'accueil fait par Élisabeth à l'ambassadeur de Charles IX. « Le silence de la nuit régnait dans toutes les pièces de l'appartement royal. Les dames et courtisans étaient rangés en haie de chaque côté, tous en grand deuil; et, quand l'ambassadeur passa au milieu d'eux, aucun ne lui jeta un regard de politesse, ni ne lui rendit son salut. » Marloe mit sur la scène le *Massacre de Paris;* et Shakspeare à son début put s'y trouver chargé de quelque rôle.

Après le règne de Charles IX, vint celui de Henri III, si fécond en catastrophes: Catherine de Médicis, les mignons, la journée des Barricades, l'égorgement des deux Guise à Blois, la mort de Henri III à Saint-Cloud, les fureurs de la Ligue, l'assassinat de Henri IV, variaient sans cesse les émotions d'un poëte qui vit se dérouler cette longue chaîne d'événements. Les soldats d'Élisabeth, le comte d'Essex lui-même, mêlés à nos guerres civiles, combattirent au Havre, à Ivry, à Rouen, à Amiens. Quelques vétérans de l'armée anglaise pouvaient conter au foyer de William ce qu'ils avaient su de nos calamités et de nos champs de bataille.

C'était donc le génie même de son temps qui soufflait à Shakspeare son génie. Les drames innombrables joués autour de lui préparaient des sujets aux héritiers de son art : Charles IX, le duc de Guise, Marie Stuard, don Carlos, le comte d'Essex, devaient inspirer Schiller, Ottway, Alfiéri, Campistron, Thomas Corneille, Chénier, Reynouard.

Shakspeare naquit entre la révolution religieuse commencée sous Henri VIII, et la révolution politique prête à s'opérer sous Charles Ier. Tout était meurtre et catastrophe au-dessus de lui, tout fut meurtre et catastrophe au-dessous.

Au règne d'Édouard VI : Sommerset, le protecteur du royaume et oncle du jeune roi, envoyé au supplice.

Au règne de Marie : les martyrs du patriotisme, Jeanne Grey décapitée; Philippe, l'exterminateur des protestants, débarquant en Angleterre comme pour passer en revue et dévouer à la mort le camp ennemi.

Au règne d'Élisabeth : les martyrs du catholicisme, Élisabeth elle-même, marquée de l'onction sainte selon le rite romain, et devenue la persécutrice de la foi qui lui posa la couronne sur la tête; Élisabeth fille de cette Anne Bouleyn, cause du schisme, sacrifiée après Thomas Morus, morte à demi folle, priant, riant, comparant la petitesse de son cou à la largeur du coutelas de l'exécuteur.

Shakspeare, dans sa jeunesse, rencontra de vieux moines chassés de leurs cloîtres, lesquels avaient vu Henri VIII, ses réformes, ses destructions de monastères, ses *fous*, ses épouses, ses bourreaux : lorsque le poëte quitta la vie, Charles Ier comptait seize ans.

Ainsi, d'une main Shakspeare avait pu toucher les têtes

blanchies que menaça le glaive de l'avant-dernier des Tudor; de l'autre, la tête brune du second des Stuarts, que peignit Van Dyck, et que la hache des parlementaires devait abattre. Appuyé sur ces fronts tragiques, le grand tragique s'enfonça dans la tombe; il remplit l'intervalle des jours où il vécut de ses spectres, de ses rois aveugles, de ses ambitieux punis, de ses femmes infortunées, afin de joindre par des fictions analogues les réalités du passé aux réalités de l'avenir.

Poëtes et écrivains contemporains de Shakspeare.

Jacques Ier gouverna entre l'épée qui l'avait effrayé dans le ventre de sa mère et l'épée qui fit mourir, mais ne fit pas trembler son fils. Son règne sépara l'échafaud de Fotheringay de celui de White-Hall; espace obscur où s'éteignirent Bacon et Shakspeare.

Ces deux illustres contemporains se rencontrèrent sur le même sol; je vous ai nommé plus haut les étrangers leurs compagnons de gloire. La France, la moins bien partagée alors dans les lettres, ne nous offre qu'Amyot, de Thou, Ronsard et Montaigne, esprits d'un moindre vol; Hardy et Garnier balbutiaient à peine les premiers accents de notre Melpomène. Toutefois la mort de Rabelais n'avait précédé que de quinze années la naissance de Shakspeare: le bouffon eût été de taille à se mesurer avec le tragique.

Celui-ci avait déjà passé trente et un ans sur la terre quand l'infortuné Tasse et l'héroïque Ercilla la quittèrent, tous deux morts en 1595. Le poëte anglais fondait le théâtre de sa nation lorsque Lope de Véga établissait la scène espagnole; mais Lope eut un rival dans Caldéron. L'auteur du *Meilleur Alcade* était embarqué en qualité de volontaire sur l'invincible armada au moment où l'auteur de *Falstaff* calmait les inquiétudes de *la belle Vestale assise sur le trône d'Occident*.

Le dramatiste castillan rappelle cette fameuse flotte dans

la *Fuerza lastimosa :* « Les vents, dit-il, détruisirent la plus belle armée navale qu'on ait jamais vue. » Lope venait l'épée au poing assaillir Shakspeare dans ses foyers, comme les ménestrels de Guillaume le Conquérant attaquèrent les scaldes d'Harold. Lope a fait de la religion ce que Shakspeare a fait de l'histoire : les personnages du premier en tonnent sur la scène le *Gloria Patri* entrecoupé de romances; ceux du second chantent des ballades égayées des *lazzi* du fossoyeur.

Blessé à Lépante en 1570, esclave à Alger en 1575, racheté en 1581, Cervantes, qui commença dans une prison son inimitable comédie, n'osa la continuer que longtemps après, tant le chef-d'œuvre avait été méconnu ! Cervantes mourut la même année et le même mois que Shakspeare : deux documents constatent la richesse des deux auteurs.

William Shakspeare, par son testament, lègue à sa femme le second de ses lits après le meilleur; il donne à deux de ses camarades de théâtre trente-deux shillings pour acheter une bague ; il institue sa fille aînée, Suzanne, sa légataire universelle; il fait quelques petits cadeaux à sa seconde fille Judith, laquelle signait une croix au bas des actes, déclarant ne savoir écrire.

Michel Cervantes reconnaît, par un billet, qu'il a reçu en dot de sa femme, Catherine Salazar y Palacios, un dévidoir, un poêlon de fer, trois broches, une pelle, une râpe, une vergette, six boisseaux de farine, cinq livres de cire, deux petits escabeaux, une table à quatre pieds, un matelas garni de sa laine, un chandelier de cuivre, deux draps de lit, deux Enfants-Jésus avec leurs petites robes et leurs chemises, quarante-quatre poules et poulets avec un coq. Il n'y a pas aujourd'hui si mince écrivain qui ne crie à l'injustice des hommes, à leur mépris pour les talents, s'il n'est gorgé de pensions dont la centième partie aurait fait la fortune de Cervantes et de Shakspeare. Le peintre du fou du *Roi Lear* alla donc, en 1616, chercher un monde plus sage, avec le peintre de *Don Quichotte*, dignes compagnons de voyage.

Corneille était venu pour les remplacer dans cette famille cosmopolite de grands hommes dont les fils naissaient chez tous les peuples, comme à Rome les Brutus succédaient aux Brutus, les Scipion aux Scipion. Le chantre du *Cid*, enfant de six ans, vit les derniers jours du chantre d'*Othello*, comme Michel-Ange remit sa palette, son ciseau, son équerre et sa lyre à la mort, l'année même où Shakspeare, le cothurne au pied, le masque à la main, entra dans la vie ; comme le poëte mourant de la Lusitanie salua les premiers soleils du poëte d'Albion. Lorsque le jeune boucher de Stratford, armé du couteau, adressait, avant de les égorger, une harangue à ses victimes, les brebis et les génisses, Camoëns faisait entendre au tombeau d'Inès, sur les bords du Tage, les accents du cygne :

« Depuis tant d'années que je vous vois chantant, ô nymphes du Tage ! ô vous, Lusitaniens ! la fortune me traîne errant à travers les malheurs et les périls, tantôt sur la mer, tantôt au milieu des combats. . . . tantôt dégradé par une honteuse indigence ; sans autre asile qu'un hôpital. . . . Il ne suffisait pas que je fusse voué à tant de misères, il fallait encore qu'elles me vinssent de ceux-là même que j'ai chantés. . . . . . . Poëtes, vous donnez la gloire ; en voilà le prix. . . . . Mes années vont déclinant ; avant peu j'aurai passé de l'été à l'automne. Les chagrins m'entraînent au rivage du noir repos et de l'éternel sommeil. »

Faut-il donc que, chez toutes les nations et dans tous les siècles, les plus grands génies arrivent à ces dernières paroles du Camoëns !

Milton, âgé de huit ans quand Shakspeare mourut, s'éleva comme à l'ombre du tombeau de ce grand homme ; Milton se plaint aussi d'être venu dans de mauvais jours, un siècle trop tard. Il craint que *la froideur du climat ou des ans*

n'ait engourdi ses ailes humiliées. . . . .
« cold climat, or years damp, my intended-wing deprest.
. . . . . »

Il a cette frayeur au moment même où il écrit le neuvième livre du *Paradis perdu*, qui renferme la séduction d'Ève, et les scènes les plus pathétiques entre Ève et Adam!

Ces hommes divins, prédécesseurs ou contemporains de Shakspeare, ont quelque chose en eux qui participe de la beauté de leur patrie : Dante était un citoyen illustre et un guerrier vaillant : le Tasse eût été bien placé dans la troupe brillante qui suivait Renaud ; Lope et Calderón portèrent les armes ; Ercilla est à la fois l'Homère et l'Achille de son épopée ; Cervantes et le Camoëns montraient les cicatrices glorieuses de leur courage et de leur infortune. Le style de ces poëtes-soldats a souvent l'élévation de leur existence : il aurait fallu à Shakspeare une autre carrière ; il est passionné dans ses compositions, rarement noble : la dignité manque quelquefois à son style, comme elle manque à sa vie.

Vie de Shakspeare.

Et quelle a été cette vie! qu'en sait-on? Peu de chose. Celui qui l'a portée l'a cachée et ne s'est soucié ni de ses travaux ni de ses jours.

Si l'on étudie les sentiments intimes de Shakspeare dans ses ouvrages, le peintre de tant de noirs tableaux semblerait avoir été un homme léger, rapportant tout à sa propre existence : il est vrai qu'il trouvait assez d'occupation dans une aussi grande vie intérieure. Le père du poëte, probablement catholique, d'abord chef bailli et alderman à Stratford, était devenu marchand de laine et boucher. William, fils aîné d'une famille de dix enfants, exerça le métier de son père. Je vous ai dit que le dépositaire du poignard de Melpomène saigna des veaux avant de tuer des tyrans et qu'il adressait des harangues pathétiques aux spectateurs de l'injuste mort de ces innocentes bêtes. Shakspeare, dans sa jeunesse, livra, sous un pommier resté célèbre, des assauts de cruchons de bière aux trinqueurs de Bidford. A dix-huit ans, il épousa la fille d'un cultivateur, Anna Hatway, plus âgée que lui de sept années. Il en eut une première fille, et puis deux jumeaux, un fils et une fille.

Une aventure de braconnier le chassa de son village. Appréhendé au corps dans le parc de sir Thomas Lucy, il comparut devant l'offensé et se vengea de lui en placardant à sa porte une ballade satirique. La rancune de Shakspeare dura; car de sir Thomas Lucy il fit le bailli Shallow, dans la seconde partie de *Henri VI* et l'accabla des bouffonneries de Falstaff. La colère de sir Thomas ayant obligé Shakspeare de quitter Stratford, il alla chercher fortune à Londres.

La misère l'y suivit. Réduit à garder les chevaux des gentlemen à la porte des théâtres, il disciplina une troupe d'intelligents serviteurs, qui prirent le nom de *garçons de Shakspeare* (Shakspeare's boys). De la porte des théâtres se glissant dans la coulisse, il y remplit la fonction de *callboy* (garçon appeleur). Green, son parent, acteur à Black-Friars, le poussa de la coulisse sur la scène, et d'acteur il devint auteur. On publia contre lui des critiques et des pamphlets auxquels il ne répondit pas un mot. Il remplissait le rôle de *frère Laurence* dans *Roméo et Juliette*, et jouait celui du *spectre* dans *Hamlet* d'une manière effrayante. On sait qu'il joutait d'esprit avec Ben Johnson au club de la Sirène, fondé par sir Walter Raleigh. Le reste de sa carrière théâtrale est ignoré ; ses pas ne sont plus marqués dans cette carrière que par des chefs-d'œuvre qui tombaient deux ou trois fois l'an de son génie, *bis pomis utilis arbos*, et dont il ne prenait aucun souci. Il n'attachait pas même son nom à ses chefs-d'œuvre, tandis qu'il laissait écrire ce grand nom au catalogue de comédiens oubliés, *entre-parleurs* (comme on disait alors) dans des pièces encore plus oubliées. Il ne s'est donné la peine ni de recueillir ni d'imprimer ses drames : la postérité, qui ne lui vint jamais en mémoire, les exhuma des vieux répertoires, comme on déterre les débris d'une statue de Phidias parmi les obscures images des athlètes d'Olympie.

Dante se joint sans façon au groupe des grands poëtes : *Vidi quattro grand ombre a noi venire;* le Tasse parle de son immortalité; ainsi des autres. Shakspeare ne dit rien de sa personne, de sa famille, de sa femme, de son fils (mort à l'âge de douze ans), de ses deux filles, de son pays, de ses ouvrages, de sa gloire; soit qu'il n'eût pas la conscience de son génie, soit qu'il en eût le dédain, il paraît n'avoir pas cru au souvenir : « Ah ciel! s'écrie Hamlet, mort depuis deux mois et pas encore oublié ! On peut espérer alors que la mémoire d'un grand homme lui survivra six mois ; mais, par Notre-Dame ! il faudra pour cela qu'il ait bâti des églises ; autrement qu'il se résigne à ce qu'on ne pense plus à lui. »

Shakspeare quitta brusquement le théâtre à cinquante ans, dans la plénitude de ses succès et de son génie. Sans chercher des causes extraordinaires à cette retraite, il est probable que l'insouciant acteur descendit de la scène aussitôt qu'il eut acquis une petite indépendance. On s'obstine à juger le caractère d'un homme par la nature de son talent et réciproquement la nature de ce talent par le caractère de l'homme; mais l'homme et le talent sont quelquefois très-disparates sans cesser d'être homogènes. Quel est le véritable homme, de Shakspeare le tragique, ou de Shakspeare le joyeux vivant ? Tous les deux sont vrais : ils se lient ensemble au moyen des mystérieux rapports de la nature.

Lord Southampton fut l'ami de Shakspeare, et l'on ne voit pas qu'il ait rien fait de considérable pour lui. Élisabeth et Jacques Ier protégèrent l'acteur, et apparemment le méprisèrent. De retour à ses foyers, il planta le premier mûrier qu'on ait vu dans le canton de Stratford. Il mourut, en 1616, à Newplace, sa maison des champs. Né le 23 avril 1564, ce même jour, 23 avril, qui l'avait amené devant les hommes, le vint chercher, en 1616, pour le conduire devant Dieu. Enterré sous une dalle de l'église de Stratford, il eut une statue, assise dans une niche comme un saint, peinte en noir et en écarlate, repeinte par le grand-père de mistress Siddon, et rebarbouillée de plâtre par Malone. Une crevasse se forma, il y a plusieurs années, dans le sépulcre; le marguillier de surveillance ne découvrit ni ossements ni cercueil : il aperçut de la poussière et l'on dit que c'était quelque chose que d'avoir vu la poussière de Shakspeare. Le poëte, dans une épitaphe, défendait de toucher à ses cendres : ami du repos, du silence et de l'obscurité, il se mettait en garde contre le mouvement, le bruit et l'éclat de son avenir. Voici donc toute la vie et toute la mort de cet immortel : une maison dans un hameau, un mûrier, la lanterne avec laquelle l'auteur-acteur jouait le rôle de *frère Laurence* dans *Roméo et Juliette*, une grossière effigie villageoise, une tombe entr'ouverte.

Castrell, ministre protestant, acheta la maison de Newplace; l'ecclésiastique bourru, importuné du pèlerinage des dévots à la mémoire du grand homme, abattit le mûrier; plus tard il fit raser la maison, dont il vendit les matériaux. En 1740, des Anglaises élevèrent à Shakspeare, dans Westminster, un monument de marbre; elles honorèrent ainsi le poëte qui avait dit dans *Cymbeline* : « L'Angleterre est un nid de cygnes au milieu d'un vaste étang. »

Shakspeare était-il boiteux comme lord Byron, Walter Scott et les Prières, filles de Jupiter? Les libelles publiés contre lui de son vivant ne lui reprochent pas un défaut si apparent à la scène. *Lame* se disait d'une main comme d'un pied : *lame of one hand*. *Lame* signifie, en général, *impar-*

fait, défectueux, et se prend dans le même sens au figuré. Quoiqu'il en soit, le *boy* de Stradford, loin d'être honteux de son infirmité comme Childe-Harold, ne craint pas de la rappeler :

. . . . lame by fortune's dearest spite.

« Boiteux par la moquerie la plus chère de la fortune. »

Shakspeare au nombre des cinq ou six grands génies dominateurs.

Pour conclure,

Shakspeare est au nombre des cinq ou six écrivains qui ont suffi aux besoins et à l'aliment de la pensée : ces génies mères semblent avoir enfanté et allaité tous les autres. Homère a fécondé l'antiquité ; Eschyle, Sophocle, Euripide, Aristophane, Horace, Virgile, sont ses fils. Dante a engendré l'Italie moderne, depuis Pétrarque jusqu'au Tasse; Rabelais a créé les lettres françaises; Montaigne, la Fontaine, Molière, viennent de sa descendance. L'Angleterre est toute Shakspeare, et, jusque dans ces derniers temps, il a prêté sa langue à Byron, son dialogue à Walter Scott.

On renie souvent ces maîtres suprêmes ; on se révolte contre eux ; on compte leurs défauts ; on les accuse d'ennui, de longueur, de bizarrerie, de mauvais goût, en les volant et en se parant de leurs dépouilles; mais on se débat en vain sous leur joug. Tout se teint de leurs couleurs ; partout s'impriment leurs traces ; ils inventent des mots et des noms qui vont grossir le vocabulaire général des peuples; leurs dires et leurs expressions deviennent proverbes; leurs personnages fictifs se changent en personnages réels, lesquels ont hoirs et lignée. Ils ouvrent des horizons d'où jaillissent des faisceaux de lumière ; ils sèment des idées, germes de mille autres ; ils fournissent des imaginations, des sujets, des styles à tous les arts : leurs œuvres sont des mines inépuisables, ou les entrailles mêmes de l'esprit humain.

De tels génies occupent le premier rang ; leur immensité, leur variété, leur fécondité, leur originalité, les font connaître tout d'abord pour lois, exemplaires, moules, types des diverses intelligences, comme il y a quatre ou cinq races d'hommes, dont les autres ne sont que des nuances ou des rameaux. Donnons-nous garde d'insulter aux désordres dans lesquels tombent quelquefois ces êtres puissants ; n'imitons pas Cham le maudit ; ne rions pas si nous rencontrons nu et endormi, à l'ombre de l'arche échouée sur les montagnes d'Arménie, l'unique et solitaire nautonier de l'abîme. Respectons ce navigateur diluvien qui recommença la création après l'épuisement des cataractes du ciel : pieux enfants bénis de notre père, couvrons-le pudiquement de notre manteau.

Shakspeare, de son vivant, n'a jamais pensé à vivre après sa vie : que lui importe aujourd'hui mon cantique d'admiration ? En admettant toutes les suppositions, en raisonnant d'après les vérités et les erreurs dont l'esprit humain est pénétré ou imbu, que fait à Shakspeare une renommée dont le but ne peut monter jusqu'à lui ? Chrétien, au milieu des félicités éternelles, s'occupe-t-il du néant du monde ? Dégagé des ombres de la matière, perdu dans les splendeurs de Dieu, abaisse-t-il un regard sur le grain de sable où il a passé ? Rien donc de plus vain que la gloire au delà du tombeau, à moins qu'elle n'ait fait vivre l'amitié, qu'elle n'ait été utile à la vertu, secourable au malheur, et qu'il ne nous soit donné de jouir dans le ciel d'une idée consolante, généreuse, libératrice, laissée par nous sur la terre.

LES DEUX PREMIERS STUARTS
ET LA RÉPUBLIQUE

Ce que l'Angleterre doit aux Stuarts.

A ce nom de Stuart, l'idée d'une longue tragédie vient à l'esprit. On se demande si Shakspeare n'aurait pas dû naître à leur époque : non, Shakspeare, enveloppé dans le mouvement révolutionnaire, n'eût pas eu assez de loisir pour développer les diverses parties de son génie : peut-être même, devenu homme politique, n'eût-il rien produit ; les faits auraient dévoré sa vie.

La Grande-Bretagne doit à la race des Stuarts deux choses inappréciables pour une nation : la force et la liberté. Jacques Ier, en apportant la couronne d'Écosse à l'Angleterre, réunit les peuples de l'île en un seul corps, et fit disparaître du sol la guerre étrangère. L'Écosse avait des alliances continentales ; presque toutes les fois que des hostilités éclataient entre la France et l'Angleterre, l'Écosse faisait une puissante diversion en faveur de la première. Si l'Écosse n'eût pas été réunie en 1792 à l'Angleterre, celle-ci n'aurait pu soutenir la longue guerre de la révolution.

Quant à la liberté anglaise, les Stuarts la fixèrent en la combattant : Charles Ier la paya de sa tête, Jacques II de sa race.

JACQUES Ier. — BASILICON DORON.

A l'époque où l'on existe, on tient compte des médiocrités, par la raison que les médiocrités sont hargneuses, intrigantes, envieuses, et que du commun des choses et des hommes se compose le train du monde ; mais, lorsqu'il s'agit du passé, rien n'oblige à ressusciter le troupeau vulgaire, qui, désabusé sur lui-même par la bonne foi de la mort, serait stupéfait de revivre, et incapable de se tenir debout. Quelques personnages demeurent sur la vieille toile du temps, quand le reste du tableau est effacé; c'est d'eux qu'il se faut uniquement occuper : il suffit de nommer les individus secondaires en ne s'arrêtant qu'aux grandes figures qui, à de grands intervalles, succèdent aux grandes figures. Cependant il est essentiel de noter, chemin faisant, les révolutions survenues dans le fond ou dans la forme de la pensée humaine. Je dis *essentiel*, pour parler comme les importants et les doctes, car, hors la religion et ses vertus, qui seules peuvent produire la liberté, est-il quelque chose d'*esséntiel* dans ce monde?

Le premier des quatre Stuarts qui monta sur le trône d'Angleterre a laissé des ouvrages plus estimés que sa mémoire; je le nomme : il faut mentionner les rois qui peuvent écrire sur l'*Apocalypse, la vraie loi des monarchies libres*, et le *Don royal*, Basilicon Doron. Si Jacques Ier ne se fût pas donné tant de peine afin d'établir le *droit divin* et conquérir le titre de *Majesté sacrée*, on n'aurait peut-être pas eu l'occasion de faire passer son malheureux fils pour l'auteur de l'*Icon Basiliké*.

KILLING NO MURDER. — LOCKE.
HOBBES. — DENHAM. — HARRINGTON. — HARVEY. — SIEYÈS.
MIRABEAU. — BENJAMIN CONSTANT. — CARREL.

Le pamphlet le plus célèbre de cette époque fut le *Killing no murder*, « tuer n'est pas assassiner. » L'auteur, le colonel républicain Titus, invite, dans une dédicace ironique, Son *Altesse Olivier Cromwell* à mourir pour le bonheur et la délivrance des Anglais. Depuis la publication de cet écrit on ne vit plus le protecteur sourire; il se sentait abandonné de l'esprit de la révolution, d'où lui était venue sa grandeur. Cette révolution, qui l'avait pris pour guide, ne le voulait pas pour maître. La mission de Cromwell était accomplie; sa nation et son siècle n'avaient plus besoin de lui : le temps ne s'arrête pas pour admirer la gloire; il s'en sert et passe outre.

J'ai lu (dans Gui-Patin peut-être) un fait curieux; il n'a jamais été remarqué, que je crois : le docteur affirme que *Killing no murder* fut d'abord écrit en français par un gentilhomme bourguignon.

Voici Locke comme poëte : il fit de très-mauvais vers en l'honneur de Cromwell; Waller en avait fait de très beaux.

La bassesse de la flatterie, qui survit à l'objet de l'adulation, n'est que l'excuse d'une conscience infirme : on exalte un maître qui n'est plus, pour justifier par l'admiration la servilité passée. Cromwell trahit la liberté dont il était sorti : si le succès était réputé l'innocence ; si, débauchant jusqu'à la postérité, le succès la chargeait de ses chaînes ; si, esclave future engendrée d'un passé esclave, cette postérité subornée devenait le complice de quiconque aurait triomphé, où serait le droit? où serait le prix des sacrifices? Le bien et le mal n'étant plus que relatifs, toute moralité s'effacerait des actions humaines.

D'un autre côté, qui voudrait défendre la sainte indépendance, et la cause du faible contre le fort, si le courage, exposé à la vengeance des abjections du présent, devait encore subir le blâme des lâchetés de l'avenir? L'infortune sans voix perdrait jusqu'à l'organe de la plainte, et ces deux grands avocats de l'opprimé, la probité et le génie.

Hobbes, royaliste par haine des doctrines populaires, se jeta dans une extrémité opposée; il dériva tout de la force et de la nécessité : réduisant la justice à une des fonctions de la puissance, et ne la faisant pas sortir du sens moral, il ne s'aperçut pas que la *démocratie* avait autant de droit que l'*unité* à partir de ce même principe. La société, qui allait selon sa pente naturelle vers l'établissement populaire, ne rétrograda point avec le système de Hobbes, malgré les excès de la révolution anglaise ; elle ne fut arrêtée dans sa marche que par Louis XIV, qui lui barra le chemin avec sa gloire. Hobbes enseignait le scepticisme, ainsi que nos philosophes du dix-huitième siècle, d'un ton impérieux et de toute la hauteur dogmatique. Il voulait qu'on crût ferme à ce qu'il ne croyait pas, et il prêchait le doute en inquisiteur. Son style a de l'énergie, et son *Thucydide* est trop décrié. Cet esprit fort était le plus faible des hommes ; il tremblait à la pensée de la tombe : la nature le conduisit jusqu'à l'âge de quatre-vingt-douze ans, pour le livrer évanoui à la mort, comme un patient tombé en défaillance est porté sous le fer fatal.

Sir John Denham vit encore un peu dans son poëme descriptif de *Cooper's Hill*. Il était royaliste et agent à Londres de la correspondance de Charles Ier avec la reine ; Cowley l'était à Paris : les muses servaient la tendresse conjugale et le malheur.

L'*Océana* d'Harrington est une répétition de l'*Utopie* de Thomas More. Où un gouvernement parfait se trouve-t-il? En *Utopie, nulle part*, comme le nom le signifie.

Harvey écrivit sa découverte de la grande circulation du sang. Aucun médecin en Europe, ayant atteint l'âge de quarante ans, ne voulut adopter la doctrine d'Harvey, et lui-même perdit ses pratiques à Londres, parce qu'il avait trouvé une importante vérité. Harvey fut encouragé de Charles Ier et lui demeura fidèle. Servet, brûlé en *effigie* par les catholiques et en *personne* par Calvin, avait indiqué la circulation du sang dans le *poumon* : le siècle ne fit d'un savant de génie qu'un hérétique vulgaire, lequel un autre hérétique conduisit au bûcher.

Au reste, quant aux pamphlets anglais de pure politique, lorsqu'ils ne sont point infectés du jargon théologique de l'époque, ce qui est rare, ils restent à une immense distance de nos investigations modernes. Si vous en exceptez Milton, aucun publiciste de la révolution de 1649 n'approche de Sieyès, de Mirabeau, de Benjamin Constant, encore moins de Carrel : ce dernier, serré, ferme, habile et logique écrivain, a dans sa manière quelque chose de l'éloquence positive des faits : son style creuse et grave; c'est de l'histoire par les monuments.

MILTON.

Sa naissance. — Collége.

Au-dessus d'une foule de prosateurs et de poëtes, pendant les règnes orageux de Charles Ier et du Protecteur, s'élève la belle tête de Milton. Où sont les contemporains de ce génie, les Cowlay, les Waller, les Denham, les Marvel, les Suckling, les Crashaw, les Lovelace, les Davenant, les Witther, les Habington, les Herber, les Carew, les Stanley? Excepté deux ou trois de ces noms, quel lecteur français connaît les autres? Le *Génie du Christianisme* parle raisonnablement du *Paradis perdu* : j'avais à faire une amende honorable d'une partie de mes jugements sur Shakspeare et Dante; je n'ai rien à réparer auprès de l'homme dont le poëme a été l'occasion de ces recherches sur la littérature anglaise : il ne me reste qu'à développer les motifs d'une admiration accrue par un examen plus approfondi d'un chef-d'œuvre. Obligé de m'arrêter à des beautés que j'essayais de faire passer dans notre langue, je les ai mieux appréciées, en désespérant de les reproduire telles que je les sentais.

Milton n'était plus; on ne le connaissait pas : son génie, sorti du tombeau comme une ombre, vint demander au monde pourquoi on l'ignorait sur la terre. Étonné, on regarda ces grands mânes; on se demanda si réellement l'auteur de douze mille vers oubliés était immortel. La vision éclatante et majestueuse fit d'abord baisser les yeux, puis on se prosterna et on adora. Alors il fallut savoir ce qu'avait été ce secrétaire de Cromwell, ce pamphlétaire apologiste du régicide, détesté des uns, méprisé des autres. Bayle commença et s'enquit des *faits touchant la taille et la mine de Milton* : cette mine-là était fière, et valait bien celle d'un roi.

Une malédiction était dans la famille noble de Milton, dépouillée de sa fortune pendant les guerres civiles de la Rose rouge et de la Rose blanche : le père de Milton était *protestant*, et son grand-père catholique ; celui-ci avait déshérité son fils. La malédiction de l'aïeul, sautant une génération, se reposa sur la tête du petit-fils.

Le père de Milton, établi à Londres, où il devint notaire (*scrivener*), épousa Sarah Caston, de l'ancienne famille de Bradshaw ou des Hangthon, dont il eut une fille, Anne, et deux fils, Jean et Christophe. Christophe, le cadet, fut royaliste, devint un des barons de l'échiquier et juge des *Common Pleas* sous Jacques II ; il s'éteignit dans l'obscurité, dépouillé ou démissionnaire de sa place, peu de temps après ou avant la révolution de 1688 ; Jean, l'aîné, fut républicain et mourut non aperçu comme son frère : mais la raison de la nuit qui l'environnait était d'une toute autre nature ; on peut dire de lui ce qu'il a dit de la montagne sainte dans le ciel : « On ne la voyait point, parce qu'elle était obscurcie par l'excès de la lumière. »

Le père de Milton aimait les arts : il avait composé un *in Nomine* à quarante parties ; quelques vieux airs de lui ont été conservés dans le recueil de Wilby. Apollon, partageant ses présents entre le père et le fils, avait donné la musique au père, la poésie au fils.

Dividumque deum, genitorque, puerque tenemus.
(*Milto ad patrem.*)

Milton, le père, était peut-être né en France. Son immortel fils naquit le 9 décembre 1608, dans la cité de Londres, Bread-Street, à l'enseigne de l'*Aigle*, augure et symbole. Shakspeare vivait encore : Milton reçut une éducation domestique lettrée, à l'ombre du tombeau de ce grand génie inculte. Il acheva ses humanités à l'école de Saint-Paul à Londres, sous le docteur Alexandre Gill ; il eut pour tuteur Young, puritain. Son extrême application à l'étude lui donna de bonne heure des douleurs de tête et une grande faiblesse de vue ; maux habituels de sa vie, dont il avait reçu le germe de sa mère. A dix-sept ans il passa au collége du Christ à Cambridge en qualité de pensionnaire *minor*, et à la surveillance du savant William Chappel, depuis évêque de Cork et Ross en Irlande. La beauté de Milton le fit surnommer la « dame du collége de Christ : *the lady of Christ's college* : il rappelle complaisamment ce nom dans un de ses discours à l'université. Il donna des marques de ses dispositions poétiques en composant des pièces latines et des paraphrases des psaumes en vers anglais. L'hymne sur la *Nativité* est admirable de rhythme et d'un effet inattendu.

« C'était l'hiver ; l'enfant né du ciel était venu enveloppé dans de rudes et pauvres langes ; la nature s'était dépouillée de sa riante parure pour sympathiser avec son maître : ce n'était pas le moment pour elle de se livrer aux plaisirs avec le soleil ; seulement elle avait caché sa faiblesse sous l'innocente neige, et jeté sur elle le saint et blanc voile des vierges. . . . .

. . . .
La terre était en paix ; les rois demeuraient en silence, comme s'ils sentaient l'approche de leur souverain. Les vents caressaient les vagues annonçant tout bas de nouvelles joies au doux Océan. Les étoiles, regardant immobiles et surprises, ne voulaient pas s'enfuir : malgré toute la lumière du matin, elles s'obstinaient à briller dans le ciel, jusqu'à ce que leur seigneur leur parlât lui-même, et leur dit de s'en aller. »

Reçu bachelier en 1622, Milton, maître en 1634, quitta Cambridge par esprit d'indépendance et refusa d'entrer dans le clergé. « Celui qui s'engage dans les *ordres*, dit-il, souscrit à son esclavage et prête un serment : il lui faut alors ou devenir parjure ou briser sa conscience. »

Quelques passages de sa première élégie latine, où il a l'air de préférer les plaisirs de Londres aux ennuis de Cambridge, devinrent la source des calomnies que l'on répandit contre lui dans la suite : on l'accusa d'avoir été vomi de l'université après les désordres d'une impure jeunesse ; des pamplets assurèrent qu'il avait été forcé d'aller cacher sa vie en Italie. Johnson pense que Milton fut le dernier étudiant de l'université puni d'une peine corporelle. Rien de tout cela n'est vrai et ne s'accorde même pas avec les dates d'une vie aussi correcte que religieuse.

Milton chez son père. — Ouvrages de sa jeunesse.

Le père de Milton, ayant fait une petite fortune, s'était retiré à la camppgne d'Horton, près Colebrooke, en Buckingham-Shire. Milton l'y rejoignit et passa cinq années enseveli dans la lecture des auteurs grecs et latins. Il faisait, de temps en temps, quelques courses à Londres pour acheter des livres et prendre des leçons de mathématiques, d'escrime et de musique.

Il écrivait à un ami qui lui reprochait de vivre dans la retraite : « Vous croyez qu'un trop grand amour d'apprendre est une faute ; que je me suis abandonné à rêver inutilement mes années dans les bras d'une solitude lettrée, comme Endymion perdait ses jours avec la Lune sur le mont Latmus..... Mais ces belles espérances dont vous m'entretenez, qui flattent la vanité et la jeunesse, ne s'accordent point avec ce casque obscur de Pluton, dont parle Homère. Je mettrais bas ce casque, si, dans ma vie cachée, je n'avais d'autre vue que de satisfaire une frivole curiosité. Mais l'exemple terrible, rapporté dans l'Évangile, du serviteur qui avait enfoui son talent est présent à mes yeux : ce n'est pas le plaisir d'une étude spéculative, c'est la considération même du commandement évangélique qui m'empêche d'aller aussi vite que d'autres et me retient par un religieux respect. Cependant, afin que vous voyiez que je me défie quelquefois de moi-même et que je prends note de certain retardement en moi, j'ai la hardiesse de vous envoyer quelques-unes de mes rêveries de nuit, dans la forme des stances de Pétrarque.

> How soon hath Time, the subtle thief of youth,
> Stoln on his wing my three and twentieth year!
> My hasting days fly on with full carreer,
> But my late spring no bud or blossom shew'th.

« Combien vite le temps, adroit voleur de la jeunesse, a dérobé sur son aile mes vingt-trois années! Mes jours hâtés fuient en pleine carrière; mais mon dernier printemps ne montre ni boutons ni fleurs..... ».

De 1624 à 1638 il composa l'*Arcades*, *Comus ou le Masque*, *Licydas*, dans lequel il semble prophétiser la mort tragique de l'évêque Laud; l'*Allegro* et le *Penseroso*, des *Elégies* latines et des *Sylves*.

Johnson a fait de l'*Allegro* et du *Penseroso* une vive analyse.

« *L'homme gai* entend l'alouette le matin; l'*homme pensif* entend le rossignol le soir.

« *L'homme gai* voit le coq se pavaner, il prête l'oreille à l'écho qui répète le bruit du cor et de la meute dans le bois; il voit le soleil s'élever avec gloire; il écoute le chant de la laitière; il regarde les travaux du laboureur et du faucheur : la nuit il fait ses délices de quelque conte fabuleux.

« *L'homme pensif* tantôt se promène à minuit pour rêver, tantôt écoute le triste son de la cloche du couvre-feu. Si le mauvais temps l'oblige de rentrer chez lui, il s'assied dans une chambre éclairée par la lueur du foyer. Ayant près de lui une lampe solitaire, il épie l'étoile du pôle pour découvrir l'habitation des âmes séparées de leur corps, ou bien il lit des scènes pathétiques de la tragédie ou de l'épopée. Quand vient le matin, matin obscurci par la pluie et le vent, il erre dans les sombres forêts où il n'y a pas de sentier; il tombe assoupi au bord de quelque eau qui murmure, et, dans un enthousiasme mélancolique, il attend un rêve d'avenir ou une musique exécutée par quelques personnages aériens.

« La *gaieté* ou le *mélancolie* sont toutes les deux solitaires, silencieuses habitantes des cœurs qui ne reçoivent ni ne transmettent des sentiments.

« L'*homme gai* assiste à la ville aux fêtes brillantes, aux savantes comédies de Ben-Johnson et aux drames sauvages de Shakspeare (*wild dramas of Shakspeare*).

« Le *pensif*, loin de la foule, se promène dans les cloîtres ou fréquente les cathédrales. »

Pour le vieil âge de la *gaieté*, Milton ne fait point de provisions; mais il conduit la *mélancolie* avec une grande dignité jusqu'à la fin de la vie.

Je ne sais si les deux caractères sont suffisamment distincts; on ne peut trouver, il est vrai, de la gaieté dans la mélancolie du poëte; mais j'ai peur qu'on ne rencontre quelque mélancolie dans sa gaieté. Le *Penseroso* et l'*Allegro* sont deux nobles efforts d'imagination.

Milton a emprunté plusieurs images de ses beaux poëmes à l'*Anatomie de la mélancolie*, par Burton, imprimé en 1624.

Milton en Italie.

En 1638, Milton obtint de son père la permission de voyager. Le vicomte Scudamore, ambassadeur de Charles Ier, reçut à Paris l'apologiste futur du meurtre de ce roi; il le présenta à Grotius. A Florence, Milton visita Galilée presque aveugle et demi-prisonnier de l'inquisition; il a souvent rappelé le courrier céleste, *nuntius sidereus*, dans le *Paradis perdu*, lui rendant ainsi l'hospitalité des grands hommes. A Rome, il se lia avec Holstein, bibliothécaire du Vatican.

Milton connut à Naples Manso, marquis de Villa, vieillard qui eut le double honneur d'être l'ami du Tasse et l'hôte de Milton : il adressa à ce dernier un distique renouvelé du pape saint Grégoire :

> Ut mens, forma, decor, facies, mos, si pietas sic,
> Non Anglus, verum Hercle, angelus ipse fores.

« Si la piété répondait au génie, à la forme, à la bonne grâce, aux manières, par Hercule! tu ne serais pas un Anglais, mais un ange. »

Milton lui paya sa dette de reconnaissance dans une églogue latine pleine de charme.

> Diis dilecte senex, te Jupiter æquus oportet
> Nascentem, et miti lustrarit lumine Phœbus,
> Atlantisque nepos; neque enim nisi charus ab ortu
> Dis superis poterit magno favisse poetæ.

« Vieillard aimé des dieux, il faut que Jupiter (j'emprunte ici l'élégante traduction de M. Villemain) ait protégé ton berceau, et que Phœbus l'ait éclairé de sa douce lumière : car il n'y a que le mortel aimé des dieux dès sa naissance qui puisse avoir eu le bonheur de secourir un grand poëte. »

Le chantre à venir des innocentes joies d'Éden priait le ciel de lui accorder un pareil ami; il promettait alors de célébrer les rois de la Grande-Bretagne, cet Arthur qui « livra des combats sur la terre, » *terris bella moventem*. Milton n'obtint pas la faveur qu'il implorait; il n'a eu pour ami et pour défenseur de son nom que la postérité. Le poëte convie Manso de ne pas trop mépriser une muse hyperboréenne; car, lui dit-il gracieusement, dans l'ombre obscure de la nuit nous croyons avoir entendu des cygnes chanter sur la Tamise :

Nos etiam in nostro modulantes flumine cygnos
Credimus obscuras noctis sensisse per umbras.

Milton avait formé le projet de parcourir la Sicile et la Grèce : quel précurseur de Byron! Les troubles de sa patrie le rappelèrent : il ne rentra point en Angleterre sans avoir vu Venise, cette beauté de l'Italie, aujourd'hui si belle encore, bien que mourante au bord de ses flots.

Milton revenu en Angleterre. — Ses occupations et ses premiers ouvrages de controverse.

Le voyageur revenu à Londres ne prit aucune part active aux premiers mouvements de la révolution. Écoutons Johnson :

« Que notre respect pour Milton ne nous défende pas de regarder avec quelque degré d'amusement, de grandes promesses et de petits effets, un homme qui revient en hâte au logis, parce que ses compatriotes luttent pour leur liberté, et qui, arrivé sur le théâtre de l'action, évapore son patriotisme dans une école privée. Cette période de la vie du poëte est celle devant laquelle tous ses biographes ont reculé : il leur est désagréable d'abaisser Milton au rang de maître d'école ; mais, comme on ne peut nier qu'il enseigna des enfants, l'un trouve qu'il les instruisit pour rien, l'autre pour le seul amour de la propagation du savoir et de la vertu. Tous disent ce qu'ils savent n'être pas vrai, afin d'excuser une condition à laquelle un homme sage ne peut trouver aucun reproche à faire. »

L'esprit satirique et la malveillance de Johnson se fait ici remarquer. Le docteur, qui n'avait pas vu de révolution, ignorait que dans ces grands troubles les champs de batailles sont partout, et que chacun choisit celui où l'appelle son inclination ou son génie : l'épée de Milton n'aurait pas fait pour la liberté ce que fit sa plume. Le docteur, grand royaliste, oublie encore que tous les royalistes ne prirent pas les armes ou ne montèrent pas sur l'échafaud, comme le duc d'Hamilton, le lord de Holland et lord Capel; que lord Arundel, par exemple, ami des Muses comme Milton, et à qui la science doit les marbres d'Oxford, quitta Londres, tout grand maréchal d'Angleterre qu'il était, au commencement de la guerre civile, et alla mourir paisiblement à Padoue : il est vrai que son malheureux neveu, Guillaume Howard, lord Strafford, paya pour lui tribut au malheur, et l'on sait trop par qui son sang fut répandu.

Pendant trois ans, Milton donna des soins à l'éducation des deux fils de sa sœur et à quelques jeunes garçons de leur âge. Il habita successivement au cimetière de Saint-Bride dans Fleet-Street, eut un grand hôtel avec un jardin dans Aldersgate. Il se fortifia dans les langues anciennes en les enseignant; il apprit l'hébreu, le chaldéen et le syriaque. En 1640, à l'époque de la convocation du Long Parlement, il débuta dans la polémique et plaida la cause de la liberté religieuse contre l'Église établie. Son ouvrage, divisé en deux livres, adressé à un ami, a pour titre : *Of Reformation touching church's discipline*, etc., — « de la Réformation touchant la discipline de l'Église en Angleterre et des Causes qui jusqu'ici l'ont empêchée. » Il publia ensuite trois traités : *Épiscopat anglais*, *Raison du gouvernement de l'Église*, *Apologie pour Smectymnus*; ce nom était composé de la réunion de six lettres prises des noms de six théologiens auteurs du *Traité de Smectymnus*. Pour les lecteurs d'aujourd'hui, il n'y a rien à tirer de ces ouvrages, si ce n'est ce que Milton dit, dans la *Raison du gouvernement de l'Église*, de son dessein de composer un poëme en *anglais*.

« Peut-être avec le temps, le travail et le penchant de la nature, j'enverrai *quelque chose* d'écrit à la postérité, qu'elle ne laissera pas volontiers mourir : je suis possédé de cette idée. Peu m'importe d'être célèbre au loin; je me contenterai des Iles Britanniques, mon univers. Mais il ne suffit pas d'invoquer les filles de mémoire, il faut, par des prières ferventes, implorer l'esprit éternel. lui seul peut envoyer le séraphin qui, du feu sacré de son autel, touche et purifie nos lèvres. »

Milton ne faisait pas aussi bon marché de sa renommée que Shakspeare : celui-ci plaît par l'insouciance de sa vie; d'un autre côté, on aime à voir un génie inconnu se prophétiser lui-même, quand la postérité, confirmant la prédiction, lui répond : « Non ! je n'ai pas laissé mourir ce *quelque chose* que tu as écrit. »

Malheureusement Milton, cédant à l'ardeur de son caractère dans cette dispute religieuse, parle avec dédain du savant et vénérable évêque anglican Usher, à qui la science doit des travaux admirables sur l'histoire de la chronologie.

Mariage de Milton.

Le comte d'Essex ayant pris Beading en 1643, le père et le frère de Milton, qui s'étaient retirés dans cette ville, retournèrent à Londres et vinrent demeurer chez le poëte. Milton avait alors trente-cinq ans : un jour il se dérobe de sa maison sans être accompagné de personne ; son absence dura un mois, au bout duquel il rentra marié, sous le toit d'où il était sorti garçon. Il avait épousé la fille aînée de Richard Powell, juge de paix de Forest-Hill, près Shotover. dans Oxford-Shire. Richard Powell avait emprunté du père de Milton 500 liv. st. qu'il ne lui rendit jamais, et qu'il crut payer en donnant sa fille au fils de son créancier. Sa femme l'abandonna. La famille de Marie Powell était royaliste: soit que Marie ne voulût pas vivre avec un républicain, soit tout autre motif, elle retourna chez ses parents. Elle avait promis de revenir à la Saint-Michel, et elle ne revint pas : Milton écrit lettres sur lettres, point de réponse ; il dépêche un messager qui perd son éloquence et son temps.

La famille Powell, devenue moins royaliste à mesure que

la cause royale devenait moins victorieuse, désirait un raccommodement. Milton étant allé chez un de ses voisins nommé Blackborough, soudain la porte d'une chambre s'ouvre : Marie Powell se jette en larmes aux pieds de son mari et confesse ses torts; Milton pardonne à la pécheresse : aventure qui nous a valu l'admirable scène entre Adam et Ève au dixième livre du *Paradis perdu*.

> Soon his heart relented
> Tow'rds her, his life so late and sole delight,
> Now at his feet submissive in distress!

« Son cœur bientôt s'attendrit pour elle, naguère sa vie et ses seules délices, à présent à ses pieds soumise dans la douleur. »

La postérité a profité d'une tracasserie de ménage.

Un mariage romanesque renoué dans les larmes eut pour résultat la naissance de trois filles, et deux de ces Antigones rouvrirent les pages de l'antiquité à leur père aveugle.

Après le triomphe des parlementaires, Milton offrit un asile à la famille de sa femme. Todd a retrouvé des papiers dans les archives publiques, par lesquels on voit que Milton prit possession du reste de la fortune de son beau-père lorsqu'il mourut, fortune qui lui revenait comme hypothèque d'une somme prêtée par le père du poëte. La veuve de Powell pouvait réclamer son douaire; elle ne l'osa, « car, dit-elle, M. Milton est un homme dur et colère: et ma fille, qu'il a épousée, serait perdue si je poursuivais ma réclamation. »

Autres détails sur Milton.

Le chantre d'Éden disait que « le poëte doit être un vrai poëme, » *ought himself to be a true poem*, c'est-à-dire un modèle des choses les meilleures et les plus honorables.

Milton se levait à quatre heures du matin en été, à cinq en hiver. Il portait presque toujours un habit de gros drap gris; il étudiait jusqu'à midi, dînait frugalement, se promenait avec un guide, chantait le soir en s'accompagnant de quelque instrument : il savait l'harmonie et avait la voix belle. Il s'était longtemps livré à l'exercice des armes. A en juger par le *Paradis perdu*, il aimait passionnément la musique et le parfum des fleurs. Il soupait de cinq ou six olives et d'un peu d'eau, se couchait à neuf heures, et composait la nuit dans son lit. Quand il avait fait quelques vers, il sonnait, et les dictait à sa femme ou à ses filles. Les jours de soleil, il se tenait assis sur un banc à sa porte : il demeurait dans Bunhill-Row, au bord d'une espèce de chemin.

Au dehors, on accablait d'outrages le lion malade et abandonné; on lui disait : « Parricide de ton roi, si, par la clémence de Charles II, tu as échappé à ton supplice, tu n'es maintenant que plus puni. Vieux, infirme, pauvre, privé des yeux, réduit à écrire pour vivre, rappelle donc pour gagner ta vie Saumaise de la mort. » On lui reprochait son âge, sa laideur, sa petitesse; on lui appliquait ce vers de Virgile :

Monstrum horrendum, informe, ingens, cui lumen ademptum :

observant que le mot *ingens* était le seul qui ne s'appliquât pas à sa personne. Il avait la simplicité de répondre qu'il était pauvre, parce qu'il ne s'était jamais enrichi; qu'il n'était ni petit ni grand; qu'à aucun âge il n'avait été trouvé laid; que dans sa jeunesse, l'épée au côté, il n'avait jamais craint les plus hardis. En effet, il avait été très-beau, et l'était encore dans sa vieillesse : le portrait d'Adam était le sien (livre IV du *Paradis perdu*). Ses cheveux étaient admirables, ses yeux d'une pureté extraordinaire; on n'y voyait aucune tache, et il eût été impossible de le croire aveugle.

Les maux de Milton étaient encore aggravés par des chagrins domestiques : il avait perdu sa première femme, Marie Powell, morte en couches; sa seconde femme, Catherine

Wood Cock de Hackeney, mourut aussi en couches au bout d'un an. Sa troisième femme, Élisabeth Minshul, lui survécut et le servit bien. Il paraît qu'il fut peu aimé : ses filles, qui jouent un si beau rôle poétique dans sa vie, le trompaient et vendaient secrètement ses livres. Il s'en plaignait. Malheureusement son caractère semble avoir eu l'inflexibilité de son génie. Johnson a dit avec précision et vérité que Milton croyait la femme faite seulement pour l'*obéissance* et l'homme pour la *rébellion*.

Publication du Paradis perdu.

Il touchait à l'âge de cinquante-neuf ans, lorsqu'en 1667 il songea à publier le *Paradis perdu*. Il en avait montré le manuscrit, alors divisé en dix livres, à Ellwood, quaker qui a laissé à la littérature anglaise l'*Histoire sacrée* et la *Davidéide*. Le manuscrit du *Paradis perdu* n'était pas de la main de l'auteur : Milton n'ayant pas le moyen de payer un copiste, quelques amis avaient écrit alternativement sous sa dictée. Le censeur refusait l'*imprimatur* à cet autre Galilée, découvreur d'astres nouveaux; il chicanait à chaque vers; il lui semblait surtout que le crime de *haute trahison* ressortait du magnifique passage où la gloire obscurcie de Satan est comparée à une éclipse, laquelle alarme *les rois par la frayeur des révolutions*.

Les libraires, intimidés, ne se pressaient pas d'acquérir le manuscrit d'un auteur pauvre, presque inconnu comme poëte, suspect et détesté comme prosateur. Enfin il y en eut un plus hardi que les autres : il osa se charger en tremblant de l'ouvrage fatal.

On a conservé le contrat de vente et le manuscrit du poëme souillé de l'*imprimatur :* le contrat porte ce titre : *Milton's agreement whith M. Symons for Paradise lost, dated* 27th *april* 1667. Convention de Milton avec M. Symons pour le *Paradis perdu*, datée du 27 avril 1667.

Mort de Milton.

Le *Paradis perdu*, pendant toute la vie du poëte, demeura enseveli au fond de la boutique du libraire aventureux. En 1667, dans toute la gloire de Louis XIV, lorsque *Andromaque* faisait son apparition sur la scène, John Milton était-il connu en France? Oui : peut-être de quelques gens de justice, comme un coquin d'écrivassier dont les diatribes avaient été dûment brûlées par la main du bourreau à Paris et à Toulouse.

Milton, dans ses derniers jours, fut obligé de vendre sa bibliothèque. Il approchait de sa fin : le docteur Wright, l'étant allé voir, le trouva retiré au premier étage de sa petite maison, dans une toute petite chambre : on montait à cette chambre par un escalier tapissé momentanément d'une moquette verte, afin d'assourdir le bruit des pas et de commencer le silence de l'homme qui s'avançait vers le silence éternel. L'auteur du *Paradis perdu*, vêtu d'un pourpoint noir, reposait dans un fauteuil à coude : sa tête était nue; ses cheveux argentés tombaient sur ses épaules, et ses beaux yeux noirs d'aveugle brillaient sur la pâleur de son visage.

Le 10 novembre 1674, la divinité qui parlait la nuit au poëte le vint chercher; il se réunit dans l'Éden céleste à ces anges au milieu desquels il avait vécu, et qu'il connaissait par leurs noms, leurs emplois et leur beauté.

Milton trépassa avec tant de douceur, qu'on ne s'aperçut pas du moment où, à l'âge de soixante-six ans moins un mois, il rendit à Dieu un des souffles les plus puissants qui animèrent jamais l'argile humaine.

FIN

TABLE DES MATIERES

LES MARTYRS

LIVRE PREMIER.

Invocation. Exposition. Dioclétien tient les rênes de l'empire romain. Sous le gouvernement de ce prince, les temples du vrai Dieu commencent à disputer l'encens aux temples des idoles. L'enfer se prépare à livrer un dernier combat pour renverser les autels du Fils de l'homme. L'Éternel permet aux démons de persécuter l'Église, afin d'éprouver les fidèles ; mais les fidèles sortiront triomphants de cette épreuve ; l'étendard du salut sera placé sur le trône de l'univers ; le monde devra cette victoire à deux victimes que Dieu a choisies. Quelles sont ces victimes ? Apostrophe à la Muse qui les va faire connaître Famille d'Homère. Démodocus, dernier descendant des Homérides, prêtre d'Homère au temple de ce poëte, sur le mont Ithome, en Messénie. Description de la Messénie. Démodocus consacre au culte des Muses sa fille unique, Cymodocée, afin de la dérober aux poursuites d'Hiéroclès, proconsul d'Achaïe et favori de Galérius. Cymodocée va seule avec sa nourrice à la fête de Diane Limnatide : elle s'égare ; elle rencontre un jeune homme endormi au bord d'une fontaine. Eudore reconduit Cymodocée chez Démodocus. Démodocus part avec sa fille pour aller offrir des présents à Eudore et remercier la famille de Lasthénès. 1

LIVRE DEUXIÈME.

Arrivée de Démodocus et de Cymodocée en Arcadie. Rencontre d'un vieillard au tombeau d'Aglaüs de Psophis ; ce vieillard conduit Démodocus au champ où la famille de Lasthénès fait la moisson. Cymodocée reconnaît Eudore. Démodocus découvre que la famille de Lasthénès est chrétienne. On retourne chez Lasthénès. Mœurs chrétiennes. Prière du soir. Arrivée de Cyrille, confesseur et martyr, évêque de Lacédémone. Il vient prier Eudore de lui raconter ses aventures. Repas du soir. La famille et les étrangers vont, après le repas, s'asseoir dans le verger, au bord de l'Alphée. Démodocus invite Cymodocée à chanter sur la lyre. Chant de Cymodocée. Eudore chante à son tour. Les deux familles vont goûter le repos. Songe de Cyrille. Prière du saint évêque. 16

TABLE DES MATIÈRES.

LIVRE TROISIÈME.

La prière de Cyrille monte au trône du Tout-Puissant. Le ciel. Les anges, les saints. Tabernacle de la mère du Sauveur. Sanctuaire du Fils et du Père. L'Esprit-Saint. La Trinité. La prière de Cyrille se présente devant l'Éternel. L'Éternel la reçoit, mais il déclare que l'évêque de Lacédémone n'est point la victime qui doit racheter les chrétiens. Eudore est la victime choisie. Motifs de ce choix. Les milices célestes prennent les armes. Cantique des saints et des anges.................................... 54

LIVRE QUATRIÈME.

Cyrille, la famille chrétienne, Démodocus et Cymodocée, se rassemblent dans une île, au confluent du Ladon et de l'Alphée, pour entendre le fils de Lasthénès raconter ses aventures. Commencement du récit d'Eudore. Origine de la famille de Lasthénès. Elle s'oppose aux Romains lors de l'invasion de la Grèce. L'aîné de la famille de Lasthénès est obligé de se rendre en otage à Rome. La famille de Lasthénès embrasse le christianisme. Enfance d'Eudore. Il part à seize ans pour remplacer son père à Rome. Tempête. Description de l'Archipel. Arrivée d'Eudore en Italie. Description de Rome. Eudore contracte une étroite amitié avec Jérôme, Augustin et le prince Constantin, fils de Constance. Caractères de Jérôme, d'Augustin et de Constantin. Eudore est introduit à la cour. Dioclétien. Galérius. Cour de Dioclétien. Le sophiste Hiéroclès, proconsul d'Achaïe et favori de Galérius. Inimitié d'Eudore et d'Hiéroclès. Eudore oublie sa religion. Marcellin, évêque de Rome. Il menace Eudore de l'excommunier s'il ne rentre dans le sein de l'Église. Excommunication lancée contre Eudore. Amphithéâtre de Titus. Pressentiment. . . 46

LIVRE CINQUIÈME.

Suite du récit. La cour va passer l'été à Baies. Naples, promenades d'Eudore, d'Augustin et de Jérôme. Leur entretien au tombeau de Scipion. Thraséas, ermite du Vésuve. Son histoire. Séparation des trois amis. Eudore retourne à Rome avec la cour. Les catacombes. Aventure de l'impératrice Prisca et de la princesse Valérie, sa fille. Eudore, banni de la cour, est envoyé en exil à l'armée de Constance. Il quitte Rome, il traverse l'Italie et les Gaules. Il arrive à Agrippina, sur les bords du Rhin. Il trouve l'armée romaine prête à porter la guerre chez les Francs. Il sert comme simple soldat parmi les archers crétois, qui composent, avec les Gaulois, l'avant-garde de l'armée de Constance................................... 68

LIVRE SIXIÈME.

Suite du récit. Marche de l'armée romaine en Batavie. Elle rencontre l'armée des Francs. Champ de bataille. Ordre de dénombrement de l'armée romaine. Ordre et dénombrement de l'armée des Francs. Pharamond, Clodion, Mérovée. Chants guerriers. Bardits des Francs. L'action s'engage. Attaque des Gaulois contre les Francs. Combat de cavalerie. Combat singulier de Vercingétorix, chef des Gaulois, et de Mérovée, fils du roi des Francs. Vercingétorix est vaincu. Les Romains plient. La légion chrétienne descend d'une colline et rétablit le combat. Mêlée. Les Francs se retirent dans leur camp. Eudore obtient la couronne civique et est nommé chef des Grecs par Constance. Le combat recommence au lever du jour. Attaque du camp des Francs par les Romains. Soulèvement des flots. Les Romains fuient devant la mer. Eudore, après avoir combattu longtemps, tombe percé de plusieurs coups. Il est secouru par un esclave des Francs, qui le porte dans une caverne.. 86

LIVRE SEPTIÈME.

Suite du récit. Eudore devient esclave de Pharamond. Histoire de Zacharie. Clotilde, femme de Pharamond. Commencement du christianisme chez les Francs. Mœurs des Francs. Retour du printemps. Chasse. Barbares du Nord. Tombeau d'Ovide. Eudore sauve la vie à Mérovée. Mérovée promet la liberté à Eudore. Retour des chasseurs au camp de Pharamond. La déesse Hertha. Festin des Francs. On délibère sur la paix et sur la guerre avec les Romains. Dispute de Camulogène et de Chlodéric. Les Francs se décident à demander la paix. Eudore, devenu libre, est chargé par les Francs d'aller proposer la paix à Constance. Zacharie conduit Eudore jusque sur la frontière de la Gaule. Leurs adieux. 104

LIVRE HUITIÈME.

Interruption du récit. Chastes sentiments d'Eudore et de Cymodocée, l'un pour l'autre. Rage de Satan contre l'Église. Assemblée des démons. Discours du démon de l'homicide. Discours du démon de la fausse sagesse. Discours du démon de la volupté. Discours de Satan. Les démons se répandent sur la terre. 122

LIVRE NEUVIÈME.

Reprise du récit d'Eudore. Eudore à la cour de Constance. Il passe dans l'île des Bretons. Il obtient les honneurs du triomphe. 130

LIVRE DIXIÈME.

Eudore revient dans les Gaules. Il est nommé commandant de l'Armorique. Les Gaules. L'Armorique. Velléda, la prêtresse des druides. 135

LIVRE ONZIÈME.

Suite du récit. Repentir d'Eudore. Sa pénitence publique. Il quitte l'armée. Il passe en Egypte pour demander sa retraite à Dioclétien. Navigation. Alexandrie. Le Nil. L'Égypte. Eudore obtient sa retraite de Dioclétien. La Thébaïde. Retour d'Eudore chez son père. Fin du récit. 144

LIVRE DOUZIÈME.

Invocation à l'Esprit-Saint. Conjuration des démons contre l'Église. Dioclétien ordonne de faire le dénombrement des chrétiens. Hiéroclès part pour l'Achaïe. Entretien d'Eudore et de Cymodocée. 160

LIVRE TREIZIÈME.

Cymodocée déclare à son père qu'elle veut embrasser la religion des chrétiens pour devenir l'épouse d'Eudore. Irrésolution de Démodocus. On apprend l'arrivée d'Hiéroclès en Achaïe. Astarté attaque Eudore et est vaincu par l'ange des saintes amours. Démodocus consent à donner sa fille à Eudore, pour éviter les persécutions d'Hiéroclès. Jalousie d'Hiéroclès. Dénombrement des chrétiens en Arcadie. Hiéroclès accuse Eudore auprès de Dioclétien. Cymodocée et Démodocus partent pour Lacédémone. 170

LIVRE QUATORZIÈME.

Description de la Laconie. Arrivée de Démodocus chez Cyrille. Instruction de Cymodocée. Astarté envoie le démon de la jalousie à Hiéroclès. Cymodocée va à l'église pour être fiancée à Eudore. Cérémonie de l'Église primitive. Des soldats, par ordre d'Hiéroclès, dispersent les fidèles. Eudore sauve Cymodocée et la défend au tombeau de Léonidas. Il reçoit l'ordre de partir pour Rome. Les deux familles se décident à envoyer Cymodocée à Jérusalem pour la mettre sous la protection de la mère de Constantin. Eudore et Cymodocée partent pour s'embarquer à Athènes................. 185

LIVRE QUINZIÈME.

Athènes. Adieux de Cymodocée, d'Eudore et de Démodocus. Cymodocée s'embarque avec Dorothée pour Joppé. Eudore s'embarque en même temps pour Ostie. La mère du Sauveur envoie Gabriel à l'ange des mers. Eudore arrive à Rome. Il trouve le sénat prêt à se rassembler pour prononcer sur le sort des chrétiens. Il est choisi pour plaider leur cause. Hiéroclès arrive à Rome : les sophistes le chargent de défendre leur secte et d'accuser les chrétiens. Symmaque, pontife de Jupiter, doit parler au sénat en faveur des anciens dieux de la patrie........................ 197

LIVRE SEIZIÈME.

Harangues de Symmaque, d'Hiéroclès et d'Eudore. Dioclétien consent à donner l'édit de persécution, mais il veut que l'on consulte auparavant la Sibylle de Cumes......................... 214

LIVRE DIX-SEPTIÈME.

Cymodocée arrive à Joppé. Elle monte à Jérusalem. Hélène la reçoit comme sa fille. Semaine sainte. Réponse de la Sibylle de Cumes. Hiéroclès fait partir un centurion pour réclamer Cymodocée. Dioclétien donne l'édit de persécution........................... 226

LIVRE DIX-HUITIÈME.

Joie de l'enfer. Galérius, conseillé par Hiéroclès, force Dioclétien à abdiquer. Constantin, aidé par Eudore, s'échappe de Rome et fuit vers Constance. Eudore est jeté dans les cachots. Hiéroclès premier ministre de Galérius. Persécution générale. Le démon de la tyrannie porte à Jérusalem la nouvelle de la persécution. Le centurion envoyé par Hiéroclès met le feu aux lieux saints. Dorothée sauve Cymodocée. Rencontre de Jérôme dans la grotte de Bethléem........................ 256

LIVRE DIX-NEUVIÈME.

Retour de Démodocus au temple d'Homère. Sa douleur. Il apprend la nouvelle de la persécution. Il part pour Rome, où il croit qu'Hiéroclès a fait conduire Cymodocée. Cymodocée est baptisée dans le Jourdain par Jérôme. Elle arrive à Ptolémaïs et s'embarque pour la Grèce. Une tempête, suscitée par les ordres de Dieu, fait aborder Cymodocée en Italie......... 252

LIVRE VINGTIÈME.

Cymodocée, arrêtée par les satellites d'Hiéroclès, est conduite à Rome. Émeute populaire. Cymodocée, délivrée des mains d'Hiéroclès, est renfermée dans les prisons comme chrétienne. Disgrâce d'Hiéroclès. Il reçoit l'ordre de partir pour Alexandrie. Lettre d'Eudore à Cymodocée............ 266

LIVRE VINGT ET UNIÈME.

Eudore est relevé de sa pénitence. Plaintes de Démodocus. Prison de Cymodocée. Cymodocée reçoit la lettre d'Eudore. Actes du martyre d'Eudore. 278

LIVRE VINGT-DEUXIÈME.

L'ange exterminateur frappe Galérius et Hiéroclès. Tristesse d'Eudore, de Démodocus et de Cymodocée. Le repas libre............. 286

TABLE DES MATIÈRES. 391

LIVRE VINGT-TROISIÈME.

Satan ranime le fanatisme du peuple. Mort d'Hiéroclès. L'ange de l'espérance descend vers Cymodocée. Cymodocée reçoit la robe des martyrs. Dorothée enlève Cymodocée de la prison. Cymodocée retrouve son père. L'ange du sommeil. 295

LIVRE VINGT-QUATRIÈME.

Maladie de Galérius. L'amphithéâtre de Vespasien. Eudore est conduit au martyre. Michel plonge Satan dans l'abîme. Cymodocée s'échappe d'auprès de son père, et vient trouver Eudore à l'amphithéâtre. Galérius apprend que Constantin a été proclamé César. Martyre des deux époux. Triomphe de la religion Chrétienne. 505

ESSAI SUR LA LITTÉRATURE ANGLAISE

ÉLISABETH

Spenser. 523
Shakspeare. 525
  Que j'ai mal jugé Shakspeare autrefois. — Faux admirateurs du poëte. 528
  Opinion de Voltaire sur Shakspeare. — Opinion des Anglais. 530
  Que les défauts de Shakspeare tiennent à son siècle. — Langue de Shakspeare. — Langue de Dante. 533
  État matériel du théâtre en Angleterre au seizième siècle. 535
  Caractère du génie de Shakspeare. 538
  Que la manière de composer de Shakspeare a corrompu le goût. — Écrire est un art. 541
  Citations de Shakspeare. 544
  Modèles classiques. 348
  Siècle de Shakspeare. 355
  Poëtes et écrivains contemporains de Shakspeare. 360
  Vie de Shakspeare. 365
  Shakspeare au nombre des cinq ou six grands génies dominateurs. . 367

LES DEUX PREMIERS STUARTS ET LA RÉPUBLIQUE.

Ce que l'Angleterre doit aux Stuarts. 569
Jacques Ier. — Basilicon Doron. 369
Killing no murder. — Locke. — Hobbes. — Denham. — Harrington. — Harvey. — Sieyès. — Mirabeau. — Benjamin Constant. — Carrel. 370
Milton. — Sa naissance. — Collége. 373
Milton chez son père. — Ouvrages de sa jeunesse. 576
Milton en Italie. 378
Milton revenu en Angleterre. — Ses occupations et ses premiers ouvrages de controverse 380
Mariage de Milton. 382
Autres détails sur Milton. 383
Publication du *Paradis perdu*. 385
Mort de Milton. 386

FIN DE LA TABLE.

www.ingramcontent.com/pod-product-compliance
Lightning Source LLC
Chambersburg PA
CBHW071856230426
43671CB00010B/1363